Jörg Pannier

Pipe-Line

Das NEUE Buch zur Pfeife

Daedalus Verlag

Meinem Vater,
dessen Pfeifen ich früher heimlich rauchte.
Und der das wußte.
Und nie etwas sagte.
Und heute noch Spaß daran hat.

9. Auflage 2025

Oderstr.25 - 48145 Münster
Kontakt: info©daedalus-verlag.de
Sicherheitshinweis entsprechend Art. 9 Abs. 7 S. 2 der GPSR entbehrlich

Umschlagentwuf: Dieter Kreuchauff
Druck: docupoint GmbH, Barleben
Printed in EU
ISBN 978-3-89126-238-2
daedalusbuch.de

Inhalt

Rauchwort
Ein Vorzeichen

Dies ist das Buch zur Pfeife. Vermutlich sogar: Zu Ihren Pfeifen. Deshalb muß man Sie nicht erst noch von den Genüssen und Vorzügen des Pfeifenrauchens überzeugen. Sie tun's bereits und wissen zumindest ungefähr, wie's funktioniert. Auch wenn Sie kein Pfeifenneuling mehr sind und sich unter die gestandenen Pfeifenraucher rechnen, sind Sie hier richtig. Denn Sie wollen vielleicht mehr wissen oder einfach bloß mal nachschauen, ob der Autor auch weiß, was Sie wissen. Und überhaupt: Wenn Sie das Ganze rund um die Pfeife nicht interessant fänden, hätten Sie doch gar nicht erst in diesem Buch geblättert. Wer geht denn sonst in einer Buchhandlung genau in die Ecke, wo man solche Bücher findet? Na? Also bitte! Nächst dem Rauchen selber, sagt man, schätzen passionierte Pfeifenraucher es am meisten, darüber zu sprechen. Und zu lesen.

Falls Sie zu den absoluten Ausnahmeerscheinungen gehören, die sich erst ein Buch über Pfeifen kaufen, bevor Sie die allererste Pfeife Ihres Lebens rauchen, dann verfallen Sie jetzt bitte nicht in Panik: Anfänger melden sich *sofort* in der Notaufnahme des nächsten Kapitels zum *Crash-Kurs*. Wir wollen doch nicht, daß Sie das ganze Buch über mit der kalten Pfeife im Mund dabei sitzen und trocken vor sich hinnuckeln. Also, worauf warten Sie noch? Blättern Sie vor und kommen Sie dann gleich mit frisch gestopfter Pfeife wieder hierher. Wir warten so lange.

Na, da sind Sie ja wieder! Dann kann es weiter gehen.

Warum gerade dieses Buch?

Die Pfeifen sind in etwa die gleichen wie vor 40 Jahren, die Pfeifentabake wurden zwar in den Geschmacksnuancen immer wieder etwas modifiziert, sind aber, damals wie heute, hauptsächlich zum Rauchen gedacht. Und so furchtbar schwierig ist das Pfeifenrauchen doch auch nicht: Da ist die Pfeife, dort der Tabak. Rein damit, anzünden, rauchen, fertig. – Also?

Was sich tatsächlich geändert hat, ist die Einstellung zum Pfeifenrauchen. Wurde früher die »Magie der Pfeife«[1] kultiviert und »die edle Kunst des Rauchens«[2] zelebriert, geht es heute Pfeifenrauchern darum, das Image der Pfeife von Vorurteilen und antiquierten Ansprüchen zu befreien. Genießen und Entspannen mit der Pfeife als Ausgleich zu einem Leben auf der Überholspur ist angesagt. Und natürlich ein klein wenig charmante Selbstdarstellung. Selbstbewußt sagen viele Pfeifenraucher heute, daß ihr *Selbstverständnis* ein anderes geworden ist und sich ihre *Ansprüche* gewandelt haben. Entsprechend haben sich auch die *Erwartungen* an ein Buch über das Rauchen von Pfeifen gewandelt. Dem will dieses Buch Rechnung tragen.

Es möchte die Pfeife aus dem Vorurteils-Dunstkreis rustikaler Schankstubenmentalität, behäbiger Wohnzimmergemütlichkeit und snobistischer Eitelkeit befreien. Nichts gegen guten Geschmack, Feierabend und Beinehochlegen, aber etwas mehr Pep und Biß hat die Pfeife schon verdient. Sie hat durchaus das Zeug dazu, Ausdruck eines selbstbewußten Lebensstils zu sein! Selbst wenn sich *technisch* am Pfeifenrauchen nicht viel geändert hat, haben wir doch heute einen anderen Blick darauf. Das vor allem gilt es neu darzustellen.

Deshalb ist dieses Buch neu. Deshalb ist dieses Buch unverzichtbar. Auch wenn es keine hübschen Bilder von prächtigen Pfeifen enthält. Bilder gehören in ein Bilderbuch und das hier ist ein »Lesebuch«! Deshalb ist dieses Buch zur Pfeife auch ausdrücklich *kein* Kompendium, Handbuch, Prachtband oder Brevier, sondern die schriftliche Einladung zu »pipe smoking without the boring bits«. Folglich finden sich in diesem Buch keine *goldenen* Regeln oder gar die »10 Gebote der Pfeife«, keine wohlmeinenden Ermahnungen oder drolligen Initiationsriten und schon gar keine Belehrungen für Nichtwisser und Besserwisser im typisch behäbigen Stil der großen Pfeifenmeister.

Die erste Kampfansage an den altväterlichen Stil der »jovialen Rauchonkel« und deren manchmal alberne Themen datiert übrigens bereits auf das Jahr 1961.[3] Genutzt hat sie nicht allzu viel. Deshalb wird es Zeit, Ihnen ein Buch zur Pfeife für Anfänger und Fortgeschrittene in die Hand geben, das sich nicht ohne Selbstironie zu Individualismus und kultivierter Lebensführung bekennt, dabei aber mit beiden Beinen mitten im Alltag steht. Ohne Pfeifenlatein, Faktenhuberei und Anekdotendreschen.

Auch glaube ich nicht, daß das Rauchen einer Pfeife irgendwie schwierig oder geheimnisvoll ist. Das Gute an Pfeifen ist, daß jeder schnell kapiert, wie sie funktionieren. »Pfeifenrauchen ist die einfachste Sache von der Welt«, beteuerte stets Pfeifendesigner Rainer Barbi, »es ist wirklich keine Kunst«. Man muß kein Pfeifenvirtuose, kein Paganini der Pfeife werden, um mit Spaß und Genuß Pfeife zu rauchen. Die *Kunst* beim Pfeifenrauchen liegt wohl eher darin, das Exklusive, für das die Pfeife ja durchaus auch zu Recht steht, nicht zum Elitären oder gar Esoterischen hochzustilisieren. Aber genau das ist viel zu lange in den wirkungsmächtigen Enzykliken der großen Pfeifenpäpste gemacht worden. Früher wurde Pfeifenrauchen als geheimnisvolles Ritual betrachtet, das den Raucher mit einer Aura der Überlegenheit umgeben sollte. Heutige Pfeifenraucher pfeifen auf so etwas. Pfeifenrauchen ist das, was Sie daraus machen.

Ich habe Informationen und Tips zusammengestellt, die nicht nur das »*Was*« und »*Wie*«, also die »pipologischen« Fakten klären, sondern auch den kultivierten Genuß, ein zeitgemäßes Image (jedenfalls das, was ich dafür halte), vor allem aber den unglaublichen *Spaß* an der Pfeife in den Vordergrund rücken. Mein Kriterium für die Auswahl der Inhalte war dabei stets die unmittelbare Verwertbarkeit für den Alltag. Bei der Darstellung habe ich mich um »Klartext« bemüht.

Pipe-Line Reloaded

Nun geht *Pipe-Line*, dessen erste Passagen vor etwa 15 Jahren entstanden, in die 4. Auflage und gilt schon selbst als Klassiker. Zeit, einen Blick zurück zu werfen und sich dann den vielen neuen Themen dieses Buches zuzuwenden. Denn diese vierte Auflage wurde komplett überarbeitet und kräftig erweitert. Dem Verleger sei Dank!

Pipe-Line entstand Ende der 90er Jahre, als die Zigarre ein schier unglaubliches Comeback erlebte, auf das damals so manche Pfeifenraucher mit Neid blickten. Vor allem die Produzenten von Pfeifen und Pfeifentabak schauten ziemlich scheel auf die Wiedergeburt der Zigarre als Phönix aus der Asche alter Stumpen. Dieses Wunder der Auferstehung hatte viel mit der neuen Qualität der »dicken Braunen«, mehr aber noch mit zeitgemäßem Marketing zu tun. Man wollte nicht nur weg vom fehlfarbenen Stinkrübli der Wirtschaftswunderzeit, man setzte sich auch gezielt vom Klischee des Kapitalistenschnullers ab. Clever legte die Branche fortan allergrößten Wert auf ein weltmännisches »C« bei der (Premium-)Cigarre und verpaßte ihren Rauchern die mondäne Bezeichnung »Aficionado«, während diese in der Werbung zu ihren Cohibas coole Cocktails in angesagten Smokers-Lounges schlürften.

Zigarrenrauchen mauserte sich so zum exklusiven »Big Smoke«, zum exotischen »Caribbean Event«, bei dem schöne Frauen teure Zigarren, pardon: Cigarren rollen und »Buona Vista Social Club« den tiefenentspannten Soundtrack liefert. Dagegen sah die von Pfeifenpäpsten zur Schau getragene Feinschmecker-Attitüde bloß noch altbacken und unfreiwillig komisch aus. »Das ist das Problem mit Pfeifen«, stichelte prompt der Zigarren-Guru Cabrera Infante, »sie sind so durch und durch unecht und aufgesetzt, daß man sie gar nicht rauchen muß, um blöd damit auszusehen.«[4] Doch damit nicht genug: An der Pfeife klebte ein schrulliges Nerd-Image und das Klischee des in Ehren ergrauten Ruheständlers mit Strickjacke und Pantoffeln. Mit Pfeife ist man eher Oberstudienrat als Cowboy. Da nützt es wenig, als Pfeifenraucher den Intellektuellen »raushängen« zu lassen. Mal ehrlich, wer will mit Anfang 30 schon aussehen wie Albert Einstein oder Konrad Lorenz – Professur hin und Nobelpreis her, sexy geht irgendwie anders.

Moderne Lifestyle-Magazine für Genußraucher taten ein übriges und haben frischen Image-Wind in die gesamte Tabakbranche gebracht. Was aber als kräftige Brise in die schicken Humidore wehte, erreichte nur noch als laues Lüftchen die etwas muffigen Pfeifenschränke. Doch immerhin segelte das Pfeifenrauchen als *Fine Smoke* einige Jahre wacker im Kielwasser des *Big Smoke* mit zu neuen Image-Ufern. Pfeifenrauchen wurde so zwar nicht gerade cool, aber wenigstens wurde sein Genuß- und Spaßfaktor wieder etwas deutlicher sichtbar.

Anfangs traten die bunten Tabak-Magazine für Pfeifen- und Zigarrenraucher noch gemeinsam an, aber bald schon spielte die Pfeife nur noch eine marginale Rolle. Schließlich wurde das Thema »Pfeifenrauchen« in den bunten Blättern von Luxusuhren, Golf-Trophys und jeder Menge großflächiger Werbung verdrängt.[5] »Schade auch«, dachte so mancher Pfeifenraucher, zog griesgrämig an der Pfeife und kündigte das Abo.

Den ursprünglich frischen und frechen Charme jener Lifestyle-Magazine in ein Pfeifenbuch zu holen, hielten deshalb viele Pfeifenraucher für eine glänzende Idee. So selbstbewußt wie die Aficionados war der moderne »Pipero« doch allemal! So kam *Pipe-Line* als zeitgemäßes, junges und etwas vorwitziges Pfeifenbuch zustande und wurde sogleich ein Erfolg. Übrigens nicht nur bei jungen Pfeifenrauchern.

Der Anspruch, zeitgemäß zu sein, macht nun nach eineinhalb Dekaden nicht nur eine Generalüberholung notwendig. Um es bildlich auszudrücken: Diese Pfeife mußte komplett neu gestopft werden. Für *Pipe-Line Reloaded* wurden die Kapitel inhaltlich und stilistisch vollständig überarbeitet und Passagen, die nur aus dem damaligen Kontext zu verstehen waren, gestrichen. Ebenfalls gestrichen wurden Kapitel, die Informationen enthielten, die entweder inzwischen als selbstverständlich gelten dürfen, wie etwa der Umgang mit dem Internet, oder sinnlos geworden waren, wie ein Pfeifenknigge über das Rauchen in Restaurants und Kneipen. So entstand Platz für Neues.

Die meisten der neu aufgenommenen Themen sind erfreulich, wie das Auftauchen neuer Verarbeitungsmethoden, Formen und Materialien, vor allem aber das Aufstreben neuer Pfeifenmacher. Sah es vor 15 Jahren noch so aus, als würde man kaum noch Nachwuchs für die Pfeifenherstellung gewinnen, gibt es heute viele neue Meisterinnen und Meister dieses Faches. Erfreulich viele junge Leute sind darunter.

Leider kann man dies über die Pfeifenraucher selber kaum sagen, auch wenn ihre Zahl über die Jahre hinweg einigermaßen konstant geblieben ist. Trotz aller Bemühungen der Branche, scheinen sich nach wie vor Raucher erst in späteren Jahren der Pfeife zuzuwenden. Wie eine Umfrage zeigt, gehören heute 61% der Pfeifenraucher zur finanzstärksten Gruppe, nämlich den 40 bis 59-Jährigen.[6] Die Gruppe der 30 bis 39-Jährigen ist mit 12% gerade mal halb so groß wie die der Senioren über sechzig mit 24%, während die 18 bis 29-Jährigen nur deprimierende 3% ausmachen. Fazit: Die überwiegende Mehrheit der Pfeifenraucher liegt zwar erkennbar jenseits der dreißig, aber nicht so deutlich im Rentenalter, wie manch böses Vorurteil besagt.

Auch wenn das Pfeifenraucher-Klischee des verwegenen Bausparers in seiner angesilberten Jugend tatsächlich zu 73% zutrifft, erweist sich gerade in dieser Gruppe die Pfeife als Gourmet-Instrument. Hier werden nämlich die teuersten und erlesensten Pfeifen gekauft. Die jüngeren können oder wollen sie sich noch nicht leisten, die älteren haben sich offenbar schon eingedeckt. Pfeifen halten ja bekanntlich ziemlich lange.

Egal zu welcher Pfeife man greift: Die Entscheidung, Pfeife zu rauchen wird offenbar nicht so sehr durch den Duft von Freiheit und Abenteuer oder eine stylische Optik motiviert, sondern durch selbstbewußten Genuß bestimmt. Für Genießer stehen Imagefragen und Modetrends ohnehin nicht im Zentrum des Interesses, was aber nicht heißt, daß sie nicht wahrgenommen werden. Genießer rauchen Pfeife oft nicht wegen, sondern trotz des Images. Kein Wunder, wenn Pfeifenraucher als wertkonservativ und selbstbewußt gelten. Trotzdem sind sie neugierig auf echten Genuß und nehmen sich Zeit für ihre Leidenschaft, für die sie auch schon mal bereit sind, etwas tiefer in die Tasche zu greifen. Das ist zwar nicht unbedingt eine Frage des Alters, aber eben irgendwie doch. Weshalb es also gar nicht verwunderlich ist, daß man erst etwas später die Pfeife entdeckt. Schön, daß es dennoch einige junge Piperos gibt.

Vielleicht müssen Pfeifenraucher sich einfach damit abfinden, daß Genießer immer eine Minderheit sind, wie alle, die dem Anspruch folgen, das Leben so zu leben, als hätte man nur das eine. Und schon haben wir ein neues Image, bei dem jeder zur Minderheit der Genießer und Lebenskünstler gehören möchte. Also braucht man eine Anleitung. Aber braucht man sie tatsächlich?

In Pfeifenbüchern hat man sich kaum je den Kopf darüber zerbrochen, ob das Rauchen von Pfeifen nun eine Art technischer Tätigkeit oder eher eine Kunst (im Sinne einer Lebenskunst) ist. Indem man es in den meisten Pfeifenbüchern lehrbuchmäßig vermittelt, scheint man irgendwie davon auszugehen, daß das Pfeifenrauchen ein Handwerk wie Tischlern oder Schweißen sei. Hinzu tritt vielleicht noch eine mehr oder weniger ausgefeilte Klassifikationskunde für die Jäger und Sammler unter uns, sowie ein Genießerkodex, der das »richtige« Verhalten eines echten Pfeifenaristokraten definiert. Durch all dies kommt unversehens ein etwas pedantischer Zug in viele Pfeifenbücher, die über weite Strecken »Bedienungsanleitungen« sind, in denen man nachschauen kann, ob man auch alles richtig macht.

Das Gute an einer solchen Darstellung ist, daß man auf diesem Wege Pfeifenrauchen so leicht lernt wie das kleine Einmaleins. Deshalb schätzen gerade Pfeifenprimaner diese Form der Unterweisung sehr. Doch passionierte Pfeifenraucher sind Individualisten und fühlen sich so nur belehrt oder geschulmeistert, als hätten sie noch das Pfeifen-Abitur vor sich. Sie wollen auch nicht nur Bücher über Pfeifen lesen, die immer wieder bei »Null« beginnen.

Natürlich sollte jedes Pfeifenbuch einen *Crash-Kurs* für Anfänger bieten, und deshalb findet er sich selbstverständlich auch hier. Doch darüber hinaus stellt *Pipe-Line* das Pfeifenrauchen immer auch ganz anders, nämlich als »Lebenskunst« dar. Man mag dies »Kunst« oder »Philosophie des Pfeifenrauchens«[7] nennen – und auch wenn man Lifestyle dazu sagt, geht das Abendland nicht gleich unter.

Keineswegs wird in diesem Buch das Pfeifenrauchen neu erfunden. Pfeifenrauchen als Lebenskunst betrachtet, führt zu einer *Neuinszenierung* dessen, was Pfeifenraucher über den Genuß hinaus mit ihren Pfeifen ohnehin schon verbinden. So klischeehaft es klingt, aber durch den Rauch der Pfeife blickt man ein wenig distanzierter und ruhiger, vielleicht auch etwas abgeklärter auf die Umtriebe der Welt. Werfen wir doch einen solchen Blick auf das Pfeifenrauchen selbst: Man erlebt nicht das, was man erlebt, sondern wie man es erlebt.

Die sogenannte »Freizeit- und Erlebnisgesellschaft«, die uns kurioserweise immer weniger freie Zeit für uns selbst läßt, erscheint zunehmend besinnungslos und inhaltsleer. Diesem Trend widerstehen jene, die sich bewußt auf sich selbst besinnen: auf ihre Besonderheit und Einzigartigkeit im Massenzeitalter. Dies kann man auf vielfältige Weise tun, Pfeife zu rauchen kann eine davon sein. Pfeifenraucher sind oft Individualisten und zeigen sich häufig von herrschenden Meinungen und Zuständen unabhängig und distanziert. Wie der Philosoph Rüdiger Safranski, der in einem Interview auf die Frage, wie er sich entspanne, bedachtsam antwortete: »Pfeife rauchen, einen guten Bordeaux trinken, Musik hören, Unsinn reden«.[8]

Bedachtsamkeit heißt bewußt zu wählen, was man vielleicht etwas hochtrabend mit kultivierter Lebensführung in Verbindung bringt. Ganz bewußt werden Pfeife und Tabak ausgesucht. Hier ist nicht die Rede von der sündhaft teuren Luxuspfeife. Auch eine ganz normale Serienpfeife ist aufgrund ihrer einzigartigen Maserung und der weitgehend von Hand gesteuerten Herstellung ein unverwechselbares Unikat, das der Kenner und Liebhaber schöner Dinge zu schätzen weiß. So wird nicht nur der Tabak aus der Pfeife, sondern die Pfeife als ästhetischer Gegenstand mit genossen. Man könnte auch sagen: In dieser Wahl spiegelt sich der Pfeifenraucher als Persönlichkeit selbst wieder.

Diktatur der Fürsorge

Das brennendste und leider auch unerfreulichste Thema der letzten Jahre sind die allgegenwärtigen Rauchverbote und die mit ihnen einhergehende gesellschaftliche Ächtung der Raucher. »Immer knapper wird der Raum, in dem sich der Genußraucher frei bewegen kann«, klagt der Publizist Thomas Hüberli und fährt fort: »Die Präventionslobby schreitet unerbittlich voran, mit viel Geld im Rücken und einer fundamentalistischen Überzeugung, der Raucher – ein unmündiges, rücksichtsloses Geschöpf – gehöre bekehrt oder ausgerottet. Es wäre wünschenswert, wenn die Aktivisten der Gesundheitslobby etwas weniger Zeit darauf verwenden würden, neue Verbote zu initiieren und sich dafür ein paar Gedanken über ein bewußtes, respektvolles Zusammenleben machen würden.«[9]

Man kennt die Argumente und Auseinandersetzungen um die Rauchverbote nur zu gut und viele verlassen lieber den Raum, als mit den Rechthabern von der Nichtraucherliga zu diskutieren. Oder sie greifen zum Schnupftabak, dem rauchlosen Tabakgenuß und rauchen ihr Pfeifchen erst dann, wenn sie ungestört sind.[10]

Man kann das Thema »Rauchverbote« medizinisch, politisch, moralisch und selbstverständlich auch polemisch angehen. Gerade letzteres führt zu so amüsanten Formulierungen wie »Anti-Tabak-Taliban«, »Tugendterroristen« oder »Gesundheitspolizei«. Es ist dann von »Bevormundung«, »Unterdrückung« und »Diskriminierung« der einen durch die anderen die Rede. Außerdem sei es eine Schande, daß gelb markierte »Raucher-Ghettos« auf Bahnsteigen und das Denunzieren der Raucher und Kneipen-Wirte so widerstandslos von der sogenannten Zivilgesellschaft akzeptiert würden.[11] Manches an diesen Polemiken mag stimmen, anderes nicht, bei einigen ist die historische Anspielung sicher fragwürdig, sollte sie auch gerechtem Zorn entspringen.

Ungerecht ist und bleibt zweifellos die weit verbreitete Gleichsetzung von Sucht- und Genußrauchen. Unter Rauchern neigt man dann zur Solidarität und kommt in der Not darin überein, daß dies nicht die Stunde des Zwists zwischen Zigaretten-, Zigarren- und Pfeifenrauchern sei: *Brüder, zur Sonne, zur Freiheit* – das meint doch nicht, daß wir draußen vor der Tür rauchen sollen! So lange wir auch das überhaupt noch dürfen...

Viele sehen in Rauchverboten die Vorboten einer beunruhigenden Entwicklung der freiheitlich-demokratischen Gesellschaften, die seit geraumer Zeit dazu neigen, im politisch korrekten Furor fundamentalistisch zu argumentieren: So wie es aussieht, werden im großen Nanny-Staat nicht nur der Feinraucher mit dem Suchtschmaucher in den selben Sack des Verbots gesteckt, demnächst kommt wohl auch noch der Sommelier mit dem Säufer hinzu. »Und wahrlich ich sage Euch, auch die Bauchspeckträger kriegen noch ihr Fett weg«, prophezeit mancher Hungerhaken und schwingt mit nahezu religiöser Inbrunst die Kostenkeule des Gesundheitssystems.

Bei diesem »Gesundheitswahn« sind es von den Rauchmeldern zu den Prohibitions-Propheten und Fett-Verteuflern wohl nur kleine Schritte. Eines kommt da in Zukunft zum Anderen: Zuerst Gruselbilder auf Tabakprodukten, dann wird das *Große Buch vom Wein* auf der Bauchbinde (nomen est omen) als Trinker-Almanach mit Nebenwirkungen entlarvt und auf einer bekannten Schokolade für Kinder (die natürlich sofort umbenannt werden muß!) prangt ein zentnerschwerer Kinderschreck mit kariösem Grinsen. Auf Genußmitteln steht mit Trauerrand »Alkohol schädigt Ihre Gesundheit und macht abhängig«, »Fleischesser sterben früher«, »Butter läßt Ihre Haut altern«, »Chips machen sehr schnell abhängig: Fangen Sie gar nicht erst an« oder »Kaffee kann zu Bluthochdruck führen und verursacht Impotenz«. Mancher sieht sogar Hinweise darauf, daß die Zeit zu Ende geht, in der Zucker ein frei verkäufliches Gut ist.[12] Sie glauben das sei übertrieben? Schon jetzt stehen unter der Hochglanzwerbung für exklusive Alkoholika »Bitte genießen Sie verantwortungsbewußt«. Liegt Verantwortung nicht im Wesen des Genießens?

Hier zeigt sich der vorauseilende Gehorsam gegenüber dem »Totschlagargument« des Solidargedankens: Ob Rauchen, Alkoholkonsum oder Radeln ohne Helm, wer riskant lebt, schadet der Solidargemeinschaft, die für die Behandlung des gefallenen Sünders aufkommen muß. »Diese Logik untergräbt jede Freiheit. Denn so gesehen ist nichts, was ich tue, ohne Belang für die Allgemeinheit, die daraus folgert, mich kontrollieren zu dürfen«,[13] ja vielleicht sogar überwachen zu müssen! Das Gebot, gesund und »richtig« zu leben, führt zu immer mehr Verboten und wachsender Kontrolle, manche fürchten gar den Wohlfahrtsausschuß eines Überwachungsstaates. Bereits heute scheint zu gelten: »Gesundheit ist eine Tugend, eine soziale Pflicht und Frische ist das oberste Gebot.«[14]

Wer genußvolles Essen, Trinken und Rauchen aufgibt, wird möglicherweise nicht länger leben, es wird ihm bloß länger vorkommen, witzelt mancher. Das alles klingt nicht nur deprimierend, es *ist* deprimierend. Das ganze Leben ist aus dieser Perspektive eine hochgefährliche Abfolge von Möglichkeiten zu erkranken und zu sterben.

An dieser Stelle einer ordentlichen Polemik folgt dann notwendig der Übergang zur Politik: Man besinne sich doch bitte darauf, bei Wahlen stimmberechtigt zu sein und jene abzuwählen, die sich für solche antiliberale Genußfeindlichkeit stark machen. Wo bleibe da die Freiheit des mündigen Bürgers? Womit wir wieder bei der Polemik wären...

Trotz allem: Wer die politische und moralische Auseinandersetzung mit den Rauchverboten sucht, wird in diesem Buch nicht fündig werden. *PipeLine* ist keine Streitschrift für die Rechte von Rauchern, wie das unschlagbare Buch von Imre von der Heydt.[15] Es ist ein Plädoyer für genußvolles, und damit immer auch verantwortungsbewußtes, rücksichtsvolles und friedliches Rauchen. Eine Generalabsolution für Raucher werden Sie in diesem Buch nicht finden. Und es wird auch keine Antworten auf die uns alle bewegenden Fragen geben, ob Pfeifenrauch für das Ozonloch verantwortlich ist und die Abholzung der Erica Arborea, besser bekannt als Bruyère, den Klimawandel begünstigt.

Genußrauchen

Auch wenn die Debatte um Rauchverbote hitzig geführt wird, sollte man einen kühlen Kopf (und Pfeifenkopf) bewahren: Die Evolution hat rund zwei Millionen Jahre gebraucht, bis aus den ersten affenartigen Geschöpfen der *Homo Sapiens* entstanden ist. Wirklich vernünftige Wesen sollten in dieser

Debatte nicht den Beweis antreten, daß der Weg zurück in zwei Minuten gelingt. Wer als Genießer im rechten Augenblick mit allen Sinnen genießen kann, macht dem Namen *Homo Sapiens* alle Ehre: Das lateinische »Sapiens« bedeutet nämlich nicht nur »weise«, sondern auch »schmeckend«. Es ist die Einstellung des Genießers nicht nur zum Genußmittel, sondern vor allem zu sich selbst: Offenheit, wache Sinne, Begeisterungsfähigkeit und Entschlossenheit zeichnen Genießer aus. Auch beim Rauchen und gerade beim Pfeifenrauchen.

»Das Genießen«, so Gero von Randow, »ist ein faszinierendes Phänomen. Es ist körperlich und seelisch, privat und öffentlich, geformt und zerfließend, gemessen und ohne Maß. Eine besonders intensive Beziehung zur Welt. [...] Genuß will nicht nur ausschweifend, er will auch abschweifend sein: Genuß weckt die Lebensgeister, ruft die Fantasie wach, holt Erinnerungen zurück«.[16] So kommt es, daß, wer nicht genießen kann, letztlich ungenießbar wird. Wie schon jetzt all jene zutiefst bedauernswerten Zeitgenossen, die den Genuß am liebsten als Sünde verbieten würden. Der Genießer ist ihnen suspekt.

Da fällt uns ein berühmter Pfeifenraucher ein: Aldous Huxley läßt in seiner schönen neuen Welt (*Brave New World*) seinen Helden gegen das genormte Glück der Gesunden, Jungen und Schönen aufbegehren: »Ich brauche keine Bequemlichkeit. Ich will Gott, ich will Poesie, ich will wirkliche Gefahren und Freiheit und Tugend. Ich will Sünde!« Huxley schrieb dieses Buch Anfang der dreißiger Jahre und läßt seine Geschichte irgendwann in 600 Jahren spielen. In seinem Essayband *Dreißig Jahre danach (Brave New World Revisited)* konnte er seine Anti-Utopie an der inzwischen veränderten Welt messen. Er kommt darin zu dem Schluß: Sozialer und technischer Fortschritt und verfeinerte Methoden der psychologischen Manipulation lassen erwarten, daß seine grausige Voraussage sich in einem Bruchteil der veranschlagten Zeitspanne verwirklichen werde. Wir sind heute weitere fünfzig Jahre weiter.

»And now for something completely different «[17]

Sagt man nun »Pfeiferauchen« oder »Pfeifenrauchen«? Eigentlich ist es ja egal, ob nun mit oder ohne »n« in der Mitte, aber für die Philologen unter den »Pipologen« sei hier eine begriffslogische Klärung versucht. Blickt man darauf, daß man beim Rauchen immer nur *eine* Pfeife im Mund hat, was wohl die Regel sein dürfte, dann spricht man von »Pfeiferauchen«

(oder mit »Pause«, wie Safranski von »Pfeife rauchen«). Steht aber nicht der aktuelle Rauchvorgang zur Debatte, sondern *alles* rund um das Rauchen von Pfeifen, so heißt es logischerweise auch »Pfeifenrauchen«. Also Plural, schließlich besitzen ordentliche Pfeifenfans nicht nur eine Pfeife! Da es in diesem Buch überwiegend um Pfeifen als solche und den Rauchvorgang im Allgemeinen geht, wird fast durchgängig von Pfeifenrauchen die Rede sein.

Was die im Buch verwendeten Zahlen und Fakten anbelangt wird auf möglichst aktuelle Werte und seriöse Studien zurückgegriffen. Selbstverständlich sind Untersuchungen verschiedener Interessengruppen stets mit Vorsicht zu genießen. Der Markt ist für uns Verbraucher ohnehin schon unübersichtlich genug. Wie oft fragt man sich angesichts des Reigens der Produzenten und (Groß-)Händler: Wer hat da eigentlich gerade wen gekauft, und zu welchem Konzern gehört wieder der andere? Wer produziert jetzt was für wen? Und an wen wanderten die Markenrechte? So wie es aussieht können nicht einmal Online-Zeitungen noch aktuell genug sein, geschweige denn ein gedrucktes Buch. Aufmerksame und interessierte Leser werden dies genau so schnell merken wie der Autor, der hier nur um Nachsicht bitten kann.

Ach, und noch etwas: Bitte ärgern Sie sich nicht über Anglizismen im Text. Das ist in der Pfeifenliteratur nun einmal so. Wir bewegen uns auf traditionsreichem Terrain – und das verpflichtet. Von Britannien ausgehend, hat sich ein Vokabular entwickelt, das tief in den Bereich der Fach- und Sondersprachen reicht und sprachlich seit dem frühen 20. Jahrhundert England, dem Mutterland des modernen Pfeifenrauchens verpflichtet ist.[18] Mögen Japaner ihre Teezeremonie haben, Pfeifenraucher (Pipesters) pflegen britische Rauchkultur! Da können sich Dänen noch so anstrengen, Italiener schimpfen und Franzosen als »Erfinder« der Bruyèrepfeife schmollen, die Terminologie ist englisch besetzt. So sorry! Anglizismen prägen folglich die Fachsimpelei der Pipophilen (was zur Abwechslung mal etwas Griechisch ins Wort mogelt). In aller Welt fühlen sich Pfeifenfreunde »very british«, auch wenn Ihre Pfeifen aus Nürnberg oder Roermond stammen. Deshalb: »Please calm down and smoke a pipe!«

Wie schon in der ersten Auflage möchte ich mich an dieser Stelle bei meinem Verleger *Jo Herbst* bedanken, der den verlegerischen Weitblick hatte, diesen »neuen Klassiker der Pfeifenliteratur« in sein Programm aufzunehmen. An der Pfeife waren meine Freunde *Christoph Kijak, Reinhard Kottmann* und *Christian Zeuch* mit von der Partie. Ihr fachmännischer Rat und freundschaftlicher Zuspruch waren von unschätzbarem Wert. Meine Frau *Dorit Grugel-Pannier*, gelegentlich in den Rauch edler Havannas gehüllt, hat das Manuskript mit gebotener Pingeligkeit Korrektur gelesen. Mein Kollege *Norbert Schulte* hat sich ebenfalls durch den ganzen Text gearbeitet – und zum Glück nicht mit Kritik gespart. *Holger Köpper* hat mir in der Chemie des Zündhölzchens Nachhilfe gegeben und manches über Verbrennungsprozesse erklärt. Ich befürchte vergebens – was aber nicht an ihm gelegen hat.

Auch möchte ich dem Tabakforum für seine freundliche Unterstützung danken, besonders Herrn *Alexander Manderfeld*, der mir so manches vergriffene Buch zur Verfügung gestellt hat und mit viel Interesse und Zuspruch das ganze Projekt begleitete. Guten Rat habe ich außerdem von vielen Pfeifenrauchern und Pfeifenhändlern bekommen. Stellvertretend schönen Dank an die »Pfeifenräte« *Götz Werner* (Bonn), *Peter Heinrichs* (Köln), *Familie Träber* (Münster/Osnabrück) und *Daniel Finke* (Münster). Und natürlich meinem Vater *Egon Pannier*, mit dem ich immer noch am liebsten Pfeife rauche!

So, das war's! Jetzt können wir endlich loslegen.

Anmerkungen

1 Robin Crole, Pfeifen - Magie und Flair eines Genusses, a.a.O. (siehe Literaturverzeichnis)

2 Alfred H. Dunhill, Die edle Kunst des Rauchens, a.a.O.

3 Vgl. Werner Luft, Rauchringe, Feste des Tabaks, München 1961, S. 9. Ein Buch, das sich übrigens wie die Anekdotensammlung eines Oberlehrers aus dem 19. Jahrhundert liest!

4 G. Cabrera Infante, Rauchzeichen, a.a.O., S. 199f.

5 Lohnte in den vorherigen Auflagen noch ein Unterkapitel zu den Tabak-Magazinen für den Pfeifenfreund, reicht heute eine Fußnote: Radford's Pfeifenmagazin und Pipe & Cigar wurden eingestellt, fine tobacco spielt für Pfeifenraucher kaum noch eine Rolle, das russsich-deutsche Cigar Clan und das österreichische European Cigar Journal (das Cult wurde gestrichen) hatten ohnehin immer nur kleine Anteile für die Pfeife reserviert. Das schweizerische Cigar hat sich bedauerlicherweise komplett aus dem Thema zurück gezogen. Lediglich der Smokers Club räumt für unser Thema noch Platz ein. Pfeifenraucher wissen dies sehr zu schätzen und betrachten das Magazin als Amtsblatt!

6 Nachweis: Zahlen, Daten, Fakten des VdR (Verband der deutschen Rauchtabakindustrie), Mitgliederumfrage des Radfords Freundeskreises unter seinen Mitgliedern, sowie die Auswertungen verschiedener Landesämter für Statistik zum Rauchverhalten der Bürgerinnen und Bürger.

7 Vgl. Jörg Pannier, Dies ist keine Pfeife, Zur Philosophie des Pfeifenrauchens, Münster 2007, S. 71ff.

8 Rüdiger Safranski, Philosophie – Ein schönes Wagnis, in: PhilosophieMagazin, 1/2002, S. 10.

9 Cigar 2/2011, Editorial

10 Vgl. Jörg Pannier, Schnupftabak für Genießer, Alles rund um Schmalzler, Snuff & Co., Münster 2011.

11 Vgl. Harald Martenstein, Ich glaube, ich bin, wenn ich rauche, der neue Jesus, in: ZEIT MAGAZIN, 16/2012, S. 8.

12 ZEIT MAGAZIN 17/2012, S. 5.

13 Ulrich Greiner, Rauchen & Sündigen, aus: Die Zeit, 27.12.2012, Titelseite.

14 Elisabeth Raether, Die trinkende Frau, in: ZEIT MAGAZIN 12/2013, S 38.

15 Vgl. Imre von der Heydt, Rauchen Sie? Verteidigung einer Leidenschaft, Köln 2005.

16 Gero von Randow, Genießen – Eine Ausschweifung, Hamburg 2001, S. 7. S.a. Isabel Allende, Aphrodite - Eine Feier der Sinne, Frankf. a. M. 1998, S. 70.

17 So die klassische Überleitung von einem Sketch zum nächsten in der britischen Comedy-Serie Monty Python's Flying Circus. »Und jetzt zu etwas vollkommen anderem...«

18 Tatsächlich war die Fachsprache der Pfeifenraucher bis um die Jahrhundertwende vom 19. ins 20. französisch geprägt, wie man noch in Pfeifenbüchern und Romanen dieser Zeit sehen kann. Erst mit Dunhills pfiffigen Pfeifenideen setzte sich ab dem 1. Weltkrieg die englische Terminologie weltweit unter Pfeifenrauchern durch. Dies geschah so schnell und gründlich, daß die Fachausdrücke bereits vor dem 2. Weltkrieg nahezu komplett ausgewechselt waren. Später, während der 50er und 60er Jahre, etablierte sich insbesondere unter deutschen Pfeifenrauchern ein »britisches« Image, weshalb sich so manche »kontinentale« Firma einen englischen Namen zulegte: Stanwell, MacBaren, Big Ben ...

Der Crash-Kurs

Ah, Sie sind Anfänger? Dann gehen wir doch erst mal eine Pfeife kaufen!

Eine Pfeife soll man einfach und gut rauchen können. Soviel ist klar. Darüber hinaus sollte sie einem gefallen, gut zu Gesicht stehen und angenehm in der Hand liegen. Außerdem sollte man für sie nicht gleich Haus und Hof verpfänden müssen. Darüber hinaus ist eine Pfeife etwas ganz persönliches, weshalb man sie sich unbedingt immer selbst aussuchen sollte. Beim Kauf einer Pfeife muß man sich also nach ästhetischen, praktischen und (nicht zuletzt) finanziellen Gesichtspunkten entscheiden. Nur so wird eine Pfeife tatsächlich *unsere* Pfeife.

Auf dem Pfeifenmarkt gibt es zwar ein riesiges Angebot, doch der Pfeifenneuling muß daran nicht verzweifeln. Anfängern ist sogar ganz einfach zu raten: Kaufen Sie sich zum Probieren eine solide Mittelklassepfeife, die nicht teurer sein muß, als eine Paar Business-Schuhe. Die »Erste« sollte nicht zu billig sein. Eine Minimum-Qualität kostet ihr Geld. Die Pfeife sollte aber auch nicht zu teuer sein, schließlich war Ihr erstes Auto doch auch kein Rolls Royce.

Ihre neue Pfeife sollte nicht zu kurz oder zu lang sein. »Na toll«, werden nun manche denken, »und wie stellt man das fest?« Ganz einfach: Man spreizt Daumen und Zeigefinger so weit es geht. So lang sollte etwa die Pfeife sein, wobei der Daumen den Pfeifenkopf symbolisiert. Zu kurze Pfeifen sind zu »heiß« für die Zunge des Anfängers, zu lange und gebogene Pfeifen ziehen zu behäbig und lassen eine direkte Temperaturkontrolle nicht so einfach zu. Jedenfalls nicht für Unerfahrene. Mit dieser Maß-Nahme ermittelt man nicht nur eine bestimmte anfängergeeignete Länge und Form, sondern auch jene Pfeifen-Proportion, die zu einem paßt. Große Pranken brauchen etwas größere Pfeifen, die wiederum in schlanken Händen nur klobig aussähen.

Für die Ermittlung der richtigen Brennkammertiefe gibt's ebenfalls einen einfachen Trick: Sie sollte nicht tiefer als 1½ Fingerglieder des Zeigefingers (wenn man ihn denn hinein bekommt) sein. Größere Pfeifen könnten anfangs Schwierigkeiten beim Aufrauchen machen. Ein zu kleines Füllvolumen würde nur auf bestimmte Tabake festlegen (s.u.). Was man für den Anfang (b)raucht, ist ein robuster »Allrounder« mit viel Holz um die Brennkammer.

Am besten kauft man seine ersten Pfeifen in einem Fachgeschäft unter sachkundiger Beratung. Mit etwas Glück gibt es dort preisreduzierte Markenpfeifen. So ist die Auswahl aus dem riesigen Pfeifensortiment begrenzt durch die Anfängerkriterien. Nur übersichtliche 20-30% des Sortiments kommen für das klassische Starter-Paket in Frage: Preiswert, aber nicht billig, möglichst gerade und solide-dickwandig, dabei handlich und mit einem robusten, aber nicht zu kräftigen Mundstück – und natürlich schön anzusehen, sollte der neue Handschmeichler auch sein. Hand und Auge rauchen schließlich mit. So einfach ist der erste Pfeifenkauf!

Ob man sich für eine Pfeife mit Aktivkohlefilter entscheidet oder lieber filterlos raucht, hängt von verschiedenen Faktoren ab. Zunächst natürlich von gesundheitlichen Erwägungen, aber vielleicht auch von technischen oder ästhetischen Gesichtspunkten. Wir werden uns später noch eingehend mit dem Thema »Filter« beschäftigen. Übrigens nicht nur viele Anfänger, sondern die große Mehrheit der deutschen Pfeifenraucher greift zur Filterpfeife. Wie wir noch sehen werden, schwelt hier ein Konflikt von nahezu konfessioneller Tragweite zwischen MiFis und OhFis. Wer sich zwei Pfeifen für den Anfang leisten kann, sollte einfach eine »mit« und eine »ohne« kaufen. Nichts geht über eigene Erfahrungen.

Ein Pfeifenbesteck sollte man sich auf jeden Fall anschaffen. Es ist nicht nur praktisch, sondern schlichtweg unverzichtbar und zumeist unverschämt billig. Nicht, daß es nicht auch edle und teure gäbe, aber da man die kleinen Dinger schon mal verlegt, tun es auch die ganz einfachen (meist tschechischen) Pfeifenbestecke für ein paar Münzen. Doch dreiteilig (Stopfer, Löffel, Dorn) sollten sie schon sein.

Jetzt fehlen nur noch Pfeifenreiniger, um für die nötige Hygiene beim Rauchen zu sorgen. Und natürlich Streichhölzer oder ein Pfeifenfeuerzeug, das für den Anfang auch nicht die Welt kosten muß. Das war's. Die dritte, vierte Pfeife, eine Pfeifentasche, einen Tabakbeutel kommen fast wie von selbst dazu. So, haben wir alles? Feuer, Pfeife, ... da fehlt doch noch was...

Hauptsache Tabak

Was der Pfeifengourmet als Vielfalt zu schätzen weiß, verwirrt den Neuling nur. Ähnlich wie bei den Pfeifen kann nämlich die riesige Fülle des Tabakmarktes den Anfänger schier verzweifeln lassen. Rund 500 verschiedene Marken und Mischungen – nicht mitgerechnet die unzähligen Hausmischungen und »Private Blends« bewerben sich um die Gunst des Rauchers.[1] Hinzu kommt, daß Pfeifentabak nicht nur aus verschiedenen Tabaksorten der unterschiedlichen Anbaugebiete besteht, sondern daß sich auch die *Verarbeitungen* der Tabake sehr unterscheiden. Damit entstehen unterschiedliche Geschmacksrichtungen, die dann auch noch gemischt werden. Nicht umsonst spricht man beim Pfeifentabak von einer Mixture (engl. Mischung).

Und dann noch die verschiedenen Schnittarten des Pfeifentabaks und deren Brandverhalten: Wieder ein Kapitel für sich... Was soll man da wählen, womit fängt man am besten an?

Um auf den »richtigen« Geschmack zu kommen, müßte man sich, wie bei einer Weinprobe, durch eine ganze Menge verschiedener Pfeifen-Mixtures probieren. Hierbei hilft neben der eigenen Nase auch die freundliche Unterstützung von Pfeifenkolleginnen und -kollegen, vor allem der Rat von Fachhändlern. Deren profundes Wissen über Schnittarten, Glimmfähigkeit und Geschmacksrichtungen ist gerade (aber nicht nur) für Anfänger Gold wert. Diese Profis wissen, welcher Tabak sich hinter einem Marken-Namen versteckt, wie sich dieser oder jener Tabak raucht und ob er mild oder kräftig ist. Mit etwas Glück kann man hier auch Tabakproben aus dem Sortiment erhalten. So muß man nicht gleich eine Dose kaufen, sondern kann die ganze Palette der verschiedenen Mixtures vom »rauchigen Engländer« über die nussigen naturbelassene Mixtures bis zum »sahnig-süßen Dänen« probieren. Bei der Auswahl sollte man sich ruhig vom ersten Eindruck leiten lassen. Was der Nase spontan gefällt, schmeckt meist auch in der Pfeife. Trotzdem sollten »Pfeifenneulinge« einige einfache Faustregeln beachten.

Pfeifenrauchen wird meist mit süßem Tabakduft in Zusammenhang gebracht. Viele glauben, so müsse eine Pfeife duften. Trotzdem sollten Anfänger besser mit einer leichten, eher milden *Crimp Cut* oder *Ready Rubbed Mixture* starten – also mit ganz normal geschnittenem Pfeifentabak der dezent duftenden Sorte. *Flakes* und *Curly Cut* Tabake sollte man sich vielleicht für später aufsparen, da sie schwierig zu stopfen und manchmal etwas problematisch zu rauchen sind. Dafür sind sie dann aber besonders lecker. Trotzdem sollte man als Anfänger erst mal mit etwas leichterem beginnen.

Pfeifentabak sollte für Anfänger nicht zu süß sein, da es einigermaßen schwierig ist, sie trocken zu rauchen. Solche »Pudding-Tabake«, wie sie auch von ihren Anhängern gern selbstironisch genannt werden, enthalten jede Menge Zucker, der viel zu gut in der neuen Pfeife brennt. Ab dem zweiten Drittel der Pfeifenfüllung neigen manche dieser Mixtures dann zu starkem Schwitzen, weshalb das Pfeifen-Öfchen durch das Kondensat schnell naß wird, sich immer heißer raucht und, wenn es richtig schief geht, im letzten Drittel nur noch schmurgelt und blubbert. So macht Pfeifenrauchen keinen Spaß und Anfänger werden so eher abgeschreckt.

Auch wenn alles gut geht, sollte man bedenken, daß die neue Pfeife sofort das süße Aroma annimmt, d.h. die Pfeife ist von nun an süß »konditioniert«, wie Fachleute sagen. Eine Englische Mixture beispielsweise schmeckt aus dieser Pfeife wie kokelnde Gummibärchen. Wenn man den Vorgängertabak durch die gerade glimmende Mixture »hindurch« schmeckt, nennt man dies *Crossover*. Die meisten Pfeifenraucher ziehen es definitiv vor, diese »Kakofumie« zu vermeiden und benutzen bestimmte Pfeifen immer für die gleiche Geschmacksrichtung. So haben viele Pfeifenraucher ihre Pfeifen sogar im Schrank in drei Gruppen aufgeteilt: Hier die Engländer, da die Dänen und dort die Neutralen.

Besonders Anfängerfreundlich sind leichte englische Mixtures, doch sind auch dezent lieblich-milde dänische Mischungen geeignet, die ein sogenanntes *Top Flavouring* erhalten haben, d.h. während der fertig ausgereifte und frisch geschnittene Tabak in einer großen Trommel aufgelockert wird, sprüht man eine Mischung aus verschiedenen Aromastoffen, die man in Alkohol gelöst hat, in den Tabak. Hierdurch erzielt man ein dezentes Aroma ohne unnötige Süße, vor allem aber verbreiten solche Tabake ein unaufdringlich angenehmes Raumklima.

Sollte der Tabak bereits im Geschäft durch die Verpackung duften, hat man vermutlich die Vorführdose erwischt. Liegenlassen! Normalerweise sind Pfeifentabake luftdicht, meistens sogar vakuumverpackt und als Pouche (PVC -Beutelverpackung) oder Dose erhältlich. Letztere muß man mit einer Münze an der Seite auf hebeln, wobei sie ein charakteristisches »Fuuuup« machen, wenn die Luft einströmt. Ungeöffnet ist der Tabak jahrelang lagerungsfähig und beim ersten Öffnen stets in optimaler Kondition. Nach dem Öffnen sollte er möglichst wieder luftdicht verschlossen gelagert und rasch verbraucht werden. Es empfiehlt sich also, nicht zu viele Tabake gleichzeitig anzubrechen. Ist der Tabak erst einmal trocken, schmeckt jede Mixture wie Seegras.

Nun haben wir also die Pfeife und auch einen lecker duftenden Tabak. Damit steht der Anfänger aber vor einem Problem: Ohne je eine Pfeife geraucht zu haben soll er die funkelnagelneue Pfeife einrauchen. Und jetzt? »Bloß nicht bange machen lassen«, wird mancher denken. »So schwer kann das doch nicht sein.« Genau! Ist es auch nicht.

Einrauchen

Das (leidige) Thema »Einrauchen einer Pfeife« geistert immer wieder durch die einschlägigen Bücher und Kolumnen namhafter Pfeifenflüsterer, obwohl die Inbetriebnahme einer neuen Pfeife heute kaum noch ein Problem darstellt. Man stopft und raucht sie einfach. Die meisten Pfeifen sind schon »vom Werk aus« mit einer vorläufigen Schutzschicht ausgekleidet worden.

Nur ganz teure und ganz billige Pfeifen werden nicht mit einer Einrauchpaste (auch: Einrauchhilfe) ausgepinselt: Die einen wollen zeigen, daß sogar innen das Holz makellos ist, die anderen möchten selbst die paar Cent für die Paste sparen.

Diese Einrauchpasten bestehen aus Wasserglas, Graphit und chemisch reinem Kohlenstaub. Angeblich werden hie und da Aromastoffe beigemengt. Genau weiß das aber niemand außer den Herstellern – und die sagen nix. Betriebsgeheimnis!

Die Meinungen über die Wirksamkeit der Einrauchpasten gehen bei den Fachleuten weit auseinander. Manche halten sie für genial, andere für katastrophal. Immer wieder argwöhnen manche, daß es sich bei der Paste lediglich um schwarze Farbe handele (und daß die Amis nie auf dem Mond waren). Die meisten Piperos begrüßen die Einrauchhilfe aber als echte Erleichterung, da sie das Einrauchen nahezu überflüssig macht. Also, was ist nun zu tun mit der schönen neuen Pfeife? Paste hin oder her, wir rauchen sie sicherheitshalber doch erst mal vorsichtig ein.

Früher gab es auf jeder Familienfeier gute Ratschläge für »Pfeifennovizen«. So konnte man an Omas Küchentisch die verschiedenen Meinungen der ganzen Verwandtschaft zum Thema Einrauchen hören. Zum Beispiel mit einem meist fade schmeckenden Tabak so-und-so-oft ¼-Füllungen, x-mal ½-Füllungen, dann noch ein paar mal ¾-Füllungen zu rauchen, und fertig sollte die eingerauchte Pfeife sein.

»Nein, bloß nicht!« donnerte Onkel Helmut, der alte Praktiker: Die Pfeife muß von Anfang an mindestens zur Hälfte gefüllt sein, da sich sonst durch die Temperaturunterschiede im Pfeifenkopf Spannungen aufbauen, die zu Rissen führen. »Ist doch logisch«, fanden auch Heiko und Holger – Nur sollte man sie bis oben vollstopfen, ergänzte bedächtig »der« Manfred.

Opa Sigismund meinte gar, daß die ganzen Jungspunde sowieso keine Ahnung hätten und man müsse die ersten Füllungen nicht durch Ziehen, sondern durch Pusten hinter sich bringen. Natürlich löste diese oldschoolmäßige Methode nur Heiterkeit aus. Vetter Richard aus Amerika schlug daraufhin geheimnisvolle Tinkturen vor, mit denen der Innenraum der Pfeife »getunt« werden sollte, ansonsten empfahl er »volles Rohr rauchen«. Onkel Otto schloß sich zwar dieser »ganzheitlichen« Methode an, wollte aber auch die »Drittellösung« nicht völlig verwerfen. Dagegen lehnte er aber jedes »Tuning« strikt ab. Und dann noch der ganze Aberglaube: »Wenn Dir beim Einrauchen die Pfeife ausgeht, wird sie Dir später immer wieder an der gleichen Stelle ausgehen...«. Da rauche einer noch unverkrampft sein erstes Pfeifchen!

Was soll man von all diesen Vorschlägen halten? Richtig ist, daß jede Pfeife eine Kruste als Schutzschicht in der Brennkammer braucht. Auch stellt sich der wahre Genuß beim Pfeifenrauchen erst ein, wenn sich aus den natürlich im Tabak enthaltenen Zuckerstoffen in der Pfeife langsam die besagte Kruste bildet. *Langsam* und nicht über Nacht! Und »*natürlich enthalten*« meint, nicht künstlich zugefügte Sößchen.

Möglichst rasch vergessen sollte man alle Prozeduren der Vorbehandlung von Pfeifen mit Zucker, Honig, Sirup, Whisky oder Wer-weiß-was. Diese »Behandlungen« schaden nur, auch wenn man dafür gelegentlich den hübschen Namen *Maturieren* benutzt. Im Klartext: Die Kohlekruste kommt vom Tabak und nicht von irgendwelchen Fremdstoffen – und schon gar nicht vom Holz!

Nebenbei bemerkt kann man fast sicher sein, eine Pfeife zu ruinieren, wenn man sich zu sehr auf das Rauchen konzentriert. Wer Sorge hat, etwas falsch zu machen, macht nahezu zwangsläufig Fehler. Solche Pfeifenparanoiker haben wenig Spaß an der Pfeife. Deshalb, lieber Anfänger: Take it easy! Entspannen Sie sich! Lehnen Sie sich zurück und denken Sie nicht dauernd darüber nach, was Sie da gerade tun.

Stopfen Sie die neue Pfeife getrost etwa zweidrittel voll und rauchen Sie sie ruhig und bedächtig herunter. Geht die Pfeife dabei aus, ist das kein Problem – jedenfalls nicht, solange Sie noch Feuer haben. Bei den ersten Pfeifenfüllungen sollte man möglichst bis zum »bitteren Ende« rauchen, damit die neue Pfeife stets trocken bleibt und sich die gewünschte Kruste überall in der Pfeife möglichst gleichmäßig bildet. Das klappt nicht immer, schon gar nicht am Anfang, wird aber mit der Zeit! Manchmal wird man seine erste Pfeife unter der Rubrik *Lehrgeld* verbuchen müssen, aber in den allermeisten Fällen geht's auf Anhieb gut. Ehrlich! So schnell geht eine Pfeife schon nicht kaputt.

Wenn sich die Kruste gebildet hat, muß man nicht mehr unbedingt bis zum Ende rauchen – etwa im unteren Fünftel beginnt sie nicht mehr ganz so sensationell zu schmecken. Mann kann dann die Asche vorsichtig umrühren, kurz die trockene Asche ziehen lassen und dann weg damit! Ich höre schon die Traditionalisten granteln, bleibe aber dabei: Die jämmerlichen Krümel der untersten Tabakschicht haben ihren Sättigungsgrad mit dem ganzen Pfeifensaft erreicht, brennen kaum mehr und schmecken schon gar nicht. Niemand muß sich diese Tabakmumien antun.

Durch die entstandene Kohlenstoffschicht schützt sich die Pfeife nicht nur vor Feuchtigkeit, sondern auch vor der Hitze von über 700° Celsius. Wer durch hektisches Ziehen zu heiß raucht, kann die Temperatur sogar bis auf unglaubliche 1.200°C bringen.[2] Eine ordentliche Kruste ist hier der einzige Schutz vor dem gefürchteten Durchbrenner.

Feuer, Pfeife – Spaß!

Bevor man die Pfeife ansteckt, wird man die Parade seines gesamten Pfeifenregiments abnehmen, schließlich geht's bei der Auswahl der »richtigen« Pfeife um einen Akt bedeutsamer Überlegung. Wenn der Erfolg der nächsten Stunde davon abhängt, wird man doch wohl wählerisch sein dürfen. Auch wenn man erst drei Pfeifen hat...

Die Auswahl der richtigen Pfeife ist eine Mischung aus Vorfreude und Erinnerung – so beginnt der Genuß bereits vor dem Rauchen! ... Also, welche nehmen wir denn heute mal? Da wird in die Hand genommen, gewogen, zur Probe gezogen (als ob die Pfeife das inzwischen verlernt haben könnte) und zur Krümel- und Staubbeseitigung kurz und trocken hinein gepustet, da wird die Pfeife auf dem Handballen ausgeklopft (natürlich ist nichts drin), in die Brennkammer gelinst, an Pfeifenkopf und Mundstück geschnuppert, das Mundstück vom Kopf getrennt, wieder geschnuppert, zusammengebaut, zurückgestellt – nein, heute keine Bent... vielleicht eine Süße? – oder doch was neutraleres... mit oder ohne Filter? Hm? Wie wär's mit Meerschaum? Hm, nee, heute nicht... Haben Sie die richtige Pfeife ausgewählt? Lassen Sie sich ruhig Zeit. Keine Krümel drin? Was ist mit dem Filter? Los geht's!

Richtig Stopfen

Alle sagen: »Das wirst Du bald im Gefühl haben!« Auch wenn Ihnen das jetzt nicht viel hilft: Nur Mut! Es ist tatsächlich so. Andererseits leidet auch so manche Profi-Pfeife gelegentlich an »Verstopfung«. Also nicht ärgern, wenn's anfangs schon mal heißt: »Schnell nochmal zurück zum Start!« Manche tiefsinnigen Gemüter argwöhnen hinter einer solchen Blockade dunkle psychische Ursachen von nahezu freudianischer Reichweite: »Für einen Pfeifenraucher ist es stets ein Signal, wenn er seine Pfeife schlecht gestopft hat; dann ist nicht nur sie, sondern auch er nicht in Ordnung, ist er gestört, verstört, mit der Welt zerfallen«.[3] Wer weiß, was der freundliche Pfeifenpsychologe Werner Luft sonst noch so rät, ich empfehle einfach noch mal neu stopfen.

Eine alte Regel sagt: »Gestopft wird unten von Kinderhand, in der Mitte von Damehand und oben mit dem Daumen eines Seemannes«. Leider hat man diese zwei Leute und den Seemannsdaumen nie zur Hand, wenn man sie mal braucht. Aber wahrscheinlich soll man diese Regel ohnehin nicht wörtlich nehmen...

Der Tabak wird, wie Fachleute sagen, »in mehreren *Prisen* eingebracht«, wobei der Pfeifenkopf beim Stopfen immer etwas gedreht werden soll. So stopft man gleichmäßig rundherum und von unten nach oben immer etwas fester. Spiralförmig füllt man so die Pfeife bis oben hin, was einen gleichmäßigen Abbrand garantieren soll. Manche halten den Holm beim Stopfen aber stets nach oben – so verkrümelt sich nichts in den Rauchkanal. Eine weitere bewährte Befüllungstechnik ist die »Riesel-Klopf-Methode«: Man läßt den aufgelockerten Tabak in die Pfeife rieseln, klopft den Pfeifenkopf am Fingerknöchel, damit der Tabak zusammensackt. Nun wieder Tabak hinein rieseln lassen, klopfen usw. Etwas andrücken, probeziehen und so fortfahren, bis die Pfeife gut gefüllt rauchfertig ist.

Hier zeigt sich schon, daß es verschiedene Möglichkeiten gibt, eine Pfeife »ordentlich« zu stopfen. Da jeder Pfeifenprofi seine Technik für die Beste hält, kann es schon mal zum Disput über die richtige Tabakbeschickung kommen, vor allem, wenn es darum geht, Anfängern die ersten Weihen in der Kunst des Pfeifenrauchens zu spenden.

Für die meisten Pfeifenraucher ist das Stopfen keine lästige Pflicht, sondern der Genuß vor dem Genuß. Da die Liturgie des Stopfens bereits als Teil der Pfeifenzeremonie empfunden wird, kann es kaum noch verwundern, daß dieser Methodenpluralismus von manchen Pfeifenpäpsten als ketzerisch empfunden wird. Die Kontroversen um das Stopfen fanden sogar Eingang in die angelsächsischen Spruchweisheiten: »No two pipesters fill their bowls the same way«.

Später, wenn man einige Routine beim Pfeifenrauchen gewonnen hat, wird man den Tabak einfach so, ohne groß darüber nachzudenken, in die Pfeife stopfen, und Sie werden feststellen, daß das nicht nur die beste, sondern die einzige Methode ist – nicht nur, um die Pfeife perfekt zu stopfen, nein, sie stimmt Sie auch am besten auf den Pfeifengenuß ein. Es sollte niemand diese leichte Lust zur unnötigen Prozedur von Pedanten machen![4]

Tatsächlich ist das Ganze banal: Wichtig ist nur, daß der Tabak einerseits während des Rauchens dicht genug liegt, um die Glut zu halten. Andererseits darf er aber auch nicht zu dicht liegen, da sonst die Glut nicht genug Sauerstoff erhält. Das Verglimmen verändert fortlaufend die Konsistenz des Tabaks. Er wird feuchter und sackt zusammen, die Masse schwindet und es bilden sich Hohlräume. Die Pfeife wird nun heißer auch ohne daß man fest zieht. Durch das Nachstopfen mit dem Pfeifenbesteck wird die optimale Dichte und Temperatur in der Brennkammer wieder hergestellt und es kann wohltemperiert weitergehen.

Anfänger sollten oben etwas lockerer stopfen und lieber nach dem Anzünden den Zugwiderstand mit dem Stopfer regulieren. Hierzu prüft man vor dem Anzünden den Zugwiderstand indem man, nun ja: zieht. Man sollte nicht zu stark ziehen müssen. Es sollte sich irgendwie »elastisch«, aber keinesfalls »fest« oder gar »dicht« anfühlen.

Ist trotz aller Vorsicht ein Tabakkrümel in den Rauchkanal gekommen oder man hat mit viel Engagement eine luftdichte Panzerplatte gestopft, was bei feuchtem Tabak, Flakes und Curlies leicht passieren kann, dann hilft alles nichts – raus mit dem Knaster, auflockern und neu stopfen. Ach was, das ist überhaupt nicht peinlich, wohl aber durch eine stinkende Pfeife und vor angestrengtem Saugen hochroten Kopf aufzufallen...

Feuer frei!

Jetzt geht's los! Jetzt geht's los! Aber: Immer mit der Ruhe! Pfeife Anzünden ist mehr als Feuerlegen! Wer Streichhölzer verwendet, sollte darauf achten, daß es sich auch wirklich um Hölzer handelt. Alles andere ist chemisch angereicherte Brennpappe und verdirbt, genau wie Benzinfeuerzeuge, Kerzenflammen, Öllampen oder andere rußende Flammen durch penetrante Eigenaromen den feinen Tabakgeschmack – und um den geht es ja schließlich...

Auch sollte man nach dem Entzünden das Streichholz etwas abbrennen lassen, bis sich der »Schwefel«[5] verflüchtigt hat. Das hat wieder mit den Aromen zu tun, aber auch mit dem Kopfrand der Pfeife. Wer das gerade auflodernde Streichholz in den Pfeifenkopf senkt, muß mit einer unschönen Verfärbung des Randes rechnen.

Die meisten Piperos schwören zurecht auf ein Pfeifenfeuerzeug, bei dem eine »weiche«, nicht zu stark gebündelte Flamme seitlich austritt, was sowohl für die Finger als auch für die Pfeife praktisch ist. Gänzlich ungeeignet sind Cigar-Burner, deren gebündelte weißblaue Turbo-Flamme eher zum Punktschweißen als zum Pfeifeanzünden taugt.

Ein Gasfeuerzeug hält man möglichst nicht mit der Düse senkrecht über den Tabak. Die beim Anzünden aufsteigenden Dämpfe (vor allem bei Tabaken mit Top-Flavour) werden sonst nämlich recht schnell die Düse verkleben. Am besten hält man das Feuerzeug parallel zum Pfeifenkopf, so daß die

Flamme von der Seite her die Öffnung der Brennkammer bestreicht und so leicht beim Ziehen eingesogen werden kann.

Man sagt, die Pfeife anzuzünden sei ein einsames Geschäft. Das hat nichts mit dem Tabak zu tun, jedenfalls sollte es nichts damit zu tun haben. Gemeint ist hier wohl eher, daß es als höchst unfein gilt, jemandem für die Pfeife Feuer zu spenden. Wie schnell kann ein ungeschickter Feuerwerker die Pfeife ruinieren – oder die Nase des Rauchers! Auch bei Zigarren ist das Feuer geben ja bekanntlich tabu.

So, nun zünden wir aber endlich unsere Pfeifen an! Beim Anzünden der Pfeife sollte möglichst die gesamte Tabakoberfläche in Brand gesetzt werden. Dabei quillt der entzündete Tabak etwas aus der Pfeife. Wie gut, daß wir die Brennkammer nicht bis obenhin vollgestopft haben. So hat der Tabak noch etwas Platz. Nach einigen etwas forscheren Zügen wird nun den Tabak mit dem Stopfer zurückbeordert, vorsichtig die ganze Fläche eingeebnet und sorgfältig noch einmal anzündet. Dicke Wolken steigen nun auf. Ahhh! Endlich.

Achtung – nicht inhalieren! Das machen nur suchtgeplagte Zigaretten-Junkies. Pfeifenraucher süffeln ihren »Stoff« genüßlich wie Bordeauxtrinker. Durch den großen Querschnitt der Brandfläche entwickelt sich eine intensive und breite Geschmacksfülle und man braucht den Rauch auch gar nicht zu inhalieren! Genießen Sie das Aroma und den Geschmack in Mund und Nase und nicht in der Lunge. Gelernte Zigarettenraucher, die aus alter Gewohnheit nun mit der Pfeife doch inhalieren, haben meistens für Zuschauer einen nicht unerheblichen Unterhaltungswert.

Rauchen als schöne Kunst betrachtet

Das Wichtigste beim Pfeifenrauchen ist das gleichmäßige und nicht zu kräftige Ziehen. Ruhe und Gelassenheit im Umgang mit Pfeife und Tabak sind also erste Raucherpflicht. Man könnte auch sagen: Pfeifenraucher sind ruhigere Zeitgenossen, weil sie es sein müssen. Der Umgang mit der Pfeife schenkt Ruhe, weil zum Pfeifenrauchen Ruhe absolut notwendig ist, da sich nur so Genuß einstellt. Contenance wird nur kultiviert, nicht aber durch irgendeinen magischen Akt übertragen.

Ein moderater Volumenstrom und eine gleichmäßige Zugfrequenz, die dem Rhythmus des ruhigen Atmens entspricht, sorgen für die richtige Betriebstemperatur und lassen die Aromen des Tabaks voll zur Entfaltung kommen. Zu viel Hitze oder schlechter Zug führen zu schlechtem Geschmack.

Auch die Umgebung bekommt ziemlich schnell und deutlich mit, wenn mit der Pfeife oder ihrem Raucher irgend etwas nicht stimmt.

Wie jede offene Feuerstelle muß auch eine Pfeife stets umsorgt und mit ausreichend Brennstoff und Sauerstoff genährt werden. Viele glauben, daß der Reiz der Pfeife im Feuerchen selbst liege. Überhaupt ist die Parallele zu Lagerfeuer und Kamin naheliegend. So wie man nicht zum gemeinsamen Heizen, sondern zum gemütlichen Kaminabend einlädt, geht es bei einer geruhsamen Pfeifenrunde nicht ums bloße Qualmen im Sinne kollektiver Nikotinaufnahme. Nur unpoetische Gemüter und schnöde Materialisten würden so etwas glauben! Die Pfeifenrunde hat ganz andere Qualitäten als bloß Tabak zu verbrennen! Auch hier haben die Angelsachsen wieder einen passenden Spruch auf Lager: »*To smoke a pipe sociably*«.

Mit dem Stopfer regulieret man durch sanftes, ja zartes Andrücken der Tabakfläche den Zug. Am besten »streichelt« man kreisförmig mit dem Stopfer über die Ascheschicht und plättet sie dabei etwas ab. Zu lockerer Tabak glimmt nicht mehr, zu festes Stopfen erdrückt die Glut. Bei letzterem kommt der Dorn zum Einsatz, mit dem man den Tabak vorsichtig auflockern kann. Das sollte jedoch erst der letzte verzweifelte Versuch sein, die Füllung zu retten, denn meistens rieseln bei diesem Rettungsversuch Tabakbröckchen in den Rauchkanal.

Sollte zwischendurch die Pfeife ausgehen, ist das kein Problem. Einfach den Tabak etwas andrücken, anzünden und weiter geht's. Mit etwas Übung kann man mit dem Besteck den Zug und damit die Temperatur der Pfeife ziemlich genau regeln, indem man sorgfältig einen lockeren Deckel aus Asche über der Glut pflegt.

Eine weitere Methode, den Abbrand zu regulieren, ist das teilweise Abdecken der Brennkammer mit den Fingern. Man reguliert so den Zug durch Lenkung und Konzentration des Luftstroms, was eine punktgenau anfachende Wirkung hat. Vorausgesetzt man weiß, wo man das Luftloch lassen muß und zieht behutsam.

Am Ende des »Rauchopfers« hat jede Pfeife auch bei noch so sorgsamer Hege die Neigung auszugehen. Die verbliebenen Tabakmumien sind krustig und voller Kondensat, sie schwelen nur noch lustlos vor sich hin und haben die Tendenz zu verröcheln. Wer jetzt nicht klein beigeben will, zeigt es dem Tabak mit der Flamme. Wäre doch gelacht, wenn wir die Pfeife nicht leer kriegten. Aber Vorsicht beim Schlußfeuerwerk! Gerade hier kann man Pfeifen durch die starke Hitze einer Gasflamme schnell ruinieren.

Manche Pfeifen, insbesondere Bents, deren Brennkammern wie Füllhörner gebogen sind, lassen sich nur sehr schwer richtig leer rauchen. Bitte nicht verzweifeln! Besser man raucht diese Pfeife hier und da nicht zu Ende, als daß man sie mit dem Feuerzeug demoliert.

Vorsicht ist auch geboten beim Rauchen von Pfeifen im Freien, insbesondere bei starkem Wind oder während der Fahrt im Cabrio, da die Glut unkontrollierbar angefacht werden kann. Geöffnete Zugfenster (falls man heimlich im Zug raucht) und steife Seebrisen haben so manche Pfeife auf dem Gewissen – wenn sie denn eines hätten. Es gehört schon eine Menge Übung und Fingerspitzengefühl (und eine deftige Kohlekruste) dazu, in diesen Situationen die Temperatur der Pfeife im grünen Bereich zu halten.

Optimal ist die Temperatur übrigens, wenn der Pfeifenkopf nur handwarm ist. Eine gute Temperaturkontrolle kann man mit dem Handrücken durchführen, der etwas weniger sensibel ist als die Handinnenfläche: Tut es sogar schon etwas weh, rauchen wir definitiv zu heiß! Gönnen wir der Pfeife ein kleines Chill-out, bevor es weiter geht. Wenn die Pfeife etwas abgekühlt ist, drückt man den Tabak leicht mit dem Stopfer an und schon kann sie wieder angezündet werden. Sie wird immer noch schmecken. Na ja, Wunder darf man nun nicht mehr erwarten, vor allem wenn die Pfeife schon fast zu ende geraucht wurde.

Temperaturprobleme

Was richtet man bei zu heißem Rauchen an? Abgesehen vom beißenden Geruch und schlechten Geschmack des heißen und sauren Qualms sowie den Blessuren auf der Zunge, schadet man vor allem der Pfeife: Es entstehen durch die Glut von um die 1000° Celsius zunächst feine Risse, meist um den Austritt des Rauchkanals herum. Aber auch andere Stellen können betroffen sein, je nachdem, wo die Glut die Wand angreifen konnte. Um so schlimmer, wenn das Holz dort auch noch »weiche« Stellen aufweist. Hier frißt sich dann die Glut regelrecht fest und breitet sich im Holz zu *Cavities*, dem Karies der Pfeifen, aus.

Da sich diese Brandlöcher immer tiefer in das Holz fressen, bis sie schließlich die Pfeifenwand durchlöchert haben, nennt man diese gefürchtete Pfeifenkrankheit auch *Durchbrenner*. Sie bedeutet für Pfeifen das, was schwarze Löcher für das Universum sind: Katastrophen kosmischen Ausmaßes.

In der Anfangsphase solcher Brandlöcher kann man manchmal noch durch vorsichtiges Rauchen eine Schutzschicht aus Tabakkohle über die Cavities legen, die diese mit der Zeit füllt. Meist wird man aber gut daran tun, sein Sorgenkind in der Reparaturwerkstatt zu geben, wo die Pfeife, wie beim

Zahnarzt, »plombiert« wird. Hat sich die Glut jedoch zu tief ins Holz gefressen, ist die Pfeife nicht mehr zu retten. Es lohnt sich also, sorgfältig auf die richtige Betriebstemperatur zu achten.

Geschmacklich ist eine zu heiß gerauchte Pfeife eine Zumutung und, was den Geruch betrifft, eine Herausforderung an die Toleranz der Umwelt. Der Tabak schmeckt und riecht zunächst scharf, bildet viel Kondensat, was zu unangenehm säuerlich-bitterem Geschmack und stechendem Ammoniak-Geruch führt. Ein Winzer würde sagen, Ihre Pfeife »mäuselt«, d.h. sie riecht und schmeckt, als hätte eine Maus hinein gepinkelt. Bekommt man das Temperaturproblem mit dieser Pfeife nicht in den Griff, werden die Tiere von mal zu mal größer.

Manche behaupten, am besten schmecke die Pfeife, wenn die Glut so zart ist, daß die Pfeife kurz vor dem Verlöschen stehe. Das ist sicher Geschmackssache, vor allem, weil es kaum noch zu einer befriedigenden Rauchentwicklung kommt, was den meisten Pfeifenrauchern zu wenig wäre. Hier muß aber jeder Pfeifenraucher seinen eigenen Weg finden.

Wenn man spürt, daß sich im Holm oder Mundstück Kondenswasser gebildet hat, sollte mit dem Stopfer erneut der Zug reguliert und vom Mundstück her ein Pfeifenreiniger eingeführt werden, um so das Kondensat zu entfernen. Bei Filterpfeifen geht das nur bis zum Filter, was etwas ärgerlich ist, da man das untrügliche Gefühl hat, daß sich der Filter zu einem Staudamm verwandelt hat, hinter dem eimerweise das Kondenswasser steht. Dann hilft alles nichts und man muß das Mundstück abnehmen, um hinter dem Filter zu putzen und gegebenenfalls sogar den Filter zu wechseln.

Noch ein Wort zum Kondensat. Die prosaische Wahrheit ist, daß Tabak zu über 80% aus Wasser besteht, der Rest ist Zellulose und ein paar Inhaltsstoffe. Ganz schön teures Wasser! Dem Raucher geht's genaugenommen nur um die paar Promille im Tabak enthaltener Aromen und Zuckerstoffe, sonst könnte er ja, wie manche Zigarettenraucher, gleich eine feuchte Zeitung rauchen.

Die Inhaltsstoffe lösen sich beim Verbrennungsprozeß im Wasserdampf der »Abgase«. Ohne Wasser also kein Geschmack. Der Wasserdampf ist für die Aromen der ideale Träger, leider aber nicht nur für sie, denn auch viele giftige Stoffe (und natürlich das Nikotin) reisen hier als Trittbrettfahrer mit. Schlägt sich dieser Dampf in der Pfeife als Flüssigkeit nieder, haben wir unser Kondensat. Hinzu kommt noch vom Kopfende der Pfeife her die im Volumenstrom eingesogene Luftfeuchtigkeit aus der Umgebung (40 bis 60 % Luftfeuchtigkeit sind bei uns normal) und vom anderen Ende her, dem Mundstück, der Speichel.

Die sich bildende Melange aus Speichel und Kondensat sammelt sich physikalisch-boshaft in den tieferliegenden Regionen der Pfeife. Stark gebogene Pfeifen »saufen« deshalb schon mal geradezu ab. Euphemistisch sprechen manche angesichts dieser Pfützen von »Pfeifensaft«, ganz vornehme sagen »Pfeifenöl« dazu.

Tatütata – Die Zungen-Feuerwehr

Bei den ersten Pfeifenexperimenten haben Anfänger manchmal das Problem, daß ihre Zunge bereits beim Rauchen etwas prickelt und sich nachher leicht »pelzig« anfühlt. Wahrscheinlich wurde etwas zu »heiß« geraucht. Diagnose: Zungenbrand. Doch keine Panik: Das ist wie Muskelkater und geht mit der Zeit vorbei.

Was *genau* den »Brand« auslöst ist nicht ganz klar. Es dürfte wohl weniger die Hitze selbst sein, denn der Rauch hat sogar bei einem mutwilligen Heißraucher höchstens 43°C beim Eintritt in den Mundraum. Da ist jeder Happen Currywurst heißer. Nein, es liegt wohl eher am PH-Wert des Rauchs, der mehr oder weniger ins Alkalische reicht, je nach dem, wie groß die Hitze im Pfeifenkopf ist. Miesepeter behaupten, man könne auch mit Flüssigseife gurgeln, um den selben Effekt auf der Zunge hinzubekommen. Kein Wunder, daß die empfindliche Zunge so sensibel reagiert.

Als Faustregel kann festgehalten werden: Je heißer man raucht, desto alkalischer der Rauch. Zucker unterstützt als Brennstoff nachhaltig den Temperaturanstieg und sorgt somit für alkalischeren Rauch. Süße Tabake »brennen« deshalb mehr auf der Anfänger-Zunge als tabakechte oder englische Mixtures. Wieder ein Grund, um nicht mit allzu süßen Tabakmischungen zu beginnen.

Wenn man dann noch ein Getränk mit Kohlensäure oder etwas Hochprozentiges zu sich nimmt, wird's richtig fies. Auch das Zähneputzen treibt manchem Pfeifennovizen das Wasser ins Auge. Da kann man die Temperatur der Pfeife noch so pingelig kontrollieren, man muß sich erst mal an das Pfeifenrauchen gewöhnen.

Wenn es nicht bald besser wird und auch nicht an der Betriebstemperatur der Pfeife liegt, sollte man es mal mit einem (anderen) Filter, einem milderen Tabak oder einem speziellen Mundstück versuchen, das den Rauch nicht direkt auf die Zunge, sondern an den Gaumen leitet. So wie bei einem Lippenbißmundstück oder einer Pfeife mit Doppelrauchkanal (s.u.).

Cool down

Um die Brennkammern unserer Pfeifen trocken zu halten gibt's einen alten Trick: Man lockert unmittelbar nach dem Verlöschen der Pfeife die kompakte Asche vorsichtig mit dem Dorn des Pfeifenbestecks an der Wandung der Brennkammer entlang auf, und bringt so die noch heiße, feine, weiß-graue Asche, die sehr hygroskopisch ist, an die Wandung. Sie wird dort die Feuchtigkeit aufnehmen. Leichtes seitliches Klopfen mit den Fingerknöcheln am Pfeifenkopf hat sich bestens bewährt, um diesen Prozeß voranzutreiben. So rutscht die trockene feine Asche nach unten, und die feuchten groben »Brocken« kommen nach oben. Nun läßt man die Asche ein paar Minuten »ziehen«. Nach dem Ausschütten – bestenfalls leichtem Ausklopfen auf dem Korkpolster eines Pfeifenaschers – und dem *Abkühlen* kann die Pfeife auseinandergenommen und gereinigt werden.

Abgekühlt meint: nicht mal lauwarm. Wenn's mal schnell gehen muß, sollte zumindest der Holm schon einigermaßen abgekühlt sein. Da beim Rauchen das Holmholz durch Wärme und Feuchtigkeit aufgequollen ist, steckt der sich hiervon unbeeindruckt zeigende Zapfen des Mundstücks sehr fest eingekeilt in der Umklammerung des Holms. Gewaltsame Trennungsversuche leiern das Zapfenloch aus, führen womöglich zu Rissen im Holm, und im schlimmsten Fall können sogar Zapfen und Holm brechen.

Außerdem tut man der Pfeife keinen Gefallen, wenn man sie kurz nach dem Rauchen auseinander genommen liegen läßt. Das noch warme und vor allem feuchte Holz wird sich beim Abkühlen und Trocknen ohne den Gegendruck des Zapfens mehr zusammenziehen als mit eingesetztem Mundstück. Folglich wird man später Schwierigkeiten haben, den Zapfen wieder in den Holm zu bekommen. Wie wir noch sehen werden, kann es Situationen geben, in denen genau das gewünscht ist, doch bei einer Pfeife mit gut sitzendem Mundstück wäre dies absolut nicht wünschenswert!

Noch ein Wort zum Ausklopfen: Auch wenn's noch so cool aussieht, man tut es nicht! Harte »Gegen-Stände« wie Schuhabsätze, Häuserecken oder Kotflügel sollten sich möglichst nicht auf Kollisionskurs mit Pfeifen befinden. Nicht nur, daß man so den Kopf der Pfeife »verbeult«, man riskiert auch Holmrisse. Außerdem könnte die Alarmanlage des Autos des Lieblingsnachbarn angehen...

Nach der offiziellen Ruhezeit öffnet man gefühlvoll die Pfeife, indem man durch gleichzeitiges Drehen und Ziehen Holm und Mundstück voneinander trennt. Bitte: Kein energisches Zerren oder sägendes Ruckeln, das mit einem satten »Plop!« die Trennung krönt. So ruiniert man schnell und zuverlässig jede Pfeife. So geht es richtig: Drehen Sie vorsichtig das Mundstück in eine Richtung, auch beim Wiederhineindrehen. Entsprechend der Laufrichtung der üblichen Bohrmaschinen empfehlen sich Rechtsdrehungen. Übrigens auch bei englischen Pfeifen.

Eine besondere Spezialität sind Pfeifen mit Steckermundstücken. Sie haben glatte konisch geformte Zapfen, die ebenfalls mit Rechtsdrehung herausgedreht werden sollten. Dank ihrer Form können sie nicht locker werden, aber der Holm kann immer noch reißen. Deshalb haben die meisten Steckerpfeifen eine Metallolive als Einfassung des Holms (*Army-Pipes*), bei manchen ist auch der Zapfen durch eine Metallmanschette verstärkt (*Spigot-Pipes*).

Jetzt kommen die bunten Baumwoll-Pfeifenreiniger zum Einsatz. Es gibt sie in verschiedenen Stärken, Längen und Härtegraden. Die harten Bürstenreiniger nimmt man für den dreckigen Part, die weichen Flauschreiniger zum abschließenden Nachputzen. Am besten legt man sich beim Pfeifenputzen etwas unter (Serviette, Zeitung etc.), da man krümeln könnte. Man zieht zunächst die wuscheligen Pfeifenreiniger, die bis zum Dreifachen ihres eigenen Gewichts an Feuchtigkeit aufsaugen können, vor dem Benutzen ein paarmal durch die Finger, um überflüssige Flusen abzustreifen. Nun beginnt man aus hygienischen Gründen mit dem Mundstück, genauer dem Biß. Von hier schiebt man einen Reiniger mit dem dünnen Ende voran durch den Rauchkanal und schrubbt etwas hin und her. Danach kommt mit dem dicken Ende voran der Rauchkanal im Holm dran. Wenn es paßt, kann man auch den Reiniger in der Mitte knicken und mit dem Kniff voran putzen. So macht man nicht nur gründlich sauber, sondern vermeiden damit auch, mit den spitzen Drahtenden der Reiniger die Rauchkammer zu verletzen. In gleicher weise läßt sich übrigens auch die Filterkammer prima reinigen.

Zum Schluß wird mit einem entsprechend zurechtgebogenen Pfeifenreiniger die Brennkammer »ausgefegt«. Hierzu wird man die besonders »strubbeligen« festen Reiniger verwenden. Alles wird zum Schluß noch kräftig durchgepustet und wieder zusammengesetzt. Gegebenenfalls kann man nun noch mit einem weichen fusselfreien Tuch die Pfeife von außen polieren. Dabei sollte man den oberen Rand des Pfeifenkopfes nicht vergessen. Der Belag ist hier besonders hartnäckig und kann, wenn er erst mal angetrocknet ist, nur schwer weggewischt werden.

Was die Menge der zu verwendenden Reiniger pro Pfeifenwaschgang anbelangt, ist keine schottische Sparsamkeit angesagt. Selbst wenn man seine Zahnbürste ein halbes Jahr benutzt, sollten für die Pfeifenhygiene stets ausreichend frische Reiniger verwendet werden. Zwei bis drei Putzer gelten als absolutes Minimum.

Bei Filterpfeifen müssen nach *jedem* Rauchen die gebrauchten Filter entsorgt werden (Restmüll? Sondermüll? Giftmüll?). Ein nasser Filter wird im Holm die in ihm aufgespeicherten Kondensate ins Holz abgeben. Auch sollte man niemals einen Filter mehrmals benutzen. Das ist nicht nur ein Gebot der Hygiene. Ob Aktivkohle, Balsaholz oder Papier: Er ist nach einmaligem Benutzen mit Schadstoffen gesättigt und ein Wiederaufwärmen der Kondensate täte nicht gut – mal ganz abgesehen vom Geschmack und Gestank.

Entgegen einer verbreiteten Unsitte sollte nicht sofort nach dem Entfernen der alten Filterpatrone eine neue eingesetzt werden. Da Filter aus hygroskopischen Materialien bestehen, würde nur die Feuchtigkeit aus der Umgebung eingesaugt und gespeichert werden. Außerdem muß sich jede Pfeife nach einem Brandeinsatz ausruhen (am besten einen Tag). Währenddessen sollte sie gut lüften, d.h. die ins Holz gedrungenen Kondensate müssen sich verteilen und möglichst verflüchtigen können, wobei ein eingesetzter Filter nur stören würde. Aus demselben Grund sollten auch keine Pfeifenreiniger im Kanal verbleiben: Die freie Luftzirkulation hält Pfeifen allemal besser trocken als der saugfähigste Pfeifendocht.

Wie viele Pfeifen (b)raucht man?

»Es sollte aber ein bemühter Raucher, ja, das meinen wir ernstlich, den Aufwand für zwei Pfeifen nicht scheuen. Er sollte auch eine Weichselholzpfeife besitzen, zur Abwechslung, zu mehr nicht. Weitere Pfeifen braucht niemand«.[6] Selbst damals, 1961, war dieses Bemerkung von Werner Luft schon höchst albern. Wir wissen nun, daß Pfeifen zum Ausruhen Zeit brauchen! Also braucht man schon ein paar Pfeifen mehr.

Rechnen wir mal: Zur Regeneration benötigt eine Pfeife mindestens zwölf Stunden, am besten einen Tag. (Zugegeben: Für eine Stunde Arbeit einen Tag frei zu bekommen, ist schon eine ordentliche Pausenregelung, aber bei Pfeifen ist das das absolute Minimum.) Will man nicht nur eine Pfeife täglich rauchen, braucht man schon vier oder fünf, um entsprechend wechseln zu können. Da die hölzernen Freunde an einem anstrengenden Arbeitstag, einem amüsanten Abend oder einem geselligen Wochenende ordentlich rangenommen werden, tut ihnen auch schon mal eine längere Pause gut. Also *müssen* wir unsere Pfeifenhorde weiter ergänzen: So sechs oder sieben Pfeifen reichen also knapp für den Anfang. Für den Anfang! Schließlich raucht das Auge mit und Abwechslung tut allgemein wohl. Deshalb: Pfeifen kann man eigentlich nie genug haben. Außerdem bricht im Pfeifenraucher der alte Trieb des Jägers und Sammlers hervor. Da kann Mann nichts dafür, das ist genetisch bedingt!

Die angesprochene Sabbatregelung für Pfeifen ist aber auch noch aus einem anderen Grund wichtig. Die Kohlekruste im Pfeifenkopf soll sich nicht nur während des Rauchens weiter bilden, sondern sie soll auch aushärten. Das führt nicht nur zu einem besseren Schutz vor der Glut, sondern dient zudem der Ausbildung eines angenehmen Aromas. Die Pfeife gewinnt so an Geschmack und wird auf einen Tabak eingestellt. Das braucht seine Zeit und viel Ruhe.

Werden Pfeifen zu stark belastet, sei es durch zu heißes, zu nasses Rauchen oder zu kurze Ruhepausen, bekommen sie bereits nach kurzer Zeit schon im kalten Zustand einen unangenehm säuerlichen Eigengeruch, der sich immer weiter verstärkt.

Obwohl Pfeifen so gesehen recht empfindlich erscheinen, sind sie doch bei richtiger Behandlung und sachgerechter Pflege sehr langlebig! Je nach Holzqualität und Beanspruchung kann eine Pfeife locker 10 bis 15 Jahre halten. Dabei wird man sich wohl zuerst um das Mundstück sorgen müssen. Insbesondere Parakautschuk-Mundstücke sind nach einigen Jahren (je nach »Beißverhalten«) schlicht »durch«, zumindest aber unansehnlich geworden und sollten vom Fachhändler ausgetauscht werden. Wie sich bei guten Schuhen das Besohlen immer lohnt, wird man auch bei einer treuen Pfeife die Ausgabe nicht scheuen. Pfeifen mit Patina sind ganz besondere Schätze. Aber vom *used look* zum *shabby chic* ist es nur ein kleiner Schritt! Polierpasten und der emsige Einsatz von Lappen und Putzern bewirken wahre Wunder – ohne den heimeligen Charme einer alten Pfeife zu beseitigen.

Irgendwann ist dann aber doch das Holz so mit Kondensat gesättigt, daß der Pfeifenveteran nicht mehr schmeckt. Es ist Zeit für den Ruhestand! Manche Raucher heben sich die alten Schätzchen aus Pietät auf, andere spenden ein Pfeifenbegräbnis erster Klasse, wieder andere schmeißen das alte »Stinkeding« einfach in den nächsten Mülleimer. Wie auch immer: Die Trauerzeit wird durch eine Neuanschaffung nicht unerheblich verkürzt! Damit sind wir aber schon beim Thema »Pfeifensammeln«. Das kommt aber erst später dran!

So, da nun die nagelneue Pfeife fröhlich schmaucht, erklären wir den Crash-Kurs für beendet. Herzlichen Glückwunsch zum kleinen Pfeifenschein! Jetzt sind Sie kein Anfänger mehr und können wieder zur Lektüre des Vorworts zurück kehren.

Anmerkungen

1 Heinz H. Holtappels, Pfeifentabak-Brevier, 500 Tabaksorten im Test, Informationen und Tips für den Pfeifenraucher, aktualisierte und erweiterte Neuausgabe, a.a.O. Leider beschränkt sich dieser »Testalmanach« überwiegend auf die Wiedergabe der Herstellerangaben. Auch stellte schon damals der Versuch, einen Überblick über alle Tabake zu geben, einen hoffnungslosen Kampf gegen Windmühlen dar: Zu groß war schon immer die Zahl der Tabake und zu subjektiv der Geschmack des Testers. Kein Wunder, daß es heute zu diesem Thema Datenbanken im Internet gibt, an denen sich viele Tester beteiligen.

2 Vgl. O. Pollner, Pfeiferauchen leicht gemacht, a.a.O., S. 71. Ich habe diese Angaben nicht selbst überprüft. In meinem Haushalt findet sich gerade mal ein Fieberthermometer. Da Otto Pollner immer eine absolut vertrauenswürdige Adresse war, übernehme ich seine Angaben unbesehen.

3 W. Luft, Rauchringe, a.a.O., S. 12.

4 Vgl. G. von Randow, Genießen, a.a.O., S. 43.

5 Natürlich handelt es sich nicht mehr um Schwefel! Man verwendet roten Phosphor gemischt mit Glaspulver an den Seiten der Streichholzschachtel. Der Kopf des Zündholzes besteht aus Antimonsulfid, Kaliumchlorat (als sauerstoffgebendem Mittel) und Bindemitteln. Beim Anreißen des Zündholzes an der Reibefläche wird etwas Phosphor abgerieben, der dann bei erhöhter Temperatur (Reibung) mit dem Chlorat Feuer fängt und so das Holz entzündet. Zur besseren Übertragung der Flamme werden die Hölzer mit etwas Paraffin und zum Schutz gegen ein Weiterglimmen nach dem Erlöschen mit Ammoniumphosphat oder Natriumsilicat getränkt. Das nennt man dann Sicherheitshölzer. Bei all der Chemie scheint die weiche Gasflamme eines Feuerzeugs geradezu die »sauberste« Lösung zu sein...

6 W. Luft, Rauchringe, a.a.O., S. 229f.

Damenwahl

»Wann ist ein Mann ein Mann«, fragt Herbert Grönemeyer in einem seiner bekanntesten Lieder, und nuschelt gleich selbst die Antwort: »Männer rauchen Pfeife«. Doch ist das Pfeifenrauchen tatsächlich die (letzte) Bastion des Mannes? Na ja, das Lied stammt aus dem letzten Jahrhundert, um nicht zu sagen aus dem letzten Jahrtausend, und es ist auch sicher viel Selbstironie in Grönemeyers Text enthalten. Dennoch ist es heute, im 21. Jahrhundert, die Frage, ob es sich beim Pfeifenrauchen je um eine exklusiv männliche Domäne gehandelt hat. Eigentlich ist es nicht mal das: Frauen haben immer schon Pfeife geraucht. In früheren Jahrhunderten selbstverständlicher und mehr als im 19. und 20. Jahrhundert, gleichwohl rauchten auch da Frauen Pfeife und, jawohl, sie rauchen auch heute Pfeife. Zwar viel zu selten wie ich finde, aber sie tun es. Auch ohne »Flexiquote«.

Das Thema »Pfeifenraucherinnen« scheint für die meisten Autoren der Pfeifenliteratur – bislang übrigens eine reine Männerdomäne – wenn überhaupt, nur eine marginale Rolle zu spielen. Leider liegt das nicht daran, daß es sich bei diesem Thema um etwas so Selbstverständliches und Alltägliches handelte, worüber man kein Wort verlieren müßte. Obwohl in Deutschland der Anteil der Frauen unter den pfeifenrauchenden Menschen auf um die 10% geschätzt wird (mit angeblich zunehmender Tendenz), ist eine in der Öffentlichkeit rauchende Pfeifenkollegin schon ziemlich selten. Ist Pfeifenrauchen also wirklich »mucho macho« – und damit »Männersache«?

Die Werbung scheint die Gruppe der Raucherinnen als Markt-Potential für den Pfeifenkauf noch nicht einmal wahrgenommen zu haben, was einigermaßen erstaunlich ist, bemühen sich doch hochdotierte PR-Strategen und trendbewußte Marketingprofessionals gezielt um ein neues, zeitgemäßes und breiter gestreutes Image für das Pfeifenrauchen. Heraus gekommen ist bislang aber immer wieder nur der alte Werbe-Tobak aus den 70ern, der sich nahezu ausschließlich an junge Männer als neues Pfeifenklientel wendet. Zugegeben, das Ganze ist heute teilweise ironisch gebrochen, aber manchmal doch eher ärgerlich als ansprechend.

Ein Blick auf die aktuelle Werbestrategie des früher rein männlich ausgerichteten Zigarrenmarktes zeigt deutlich die Unterschiede zur hölzernen Konkurrenz, gleichzeitig aber auch einen möglichen Weg aus der bislang noch maskulin dominierten Domäne der propagierten *Pfeifenkultur*. Hier werden mittlerweile ganz selbstverständlich höchst selbstbewußt dreinblickende Aficionadas mit ihren Brennstäben präsentiert. In der Pfeifenreklame sind demgegenüber Damen bislang bestenfalls als »schmückendes oder verzückt schnupperndes Beiwerk« des harten oder intellektuellen Pfeifenrauchers aufgetreten. Die etwa 70.000 Pfeifenaktivistinnen allein in Deutschland haben wirklich Besseres verdient!

Das vergebliche Bemühen der Pfeifenbranche, Frauen das Pfeifenrauchen nahe zu bringen ist noch gar nichts gegen die latente bis offene Frauenfeindlichkeit in manchen Pfeifenbüchern. »Dem Wort und ihrem Geschlecht nach ist die Tabakspfeife weiblich, und schon deshalb wäre eine Verbindung zu Frauen unnatürlich. Sie ist im Laufe ihrer Geschichte von Männern entwickelt worden. Für sie und niemand anderen«.[1] Das ist (bis auf die Aussage zur Grammatik) nicht nur schlicht falsch, sondern auch noch geradezu vorsintflutlich.

Da fällt es kaum noch auf, wenn das Rauchen einer Pfeife als die »männlichste Art, Tabak zu genießen« postuliert und als »Ausdruck männlicher Gesinnung« gefeiert wird, wobei man schon mal ins joviale Schwadronieren geraten kann: »Das Zusammenleben mit unseren Pfeifen ist keine Einehe. (Deshalb ist es auch so amüsant)«.[2] Donnerwetter, was für ein Witz!

Aus dieser Perspektive stören quengelige Frauen den Pfeifenraucher natürlich nur in seiner kontemplativen und genußorientierten Lebensführung, und es ist Aufgabe der Pfeifenliteratur, ihm die notwendigen Handreichungen für alles rund um sein Leben mit der Pfeife mitzugeben: »Die Aufgabe des Mannes besteht darin, es seiner Gefährtin leicht zu machen, sich mit den Umständen und Gebräuchen eines Pfeifenrauchers abzufinden.«[3] Also Jungs, helft doch einfach mal der Mutti beim Gardinenaufhängen!

Da sind einem dann doch jene Bücher tausendmal lieber, die offen zugeben, daß sie sich mangels weiblicher Mitglieder in der Pfeifengemeinde leider nur an Männer richten, zumal wenn sie noch großmütig bekunden, grundsätzlich sei nichts gegen Pfeifenraucherinnen einzuwenden. Aber wenn die Mädels eben nicht Pfeife rauchen wollen, dann kann man für sie natürlich auch keine Bücher schreiben. Ist doch logisch, oder?

Zugegeben, die meisten dieser Beispiele sind aus den Zeiten der Doris Day-Filme, wo die Sensibilität für die Frauenfrage nicht nur bei Männern noch reichlich unterentwickelt war. Der Skandal dieser Blütenlese besteht aber leider nicht darin, daß irgendwann einmal jemand sowas geschrieben hat, sondern daß Bücher in diesem Stil bis heute als bestens bewährte Einführungen in den Umgang mit Pfeife und Tabak empfohlen werden und sogar noch in der 'zigsten Auflage erhältlich sind, was den Eindruck erweckt, »Pfeifenmänner« wären ewig Gestrige. Als sich Manfred Schulz Anfang der 80er Jahre zum Thema »Pfeiferauchen und das weibliche Geschlecht« äußerte, sah er sich mit seinem progressiven »Warum nicht?« noch auf dem weiten Feld der Pfeifenbuchautoren allein. »Vielleicht«, so formulierte Schulz damals noch zurückhaltend, »vielleicht wäre es jetzt an der Zeit, es einfach mal unter dem Genußaspekt zu versuchen«.[4] Warum so bescheiden, wird sich manche heute fragen.

Aber auch heute scheinen einige »Pfeifenmänner« noch zu glauben, unter sich zu sein. Für sie ist das Pfeifenrauchen die letzte Bastionen der Männlichkeit, die es wie Alamo gegen feministische Übergriffe zu verteidigen gilt. Wer heute noch glaubt, pfeifenrauchende Frauen wären reine Protestraucherinnen, Pfeifensuffragetten, die bloß gegen die Männer »aufmucken« wollen,[5] hat wahrscheinlich die letzten dreißig Jahre im Sozialkoma gelegen. Geschmack und Genuß sind nicht vom Geschlecht abhängig.

Bedenkt man das Umfeld, so wundert es kaum, daß das Thema »Frauen und Pfeife« auf dem Buchmarkt immer noch einen gewissen exotischen, wenn nicht gar kuriosen Touch hat. Lediglich der Amerikaner Hacker widmet dem Thema »Pfeiferauchen für Damen« ein eigenes, wenn auch recht kurzes und überwiegend anekdotisch-historisches Kapitel.[6] Gelegentlich verirrt sich zwar mal das Bild einer Pfeifenraucherin als Eye-Catcher auf die Titelseite eines Tabak-Magazins oder als hübsche (kuriose) Illustration in ein Pfeifen-Buch – aber all das sind doch eher seltene Ausnahmen und in ihrer Intention eher ärgerlich.

Pfeifendamen

Daß Frauen sich viel bewußter als Männer entscheiden, Pfeife zu rauchen, ist vor dem Hintergrund der gesellschaftlichen Vorurteile gegen Pfeifenraucherinnen nur zu gut verständlich. So ist es fast schon verwunderlich, daß Frauen trotz des auf (vermeintliche) Männlichkeit hin ausgerichteten Images dennoch Pfeife rauchen. Begreiflich, wenn sie ihr Pfeifchen am liebsten unbeobachtet in den heimischen vier Wänden schmauchen.

Falls sie es dann doch mal in der Öffentlichkeit tun, sorgt dies schon für einige Aufmerksamkeit. Übrigens nicht nur unter Männern. Wer hier mit aller Selbstverständlichkeit und Sachlichkeit, aber auch mit offensichtlichem Genuß (was schwierig ist, wenn alle gucken) zu Werke geht, trägt viel zur Normalität des Bildes »Frau mit Pfeife« bei. Wie Hacker richtig bemerkt, kann man vermeintlich maskuline Dinge auf ausgesprochen weibliche Art und Weise tun.[7] Im übrigen gilt: »A girl's gotta do what a girl's gotta do«.[8]

Wenn es schon wenige Pfeifenraucherinnen gibt, dann wird es doch wahrscheinlich noch weniger Frauen geben, die Pfeifen machen, oder? Falsch geraten: In der Pfeifenindustrie arbeiten überwiegend Frauen, besonders im Bereich der Fertigung. In Dänemark stellen sie mindestens zwei Drittel der Beschäftigten und in Frankreich ist der Anteil noch höher. Für Deutschland und Irland liegen leider keine Zahlen vor, sie dürften sich aber nicht wesentlich von denen im übrigen Europa unterscheiden.

Selbstverständlich gibt es auch unter den gehobenen und teuren Markenpfeifen und Freehands Designerware aus Damenhand, auch wenn es vergleichsweise wenig selbständige Pfeifenmacherinnen gibt. Die männlichen Kollegen sind deutlich in der Überzahl. Führende Pfeifenkünstlerinnen sind Roswitha Anderson (USA), Dolly Wood (GB), Rosaria Sordini (I) und Manduela Riger-Kusk (DK). Die bekannteste Freehand-Meisterin dürfte allerdings Anne Julie (DK) sein, deren ausgefallene, zum Teil in den Bereich der bildenden Künste fallende Pfeifen höchstes Ansehen (und höchste Preise) genießen. Insbesondere exzentrisch skulpturhafte Shapes wie das »Damenbein« hat sie populär gemacht (s.u.). Beeindruckende Konkurrenz für diese Pfeifen-Ladies wächst durch die jüngere Generation nach, etwa durch die Tochter von Lars und Enkelin von Sixten Ivarsson: Nanna Ivarsson gilt bereits seit Jahren als Top-Designerin mit Familientradition.

Mit Ausnahme von »Donna Franca« (Franca Feretti von der Firma Brebbia) hat übrigens keine dieser Pfeifenmacherinnen spezielle Damenpfeifen entwickelt. Aber was ist eigentlich eine »Damenpfeife«, und wäre sie einer »Pfeifendame« zu empfehlen?

Damenpfeifen

Es sind angeblich die grazilen und eleganten Shapes, die für die Damenwelt geschaffen sind und sich als Accessoires für jeden Anlaß anbieten. Für solche Pfeifen gilt frei nach Yves Saint-Laurent: »Eine Dame raucht keine Pfeife. Sie erlaubt der Pfeife lediglich, von ihr geraucht zu werden.«

Als Damenpfeifen gelten zumeist nicht nur die »zierlich-kleinen« und »verspielten«, sondern auch die extravaganten schlanken und klassischen Formen mit nicht allzu strenger Linienführung. Manchmal zieren teure Schmucksteine und Edelmetalle jene erlesenen Designer-Damenpfeifen. Im Allgemeinen dominiert jedoch der elegante Charme des Understatements. Einige Firmen haben spezielle Damenserien im Programm, die vorgeben, speziell an den »Bedürfnissen und Ansprüchen« der Damenwelt ausgerichtet zu sein. So weit, so gut – leider aber manchmal auch nicht.

Das Problem bei manchen »Damenpfeifen« ist nämlich, daß sie mitunter den fundamentalsten Anforderungen des Rauchens nicht einmal ansatzweise gerecht werden. Der Grund dafür liegt ausgerechnet in dem, was viele Hersteller einer Pfeife als »damenhaft« verordnen. So sind Damenpfeifen oft so winzig, daß es eine echte Herausforderung darstellt, sie einigermaßen trocken zu rauchen. Andere sind so filigran dünnwandig, daß sich auch der geringste Fehler bösartig als Durchbrenner oder Holmriß rächt. Downsizing macht noch keine Damenpfeife!

Wenn Damenpfeifen dann noch mit modischen Lacken überzogen werden, die bestenfalls aufs Auto, keinesfalls aber auf eine Pfeife gehören, dann muß schon aus rein »technischen« Gründen vom Kauf solcher Tabakverbrenner abgeraten werden.

Für Damenpfeifen gelten nun mal dieselben physikalischen Gesetze wie für alle anderen Pfeifen. Pfeifendamen müssen sich deshalb bei der Auswahl ihrer Pfeifen nach den gleichen (technischen) Gesichtspunkten richten, wie die Herren. Auch wenn diese Bedingungen erfüllt sind, bleibt noch genug Damenhaftes, Elegantes, Extravagantes oder Klassisch-Schlichtes zur Auswahl. Aber warum sollte »*SIE*« nicht auch nach einer größeren Pfeife greifen, bei der die Maserung viel schöner zur Geltung kommt.

Gentlemen only?

Diese Frage stellte sich Mitte der 60er Jahre Helmut Hochrain in seinem »Taschenbuch des Pfeifenrauchers« und kommt nach einigen höflichen Floskeln gegenüber den emanzipierten Damen am Ende dazu, sie zu bejahen. Pfeifenrauchen sei zwar Männersache, aber Ausnahmen bestätigten die Regel: »Mir ist nur ein einziges Mal eine Frau begegnet, die für sich in Anspruch nehmen konnte, eine wirkliche, echte und verständige Pfeifenraucherin zu sein«.[9] Meine Ausgabe ist die »38. neu bearbeitete Auflage« von 1999. Es ist höchste Zeit: »Souveräne Weiblichkeit [ist] am Zug!«[10]

Daß Pfeifenrauchen reine Männersache sei, kann aus ästhetischer und kulturhistorischer Perspektive nur als ein dummes Klischee bezeichnet werden, das erst seit der Entstehung der bürgerlichen Gesellschaft, also im Anschluß an die Französische Revolution, Verbreitung fand. Zuvor war das Pfeifenrauchen allgemein auch bei Frauen üblich.

Diese Selbstverständlichkeit galt auch in Deutschland und den Niederlanden bis zum 18. Jahrhundert, wo Frauen mindestens ebenso starke Pfeifenraucherinnen waren wie die Männer. Belege hierfür sind neben einer reichhaltigen Einführungsliteratur nicht zuletzt die Bußpredigten religiöser Eiferer, die den »Tobacks-Teuffel« bei den Frauen austreiben wollten.

Der deutsche Bußprediger *Abraham a Santa Clara* – eine Art christlicher Entertainer, der zu seiner Zeit so bekannt war wie heute *Günther Jauch* – klagte, daß kein Haus zu finden sei, »in dem nicht eine unsägliche Menge der stinkenden Tobacks-Menschen zu finden sind. Nicht nur Männer, sondern auch die Weiber, die die Tobacks-Pfeiffe stets im Maul tragen, solche schmauchen und rauchen«.[11]

Die niederländische Malerei des 17. Jahrhunderts hat uns jede Menge Portraits Pfeife rauchender Frauen aller Gesellschaftschichten übermittelt. Noch im 18. Jahrhundert sind die Einschränkungen für Pfeifenraucherinnen, zumindest in England und Holland kaum merklich. Madame Pompadour, die Mätresse Ludwigs des XV., soll als begeisterte Raucherin über 300 Pfeifen im Gebrauch gehabt haben – eine altbackene Anekdote, die in keinem Text über pfeifenrauchende Frauen fehlen darf, schließlich schreiben doch alle voneinander ab.

Im 19. Jahrhundert ändert sich das Frauenbild (und das nicht nur hinsichtlich des Rauchens) gravierend. Es entstanden der Rauchsalon, der Smoking und die Rauchermütze als Mittel der Abgrenzung und damit Ausgrenzung der Frauen von der »gemütlichen« Herrenrunde im Tabakdunst. Da bedurfte es schon einer Rebellin wie George Sand... Aber diese Anekdote muß hier nicht auch noch zum x-ten Male aufgewärmt werden.

Das 20. Jahrhundert ist gekennzeichnet durch den Siegeszug der Zigarette. Durch den Krimkrieg kamen die russischen Papyrossi, jene würzigen Hohlmundstück-Zigaretten aus Orient- und Machorkatabak nach England, wo sie schnell vom Offizierscasino in die Salons aufstieg und von dort ins übrige Europa und die USA transportiert wurden. Pfeifen waren für Dandy und Femme Fatale viel zu altväterlich, Zigarren zu bürgerlich, Schnupftabak zu aristokratisch und der Priem blieb den gemeinen Seeleuten und rüden Cowboys vorbehalten.

Auch wenn Dunhills Weihnachtskatalog von 1923 immerhin noch sechs Seiten Pfeifen und Pfeifenaccessoires für Damen enthielt, rauchten die meisten Damen lieber die kleinen schlanken weißen Tabakröllchen. Was wären Film-Ikonen wie Marlene Dietrich, Lauren Bacall oder Audrey Hepburn ohne Glimmstengel gewesen? Mondäne Spitzen sorgten für den nötigen Chic.

Erst in den 60er Jahren wurde im Zuge der feministischen Emanzipationsbewegung die Pfeife für Frauen wieder entdeckt. Auch wenn heute keine Frau mehr heimlich im Hinterzimmer Pfeife rauchen muß (außer vielleicht im Raucherbereich einer Bar, dann aber gemeinsam mit allen anderen Rauchenden), stellen sie eine nahezu unsichtbare Minderheit. Vielleicht sollte man hier den Österreichern folgen, die den schönen Titel »Staatsmeisterin im Pfeifenrauchen« ausgelobt haben. Wenn Sie also raus aus der Isolation der Heimraucherin wollen, sich aber vielleicht alleine nicht so recht trauen, dann treffen Sie sich doch mit »Gleichgesinnten«, z.B. in einem Club nur für Pfeifenraucherinnen.[12]

Damentabak

Ein weiteres Vorurteil besagt, daß Frauen überwiegend dänische Tabake der Richtungen süß-fruchtig bis schwer-parfümiert bevorzugen. Das ist natürlich Unsinn! Erstens rauchen auch viele Männer »Puddingpfeifen«, zweitens ist die Wahl des »richtigen« Tabaks geschmacks-, situations- und stimmungsabhängig, also weitgehend geschlechtsunabhängig, und drittens wird jeder Tabakwarenhändler bestätigen, daß gerade Pfeifenraucherinnen gegenüber naturbelassenen Tabaken durchaus nicht abgeneigt sind und so manche Lady englische Mischungen bevorzugt

Anmerkungen

1 Zitiert nach L. Markmann, Pfeifendunst & Pfeifenkunst, a.a.O, S. 81. Markmann, der sich explizit gegen diese Darstellung wendet, hat sich bereits seit den 70er Jahren für die Akzeptanz von Pfeifenraucherinnen eingesetzt. Trotzdem schreibt er seine Bücher ausdrücklich nur für Männer, vgl. M. Schulz, Mehr Spaß am Pfeiferauchen, a.a.O., S. 122.

2 Die Beispiele stammen von H. Hochrain, Das Taschenbuch des Pfeifenrauchers, aus der 38. Auflage von 1999, a.a.O, S. 8 u. 12. Die erste Auflage stammt aus dem Jahr 1967. Ein weiteres Highlight aus diesem Band: »Ein Mann, dessen »Eheglück« ihn vor die Alternative stellt »Entweder ich oder deine Pfeifen« (in Wirklichkeit meint sie natürlich gar nicht sich, sondern die Gardinen), ein Mann mit dieser Alternative konfrontiert, weiß, was er zu tun hat: Er packt seine Koffer«, a.a.O., S. 10. Hochrains Neues Pfeifenbuch, a.a.O., richtet sich gleich im Untertitel nur an Männer: Informationen, Ratschläge und Berichte für Männer, die Pfeife rauchen und folgt einem ähnlichen, damals zeittypischem Duktus.

3 H. Hochrain, Das Lexikon des Pfeifenrauchers, a.a.O.

4 M. Schulz, Mehr Spaß am Pfeiferauchen, a.a.O., S. 122.

5 Vgl. J. A. Frank, Pfeifen-Brevier, a.a.O., S. 267.

6 Vgl. R. C. Hacker, Das Handbuch des Pfeifenrauchers [sic!], immerhin aus dem Jahr 2000, a.a.O. S. 205-216. Ebenfalls rein historisch geht Joachim A. Frank in seinem Pfeifen-

Brevier, a.a.O., an das Thema heran. Und der behäbige Titel des Kapitels stimmt auf das bei Frank folgende optimal ein: »Wann dieser Rauch bei dem Weib eingeht... Frauen und Pfeifen«. Die wenigen Zeilen, die Robin Crole in seinem Prachtband Pfeifen, Magie und Flair eines Genusses, a.a.O., S. 65-67, den pfeifenrauchenden Frauen schenkt, können hier vernachlässigt werden.

7 Vgl. R. C. Hacker, Das Handbuch des Pfeifenrauchers [sic], a.a.O., S. 215.

8 Sue Grafton, N is for Noose, New York 1998, S. 232.

9 H. Hochrain, Das Taschenbuch des Pfeifenrauchers, S. 151.

10 Kerstin Schardt, Souveräne Weiblichkeit am Zug, in: Smokers Club 3/2001, S. 18ff.

11 Zitiert nach F. W. Sommer, Pfeifenrauchen ist nicht nur Männersache, in: European Cigar Cult Journal, 3/2001 S. 125.

12 Etwa im »Erster Pfeifenraucherinnen-Club, Reiterhof Reichel« in Oberoderwitz.

Bruyère – Die tolle Knolle

Man sollte es kaum glauben, es stimmt aber tatsächlich: Pfeifen, so wie wir sie heute ganz selbstverständlich benutzen, gibt es erst seit relativ kurzer Zeit. Kaum hundert Jahre! Reden wir heute von Tabakpfeifen, so ist uns die Pfeife aus Bruyèreholz so selbstverständlich geworden, daß wir uns kaum vorstellen können, wie es in jenen Zeiten war, als man dieses wunderbar gemaserte und zugleich hitzebeständige Wurzelholz noch nicht zur Herstellung von Pfeifen verwendete.

Am Beginn der nordeuropäischen Rauchkultur im 16. Jahrhundert stand zweifellos die Tonpfeife, doch bekam sie schnell durch die Holzpfeife Konkurrenz.[1] Pfeifen aus Holz sind nicht so zerbrechlich wie ihre Schwestern aus Ton. Dafür können sie aber leider die Hitze nicht annähernd so gut vertragen wie Tonpfeifen. Egal welches Holz man nimmt, schnell frißt sich die Glut durch den hölzernen Pfeifenkopf und ruiniert ihn. Aus diesem Grund wurden Holzpfeifen an den brandgefährlichen Stellen stärker proportioniert, was zu mächtigen, seltsam geformten Pfeifen führte. Hierfür besonders bekannt sind die im 18. Jahrhundert im deutschen Reich weit verbreiteten Maserholzpfeifen aus Ulm. Damals experimentierte man überhaupt viel mit unterschiedlichsten Hölzern. Neben diversen Wurzelhölzern wurden auch aromatische Obsthölzer verwendet, die geschmacklich besonders angenehm sein sollten, aber den hohen Temperaturen im Pfeifenkopf rein gar nichts entgegen zu setzen hatten. Versuche, die Brennkammern dieser Pfeifen mit Blech oder Keramik auszukleiden, scheiterten wieder mal an der Geschmacksfrage. Olivenholz, das derzeit eine gewisse Renaissance erlebt, erwies sich zwar als vergleichsweise hitzebeständig, konnte aber in der damaligen Verarbeitung geschmacklich nicht wirklich überzeugen. In Nordeuropa waren diese Pfeifen ohnehin echte Exoten. Künstliche Materialien wie Metall, Glas oder Keramik haben sich aus geschmacklichen Gründen nie durchsetzen können, auch wenn es Porzellanpfeifen im 19. Jahrhundert zu einer gewissen Blüte brachten.

Meerschaum erwies sich für Raucher als echte Gourmet-Entdeckung, nur waren diese Pfeifen bis ins 20. Jahrhundert hinein außerordentlich teuer und wegen ihrer Empfindlichkeit längst nicht so weit verbreitet wie heute. Die meisten Hölzer, die noch bis ins 20. Jahrhundert Verwendung in der Pfeifenherstellung fanden, wurden in Deutschland schlagartig nach dem ersten Weltkrieg durch das Bruyèreholz verdrängt und kamen nur in den Notzeiten nach dem zweiten Weltkrieg noch einmal zum Einsatz. Wie schon zuvor in

England und Frankreich trat die tolle Bruyère-Knolle auch bei uns während des Wirtschaftswunders ihren Siegeszug an. Die moderne Tabakspfeife ist so stark an dieses Wurzelholz gebunden, daß man getrost von seiner »Bruyère« sprechen kann. Auch in diesem Buch ist immer stillschweigend die Bruyère-Pfeife gemeint, wenn nicht ausdrücklich andere Materialien genannt werden.

Die Karriere des Bruyère

Wer als erster auf die Idee kam, aus Bruyère Pfeifen zu machen ist leider nicht überliefert. Man munkelt, es sei Monsieur *Ulysse Courrieu* aus Cagolin in der Provence gewesen, der bereits 1802 Bruyèrepfeifen hergestellt habe – was man in der Hochburg der Bruyère-Verarbeitung, dem kleinen Jura-Städtchen Saint-Claude gar nicht gern hört. Aber ein Patentamt gab es damals in Frankreich noch nicht. So bleibt der »wahre« Erfinder unbekannt, kein Denkmal erinnert an seinen Genie-Streich. Andererseits läßt dies Raum für den Mythos, und die Pfeifenliteratur, insbesondere die französische, nutzt dies zur Legendenbildung reichlich aus.[2]

Dabei war es wahrscheinlich gar kein so großer Zufall und es bedurfte sicher auch keiner immensen Genialität, um ausgerechnet aus Bruyère Pfeifen herzustellen. Das schöne Wurzelholz der Erica Arborea war schon seit Jahrhunderten wegen seiner ausdrucksvollen Maserung und exzellenten Haltbarkeit in Frankreich bekannt und beliebt. Man fertigte kleine Gebrauchsgegenstände, vor allem aber Rosenkränze aus Bruyère. Das Holz wurde damals überwiegend auf Korsika und in der Provence geschlagen. Bruyère war in Frankreich schon seit dem ausgehenden Mittalter als widerstandsfähiges und schönes Holz bekannt.

Hinzu kommt ein heute viel zu wenig beachteter Umstand: Die Prä-Bruyère-Pfeifen waren schlicht eine Zumutung, insbesondere wenn es sich um Holzpfeifen handelte. Friedrich Sternberg klagt in seinem 1834 erschienenen Pfeifenbuch über die mangelhafte Qualität von Pfeifen: »So viel Pfeifen wir aber bis jetzt untersuchten, so entsprechen doch nur wenige den Anforderungen, die ein für seine Gesundheit besorgter Raucher an jene machen muß«.[3] Zufriedene Menschen ändern bekanntlich nichts – und hier war man vom Zustand der Zufriedenheit etwa so weit entfernt, wie die Franzosen während des Sturms auf die Bastille.

Es sieht ganz so aus, als hätte sich nahezu jeder Pfeifenraucher damals wie selbstverständlich mit der Suche nach besser geeigneten Pfeifenmaterialien beschäftigt – und die erstaunliche Experimentierfreudigkeit zeigt den Leidensdruck, unter dem man damals stand. Besucht man ein beliebiges Pfeifen-Museum, sieht man die vielen Versuche und Fehlschläge. Man hat in der Verzweiflung so ziemlich alles ausprobiert, was sich nur irgendwie schnitzen, meißeln oder gießen läßt. Selbst vor Metall machte man nicht halt. Blei- und Grünspanvergiftungen waren bei manchen dieser Pfeifen wohl gefährlicher als Nikotin und Kondensate.

Selbstredend wurden auch so ziemlich alle Hölzer mehr oder weiniger systematisch ausprobiert, da Holzpfeifen noch die vielversprechendsten Rauchutensilien zu sein schienen. So war es nur eine Frage der Zeit, wann die große Stunde des Bruyère schlagen würde. Genau besehen ist es sogar verwunderlich, daß das Ganze überhaupt so lange – immerhin 200 Jahre – gedauert hat.

Selbst, daß das aus dem Mittelmeerraum stammende Bruyère ausgerechnet in Saint-Claude, einem unbedeutenden Marktflecken im Jura verarbeitet wurde, ist absolut kein Zufall. Bereits seit dem 7. Jahrhundert bestand dort wegen der günstigen Bedingungen eine umfangreiche holzverarbeitende Wirtschaft, die man aber nicht so recht ankurbeln konnte. Erst als man »ganz zufällig« und plötzlich im 12. Jahrhundert in der Nähe des Dorfes einen verehrungswürdigen Wundertäter, einen gewissen Claude, entdeckte und zum Heiligen erklärte, »boomte« die Holzwirtschaft in Saint-Claude durch die angelockten Pilgerscharen. Vom Löffel und Becher über Schuhe bis hin zu besagten Rosenkränzen und religiösen Devotionalien wurde damals alles aus Holz gemacht und an die Durchreisenden verkauft.

Als der Heiligenkult dann im 18. Jahrhundert mehr aus politischen denn aus religiösen Gründen nachließ, sattelte man flugs auf profanere Geschäfte mit den Holzwaren um. Vor allem Tabakdosen aus edlen Hölzern wurden nun gefertigt. Es war die große Zeit des Schnupftabaks und der Tabatiere. Seit 1800 kamen schließlich auch vereinzelt Pfeifen hinzu. Durch die Verwendung ausgefallener und schöner Werkstoffe war man damit zunehmend erfolgreich. Es darf als gesichert gelten, daß 1840 ein Pfeifenmacher namens François Comoy Bruyèrepfeifen in Saint-Claude herstellte. Als man in Saint-Claude Bruyère im großen Maßstab zur Pfeifenherstellung einsetzte, katapultierte man sich an die Weltspitze der Pfeifenproduktion und hielt diese Position unangefochten bis zur dänischen Gegenoffensive. Noch 1970 wurden in dem kleinen Jura-Städtchen über zwei Millionen Pfeifen pro Jahr hergestellt, 1993 waren es immerhin noch 700.000 Stück.

In Saint-Claude befinden sich heute noch die namhaftesten französischen Hersteller, auch werden hier für Pfeifenfirmen wie Dunhill oder Stanwell Rohlinge bzw. komplette Pfeifen hergestellt. Aber auch viele Massenproduzenten sind hier ansässig. Die bekanntesten Pfeifenkünstler kaufen ihre Ebauchons aus dem Jura, wo es immer noch viele große Lagerhallen gibt, die man früher für die eigene Produktion brauchte. Natürlich gibt es auch in anderen Ländern hervorragende Bruyère-Vorkommen und Pfeifenhersteller!

Signora Erica

Kenner behaupten, daß es große Unterschiede bei den Pfeifen-Hölzern gäbe. Beim Bruyère, von Anglophilen auch »Briar« genannt, handelt es sich um die drei bis sieben Meter hohe Erdknollen bildende Baumheide *Erica Arborea*, die weitläufig mit unserem heimischen Heidekraut verwandt ist. Sie wächst nur in den kargen Höhenregionen rund um's Mittelmeer. Überhaupt verdanken wir nur dem sogenannten »Hungerwachstum«, also der Mangelentwicklung durch Trockenheit und steinigem Untergrund in etwa fünfhundert bis tausend Metern Höhe die Bildung der begehrten Knollen.

Gelegentlich hört man das Lamento über den Raubbau an den Hölzern. So wird gutes Holz angeblich immer seltener, auch werde das Holz immer jünger geschlagen, und es werde nicht mehr von Fachleuten geerntet und weiterverarbeitet, was zu erheblichen Qualitätseinbußen führe. Selbst wenn das Gejammer ziemlich übertrieben sein dürfte, muß man doch den Berufspessimisten ein Körnchen Wahrheit attestieren. Bruyère ist nicht mehr so einfach zu finden wie noch vor etlichen Jahrzenten. Die Nachfrage nach qualitativ hochwertigem Bruyère ist stetig gestiegen, und der Rohstoff wächst nur sehr langsam nach. Auch ist der Ausschuß nicht unerheblich, da Einschlüsse in Wurzeln etwas völlig natürliches sind. Schädlingsbefall und Brände im heißen Klima der Region tun ein Übriges.

Meist wechseln sich die Bruyère »produzierenden« Regionen auf dem Weltmarkt ab, zwangsweise, wenn die Vorkommen erschöpft sind und die jungen Knollen eine Wachstumsphase von zehn bis zwanzig Jährchen einlegen, damit sich die Bestände wieder erholen können.

In der Regel sind die europäischen Gebiete, in denen das Bruyère-Holz wächst, parzelliert und werden für die Ernte an professionelle Holzschläger verpachtet. Dies dient wahrscheinlich weniger dem Bestandsschutz als vielmehr der Qualitätssicherung, läuft hier aber auf dasselbe hinaus. Leider hat sich die Baumheide nie kultivieren lassen, sie wächst ausschließlich wild und (natürlich) immer dort, wo man schlecht hinkommt. Jeder, der schon mal durch die Macchia, jene Buschwaldregion des Ätna in der Provinz Catania auf Sizilien »gewandert« ist, weiß was hier gemeint ist. Bleiben wir einen Augenblick im sonnigen Italien.

Geschlagen wird in der Wachstumspause ab Ende November. Leute, die etwas davon verstehen, (die Cioccaroli) graben dort mit ihren Kreuzhacken die Knollen der 20 bis 30, maximal 50 Jahre alten Pflanzen aus und trennen mit der Axt bereits vor Ort die unbrauchbaren Teile der Wurzeln ab. Das ist eine mühselige und anstrengende Arbeit, die nicht gerade üppig entlohnt wird. Nur die helleren Teile des Wurzelholzes werden mitgenommen, das rötlich gefärbte Innere ist meist zu brüchig, schwammig oder rissig für den Pfeifenbau.

Die hochwertigsten *Ebauchons* (dt. Kantel) stammen in der Regel aus dem Randbereich der Knolle. Es sind meist auch die schönsten, da hier die Maserung am gleichmäßigsten und dichtesten ist. Man nennt diesen Bereich der Knolle *Plateauholz* und verwendet es für die Spitzenmodelle der Pfeifenherstellung. An mancher Freehand findet sich sogar noch ein Stück der Außenschale der Knolle, die *Naturborke*, um zu zeigen, daß man sich »on the top« befindet.

Je weiter man ins Innere der Knolle vordringt, desto minderwertiger wird das Holz. Es wird weicher, die Maserung schwächer und ungleichmäßiger. Folglich wird es für preiswerte bis billige Pfeifen verwendet.

Ähnlich wie beim Wein, wo manche Connaisseure nur auf Bordeaux oder Burgunder schwören, behaupten einige Pfeifenkenner, das beste Wurzelholz käme aus Ligurien, Korsika, Sizilien, Griechenland oder Spanien. Wahre Bruyère-Schätze sollen aus Marokko oder Algerien kommen. Auch die Gebirgsmassive der Provence haben einiges an Bruyèrebeständen zu bieten und erfreuen sich treuer Fans. Angeblich stammt aber das beste Bruyèreholz aus Sardinien. Sagt der angesehene Pfeifenmacher Tommasu Spanu – natürlich ein Sarde.

Mögen Pfeifenhersteller ihre guten Gründe für bestimmte Rohstoffquellen haben (wenig Ausschuß, gute Maserung, leichtere Verarbeitung), bleibt es doch fraglich, ob wir Verbraucher bei einem Blindtest den angeblich feinen kalabrischen Geschmack, das deftige Aroma Nordafrikas oder die zarte korsische Duftigkeit der Hölzer herausschmecken können. Wer eine Pfeife von guter Holzqualität kauft, dem kann es eigentlich völlig egal sein, wo das Holz herstammt. Mag Bruyère in bestimmten Mittelmeerregionen auch seltener sein als in anderen, entscheidend ist doch nur dessen Güte – und natürlich der Preis. Sorgen, daß die Erica Arborea bald zur Pflanze des Jahres ausgerufen werden müßte, weil sie so selten geworden ist, muß sich wohl niemand machen.

Nachdem die unförmige Wurzel nun also vor Ort zurechtgestutzt wurde, wird sie zu den anderen geernteten Knollen gelegt und eine Zeit lang in der freien Natur gelagert, wobei der ganze Haufen stets feucht gehalten werden muß, damit die Wurzelstücke nicht reißen. Meist vergräbt man die Knollen einfach wieder. Am Ende der Erntezeit sammelt man diese Bruyère-Lager ein und bringt sie in eine Sägewerk zu den *Coupeuren*. Dort werden die Knollen zunächst in Jutesäcken in großen Schuppen gelagert, bis man sie weiter verarbeitet.

Der goldene Schnitt

Allgemein wird beklagt, daß es sich bei den Coupeuren, den Fachleuten an der Säge, um einen aussterbenden Beruf handelt. Gab es 1970 noch 130 Sägewerke allein in Italien, sind es heute nicht einmal mehr ein Dutzend. Sieht man sich die Arbeitsbedingungen, besonders den Arbeitsschutz an, weiß man auch, warum das so ist. Da wird an einer offenen Kreissäge ohne jeden Schutz und mit bloßer Hand eine Wurzelknolle, die möglicherweise Steineinschlüsse in sich trägt, zersägt. Freihändig. Nur so. Und das nicht bloß für die Touristen! Allein vom Zugucken wird manchem da schwindelig.

Daß sich heute kaum noch jemand dem Risiko aussetzt, seine Finger für kargen Lohn zu verlieren, und lieber Lehrer in der Stadt wird, ist gut nachvollziehbar. Okay, Lehrer ist jetzt ein schlechtes Beispiel. Trotzdem: Coupeur ist ein echter Mangelberuf, und er ist absolut entscheidend für die später einsetzende Produktionskette. Der Coupeur bestimmt durch seinen Zuschnitt nicht nur, wie der Maserungsverlauf die spätere Pfeife ziert, er entscheidet durch den Schnitt auch schon im groben, welche Pfeifenform und Pfeifengröße aus dem Ebauchon gefertigt werden kann. Es geht hier also nicht ums Zersägen auf handliche Größe, sondern um geschickt vorausschauendes Zuschneiden.

Nachdem die Klötze in handliche Ebauchons gesägt wurden, schlägt für das Holz die Stunde der Wahrheit: Zuerst werden die brauchbaren von den Abfallpartien getrennt. Die geeigneten Stücke werden danach nach Qualitätsstufen sortiert. Falls nicht schon während des Zuschnitts erkannt, werden die Stücke angefeuchtet und manchmal sogar angeschliffen, um ihre Qualität und Maserung zu bestimmen. Von mancher großen und vielversprechenden Knolle bleibt so nur sehr wenig, gelegentlich gar nichts übrig! Man rechnet, daß von etwa vierhundert Kilo Rohmaterial nach dem Schneiden nur knapp hundert Kilo brauchbares Material übrig bleiben. Gute Ebauchons sind selten, solche ohne Einschlüsse oder Bohrgänge rar und makellose dichte Maserungen absolute Ausnahmen. Entsprechend sind die Preise für Ebauchons gestaffelt.

Nach dem Sägen und Sortieren kocht man die Ebauchons in einem großen Kupferkessel. Dieser zehn- bis zwölfstündige Kochvorgang dient einerseits dazu, Holzsaft, Minerale und Eiweiße auszukochen, um den Geschmack zu trimmen, aber auch dazu, die für das Wachstum verantwortlichen Quellfasern des Holzes abzutöten, damit das Holz beim späteren Trocknen nicht reißt. Außerdem verbreitet sich durch das Kochen das in den Ebauchons enthaltene Tannin gleichmäßig, und sorgt so für eine schönere Färbung. Der Kupferkessel hat den Nebeneffekt, diese Prozesse durch seine chemische Beschaffenheit zu unterstützen und das Holz sozusagen zu imprägnieren.

Nachdem die Ebauchons weitere zwölf Stunden gewässert haben, werden sie in großen luftigen Hallen auf Lattenrosten mehrere Monate bei Zimmertemperatur getrocknet. Aber nur bis sie etwa halbtrocken sind. Dann werden sie nochmals sortiert, gerissene Ebauchons aussortiert und die unterschiedlichen Qualitäten in Ballen oder Halbballen zu einhundert bzw. fünfzig Kilo verpackt und an die Pfeifenhersteller verkauft. Bruyère wird nach Gewicht verkauft, d.h. große Ebauchons sind teurer als kleine. Ausnahme bilden nur die handverlesenen De-Luxe-Ebauchons. Sie laufen außer Konkurrenz.

Beim Pfeifenhersteller werden die Ebauchons meist noch mehrere Monate, oft sogar Jahre zum »Reifen« gelagert. Auch hier müssen die Rahmenbedingungen stimmen: luftig, nicht zu trocken, aber auch nicht zu feucht (bei 13% Luftfeuchtigkeit). Die Rohlinge müssen immer wieder gewendet werden. So härten sie aus, ohne zu reißen, und verlieren durch natürlichen Verfall verschiedene Inhaltsstoffe, vor allem Eiweiße, die beim Rauchen den Geschmack unangenehm beeinflussen würden.

Endlich kommen die so lange gelagerten Hölzer an die Reihe, und aus einem Stück Wurzelholz wird eine Pfeife. Große Hersteller sichern sich durch ihre riesigen Lager einen Vorrat an hochwertigen Rohstoffen, der sie von den Weltmarktpreisen etwas unabhängiger macht und insbesondere für Reserven bei den hochpreisigen Ebauchons sorgt.

Das preiswertere Holz wird entsprechend schneller verarbeitet: Es kommt zum Trocknen in spezielle Öfen, da ein langwierigeres Trocknungsverfahren die Produktionskosten nur unnötig erhöhen würde. Der Verlust von ein paar Prozent Ebauchons, die in der Heißluft reißen, wird hingenommen. Man sortiert sie aus. Innerhalb von vier bis fünf Wochen sind die Ebauchons reif für die Fräse, werden nach Größe sortiert und in die Produktion geleitet.

Beginnen wir mit den unscheinbaren Alltagspfeifen, die fabrikmäßig in Serie hergestellt werden. Zunächst werden die Ebauchons kalibriert, d.h. ihre Form wird mechanisch vereinheitlicht und genau rechtwinklig zugerichtet, damit sie in die präzisen Formen der Maschinen passen. Da man sich hier nicht lange mit Sortieren oder gar dem prüfenden Anschleifen aufhalten kann, werden alle der Größe nach passenden Ebauchons entsprechend zugerichtet. Auch die schlechten, die später aussortiert werden müssen, aber eben auch die exzellenten, die einer Freehand würdig gewesen wären. Insbesondere die sehr großen Pfeifenfabriken kaufen als Großabnehmer auch exquisite Ebauchons. Manche werden zu Spitzenmodellen der industriellen Pfeifenfertigung verarbeitet, manche »enden« aber auch als Serienpfeife mit Straight Grain.

Branchenriesen, wie Peterson, Stanwell oder VAUEN, sind dazu übergegangen, nur noch Plateauhölzer zu verarbeiten. Diese sind zwar teurer, aber verglichen mit dem Hauptkostenfaktor der Pfeifenherstellung, den Lohnkosten, fallen die höheren Ebauchonpreise wenig ins Gewicht. Die von qualifizierten Mitarbeitern aus besten Rohstoffen hergestellten Produkte sind auf dem qualitätsbewußten Markt allemal besser zu verkaufen, als Billigware. Doch zurück zur Fertigung:

Die kalibrierten Blöcke werden an einer Drehbank vorgedreht, es entstehen der Kopf bis zum Holmansatz und die Brennkammer. Nun wird der Ebauchon in eine andere Werkbank eingespannt und der Holm wird abgedreht, wobei das Unterteil der Kopfes in den Schraubstock gespannt wird. Im Anschluß daran wird der Rohling an Kopf und Holmende fixiert, während die Unterseite von Holm- und Kopfboden gefräst wird. Kleinere Ecken werden anschließend mit einer Raspel oder an der Bandschleifmaschine entfernt. Jetzt kann der Holm ausgefräst werden. Die Bohrung des Rauchkanals ist einer der heikelsten Schritte bei der ganzen Fertigung. Sie muß absolut genau »sitzen«. Meist geschieht dies auf einer Drehbank mit beweglichem Schlitten und fixiertem Bohrer. So kann die Bohrung voll mechanisiert und damit sehr exakt in der Tiefe ausgeführt werden.

Nun wird die Oberfläche des Pfeifenkopfs und Holms geglättet. Hier zeigen sich (wenn nicht schon beim Drehen), wo sich Einschlüsse, Bohrgänge oder ähnliche Desaster befinden. Sind sie durch entsprechende Oberflächenbehandlung wie Kitten, Sandstrahlen oder Rustizieren nicht mehr zu beheben, muß aussortiert werden.

Die Bohrung für den Zapfen des Mundstücks muß noch ausgeführt und das Innere der Pfeife von Holzspänen gereinigt werden. Das industriell oder individuell zugerichtete Mundstück mit dem passend geschliffenen Zapfen wird eingesetzt und verschachtelt (bündig gemacht). Abschließend wird alles glattgeschliffen und sorgfältig poliert. Das wird in Handarbeit an verschiedenen Schleifscheiben erledigt.

Was sich nun anschließt, heißt logischerweise *Finish*: Die Pfeifen werden gebeizt, poliert und anschließend gewachst oder lackiert. Abschließend werden sie mit Markennamen, Seriennummer, Qualitätssiegel und Erkennungszeichen wie Firmenstempel oder Logo gekennzeichnet. Noch eine letzte Politur und fertig ist die neue Pfeife. Mag auch die Reihenfolge mancher Arbeitsschritte und manche Fertigungstechniken etwas variieren – so wird eine Serienpfeife in einer Manufaktur hergestellt. Der Anteil der Handarbeit ist bei diesen Serienprodukten immer noch erstaunlich hoch!

Serienpfeifen der Großmarken stammen aber meist aus der *Kopierfräse*. Diese Präzisionsmaschinen wurden ursprünglich zum Werkzeugmachen entwickelt und für den Pfeifenbau umgerüstet oder weiterentwickelt. Die modernen Anlagen sind heute computergesteuert. Arbeitet die Maschine noch »mechanisch« gesteuert, bedarf es eines Holz- oder Metallmodells (Schablone) im Maßstab 1:1 als Vorlage, von der aus die Fräsen den Rohling (oft mehrere gleichzeitig) automatisch bearbeiten. Man spannt nur noch die Rohlinge ein, und die Fräsen umkreisen die Werkstücke und nehmen schichtweise das Material ab, bis die Form der Vorlage erreicht ist. Moderne CAD-Geräte (CAD = Computer Aided Design, also auf gut Deutsch rechnergestütztes Konstruieren) arbeiten sehr präzise, schnell und außerdem nach virtuellen Vorgaben aus dem Computer. Eine Schablone ist nicht mehr nötig. Dafür sind diese High-Tech-Geräte mit ihrer ganzen Elektronik anfälliger als die solide Mechanik und in der Anschaffung ziemlich teuer.

Mit solchen Präzisionsmaschinen können über hundert Pfeifen pro Stunde gefräst werden. Rauchkanal und Zapfenloch müssen zwar bei den älteren Geräten später noch in zwei weiteren Arbeitsschritten an anderen Drehbänken gefräst werden, aber moderne Fräsen haben auch das schon erledigt. Sogar die Oberflächen der »Rohlinge« sind bereits so glatt, daß für jene Pfeifen, die zum Sandstrahlen müssen, kein weiterer Arbeitsschritt mehr notwendig ist.

Mit Kopierfräsen können nicht nur vom Design her, sondern auch bezüglich der Verarbeitungsqualität sehr anspruchsvolle Pfeifenköpfe in kürzester Zeit hergestellt werden. Eine Serienpfeife muß also nicht langweilig oder schlecht sein.

Insbesondere in Dänemark hat man schon früh die Möglichkeiten solcher flexiblen Kopierfräsen erkannt, ohne die der typisch »dänische Stil« als weltweites Design-Phänomen undenkbar gewesen wäre. Viele große Freehand-Künstler haben immer wieder technisch komplizierte Modelle für diese ausgefallene Serienproduktion entworfen, vornehmlich für jene Pfeifenfabriken, die ihnen früher, am Beginn ihrer Karrieren, Arbeit und Ausbildung gegeben haben. So wurden erstaunlich preiswerte Pfeifen in hoher Qualität und innovativem Design für breite Käuferschichten erschwinglich. Allerdings lagern große Firmen in den letzten Jahren die Produktion ihrer Pfeifen häufig in andere Länder aus. So läßt beispielsweise Stanwell seit kurzem in Italien fertigen.

Wenn der Pfeifenrohling aus der Kopierfräse kommt, folgen die übrigen Fertigungsschritte wie oben beschrieben. Selbst eine an der modernsten Kopierfräse entstandene Pfeife bedarf so noch unzähliger *Handgriffe* in Dutzenden Arbeitsschritten, bis das Industrieprodukt »Pfeife« fertig ist. Man sollte also nicht glauben, es gäbe irgendeine Maschine, in die man oben einen Holzklotz hineingibt und unten würde eine fertige Pfeife heraus purzeln.

Als *Handmade* darf grundsätzlich nur dann eine Pfeife bezeichnet werden, wenn das zu bearbeitende Material bei *allen* Arbeitsschritten immer von mindestens einer Hand gehalten wird. Da dieser Umstand auch noch für jene Pfeifen gilt, die an älteren Kopierfräsen hergestellt werden, dürfen selbst diese industriell gefertigten Pfeifen manchmal noch als Handmades verkauft werden. Wer gern eine vollständig *handgemachte* Pfeife haben möchte, greift am besten zur Freehand. Sie ist nicht nur Handarbeit, sondern auch ein Unikat.

Aber auch der Begriff *Freehand* wird nicht immer eindeutig benutzt: Ursprünglich waren die aus Dänemark stammenden freien Pfeifenformen gar nicht serienmäßig herstellbar und deshalb immer reine Handarbeit. Anfang der 60er Jahre bürgerte sich der Begriff »Freehand« für diese ausgefallenen Shapes ein. Das blieb zunächst auch noch so, als die Kopierfräsen immer kompliziertere Formen bewältigten und »Freehand«-Formen maschinell hergestellt werden konnten. Heute bezeichnet man korrekt mit *Freehand* nicht ein bestimmtes Design, sondern eine Herstellungsweise: Frei aus der Hand!

Viele Freehand-Künstler fertigen derzeit statt ausgefallener Designs und exzentrischer Shapes vor allem als klassisch zu bezeichnende sehr schlichte Pfeifenformen. Sie spielen mit schlichten und reduzierten Designs moderner Klassiker. Natürlich erkennen Kenner und Liebhaber sofort die Handschrift des jeweiligen Meisters!

Am weitesten verbreitet ist die Bandschleifmaschine als Werkzeug unter den Freehand-Künstlern. An ihr wird der Maserung folgend die sozusagen bereits im Ebauchon versteckte Pfeife freigelegt. Im Gegensatz zur Fabrik, wo die Rentabilität im Vordergrund steht, orientiert sich der Künstler primär an der Ästhetik, da bei seinem Produkt der Preis erst an zweiter Stelle steht. Als Individualist zielt er auf jene Pfeifenliebhaber, denen »designte« Unikate wichtig sind. Reine Handarbeit und Makellosigkeit sowie das Streben nach Perfektion sind bei Freehandkünstlern Pflicht und verteuern durch Arbeitslohn und Materialkosten eine Pfeife. Die die Ausgangsqualität des Rohstoffes und die vielen aussortierten Stücke finden sich ebenfalls im Preis der Spitzenprodukte wieder. Eine Mischkalkulation fällt unter diesen Rahmenbedingungen natürlich ganz anders aus als in der Fabrik. Die Hersteller von Serienpfeifen folgen zwar anderen Prinzipien als die Pfeifenkünstler, doch schöne Pfeifen mit guten Raucheigenschaften wollen beide herstellen.

Durch Bandschleifgerät und Schleifscheibe lassen sich auch die ungleichmäßigsten Formen verwirklichen. Der wohl größte Vorteil dieses Verfahrens liegt darin, daß die Form der zukünftigen Pfeife in keiner Weise festliegt. Der Künstler kann seiner Inspiration frei folgen, eingeschränkt nur durch technische Anforderungen und die Eigenschaften des Holzes. Dabei können auch kleinere Mängel sofort beseitigt und so das Holz optimal gestaltet werden. Lediglich Holm- und Kopfbohrung werden mit Fräsen bzw. Bohrern ausgeführt und das möglichst spät, um die Form nicht zu frühzeitig festlegen zu müssen.

Alles an diesen Pfeifen ist Handarbeit – selbst die Mundstücke (die man in diesen Kreisen noch gern *Spitzen* nennt) werden von Hand geschnitten und poliert. Kein Wunder, daß die so entstandenen Unikate ihren Preis haben.

Erwähnt werden sollten noch die *Pfeifenschnitzer*, eine ganz besondere Gruppe unter den Freehand-Künstlern. Diese *Skulpteure* rücken den Ebauchons mit Messern und Sticheln zu Leibe und schnitzen Abstraktes und Figürliches, ja sogar Portraits von Berühmtheiten oder das Konterfei des Auftraggebers in den Pfeifenkopf. Sie bedienen sich dabei der alten Techniken der Holzschnitzkunst, wobei sie darauf achten müssen, daß die für Pfeifen spezifischen funktionalen Besonderheiten beachtet werden, denn auch ihre Pfeifen müssen nicht nur ästhetischen Gesichtspunkten entsprechen, sondern (natürlich) noch rauchbar sein. Die Gruppe dieser Könner ist recht klein und der Aufwand, den sie für die Herstellung einer Pfeife betreiben, ist enorm. Oft bis zu einer Woche dauert die Herstellung in aufwendiger Handarbeit. Zum Vergleich: Eine »normale« Freehand herzustellen dauert »nur« etwa zehn Stunden.

Bei den Pfeifendamen wurden bereits die skulpturhaften Shapes von *Anne Julie* vorgestellt. Besondere Erwähnung verdient aber auch die orientalische Ornamentschnitzkunst des in Deutschland lebenden gebürtigen Libanesen *Manuel Shaabi* – und natürlich seine superbe »Adlerkralle«, eine Pfeife wie aus Tausendundeiner Nacht. Hier gehen traditionelle morgenländische Schnitzkunst und abendländisches Pfeifenmacherhandwerk eine prachtvolle Symbiose ein. Eher europäischen Traditionalismus bietet *Martin Schubert* aus Hamburg mit seinen historischen Motiven nachempfundenen Schnitzereien.

Die Portraitherstellung ist vor allem in Frankreich und dort besonders in Saint-Claude verbreitet. Oft wird von den Pfeifenschnitzern nach Fotos oder traditionellen Vorlagen gearbeitet. Für diese Rauchplastiken braucht man besonders gute und große Ebauchons und neben viel Geschick und dem künstlerischen Können eines Bildhauers auch ein glückliches Händchen. Man denke nur an die Katastrophe eines Spots auf der Nasenspitze Charles de Gaulles. Besonderer Beliebtheit erfreut sich immer noch der erstmals 1862 vom Pfeifenmacher Henry Dalloz reproduzierte Voltaire von Houdon. Heute gilt vor allem *Paul Lanier* als Meister der Skulpturkunst, aber auch *Jean Masson* und *Roger Vincent* sind hervorragende Skulpteure, deren Pfeifen sich sogar schon in einigen Museen bestaunen lassen.

Blondinen bevorzugt

Ob Straight oder Bent, glatt oder rauh, Acryl- oder Ebonitmundstück, die meisten Pfeifen gehen letztlich über den Ladentisch, weil ihre schönen Charakterköpfe Eindruck gemacht haben. Und am auffälligsten sind nun mal jene hellen und glatten Modelle mit dichter Maserung des Holzes. Leider sind das auch die teuersten. Aber sind sie's auch wert? Jeden Cent, schwört der Händler. Schon klar – doch was sagt der Pfeifenflüsterer?

Sowohl Serienmodelle als auch Freehand-Pfeifen werden vom erfahrenen Pfeifenraucher zunächst nach der Qualität der verwendeten Rohstoffe, insbesondere nach der Güte des Holzes, beurteilt: Je leichter das Holz und dichter die Maserung, desto besser das Bruyère, sagt eine alte Faustregel – und sie stimmt! Feinporiges und damit saugfähiges Füllholz und hartes feuerbeständiges Strukturholz liegen beim feingemaserten Holz besonders eng beieinander.

Eine Pfeife mit hohem Füllholzanteil ist leicht und ihre Maserung tritt besonders intensiv hervor, da das Füllholz die Beize gut aufnimmt, wohingegen das schwere und dichte Strukturholz kaum Farbe annimmt. Und was für Beize gilt, gilt selbstverständlich auch für Kondensate. Eine intensiv gemaserte

Pfeife nimmt beim Rauchen die Feuchtigkeit schnell auf und transportiert sie nach dem Rauchen leicht wieder aus dem Holz. Deshalb darf's auch etwas mehr kosten als Sperrholz.

Die Makellosigkeit des Holzes und der bloße Verlauf seiner Maserung bestimmen darüber hinaus zwar nicht mehr die Raucheigenschaften, wohl aber im erheblichen Maße Ästhetik und Preis einer Pfeife. Zuzüglich Designzulage und Markenaufschlag, versteht sich. Hier zeigt der Pfeifen-Connaisseur Geschmack und Stil, vorausgesetzt, er verfügt über das nötige Kleingeld. Leider gilt nämlich: Je seltener etwas ist, um so wertvoller ist es meist – und eine makellose helle Pfeife mit gerade aufsteigender feiner Maserung ist nun ein mal sehr sehr selten. Entsprechend teuer ist sie. Wer sie besitzen will, muß deshalb schon recht tief in die Tasche greifen.

Nun wird auch verständlich, warum es für den Pfeifenmacher so ärgerlich ist, wenn trotz der Wahl bester Ebauchons beim buchstäblich letzten Schliff einer lupenreinen Pfeife plötzlich ein Sandkörnchen aus dem Holz freigelegt wird. So entstehen jene kleinen Löcher, die man *Spots* oder auch *Sandpits* nennt. Winzig klein und extrem wertmindernd, denn die Pfeife ist nun nicht mehr makellos.

Kleinere Einschlüsse müssen entfernt und können mit Kitt gefüllt werden. Ungebetene Gäste des Wurzelholzes hinterlassen ihre charakteristischen Gänge, auch hier muß man nachbessern – wenn es sich denn lohnt. So werden reihenweise halbfertige Rohlinge aussortiert oder weggeworfen und fast fertige Pfeifen von sonst eher ruhigen und bedächtigen Pfeifenmeistern unter Ausstoßung von derben Pralltrillern in den Ofen gefeuert.

Um den höchsten Ansprüchen genügen zu können, kauft der qualitätsbewußte Pfeifenmacher persönlich im Sägewerk seines Vertrauens die Rohstoffe ein. Dabei zahlt er mitunter einen Stückpreis pro handverlesenem Bruyère-Ebauchon, wie Großeinkäufer für den ganzen Sack.

Der Meister seines Faches interessiert sich nur für die Top-Qualität. Und die stammt wirklich *from the top*: Direkt unter der Borkenschicht der fußballgroßen Wurzelknolle der Erica Arborea befindet sich das *Plateauholz*. Es ist das Beste vom Besten aus rund dreißig Jahren Wachstum.

Eine Etage darunter im inneren Bereich ist der Platz für gute Ebauchons. Dies ist der Stoff, aus dem die Durchschnittspfeife gemacht ist. Aus dem Stammholz, dem Herzen der Knolle, lassen sich noch sehr preisgünstige Pfeifen fertigen. Den Rest, gerissene Partien, Sandeinschlüsse und den eigentlichen Wurzelbereich, mitunter ¾ einer Knolle, wirft man weg.

Doch das Holz kann so gut sein wie es will, fehlt Sorgfalt oder gar Sachkunde bei der Verarbeitung, taugt die ganze Pfeife nichts. Alles entscheidend ist hierbei die fachmännische Bohrung von Brennkammer und Rauchkanal, die eindeutig in den Bereich der Ingenieurwissenschaften gehört und allein nach Augenschein nur mit viel Erfahrung beurteilt werden kann. Hier kann sich der Kunde nur auf Markennamen, die für gute Verarbeitung bürgen, und auf die Kompetenz seines Fachhändlers verlassen. Man sieht, wie wichtig die Wahl des richtigen Pfeifenausstatters ist!

Grundsätzlich gilt: Je mehr Sachverstand, Zeit, Aufwand und Handarbeit in die Herstellung der Pfeife einfließen, um so teurer wird sie. Was nicht heißen soll, daß eine industriell gefertigte Pfeife immer schlechter sein muß, als eine handgemachte. Bei vielen Serien-Herstellern sind die Standards so hoch, daß deren Pfeifen locker mit so manchem Rauchprotz von der Designer-Fraktion mithalten können. Nur kann man hier aus Kostengründen nicht so individuell auf die Besonderheiten des jeweiligen Ebauchons eingehen. »Lupenreine« Pfeifen ereignen sich hier lediglich zufällig. Aber wenn, dann sind sie vergleichsweise günstig.

Selbstverständlich wird der Handwerksmeister mehr Zeit für die Präzision aufwenden, aber der Hauptunterschied liegt tatsächlich mehr im Design. Bei handgefertigten Pfeifen bestimmt die Maserung die Form der Pfeife. Oft dreht der Pfeifenmacher lange den Ebauchon in der Hand, bis er den richtigen Ansatz gefunden hat, um aus dem vorhandenen Holz das ästhetische und funktionale Maximum herauszuholen. Der dänische Freehandkünstler Poul Winsløw meint, daß das Pfeifenmachen ganz einfach sei: Man müsse nur alles wegschnitzen, was nicht nach Pfeife aussieht. Für ihn drängt das Holz zur Form, ist die fertige Pfeife im Holz verborgen und muß nur befreit werden.

Doch auch für diesen Michelangelo der Pfeife gilt, daß es bei aller Erfahrung immer eine Überraschung ist, was im Holz für Maserungen stecken. Und was da so zum Vorschein kommt, erhält traditionell englische Bezeichnungen.

Die berühmteste und begehrteste Maserung ist natürlich auch die seltenste: Mit dem Prädikat *Straight Grain* bezeichnet man einen ebenmäßigen, dichten und senkrechten Maserungsverlauf am Pfeifenkopf. Sein seltenes Zustandekommen ist purer Zufall: Wenn die Knolle beim Wachstum an einen Stein gerät, stellt sie in dieser Richtung gezwungenermaßen ihr Wachstum ein und reagiert mit einer Art Schwiele – der Borke. Mit viel Glück bildet sich unter dieser Borke die begehrte Maserung in der richtigen Richtung und noch dazu ganz ohne Einschlüsse. Unter zwei- bis dreitausend roh abgedrehten Pfeifenköpfen findet sich lediglich eine fehlerfreie Straight Grain!

Nimmt man von der Straight Grain Maserung einen Querschnitt, so erscheinen die wassertragenden Kanäle des Plateauholzes wie kleine schwarze Punkte mit Kreisen darum herum. Angeregt von der Optik nennt man sie *Bird's Eyes* (Vogelaugen). Die poetischen Franzosen sprechen auch von »œil de perdrix« – was prosaisch deutsch bloß Rebhuhnaugen bedeutet. Jede Straight Grain weist logischerweise an Ober- und Unterseite Bird's Eyes auf.

Wird das Plateauholz im rechten Winkel zu den Kanälen gesägt, entsteht das sehr elegante *Cross Grain*. Es darf als optimal bezeichnet werden, wenn die Grains waagerecht zur Längsachse der Pfeife verlaufen, so daß die schönen Bird's Eyes auf beiden Seiten zu sehen sind, während die Stirnseite mit aparten Querstreifen aufwartet. Spätestens hier wird deutlich, wie wichtig die Vorentscheidung an der Säge und die richtige Ausrichtung des Ebauchons in der Fräse ist. Kein Wunder also, daß industriell gefertigte Serienpfeifen gegenüber der freihändigen Arbeit in diesem Punkt einfach nicht mithalten können.

Flame Grain oder auch *Flaming Grain* nennt man alle anderen mehr oder weniger lebhaften Maserungen, die, mit etwas Phantasie, wie Feuer- oder Rankenmuster aussehen. Je dichter und feiner, desto besser. Je spärlicher geflammt sie sind, desto preiswerter werden sie meist. Ist das Holz gut, aber der Maserungsverlauf nicht so überzeugend, kann man versuchen, durch den Einsatz von speziellen Beizen Akzente zu setzen. Man könnte auch sagen: Kleider machen Leute. In diesem Bereich tummeln sich etwa 80% der Mittelklassepfeifen. Die meisten von ihnen sind gekittet.

Wie das Kitten der Löcher funktioniert, kennt man vom Zahnarzt. Solche Kittstellen an der Pfeife sind, wenn sie gut gemacht sind, kaum zu sehen – im Gegensatz zu unseren Plomben. Leider verändert sich das Holz während der Brandeinsätze mitunter farblich etwas anders als der Kitt. Solche Stellen treten im Laufe der Zeit, je nach Qualität des Kitts, mehr oder weniger deutlicher hervor.

Einige Pfeifenmacher sind deshalb dazu übergegangen, kleine Spots gar nicht mehr zu kitten. Sie stehen auf dem sehr vernünftigen Standpunkt, daß Bruyère ein Naturprodukt ist, bei dem nun mal sehr häufig zu Einschlüssen kommt. So ist das eben. Und es wird ja auch entsprechend im Preis der Pfeife berücksichtigt, d.h. je zahlreicher und auffälliger Spots (oder Kittstellen) sind, um so preiswerter wird die Pfeife, auch wenn ihre Maserung noch so superb und ihr Holz von anbetungswürdiger Raucheigenschaft sein sollte.

Die Farbpalette der Pfeifenköpfe soll erstmals von Dunhill systematisiert worden sein und reicht in unendlich vielen Variationen von *light* (hell naturfarben) und *tawny* (lohgelb) über *cherry* (rötlich), *russet* (rostbraun), *maroon* (braun), *green* (nicht nur für irische Patrioten) und *mahogany* (dunkelbraun) bis hin zu *ebony* (manchmal auch *dressed* genannt: blickdicht schwarz).

In welcher Farbe die Maserung erscheint und wie man sie durch gekonntes Beizen am besten zum Leuchten bringt, gilt als Wissenschaft für sich. Jeder Pfeifenmacher hat seine Produktionstricks (und Geheimnisse), niemals würde er die Rezepturen seiner Beizen verraten oder das Verfahren preisgeben, mit dem er die Pfeifen behandelt.

Nur soviel ist klar: Bei den meisten Pfeifenköpfen wird eine Kontrastbeizung vorgenommen, um die Maserung stärker herauszuarbeiten. Man flammt außerdem die mit Beize behandelten Pfeifen ab, um die Farbe zu fixieren.

Nach dem Beizen werden die Pfeifen poliert, um die überflüssige Farbe abzutragen. Das Füllholz hat sich stärker als das Strukturholz vollgesogen. Deutlich sichtbar erstrahlt nun die Maserung in der gewünschten Farbe. Meist wird nochmals angeschliffen und erneut gebeizt, um eine bessere Tiefenwirkung zu erreichen.

Der dänische Pfeifenkünstler *Tom Eltang* hat für seine Spitzenmodelle ein Spezialfinish entwickelt, das er »Golden Contrast« nennt. Hierbei macht der Pfeifen-Alchemist Holz zu Gold: Durch mindestens ein halbes Dutzend Schleif- und Beizvorgänge wird die schwarzgoldene Färbung hervorgebracht. Eltang dürfte damit der einzige unter den Top-Pfeifenkünstlern sein, der durchgängig dunkle Pfeifen herstellt. Seine Kollegen setzten eher auf »Blondinen«, wie man in der Branche besonders »helle Köpfe« gern nennt.

Bleibt noch das abschließende Finish: Pfeifen mit glatten Oberflächen erhält man gewöhnlich hochglänzend. Dabei handelt es sich meist um lackierte Pfeifen. Keine Sorge: Heutige Lacke sind atmungsaktiv, außerdem griffresistent. Die Niederländer gelten als die besten Pfeifenmaler, denn ihre Lacke geben insbesondere hellen Pfeifen eine erstaunliche Brillanz. Die etwas unempfindlicheren gewachsten Pfeifen können zwar auch samtig glänzen, aber meist nicht so spektakulär wie die »gelackte« Konkurrenz. Was man vorzieht, ist Geschmackssache – nur schmecken sollte man natürlich keinen Unterschied.

Pfeifen mit glatten Oberflächen nennt man *Smooths*. Sie sind entweder fehlerlos oder nur mit winzigen Spots bzw. Kittstellen versehen. Die Maserung entscheidet nun darüber, was eine solche Pfeife auf dem Markt einbringt.

»Normalerweise« gilt: Je mehr Spots, Kittstellen etc. eine Pfeife »zieren«, desto kontrastreicher und dunkler wird das Holz gebeizt, da so die kleinen Mängel nicht so leicht auffallen. Entsprechend sind die hellen und hier wieder die nicht kontrastgebeizten Pfeifen die teuersten: das Holz muß nicht nur makellos sein, da jeder Spot in so einem »Blondie« sofort unangenehm auffiele, es muß auch noch die Maserung von sich aus gut hervortreten. Da man für solche Pfeifen nur Holz der ersten Wahl nehmen kann, werden diese Pfeifen nach alter Tradition (englisch) *Firsts* genannt. Pfeifen mit kleinen Holzmängeln heißen *Rejects*, also zweite Wahl, die man übrigens nur in den USA Seconds nennt. Achtung: Seconds sind nicht mit *second Hands* zu verwechseln. Ge(b)rauchte Pfeifen heißen *Estates*! Eine Second kann natürlich durchaus auch second Hand sein...

Je dunkler eine Pfeife ist, desto preiswerter wird sie in der Regel verkauft. Kurioserweise gilt das aber nicht für die lackschwarzen Ebony-Modelle. Gerade diese tiefschwarzen Pfeifen habe ihre großen Liebhaber.

Black is beautiful

Man könnte meinen, daß der Gentleman zum Gesellschaftsereignis mit Raucherlaubnis seine hellsten Pfeifen-Preziosen mit fürstlicher Straight Grain Maserung aus dem Panzerschrank holt. Doch weit gefehlt: Zum Black-Tie-Event packt der Connaisseur eine tiefschwarze Dinner-Pfeife mit seidig glatter Oberfläche ein. Mag der Hipster mit ausgefallenen hellen Freehands beim Szene-Treff protzen, in der VIP-Lounge herrscht immer noch schwarzes Understatement. Men in Black: Smoking, Schuhe, Feuerzeug, Stopfer, Pfeife, alles so schwarz wie die Seele eines Sünders. Schwarze Pfeifen haben eigentlich alles: Klasse, Stil, Eleganz. Nur eines fehlt: die Maserung!

Wirft man einen Blick auf schwarze Pfeifen, die man bezeichnenderweise auch »Dressed« nennt, wird schnell klar, warum sie inoffiziell als Gesellschaftspfeife gilt: Die pechschwarzen Pfeifen haben einfach das gewisse Etwas, und das, ohne ein »It-Modegag« zu sein. Sie sind zugleich klassisch und modern, unaufdringlich und schlicht, edel und distinguiert. Dabei kommen sie meist in klassischen Shapes daher und passen so hervorragend zur traditionellen Abendgarderobe. Ihre glatte Oberfläche erscheint entweder in seidenmattem Finish oder hochglänzend.

Das Mundstück einer solchen »Black Pearl« ist ebenfalls schwarz und trifft exakt den Farbton der übrigen Pfeife. Feine Akzente werden lediglich durch exquisite Silberapplikationen gesetzt, die für jede Pfeife einzeln angefertigt und angepaßt werden. Besonders beliebt bei Dinner-Pfeifen sind *Spigots*. Ursprünglich eine Pfeife, die beim Militär verbreitet war, ist heute an ihnen alles edel, fein und funktional – wie ein schwarz lackierter *Hummer H3 Alpha*. So kann sich die tiefschwarze Dinner-Pfeife nonchalant mit jeder Meerschaumpfeife messen. Nur, daß die weiße Göttin mit der Zeit errötet, bei entsprechender Behandlung die schwarze Pfeife aber bleibt, wie sie ist.

Nun mag bei blickdicht schwarz gebeizten Pfeifen der Verdacht aufkommen, daß deren Holzqualität sogar schlechter sein könnte als bei dunkel gebeizten Billig-Pfeifen, bei denen man wenigstens noch ansatzweise eine Maserung erkennen kann. Vielleicht haben diese schwarzen Pfeifen nicht einmal eine Maserung, weshalb sie sogar zum Sandstrahlen untauglich sind. Paint it black - warum sollte man denn sonst eine Pfeife so einfärben? Was wird da eigentlich verborgen? Und wieso sind zu allem Überfluß pechschwarze Pfeifen dann auch noch teuer?

Es geht wahrscheinlich auf eine Mischung all dieser Vorurteilen zurück, daß Dinner-Pfeifen laut dem Pfeifenhersteller Denicotea auf dem Pfeifenmarkt nur einen winzigen Marktanteil von gerade einmal 2% besetzen. Tatsächlich sind schwarze Pfeifen aber ausgesprochen hochwertig, und ihr Preis hat zwei durchaus nachvollziehbare Gründe.

Der erste liegt gerade in der hohen Qualität der verwendeten Rohstoffe. Pfeifen mit nahtlos glatten Oberflächen lassen sich nämlich nur aus ungekitteten Rohlingen herstellen. An einer glatt geschliffenen schwarzen Pfeife werden auch kleinste Unebenheiten sofort offensichtlich. Deshalb können in der Produktion ausschließlich nur Ebauchons der Güteklasse »extra« verwendet werden.

Auch wenn man also bei einer schwarzen Marken-Pfeife die Maserung nicht sieht, kann man sicher sein, eine hervorragende Holzqualität zu erhalten. Allerdings weisen die führenden Hersteller auch darauf hin, daß für ihre Dinner-Pfeifen vorwiegend Köpfe ausgewählt werden, die keine herausragende Maserung aufweisen. Tatsächlich wäre es einfach zu schade (und aus kaufmännischer Sicht sicherlich auch unklug), eine makellose Straight-Grain-Maserung in einem noch so schönen schwarzen Dreß zu verstecken.

Damit kommen wir zum zweiten Grund für den happigen Preis schwarzer Pfeifen: den höheren Produktionskosten. Bei der Fertigung müssen die Köpfe mehrmals sehr sorgfältig geschliffen werden, bis die gewünschte vollkommen glatte Oberfläche entsteht. Dann werden sie in Handarbeit wiederholt schwarz gebeizt und anschließend mit Klarlack überzogen. Rezepturen und Verfahren bleiben dabei ein Geheimnis der Hersteller. Daß das Färben der Dinner-Pfeifen jedoch eine ganz besondere Herausforderung darstellt, fällt nicht unter das Betriebsgeheimnis.

Wie jeder Schwarzmaler weiß, ziehen empfindliche Oberflächen, auf denen jedes Stäubchen sichtbar ist, während des Lackierens genau diese Stäubchen wie ein Magnet an. Für das Finish einer schwarzen Pfeife ist das tödlich. Bei Denicotea werden deshalb Beize und Lack sorgfältig bei "Reinraumluftqualität" aufgebracht. Arbeitsbedingungen wie bei der NASA haben natürlich ihren Preis.

Zum Schluß wird die Oberfläche der schwarz gebeizten und lackierten Pfeifen mit Wachs auf Hochglanz poliert. Alexander Eckert von VAUEN weist in diesem Zusammenhang auf das handwerkliche Können seiner Mitarbeiter hin, denn um schwarze Pfeifen zu produzieren, braucht man viel Erfahrung und Fingerspitzengefühl. Insbesondere bei eckigen Pfeifenköpfen ist eine sorgfältige und einfühlsame Verarbeitung unerläßlich, da sonst die Kanten beim Polieren blank werden. Eckert bring es auf den Punkt: »Schwarze Pfeifen müssen wie rohe Eier behandelt werden, da sie außerordentlich empfindlich sind.«

Dies sollte auch der Raucher einer solchen Pfeife beherzigen. So wenig wie man seinen Smoking im Büro trägt, wird man dort seine Dinner-Pfeife rauchen. Sie ist eben nur etwas für besondere Gelegenheiten. Transportiert wird sie am besten in einer gut gepolsterten Pfeifentasche, vorzüglich in einer kleinen Tasche für nur eine Pfeife, wo sie besonders geschützt ist. Hersteller empfehlen zusätzlich, die »Dressed« im mitgelieferten Textilbeutel zu transportieren.

Hört man dies alles, könnte man meinen, schwarze Pfeifen seien echte Sensibelchen. Doch zum Glück können sie geraucht werden wie alle anderen auch. Allerdings kann bei einigen wenigen der Handschweiß die Pfeifen angreifen und deren Oberflächen unter Umständen schädigen. Dies passiert immer dann, wenn der Farbton allein durch Beize entstanden ist. Hier empfiehlt etwa Stanwell bei Farbveränderungen eine professionelle Politur, wie sie durch den guten Fachhandel angeboten wird.

Wurde die Pfeife mit Lack versiegelt oder bereits der Beize Lack zugefügt, ist der schwarze Farbton viel haltbarer und unempfindlicher. Markenpfeifen werden in der Regel so hergestellt und gelten als »farbecht«. Es besteht also kein Anlaß, schwarze Pfeifen mit Handschuhen zu rauchen.

Leider gibt es auch unter den Produzenten schwarzer Pfeifen »schwarze Schafe«. Nicht jeder Hersteller hat das notwendige Know-How oder Equipment, um diese anspruchsvollen Pfeifen herstellen zu können - und mancher setzt bewußt statt auf Qualität auf Dumping-Preise. So gibt es immer wieder billige, bloß schwarz lackierte Pfeifen, bei denen eine dauerhafte Verbindung der Farbe mit dem Holz nicht gewährleistet ist. Da ist dann schnell der Lack ab.

Pfeifen sind grundsätzlich ein lichtscheues Volk. Vor allem schwarze Pfeifen sollte man aber nicht unnötig dem Sonnenlicht aussetzen. Was nicht heißt, daß man sie nur im dunkeln rauchen darf, jedoch bevorzugen sie zur Lagerung ein schattiges und luftiges Plätzchen im Pfeifenschrank. Auch hier hilft unter Umständen der Textilbeutel. Keinesfalls sollte man seine Pfeifen aber im mitgelieferten Karton aufbewahren, da so nicht genug Luft an die Pfeifen kommt. Beachtet man diese Besonderheiten, wird man lange Freude an seiner Dinner-Pfeife haben. Und auch wenn ihr in gewisser Weise die Individualität einer gemaserten Pfeife abgeht, gehört wenigstens eine Dinner-Pfeife in jeden Pfeifenschrank - wie der schwarze Anzug in jeden Kleiderschrank.

Charakterköpfe

Bei aller Liebe zu so vornehmen Pfeifen, im Alltag werden die meisten Piperos lieber zur Pfeife mit sichtbarer Maserung greifen. Doch makellose Maserungen sind ausgesprochen selten, wie wir bereits gesehen haben. Deshalb muß gekittet werden. Was ist zu tun, wenn sich aber zu viele, große oder auffällige Kittstellen zwischen den schönen Grains zeigen? Aussortieren wäre doch schade, bei der schönen Maserung! Da hilft kein Kleckern, sondern nur Klotzen. Also wird das Sandstrahlgerät geholt...

Hinter einer Schutzvorrichtung wird mit dicken Spezialhandschuhen die Pfeife gehalten, während aus einer Düse mit sehr hohem Druck ein feiner Sandstrahl auf das Holz geblasen wird. Ganz vorsichtig und mit viel Gefühl muß der Pfeifenmacher dabei ans Werk gehen, wenn er nur die weichen Holzanteile der Oberfläche, und damit Probleme wie Spots, Wurmbohrlöcher oder andere Macken bis zu einer Tiefe von drei Millimetern regelrecht wegbläst. Zurück bleiben an der Oberfläche die harten Strukturholzanteile der Maserung.

Dieses Verfahren lohnt sich nur bei Hölzern, deren Maserung kräftig und gleichmäßig ist, so daß sie sich im Idealfall wie ein Muschelrelief herausarbeiten läßt. Solche sandgestrahlten Modelle nennt man *Shell Briar*, *Reliefpfeifen*, oder technisch knapp *Sandblasted*, und sie bieten eine Maserung zum Anfassen. Da diese sandgestrahlten Modelle in der Regel dunkelbraun bis schwarz gebeizt sind, werden sie manchmal auch *Tan Shell* genannt (engl. tan = Bräune).

Sandgestrahlte Pfeifen sind in ihrem Erscheinungsbild eher unauffällig und das, obwohl viele Qualitäten in ihnen stecken – was auf britisches Understatement hinweist. So verwundert es nicht, daß es der Engländer Alfred Dunhill war, der sich bereits 1917 dieses Verfahren patentieren ließ.

Da die technischen Einrichtungen zum Sandstrahlen teuer und aufwendig sind und die Bearbeitung hochwertiger Pfeifen zu *Shell Briar* viel Zeit und Erfahrung erfordert, lassen viele selbständige Pfeifenmacher ihre Pfeifen gegen Gebühr bei den ganz Großen der Branche sandstrahlen. Es spricht sehr für die überschaubare Branche, daß man sich hier aushilft.

Durch Sandstrahlen erzielt man nicht nur eine ästhetisch reizvolle Struktur der Pfeife, sondern, technisch gesehen, auch eine Verdopplung der Oberfläche. Die Maserung wird zu Kühlrippen. So lassen sich sandgestrahlte Pfeifen besonders angenehm rauchen. Außerdem sind sie griffig, federleicht, unkompliziert und ziemlich unempfindlich, was sie zu idealen Anfängermodellen, aber auch zu praktischen Begleitern im Alltag macht. Und nicht zu vergessen: Sie sind erheblich preisgünstiger als glatte Pfeifen, obwohl sie aus erstklassigem Rohstoff bestehen. Innerhalb einer Preisklasse ist in der Regel die schwarze Sandgestrahlte die qualitativ bessere Wahl.

Wenn die Einschlüsse allerdings zu groß und zu tief sind, oder die Maserung doch nicht so ausdrucksstark wie gehofft hervortritt, lohnt das Sandstrahlen nicht. Trotzdem kommt Wegwerfen überhaupt nicht in Frage! Man kann nämlich die Oberfläche der Pfeife mit Sticheln und Bohrern bearbeiten und so eine rauhe, nahezu rindenartige Oberflächenstruktur erzielen. Dieses Verfahren der Pfeifen-Retusche wird rustizieren genannt. Solche Pfeifen heißen *Bark* (engl. Rinde, Borke) oder Rustic (rustikal). Statt »*rustizieren*« müßte man also eigentlich »rustikalisieren« sagen.

Während die Engländer das Sandstrahlen von Pfeifen erfunden haben, gelten die Italiener als Meister des Rustizierens, denn sie haben Verfahren entwickelt, um besonders ausgeprägte und ausgewogene Oberflächenstrukturen zu erzielen: *Rocciata*!

Die Bezeichnungen »rustiziert« und »sandgestrahlt« werden übrigens sogar im Fachhandel oft fälschlicherweise synonym verwendet oder schlicht verwechselt – und das, obwohl die Unterschiede in der Oberflächenstruktur selbst für Laien offensichtlich sind.

Rustizieren ist Schwerstarbeit. Dabei muß gleichzeitig mit viel Fingerspitzengefühl und akkurat gearbeitet werden. Soviel Arbeit lohnt sich selbstverständlich nur bei guter Holzqualität. Geht es doch bei der Entscheidung, ob die Oberfläche glatt bleibt, sandgestrahlt wird oder mit dem Stichel bearbeitet werden muß, um ästhetische Kriterien und nicht um die Raucheigenschaften einer Pfeife. Dabei sind rustizierte Pfeifen griffig, unempfindlich und kühl zu rauchen. Und zumeist noch einmal preisgünstiger als sandgestrahlte Modelle. Es ist schon kurios: Womit Pfeifenmacher am meisten Arbeit haben, bringt am wenigsten ein.

Seit einiger Zeit ist eine neue Oberflächenstruktur bei Pfeifenköpfen in Mode, das sogenannte *brush finish*. Hier wird das angefeuchtete Holz mit einer kräftigen Bürste immer in eine Richtung gestriegelt. Heraus kommt dabei eine fein gebürstete Oberfläche, die optisch an Steinkohle erinnert, zumal die Pfeifen noch pechschwarz gebeizt und glänzend poliert werden. Sie sehen sehr elegant und durch den an Straight Grain erinnernden Linienverlauf sehr schlank aus. Zugleich haben sie die Vorteile der sandgestrahlten und rustizierten Pfeifen. Nur ist ihre Optik neu und eben deshalb (noch) ungewöhnlich.

Natürlich ist jede Variante der Oberflächenbearbeitung mit jeder anderen kombinierbar. So werden besonders Freehands gern mit Einschliffen und Teilrustizierungen versehen, was ihnen einen besonders auffälligen Look verleiht. Gern werden aber auch klassische Shapes, die sowieso schon über einen Einschliff verfügen (etwa *Bent Rhodesian*, *Bulldog* oder *Cad*), je nach Notwendigkeit, oberhalb oder unterhalb des Einschliffs rustiziert oder sandgestrahlt und farblich unterschiedlich gebeizt. Insbesondere die sportlichen Modelle bekommen so durch den Kontrast ein ausgesprochen flottes Outfit.

Ob sandgestrahlt, rustiziert oder gebürstet: Pfeifen mit einer rauhen Oberflächenstruktur sind in aller Regel sehr zu empfehlen. Gänzlich zu Unrecht stehen sie im Ruf von schlechter (oder auch nur schlechterer) Qualität zu sein, und es beruht meist auf Unkenntnis, wenn ihnen stark gekittete, dunkel gefärbte glatte Pfeifen vorgezogen werden. Pfeifenrauchen ist eben eine sehr individuelle Angelegenheit. Und wer ein besonderes Stück in Händen halten will, sollte beim nächsten Pfeifenkauf nicht nur nach hellen Straight Grains Ausschau halten.

Pimp your pipe!

Der Genuß schöner Pfeifen hat ganz offensichtlich auch einiges mit Sachkenntnis, Kennerschaft und Leidenschaft zu tun: Die Kenntnisse der Geschichte und Herstellung des Produkts steigern dessen Wertschätzung und führen damit letztlich zur Vergrößerung des Genusses. Wenn man weiß, was man da in der Hand hält, steigt der Genuß, ändert sich das Verhältnis zu der Sache. Zugegeben: Connaisseure sind zwar Freaks, aber glücklich.

Wem der Besuch in einer Pfeifenfabrik oder bei einem Pfeifendesigner nicht ausreicht, um das richtige Pfeifen-Feeling zu bekommen, der wird sich zwangsläufig irgendwann als autodidaktischer Hobbybastler versuchen. Tatsächlich kann es ein sehr aufschlußreicher Versuch sein, eine Pfeife selbst herzustellen. Nicht nur, daß Scheitern eine wichtige Erfahrung ist, es schärft vor allem den Blick für das Wesentliche an einer Pfeife, besonders für die unscheinbaren Details, und man kann viel besser die Arbeit der Profis goutieren. Und wenn's dann geklappt hat, besitzt man die beste Pfeife der Welt. Auch wenn die anderen behaupten, sie sähe aus wie eine Kartoffel.

Nun müssen nicht gleich alle Pfeifenhändler um ihre Pfründe bangen! Hier geht es nicht um die Herbeiführung der Selbstversorgung (autarkes Rauchen mit Schrebergarten-Tabak und selbstgeschnitzter Pfeife), sondern um die bessere Kenntnis unseres Objekts der Leidenschaft.

Für Anfänger hält der Fachmarkt vorgefertigte Bruyère-Rohlinge parat, bei denen das handwerklich Schwierigste bereits mit Spezialwerkzeugen in Fabriken erledigt wurde: Brennkammer, Rauchkanal und Mundstück sind bei diesen Standardblöcken fertig gefräst beziehungsweise vorgedreht und der aufstrebende Pfeifenmeister braucht sich nur noch um die »künstlerische« Gestaltung des »Rests« zu kümmern. Tatsächlich haben einige Pfeifenmacher genau diesen Weg genommen. »Angefixt« durch die feierabendliche Werkelei im Hobbykeller sind sie über Seminare für Anfänger und Fortgeschrittene, die manchmal etablierte Pfeifenmacher anbieten, irgendwann zum professionellen Pfeifenmachen gekommen.

Doch vor diesen Meisterlorbeeren liegt ein langer, blasenreicher Weg mit harter Arbeit am Ebauchon. Die handelsüblichen Bruyère-Blöcke werden in verschiedenen Bohrungswinkeln von 30° bis 90° geliefert und die Acrylmundstücke wahlweise mit oder ohne Filter. Vorgefertigte Ebauchons erhält man im Fachhandel oder über Versandtgeschäfte. Auch einige Bastelläden haben diese Blöcke im Sortiment. Dort bekommt man auch spezielle Beizen, Lacke und Wachse – und natürlich detaillierte Bastelanleitungen. Einige Pfeifenbücher warten mit Anleitungen zum Eigenbau auf, und bei DAN PIPE gibt es sogar eine DVD »Pfeifen selbst gemacht«.

Feilen, Raspeln und Schleifpapier gibt's in jedem Baumarkt, zur Not reicht dem Naturtalent sogar ein scharfes Taschenmesser. Pflaster gibt's in der Drogerie. Es soll Menschen geben, die tatsächlich über einen bestens ausgerüsteten Keller mit Werkbank und opulenter Werkzeugkiste verfügen. Die wissen ohnehin schon, was sie jetzt wollen.

Übrigens trägt der Händler keine Haftung für verborgene Mängel in den Bruyère-Blöcken. Somit haben Hobbybastler das gleiche Risiko wie professionelle Pfeifenmacher, nur daß ihnen die Erfahrung der Profis fehlt. Bearbeitete Blöcke sind selbstverständlich vom Umtausch ausgeschlossen. Bevor man die Feile erstmals ansetzt, sollte man sich das Klötzchen schon sehr genau ansehen, denn es wird keine Vorsortierung nach Maserung durchgeführt. Den Maserungsverlauf sieht man sowieso nur an einem angeschliffenen nassen Ebauchon. Im Klartext: Man kauft die Katze im Sack. Andererseits bestehen auch nur minimale Möglichkeiten, sich nach der Maserung zu richten, da die Form der Pfeife ja ohnehin schon weitgehend vorgegeben ist.

Wem diese vorgefertigten Dinger eine zu geringe Herausforderung darstellen, kann sich an der Rohware für Profis versuchen. Die gleichen Bezugsquellen wie oben liefern auch alles »einzeln« und »roh«: Ebauchons, Stangenmaterial für Mundstücke (Acryl, Ebonit) sowie Meerschaumblöcke und das entsprechende Zubehör können einfach und bequem über das Internet bestellt werden. So viel zum Thema »Eigenbau«.

Eine Sache mit Biß: Das Mundstück

Man sagt, die Fertigung eines optimalen Mundstücks sei eine ebenso große Kunst wie die eines exquisiten Pfeifenkopfs. Und das heißt nicht nur, daß das Mundstück zur Pfeife passen muß. Jenseits der Ästhetik geht's um das angenehme Rauchgefühl: Beste Materialien und exzellente Verarbeitung sollte man bei einer guten Pfeife auch vom Mundstück erwarten. Da wäre vor allem die Bequemlichkeit des Bisses. Der sollte nicht zu stark rundlich gewölbt und wulstig, schon gar nicht scharfkantig, sondern im Querschnitt flach linsenförmig sein. Andererseits muß die Stärke und Breite des Bisses immer auch die Hebelwirkung berücksichtigen, die je nach Länge und Gewicht der Pfeife unterschiedlich ist. Eine lange kräftige Straight mit einem filigranen Biß ist schlicht eine Fehlkonstruktion, da man sie kaum auf Dauer zwischen den Zähnen halten kann, ohne das Mundstück zu zerbeißen.

Klären wir zunächst die Materialfrage: Früher verwendete Materialien für Mundstücke wie Tierknochen, Horn, verschiedene Hölzer, Bernstein oder sogar Metall werden heute zum Glück nicht mehr verwendet. Sie sind hygienisch bedenklich und vom praktisch-technischen Gesichtspunkt her nicht mehr »tragbar«. Heute muß man sich im wesentlichen nur noch zwischen Ebonit und Acryl entscheiden. Beide sind gut (b)rauchbar, relativ pflegeleicht und mehr oder weniger komfortabel, haben aber unterschiedliche Vor- und Nachteile.

Ebonit, auch *Parakautschuk* (kurz *Para*) genannt, galt bis in die 80er Jahre als ideales Mundstücksmaterial, da es erwärmt leicht formbar, sogar industriell preßbar und angenehm weich im Biß ist. Weil die meisten gängigen Pfeifenbücher aus der Zeit vor 1980 stammen, kann man dort das hohe Lob auf's Para lesen, während das Acrylmundstück noch ein Aschenputtel-Dasein führt – ganz im Gegensatz zur heutigen Marktlage.

Bei Parakautschuk handelt es sich um eine Mischung aus Gummi, härtenden Kunststoffen und Pigmenten, die unter Druck und Hitze vulkanisiert werden. In den USA werden diese Mundstücke deshalb auch »*Vulcanites*« genannt. Der porenfreie Stoff saugt Kondensate nicht auf und läßt sich entsprechend leicht von äußerlichen Ablagerungen reinigen. Seine hygienischen Vorzüge liegen ebenso klar auf der Hand, wie seine einfache und angenehme Handhabung für sich sprechen.

Außerdem galt Ebonit als weitgehend geschmacksneutral, jedenfalls verglichen mit den bis dato verwendeten Werkstoffen. Heute hat der schwach an Lakritze erinnernde feine Geschmack und Geruch fast schon eine nostalgische Note.

Parakautschuk ist fest, aber doch leicht federnd im Biß, was insgesamt ein eher weiches Gefühl zwischen den Zähnen vermittelt. So werden Ebonitmundstücke als sehr angenehm und zahnfreundlich empfunden.

Ein weiterer Vorteil ist, daß Parakautschuk sich recht leicht verarbeiten läßt. Es kann nach dem Pressen gefeilt, gebohrt und gefräst werden und ist durch Schleifen und Polieren bis auf Hochglanz zu bringen. Meist wird es am Bandschleifgerät geformt und der Zapfen durch Präzisionsdrehmaschinen abgedreht. Der Biß wird durch Feilen und Sägen ausgearbeitet.

Kommen wir zu den Nachteilen: Ebonit ist leider lichtempfindlich. In der Sonne wird es erst stumpf und hell, dann treten die bei der Hartgummiherstellung verwendeten Schwefelstoffe als grau-gelblich-grüne Verfärbung aus. Das Mundstück »rostet« quasi. Das sieht nicht nur häßlich aus, es schmeckt auch so. Besonders schade ist, daß sich dieser Prozeß auch bei pfleglichster Hege durch Alterung nahezu von selbst einstellt.

Hinzu kommt noch, daß man, auch ohne James Bonds Alptraumgegner »Beißer« zu sein, den weichen Mundstücken mitunter schnell den Garaus machen kann. Selbst bei zartem Halten sieht man die Abdrücke der Zähne bereits nach dem ersten Rauchen. In den Riefen an der Bißwulst bilden sich dann schnell häßliche Ablagerungen. Hygiene-Freaks desinfizieren deshalb immer vor dem Rauchen die Paramundstücke mit einem Schluck Hochprozentigem.

Neben dem guten Brandy gibt es natürlich auch spezielle Reinigungs- und Politurpasten für Ebonit, mit denen man das Mundstück wieder aufpolieren kann. Wir werden auf dieses Thema noch zurückkommen. Wer nicht so viel Armschmalz zum Polieren einsetzen will, kann sich an den Pfeifenhändler seines Vertrauens wenden. Die meisten Fachgeschäfte haben eine Poliermaschine und werden aushelfen.

Ebenfalls zur Familie der Mundstücke aus Parakautschuk gehören die Cumberland-Mundstücke, die 1979 bei Dunhill entwickelt wurden. Bei der Herstellung werden zwei verschiedene Rezepturen und unterschiedlich gefärbte Ebonitschichten gemischt, wodurch die charakteristische Marmorierung entsteht. Diese Mundstücke sollen bei gleich federndem Biß deutlich weniger licht- und druckempfindlich sein. Trotzdem reicht das Cumberland, was die Widerstandskraft und Unempfindlichkeit anbelangt, nicht an Acryl heran.

Ende der 1970er Jahre setzte von Italien her eine Art »Mundstücksrevolution« durch die Verwendung von *Acryl* ein. Acryl galt als moderner, preiswerter, hygienischer und einfach zu verarbeitender Kunststoff. Auch behält Acryl seine Farbe (und das auch bei strahlendem Sonnenschein), ist absolut geschmacks- und geruchsneutral und ist sehr leicht sauber zu halten.

Trotzdem gab es anfänglich beachtliche Probleme zu überwinden. Acryl ist deutlich härter und spröder als Ebonit und somit weniger leicht zuzurichten, jedenfalls, wenn man an Ebonit gewöhnt ist. Es wird in Platten oder Stangen geliefert und muß erst geschnitten werden. Auch muß in das spröde Mundstück ein widerstandsfähigerer Zapfen eingesetzt werden, da das Acryl splittern würde. Verwendete man dazu früher Ebonit (was ja nahe lag), nimmt man heute überwiegend Teflon. Teflon ist ein zäher, recht temperaturresistenter Kunststoff, der sich, einmal zugerichtet, nicht mehr verändert.

Doch die Pfeifenraucher hatten anfangs manche Opfer für die modernen Mundstücke zu bringen. So waren die ersten Mundstücke aus Acryl alles andere als filigran oder elegant, dafür aber teuer. Auch mußte der Biß kräftiger ausfallen, da das damals noch spröde Material sonst nicht die notwendige Stabilität gehabt hätte, um den Zähnen ohne Bruch zu widerstehen.

Da besagte Mundstücke ursprünglich für den US-Markt produziert wurden, waren sie zu allem Überfluß auch noch von wenig dezenter Färbung: Die Palette reichte von babyrosa, violett, himmelblau, lind und creme bis zu metallic. Zum Glück ging man von diesem Farbspektrum für den heimischen Markt ab und produziert heute überwiegend klassisches Schwarz, oft auch imitiertes Cumberland (manchmal Camberlain genannt), Bernsteinfarbe oder für ausgefallenere Pfeifenmodelle sogar glasklare Mundstücke (translucentes Acryl).

Zu Beginn der Acryl-Ära mußte man sich also erst mal an das harte Leben mit den Plastikteilen zwischen den Kauleisten gewöhnen, wozu aber längst nicht alle Kunden bereit waren. Seit man aber aus den Kinderschuhen der

Entwicklung heraus ist, haben sich die Bequemlichkeit und Haltbarkeit so deutlich verbessert, daß mancher kaum noch einen Unterschied zwischen Ebonit und Acryl bemerkt. Außer eben, daß Acryl unproblematischer und haltbarer ist.

Heute werden Pfeifenmundstücke meist aus Acryl gefertigt und diese von den Kunden als selbstverständlich akzeptiert. Die Großproduzenten der Branche verwenden heute überwiegend, manche sogar ausschließlich Acryl und selbst Freehandkünstler der Spitzenklasse haben sich diesem Trend angeschlossen.

Insbesondere am Biß ist in den letzten Jahren vieles verbessert worden. Längst mümmelt man nicht mehr auf einem dicken und breiten Acryl-Wulst herum. Und überhaupt: Haltbarkeit, Unempfindlichkeit und Hygiene des Materials sprechen für sich. Trotzdem, behaupten viele Pfeifenfreunde, sei das Ebonit-Mundstück, wenn es gut gemacht ist, immer noch schlanker, eleganter und angenehmer.

Um den sich in den achtziger Jahren unter den Pfeifenrauchern aufgetanen Graben zwischen Kautschuk-Traditionalisten und Acryl-Modernisten zu überbrücken, hat *William Taylor* von der englischen Pfeifenmarke *Ashton* eine Mischung beider Materialien hergestellt, die er sich unter dem Namen *Ashtonite* patentieren ließ. Obwohl diese Mundstücke angeblich nur die Vorzüge aus beiden Bereichen vereinigen sollten, konnten sie sich nicht durchsetzen. Vielleicht, weil man sie nur an Pfeifen der Londoner Firma *Ashton* findet.

Waren anfangs, als man noch gezwungen war, Acrylmundstücke überwiegend in Handarbeit aus Stangenmaterial zu schneiden, nur sehr teure und ausgefallene Pfeifen mit Acrylmundstücken versehen, hat sich dies seit einigen Jahren völlig gewandelt: Da Acryl in der Pfeifenfertigung heute industriell verarbeitet werden kann, können hochwertige und ausgefallen geformte Mundstücke aus diesem Material in großer Zahl preiswert produziert werden.

Diese Entwicklung führte dazu, daß bis vor einigen Jahren überwiegend die preiswerten Pfeifen mit Acrylmundstücken versehen wurden, während man die teuren mit Ebonit ausrüstete. Heute gilt die Rechnung »*Acrylmundstück = Billigpfeife*« keinesfalls mehr. Die Ebonitmundstücke sind auch bei den Hochpreispfeifen auf dem Rückzug. Sollte ein Acrylmundstück (oder sein Vetter aus Ebonit) mal komplett von Hand hergestellt worden sein, wird dies mit der Prägung *Hand-Cut* auf dem Mundstück ausdrücklich vermerkt.

Auf der Suche nach neuen Materialien für Pfeifenmundstücke wurde schon so manches ausprobiert. Um den teuren (und immer seltener werdenden) Bernstein zu ersetzen, werden Kunstharze verwendet, die man beliebig einfärben kann. Neben dem Acryl sind *Epoxy*, *Ambrolith* und der sagenhafte Name *Juwelit* öfter an den »Bernsteinmundstücken« von Calabash- und Meerschaumpfeifen zu finden. Man spricht hier auch von *Kunstbernstein. Cultured Amber* ist dagegen ein aus gemahlenen Bernsteinabfällen und Bindemitteln erzeugter *Preßbernstein* und für Laien optisch von »echtem« Natur-Bernstein kaum zu unterscheiden. Alle diese Varianten haben ähnliche Vorteile wie die Acrylmundstücke: Sie sind preiswert, robust, hygienisch und praktisch. Versuche mit anderen Kunststoffen wie Polysterol oder Nylon waren weit weniger erfolgreich, entsprechend findet man diese Werkstoffe kaum noch bei Pfeifen.

Nachdem die Materialfrage geklärt ist, rücken nun Mundstückformen und Biß ins Blickfeld: Man unterscheidet *Fishtail*, *Saddlebit*, *Stufenbiß-* und *Lippenbißmundstücke* sowie die Dentalmundstücke für Gebißträger. Letztere stellen Kaufwillige vor ein Problem. Es soll Dentalmundstücke geben, aber man bekommt sie nicht so ohne weiteres. Vielleicht werden sie ja nur unter dem Ladentisch gehandelt, jedenfalls kennen die meisten Pfeifenraucher sie nur von Abbildungen aus älteren Pfeifenbüchern. Zugegeben, ich brauche auch keins, aber ich frage mich, ob man diese Spezialanfertigungen bei den heutigen Gebissen überhaupt noch braucht. Von mir befragte Gebißträger benutzen und vermissen sie auch nicht. Zahntechniker schwören auf die neuen Prothesen und der Einzelhandel zeigt sich meist ehrlich zerknirscht, so etwas wie Dentalmundstücke nicht im Sortiment zu haben. Was ist auch schon so besonders an einer »normalen« Pfeife, wenn man mit den »Dritten« problemlos Krustenbraten-Semmeln bewältigen kann?

Das *Fishtail*-Mundstück soll das am meisten verkaufte sein. Es macht seinem Namen alle Ehre, denn es sieht tatsächlich etwas wie die sichelförmige Schwanzflosse eines Fisches aus. Im Längsschnitt läuft es flach in einer Spitze aus. Es erhält so eine sehr schlanke und dynamische Form. Mit einem entsprechend schlanken Biß ist es im Mund angenehm, da es leicht und doch stabil ist. Diese sich kontinuierlich verjüngende Mundstückform wird auch *Taper* genannt. Von ihm sind die *Army-Bits* zu unterscheiden, die vom konischen Zapfen im Durchmesser kontinuierlich anschwellen, etwa in der Mitte des Mundstücks ihren größten Durchmesser erreichen und sich dann bis zum Biß hin wieder kontinuierlich verjüngen. Außerdem gibt es noch die *Saddle-Bits* und hier die gedrungenere Spezialform des *Lovat-Saddle*.

Sattelmundstücke haben an Ober- und (bzw. oder) Unterseite eine Verdickung, was ihnen ein bulliges und eher gedrungenes Aussehen verleiht. Es geht aber auch ganz anders, wenn nämlich der Sattel als Ausbuchtung für die Filterkammer dient und sich an diese Ausbuchtung ein recht flaches, gerades und langes Mundstück anschließt. In diese Familie gehören auch die heute selten gewordenen *Stufenmundstücke*, die im Längsschnitt betrachtet über mehrere Stufen, aufeinander zu laufend, zum Biß sich verjüngen.

Oft verfügen Sattelmundstücke über einen konischen Zapfen, was sie zu *Steckermundstücken* macht. Sie gehören meist zu den kräftigeren Varianten und bleiben überwiegend Bents vorbehalten. Eine Ausnahme bilden hier die schlanken bis filigranen Straight Spigots.

Auch bei der Mundstücksform gilt wieder: Alles andere ist *Fancy*, denn auch bei den Mundstücken gibt es kaum etwas, was es in Form, Farbe und Gestaltung nicht gibt: bauchige Formen mit Einschnürungen, mit Ringen und Wellen, Kugeln und Spitzen in allen Farben des Regenbogens. Sogar schottisch karierte habe ich schon gesehen. Acryl ist eben geduldig.

Die Fancy-Mundstücke, die übrigens mit diesem Namen lange vor den gleichnamigen Pfeifen auf dem Markt waren, stellen genau genommen gar keine eigene Kategorie dar. Sie haben zwar eine ungewöhnliche Gesamtform, orientieren sich aber in der Regel bei den Formelementen und vor allem beim Biß an den oben genannten Grundformen.

So, jetzt gucken wir mal in die Röhre. Genau, wir nehmen die Bohrung im Biß unter die Lupe. Bei den bisher behandelten Formen finden wir meist einen *Schlitzbiß* (Gegensatz: *Punktbiß*) vor, also eine Art »Kerbe«. Besonders deutlich kann man dies an transparenten Mundstücken sehen: Beim Schlitzbiß wird der Rauchkanal vorn am Biß wie das Ende eines Schraubenziehers breit und flach. Jetzt kommt's darauf an, wie diese »Kerbe« im Biß aussieht. Man unterscheidet Hohl- und Rundschliff. Beim *Hohlschliff* ist der verbreiterte Rauchkanal konkav in das Mundstück hinein geschliffen worden. Beim *Rundschliff* wird das Mundstück am Biß halbrund geformt und der Einschliff ist entsprechend konvex. Was Ihnen bequemer ist merken Sie schnell an der Zunge.

Die »extreme« Form des Rundschliffs ist der halbrunde Abschluß des Punktbisses, der identisch ist mit der Mundstückform des *Lippenbisses*. Ein unpassender Name, da sich hier niemand auf die Lippen beißt. Es handelt sich um ein hinten geschlossenes, abgerundetes Mundstück, bei dem sich am hinteren Ende oben ein Loch (eben Punktbiß) befindet. Wenn man es mal ausprobiert, merkt man gleich, warum dies so gemacht worden ist: Durch den Punktbiß wird der Rauchstrom nicht wie beim Schlitzbiß direkt fächerförmig auf die Zunge, sondern hinauf zum unempfindlicheren Gaumen geleitet, wo er verwirbelt wird. Das besonders von Anfängern so gefürchtete

Zungenbrennen fällt weitgehend aus.[4] Tolle Sache! – Aber wie immer gibt's auch einige Nachteile: Lippenbißmundstücke lassen sich schwerer säubern als Schlitzbißmundstücke, außerdem macht es eventuell Probleme, das rundlichere Mundstück zwischen den Zähnen zu halten

Gestandene Pfeifenraucher kommen zwar mit dem Schlitzbiß problemlos zurecht, trotzdem ist das Lippenbißmundstück nicht nur etwas für Anfänger. Es raucht sich ganz formidabel damit, so daß ein Versuch allemal anzuraten ist, denn insbesondere VAUEN und Petersons stellen hervorragende Pfeifen mit diesen Mundstücken her.

Einige Pfeifenraucher bevorzugen den etwas derberen *Saddlebit* oder *Stufenbiß*. Da hat man was zu kauen. Saddlebits sind stabil, und man kann durch entsprechenden Druck auch mächtigere Pfeifen gut »freihändig« im Mund halten. Trotzdem: Was wäre naheliegender, die Vorzüge des Punktbisses mit denen des Schlitzbisses zu kombinieren. Versuche in dieser Hinsicht hat es immer wieder gegeben. Brebbia bietet beispielsweise einen kleinen Mundstückeinsatz aus Plastik an, der den Rauchstrom im Schlitzbiß seitwärts lenkt. Nicht schlecht. Der einzige Nachteil ist, daß das winzige Ding schnell verloren geht oder gar verschluckt werden kann. Falls Sie unter 3 Jahre alt sein sollten...

Die überzeugendste Alternative ist das Doppelrauchkanalmundstück von *Design Berlin* (db), das auch relativ einfach zu pflegen ist. Der Rauchkanal im Mundstück wird wie ein Y gebohrt, d.h. der Raucher hat die beiden Enden der Rauchkanäle im Mund, was zu einer seitlichen Verwirbelung führt. Sehr angenehm.

Pfeifen-Piercings

Applikation kommt von *applicare* »zusammenfügen«, »aufnähen«. Es handelt sich also um Schmuck, der keinerlei Auswirkungen auf die Raucheigenschaften der Pfeife haben sollte, sondern allein aus ästhetischen Gründen angebracht wurde. Das hat weniger mit »Aufhübschen« und mehr mit »Aufwerten« zu tun: Was wären erlesene Pfeifen ohne Zierringe aus edlen Metallen, die man auch Virolen (von franz. *virole* Zwinge, Reif, Ring) nennt, ohne die hübschen Applikationen aus verschiedenen Hölzern, Kunststoffen und anderen Materialien.

Am häufigsten wird *Silber* verwendet. Man denke nur an die feinen Silberarbeiten von Peterson oder Dunhill, die verspielten Applikationen von Viprati, die aufwendigen Arbeiten von Mastro de Paja oder Ser Jacopo. Bei diesen

Silberapplikationen handelt es sich um Sterlingsilber, dem immer als Zertifikat der Feingehalt eingeprägt wurde. Meist verwenden die Hersteller 925er Silber (d.h. 92,5 Prozent der Legierung sind reines Silber), aber auch 900er oder 835er wird benutzt.

Auf irischen und britischen Pfeifen finden sich in der Regel drei *Hallmarks* (eingeprägte Symbole als Gütezeichen): 1. Herkunft, 2. Feingehalt, 3. Produktionsjahr (Buchstabencode). Insbesondere bei der Einordnung des Jahrgangscodes bei Dunhill und Peterson kommt es unter Sammlern oft zu einiger Konfusion, kursieren doch im Internet verschiedene, sich teilweise widersprechende Dechiffrierlisten zum Codeknacken. Am besten besorgt man sich eine autorisierte Liste des Herstellers. Übrigens: *Neusilber* ist im Unterschied zum *Altsilber* gar kein echtes Silber, sondern eine Legierung aus Nickel, Kupfer und Zink. Allergiker aufgepaßt!

Der beliebteste Ort für Applikationen an Pfeifen ist der Übergang vom Holm zum Mundstück. Gern setzt man hier schmale bis breite Metallringe ein. Sie werten den Holm optisch auf und sorgen insbesondere bei dunklen Pfeifen für eine ästhetische Zäsur zum schwarzen Mundstück. Manche dieser Ringe sind geschmückt, am bekanntesten sind die guillochierten Virolen.

Bei filigranen Holmen sind sie durchaus nicht bloße Zierde wie die Bauchbinde einer Zigarre, sondern sie schützen die dünne Holmwandung vor Rissen. Manche Silberringe haben sogar kleine Füßchen, die die Pfeife beim Ablegen stützen und so ein Umkippen verhindern. Elegant und funktional, vor allem wenn sie auch noch einklappbar sind.

Größere Metallkappen, wie die Olive, werden häufig mit Firmenstempeln und (wenn es sich um Silber handelt) mit Prägestempeln versehen. Auch Rankenornamente sind sehr beliebt. Bei Spigots wird auch die Metallhülse des Zapfens in die Gestaltung mit einbezogen.

In ganz besonderen Ausnahmefällen, sprich bei den herausragendsten Firsts wird auch schon mal Gold oder Weißgold verwendet, VAUEN und Dunhill haben für ihre Meisterstücke statt des weißen Punktes sogar Brillanten in den Holm eingesetzt.

Bei preiswerteren Pfeifen verwendet man selbstverständlich weniger edle Metalle oder Kunststoffringe aus Acryl, deren Gestaltung nahezu keine Grenzen gesetzt sind: Sie können aussehen wie Bernstein, Marmor, Holz, Horn, Elfenbein oder Glas. Die poppigsten Farben und ausgefallensten Oberflächenstrukturen sind möglich.

Eher selten wird ein Zierring direkt am Pfeifenholm befestigt. Das Mundstück glänzt aber meistens mit eigenen Applikationen aus verschiedenen Materialien, etwa mit Einlegearbeiten aus Metall oder Kunststoff, die meist das

Firmenlogo oder die Qualitätskategorie der Pfeifenmanufaktur angeben.

Sehr beliebt sind auch Metallringe oben am Pfeifenkopf. Hier ist die Applikation immer *on the top*. Silberringe schützen (und schmücken) den äußeren Rand des Kopfes, Messingringe verhindern die Verschmutzung des Holzes beim Anzünden der Pfeife. Die Palette reicht von elegant bis rustikal. Auch Pfeifendeckel (Silverlids) kommen hier zum Einsatz.

Seit einigen Jahren finden sich auch Holzeinsätze aus exotischem Bambusrohr, hellem Buchsbaum oder kontrastreichem Zebranoholz als Zwischenstücke zwischen Holm und Mundstück. Wie eine Verlängerung strecken sie die Pfeifen und verleihen einen besonders exotischen Look. Dabei setzt man zumeist auf die Kontrastierung zum Bruyère: hell wird mit dunkel, fein mit grob kombiniert. Unterschiedliche Maserungen beleben das Bild, schmale Metallbänder sorgen für optische Reize zwischen verschiedenen Hölzern.

Selbstverständlich ist alles mit jedem kombinierbar, etwa wenn verschiedene Hölzer schichtweise verarbeitet werden, eine Metallolive das Ganze krönt und farbige Acryleinlagen das Mundstück auflockern. Vor allem jene Freehand-Künstler, die eher zu größeren Modellen neigen, verwenden gern verschiedene Applikationen in Kombination. Jedoch bedarf es hier schon der Stilsicherheit eines Winsløw, damit das Ergebnis nicht überladen wirkt. Manche Fancy-Pfeife gehört in diese Kategorie der überladenen Paradiesvögel. Aber über Geschmack läßt sich ja bekanntlich trefflich streiten.

Anmerkungen

1 In Südeuropa, insbesondere in Spanien und Portugal waren Zigarren und Schnupftabak aus Brasiltabak weiter verbreitet als im Norden.

2 Vgl. H. Behrens, H. Frickert, Mit vollem Genuß rauchen, a.a.O., S. 28ff. (in der alten Ausgabe S. 100ff.), A. Liebaert, A., Mayya, Die Welt der Pfeife, a.a.O., S. 54ff., O. Pollner, Pfeiferauchen leicht gemacht, a.a.O., S. 45ff., A. Dunhill, Die edle Kunst des Rauchens, a.a.O., S. 107ff., R. C. Hacker, Das Handbuch des Pfeifenrauchers, a.a.O., S. 22, H. Hochrains neues Pfeifen-Buch, a.a.O., S. 55ff., R. Crole, Pfeifen, a.a.O, S. 95ff., J. A. Frank, Pfeifen-Brevier, a.a.O., S. 168.

3 Friedrich Sternberg, Knasterkopfs Annehmlichkeiten und Freuden, Ronneburg 1834 (Nachdr. Dortmund 1978), S. 11.

4 Vgl. Klaus Neumann, Raucherbedarf-Großhändler R. Neumann GmbH., Siegen, »Meine These: 80% der Leute, die anfangen Pfeife zu rauchen, hören wieder auf. Aber 80% derer, die mit Lippenbiß beginnen, bleiben bei der Pfeife«, zit. nach E. Günther, Das Pfeifenmundstück und seine Pflege, in: Smokers Club 2/2000, S. 26.

Die Schwestern der Bruyère

Obwohl sich Bruyère für Pfeifen heute allgemein durchgesetzt hat, wissen erfahrene Raucher selbstverständlich auch noch andere Materialien sehr zu schätzen. Hier fallen uns natürlich unsere Meerschaumpfeifen als erstes ein. Sie werden gern und oft benutzt. Tonpfeifen hingegen finden nur noch selten Verwendung und auch Porzellanpfeifen werden höchstens von traditionalistischen Förstern und münsterländer Kiepenkerlen geraucht. US-Patrioten (und Cowboys aus Wuppertal) schwören dagegen auf ihre Maiskolbenpfeifen. Gelegentlich werden aber auch ganz andere Materialien verwendet. Nein, hier geht es nicht um jene kunterbunten Kunststoffpfeifen aus Pyrolith, die in den 1970er Jahren den schrägen Charme »unkaputtbarer« Plastikflaschen entfalteten und sich nie durchsetzten konnten! Hier geht es um einen neuen uralten Werkstoff: Erst kürzlich entdeckt wurde das Holz der eiszeitlichen Mooreichen als Stoff aus dem die neusten Pfeifenträume sind. Um bei den gängigen Pfeifenmaterialien mitreden zu können, schauen wir uns die hier genannten einmal genauer an und sinken dazu (in Gedanken) auf die Knie.

Die weiße Göttin

Meerschaumpfeifen genießen einen nahezu göttlichen Ruf, denn eine Schaumgeborene verspricht himmlischen Rauchgenuß, zumindest ergehen sich alle Pfeifenautoritäten in hymnischen Lobpreisungen. Grund genug, skeptisch zu sein. Das fängt ja schon mit dem Namen an: Meerschaum hat zunächst wenig mit der See zu tun. Der idyllische Name *Meerschaum* geht wahrscheinlich auf das levantinische Wort »Mertschcavon« für den »weißen Pfeifenstein« aus Kleinasien (Anatolien) zurück. Da die Österreicher, die im 18. und 19. Jahrhundert nicht nur den gesamten Handel mit »Mertschcavon«, sondern auch weitgehend die Pfeifenproduktion aus dem weißen Mineral kontrollierten, bei der Aussprache dieses Wortes strauchelten, änderten sie recht bald den Namen »soundgerecht« in *Meerschaum*.

Eine andere Erklärung liefert *Meyers Lexikon*, das die lateinische Lehnübersetzung von spuma maris aufbietet, was aber eigentlich »Koralle« bedeutet und insofern nicht wirklich überzeugt. Egal welche Variante nun stimmt, die Österreicher handelten eben exklusiv mit »Meerschaum« und bestimmten so den Namen. Da Franzosen und Engländer von den österreichischen Pfeifen nachhaltig begeistert waren, und das schwierige Wort *Meerschaum* so schön exotisch klang, lebt es als Fremdwort bis heute auch in anderen Sprachen fort.

Meerschaum ist ein Magnesiumsilikat, das zu 63,3% aus Kieselerde, 27,4% aus Bittererde, 9,3% aus Wasser und weiteren 97% aus Rauchspaß besteht. Wer's genau wissen will: $Mg_4[(OH)_2|Si_6O_{15}] \cdot nH_2O$ (n = 2-6); Moshärte 2-2,5, Dichte $2g/cm^3$. Noch Fragen? Fachleute sprechen bei dem Vorkommen von Meerschaum über »kryptokristalline, feinerdig derbe oder knollige Massen mit abbauwürdigen Regionen in der Türkei, Kenia und Tansania«.[1] Geringere Vorkommen gibt es in Somalia, Griechenland, Spanien und auf der Krim. Meerschaum aus den USA ist etwas ganz anderes, wie wir noch sehen werden.

Über die Entstehungsgeschichte des Rohstoffs Meerschaum, der zur Familie der Specksteine gehört, kursieren die drolligsten Meinungen. Manche behaupten, daß es sich um Ablagerungen von Muscheln und Molluskenschalen handelt, weshalb man es auch *Sepiolith* nennt (von *Sepia*, dem kalkigen Schulp des Tintenfisches – fragen Sie Ihren Wellensittich, der kennt die weißen Platten). Damit wären wir doch irgendwie wieder beim »Schaum aus dem Meer« angekommen...

Es gibt auch die Theorie, daß Meerschaum das Verwitterungsprodukt des *Serpentinits* sei, eines grünlichen gesteinsbildenden Minerals. Die einfachste Erklärung wäre, daß es sich bei Meerschaum bloß um vor Ewigkeiten abgelagerten Mineralschlamm (Kieselerde, Magnesium, Kalk, Kohlensäure) handelt, der in den folgenden Äonen von Erde bedeckt und durch Druck zusammengebacken wurde. Daher auch der zweite (oder schon dritte?) Name: *Magnesit.*

Die besten Vorkommen des Sepioliths (oder wie auch immer) finden sich auf einem nur hundert Quadratkilometer großen Gebiet in der Türkei, in der Nähe der Provinzstadt Eskişehir, auf halber Strecke zwischen Istanbul und Ankara. Dort werden die weißlichen Brocken schon seit 1674 in Brüchen unter Tage »bergmännisch« abgebaut. Aus der Luft betrachtet, sieht das Gebiet wie von Seepocken befallen aus, denn die Bergleute graben nicht in einer großen gemeinsamen Mine, sondern jeder für sich in seinem eigenen kleinen »Brunnenloch« unter Arbeitsbedingungen wie zu Ali Babas Zeiten.

Man kann sagen, je tiefer, desto weißer und reiner ist der Rohstoff. Allerdings ist damit auch eine Hiobsbotschaft verbunden. Fand man früher in 25 Metern Tiefe schon brauchbare Klumpen des *Lületaşi*, des weißen Diamanten, wie man Meerschaum auf türkisch nennt (vierter

Name!), so muß man bereits seit geraumer Zeit bis zu 80 Meter tief graben. Niemand weiß, wie weit das Rohstofflager reicht und wie viel es noch enthält.

Seit den 90er Jahren gibt es immer wieder Gerüchte um ein neu entdecktes fantastisches Vorkommen irgendwo in der Türkei, das aus unbekannten Gründen noch geheim gehalten werde. Man merkt, wir sind im Orient.

In der Türkei ist man schon 1961 dazu übergegangen, die Meerschaumbrocken nicht mehr als billigen Rohstoff zu exportieren, sondern gleich an Ort und Stelle weiter zu verarbeiten. So wurde durch Exklusivrechte ein lukrativer Industriezweig geschaffen. Meerschaum darf heute die Türkei unbearbeitet nicht mehr verlassen. Pfeifen aus türkischem Meerschaum, auf denen »Made in Austria« steht und die vielleicht noch aus der einstigen Meerschaumpfeifen-Hochburg Wien stammen, sind entweder schon recht alt oder sie wurden dort »nur« aus vorgefertigten türkischen Rohlingen fertiggestellt.

Als die türkische Exportregelung in Kraft trat, war das Lamento der hiesigen Jünger der weißen Göttinnen groß, erreichten doch damals die türkischen Pfeifen bei weitem nicht die Verarbeitungsqualität der gewohnten Wiener Pfeifen. Der Ursache hierfür, dem Mangel an guten Pfeifenschnitzern, versuchte man von türkischer Seite durch Ausbildung eigener Fachkräfte in verschiedenen europäischen Ländern abzuhelfen. Heute haben die türkischen Meerschaumschnitzer ein unbestritten hohes Niveau erreicht und das nicht nur, weil eine europäische Schnitzkunst mangels Möglichkeit kaum mehr existiert: Ob schlichte klassische Formen von Bent bis Billiard, dänische Optik, orientalische Verspieltheit oder figürliche Schnitzerei, man bekommt heute exzellente Meerschaumpfeifen aus der Türkei.

Vor einiger Zeit wurden die Namensrechte des Wiener Traditionshauses *Andreas Bauer* verkauft und die etwa 1500 kostbaren Meerschaumpfeifen, die jährlich unter diesem Namen hergestellt wurden, fertigt nun *Sedat Konçak* in der Türkei. Lediglich die Firma *Robert Strombach* produziert noch in Wien aus türkischer vorgefertigter Ware.

Offenbar ist es unmöglich, herauszufinden, hinter welchem türkischen Markennamen sich tatsächlich ein Hersteller verbirgt, so daß der Pfeifenkenner Rolf Joachim Rutzen zu der Annahme gelangt, daß die vielen verschiedenen Pfeifen zumeist aus einer Werkstatt in oder um Eskişehir stammen.[2] Die meisten Schnitzer leben heute in einem Dorf, das früher Sebeci hieß, jetzt aber Beyaz Altin (Weißes Gold) genannt wird.

Am bekanntesten sind heute in Europa die Marken Altinay, Keser, Konçak, und Sümerler, deren Pfeifen sich in Deutschland in jedem besseren Sortiment finden. Besonders begabte Pfeifenschnitzer gingen beim türkischen Doyen der Meerschaumpfeife *Ylmas Akpinar* in die Schule. Leider verdirbt billige Massenware mit nachlässiger Verarbeitung immer wieder den gerade aufgebauten guten Ruf, denn es gilt, daß eine schluderig gefertigte und falsch behandelte Meerschaumpfeife ein mindestens so großer Flop ist wie eine schlechte Bruyèrepfeife. Überhaupt sollten Schnäppchenjäger im Türkei-Urlaub bedenken: Die Pfeifen sind dort zwar billiger als bei uns, aber so manche der dort den Touristen angebotenen, teilweise recht »üppig« ausgestatteten Meerschaumpfeifen zu erstaunlichen Dumping-Preisen dürften eher »Ziergegenstände« als Rauchutensilien sein und das nicht nur wegen der Größe, sondern weil das Material manchmal schlicht nicht zum Rauchen geeignet ist.

Der Kauf einer Meerschaumpfeife ist in viel größerem Maße Vertrauenssache als das Erstehen einer Bruyère-Pfeife. Was nützt der kleine »*Original Meerschaum*« Anhänger, wenn es im selben Laden Gucci-Brillen für 10 Euro gibt? Also läßt man besser die Finger von den Pfeifen. Aber bei dem Preis könnte man vielleicht doch über das Risiko reden... Immerhin wäre so ein imposanter Sultanskopf oder die fein modellierte Haremsdame doch ein nettes Mitbringsel, ob nun rauchbar oder nicht. Wer sich aber eine wirklich gute Meerschaumpfeife in der Türkei kaufen möchte, wird auch dort in ein Fachgeschäft gehen müssen. Genau wie hier.

Man baut übrigens nicht nur in der Türkei Meerschaum ab, auch in Afrika gibt es einige Vorkommen dieses Minerals. Insbesondere in Ostafrika findet er sich in lohnenden Mengen. Doch um es gleich zu sagen, der afrikanische Meerschaum ist doch etwas anders beschaffen als der türkische.

Der Meerschaum aus ostafrikanischen Ländern wird hierzulande nach der tansanischen Fundregion *Amboseli* benannt, in den USA heißt er *Manx*. Amboseli-Meerschaum ist weniger porös, schwerer, grober, geädert, meist unreiner und farblich nicht so ansprechend wie der türkische. Obwohl keiner so recht zu wissen scheint, was Meerschaum eigentlich ist, weisen doch alle darauf hin, daß der afrikanische Meerschaum erdgeschichtlich einige Millionen Jahre jünger ist. Ich erwähne das hier nicht etwa als verkappte Entschuldigung für seine Mängel (»Ach Gott, der ist doch noch so jung...«) oder als Anspielung darauf, doch zu warten, daß die Amboseli-Vorkommen irgendwie »nachreifen«, sondern als Info für unsere Hobby-Geologen.

Amboseli muß zunächst durch ein heißes Ölbad gehärtet werden, um überhaupt den Anforderungen an eine Pfeife zu genügen. Nach diesem Bad sind Amboseli-Pfeifen aber bezüglich ihrer Widerstandsfähigkeit ihren türkischen

Kolleginnen tatsächlich haushoch überlegen. Trotzdem sollte man auch sie nie grob behandeln, da sie immer noch zerbrechlich sind.

Im Gegensatz zum türkischen Meerschaum eignet sich Amboseli wegen seiner etwas derberen Struktur und weißlich-grauen Färbung nicht so ohne weiteres für die Fertigung glatter Pfeifen. Er kommt deshalb aufgerauht und stets gebleicht oder koloriert auf den Markt, wobei man sich bemüht, den Pfeifen einen gewissen Used-Look zu geben: Oben schwärzlich (wie rußverziert) und darunter von oben nach unten rötlich über gelb nach weiß übergehend. Amboseli ist übrigens preiswerter als der türkische Meerschaum, ohne jedoch merklich schlechtere Raucheigenschaften zu haben.

Früher wurde Amboseli direkt in einer Pfeifenfabrik in Arusha, ganz in der Nähe zur kenianischen Grenze, verarbeitet. Doch, doch, Arusha kennen Sie, jedenfalls wenn Sie schon mal den Filmklassiker »Hatari!« gesehen haben.[3] Heute trifft man auf die von Hochrain beschriebenen, in Asphalt schwarz gekochten Amboseli-Pfeifen (auch Goudron-Pfeifen, von frz. »goudron« für Teer) mit dem weißen Elefantenemblem nicht mehr.

Seit dem 19. Jahrhundert verarbeitet man Amboseli-Meerschaum auf der Isle of Man (Barling/Laxey Pipe Ltd.), in London (Jambo, London Meerschaum) und in Dublin (Peterson). Daß man dies traditionell in den genannten Betrieben macht, hängt wohl damit zusammen, daß man noch aus den Zeiten des Empires die Kontakte zum ehemals britischen Ost-Afrika pflegt. Außerdem war ja der türkische Meerschaum entweder (früher) in den Händen der Österreicher, oder (jetzt) in türkischer Oberhoheit. Eine Ausnahme in der Commonwealth-Runde bildet da die kleine Firma Vinche in Brüssel. In nennenswertem Umfang produziert heute aber nur noch Peterson diese Pfeifen.

Doch zurück zur Fertigung einer in Deutschland handelsüblichen (türkischstämmigen) Meerschaumpfeife: Die geförderten Brocken werden gereinigt, getrocknet, poliert, nach Qualitäten sortiert (Größe, Gewicht, Färbung), und an die Pfeifenmanufakturen verkauft.

Der noch erdfeuchte Rohstoff ist nicht nur von seiner Konsistenz her wie Seife, sondern er schäumt sogar, wenn man ihn naß macht und reibt. Im trockenen Zustand wird Meerschaum fest, kann aber jederzeit durch ein Wasserbad wieder in den vorherigen Zustand gebracht werden. Das ist für seine Verarbeitung wichtig – und für Heimwerker gut zu wissen.

Hat der Meerschaum die richtige Konsistenz, läßt er sich leicht sägen, schnitzen, aber auch drehen und polieren. Dummerweise verhindert aber gerade die seifige Konsistenz des Materials weitgehend eine industrielle Fertigung, weshalb die meisten Pfeifen als klassische Formen an der Holzdrehbank, ansonsten aber als Freehands »einfach« mit dem Messer, hergestellt werden. »Fragile – Handle With Care« ist die Devise bei der Produktion in den Manufakturen. Schnell kann man hier wahrhaft böse Schnitzer machen.

Da bis zu 70% der Pfeifen bei der Fertigung Verfärbungen, kleine Löcher, schmale Risse oder Einschlüsse aufweisen, ist die Herstellung einer Meerschaumpfeife mindestens so spannend wie die einer Bruyère. Ähnliche Oberflächenbearbeitungen wie beim Holz sind dann nötig. Da werden Löcher und Risse mit gemahlenem feuchten Meerschaum »gekittet«, oder die Oberfläche mit einem Stichel rustiziert, ein Verfahren das man hier *kalzinieren* oder (selten) *granieren* nennt. Die Pfeifen sehen dann sandgestrahlten Modellen ähnlich.

Häufig sind Pfeifen aus Amboseli-Meerschaum kalziniert, was nicht nur für rustikale Optik, gute Wärmeleitung und eine griffige Oberfläche, sondern auch noch für die nötige Unempfindlichkeit sorgt. Traditionell werden bei Pfeifen mit Unreinheiten allerdings auch Schnitzereien ausgeführt.

Da sind zunächst die den maurischen Motiven nachempfundenen ornamentalen Schnitzereien. Durch sie werden aber nur winzige Einschlüsse oder kleinere farbliche Unregelmäßigkeiten beseitigt. Die Schnitzmuster können recht einfache regelmäßige Lochmuster (die berühmten *Latice*-Ornamente) oder sehr komplizierte geometrische Schnitzereien sein. Die so »gelöcherten« Pfeifen sind sehr hübsch, verfärben sich wunderbar von innen nach außen (wegen der unterschiedlichen Dicke), haben eine enorm vergrößerte Oberfläche – und sind dazu noch preiswerter als die seltenen glatten Schwestern.

Nur aus erstklassigem Material werden die figürlichen Darstellungen gefertigt, die, zugegeben, Geschmackssache sind. Bei ihnen handelt es sich, wenn sie gut gemacht sind, um handwerklich höchst anspruchsvolle Schnitzereien zu exorbitanten Preisen. Meerschaum läßt ein besonders filigranes bis opulentes Schnitzwerk zu, was besonders in der Blütezeit der Wiener Schule im 19. Jahrhundert »barocke« Blüten trieb. Da sich das Material aber auch leicht pressen oder gießen läßt, ist so manche figürlich gestaltete Pfeife eine glatte Pressung!

Kehren wir zur Fertigung zurück: Nachdem die Meerschaumpfeife an der Drehbank oder durch das Schnitzmesser ihre abschließende Form erhalten hat und der Rohling ausgehärtet ist, geht's ans Finish. Zunächst wird penibel kontrolliert, ob alles sauber verarbeitet ist und keine Risse aufgetreten sind. Dann wird der weißen Göttin ein Schönheitsbad in siedendem Bienenwachs spendiert. Das schließt und fixiert die Oberfläche, ohne sie zu verstopfen.

Den selben Effekt erzielt man mit flüssigem Paraffin und da dieses Verfahren billiger und einfacher ist, wird es heute zumeist angewendet.

Manchmal wird nicht Bienenwachs oder Paraffin, sondern Stearin verwendet. Das ist nicht so ideal, jedenfalls nicht für die Verbraucher, da es sich abnutzt. Der Vorteil für die Hersteller liegt auf der Hand: Stearin ist undurchsichtig weiß, wodurch alle Fehler im Material verdeckt werden. Jedenfalls solange die Pfeife neu ist. Welches Wachs verwendet wurde, sieht man einer neuen Pfeife leider nicht an. Doch der seriöse Händler kennt die Hersteller und kann sich auf deren Qualitätsprodukte verlassen.

Der früher verwendete Bienenwachs gab den Meerschaumpfeifen von Anfang an eine leicht honiggelbe Patina. Heute wird dem Wachs Hydrogenperoxid zum Bleichen zugesetzt, wodurch die Pfeifen wie der weiße Riese leuchten. Was man schöner findet, ist Geschmackssache. Manche finden den leicht antiquierten Gelbton lebendiger, aber die blütenweißen Pfeifen haben auch ihren Reiz, denn sie bleiben ja nicht lange so.

Das Wachsbad ist ein heikler Moment, da die Köpfe das Wachs unterschiedlich schnell aufnehmen. Eine gleichmäßige Sättigung ist aber Voraussetzung für eine ebenmäßige Färbung. Außerdem dürfen sich keine Blasen bilden. Übrigens hat man früher vor dieser Prozedur einen Tauchgang in heißem Walrat, dem Fett aus der Stirnhöhle des Pottwals, eingelegt.

Walrat, dessen Hauptbestandteil Palmitinsäure-Cetylester ist, dringt schnell in das Mineral ein und befördert später beim Rauchen die Kondensate rasch nach außen, was das Wachs wiederum besser färben soll. Aber wer will sich schon wegen einer bunten Pfeife an der Ausrottung der Wale beteiligen? Keine Sorge: Heute werden Meerschaumpfeifen nicht mehr in Walratfett »voreingelassen«.

Nach dem Wachsbad werden Kopf und Holm der Pfeife von noch bestehenden Unebenheiten befreit und poliert. Nun wird der Zapfen verankert – und zwar im Holm. Würde man ihn wie bei den Bruyèrepfeifen üblich im Mundstück anbringen, wäre es nur eine Frage der Zeit, bis der Holm bricht. Will man trotzdem den Zapfen im Mundstück befestigen, sollte der Holm unbedingt mit einer Metallolive oder einer anderen Einfassung verstärkt und gesichert werden.

Zuerst wird ein Gewinde in den Holm gefräst und ein Kunststoff- oder (bei teuren Pfeifen) ein Buchsbaumholzeinsatz eingedreht und verleimt. In diesen dreht man dann wiederum den Zapfen. Deshalb gilt für die Meerschaumpfeife unbedingt: *Immer das Mundstück rechts herum hinein und auch wieder heraus drehen!* Auch wenn man noch in manchen Pfeifenbüchern lesen kann, die Richtung wäre gleich, Hauptsache man hält sich an eine, so verlangt doch die heutige Fertigungstechnik Rechtsdrehung! In diesem Zusammenhang noch eine Entwarnung: Die in der älteren Pfeifenliteratur beschriebenen Meerschaumpfeifen mit Gewindemundstück sind mittlerweile Antiquitäten.

Über die verschiedenen Mundstücke wurde ja oben bereits ausführlich berichtet. Zumeist finden sich an Meerschaumpfeifen Kunstbernstein-, Parakautschuk- oder Acrylmundstücke. Meerschaumpfeifen gibt es wahlweise mit oder ohne Filter. Die Filterpfeifen sollen sich angeblich nicht so schön verfärben, was ich aber nicht bestätigen kann.

Meerschaumpfeifen sollten immer mit einem maßgeschneiderten Futteral ausgeliefert werden, das weich ausgepolstert ist. Diese Etuis sind für den Transport unerläßlich und bieten einen wirkungsvolleren Schutz als jede Pfeifentasche. So behütet kann die weiße Lieblingspfeife mit auf die Reise gehen. Da Meerschaumpfeifen nicht nur stoß- und kratzempfindlich, sondern auch ziemlich wasserscheu sind, darf man eine heiße (feuchte) Meerschaumpfeife nie für längere Zeit im Futteral verschließen. Überhaupt ist ein schattiger, luftiger und staubgeschützter Ort zur dauerhaften Aufbewahrung zu empfehlen. Die weiße Göttin gehört in einen Tabernakel – pardon: Pfeifenschrank.

Bisher haben wir zumeist stillschweigend beim Meerschaum vom *Blockmeerschaum* gesprochen. Er ist der einzig echte und wahre Meerschaum. Nur er wird *en bloc* aus der Erde geborgen und verarbeitet. Nur er ist so hitzebeständig, porös und saugfähig, wie das Material für eine Meerschaumpfeife sein soll. Mit nachgemachtem, d.h. künstlichem Meerschaum fällt man unweigerlich auf die Nase! Und da selbst gestandene Piperos in Sachen Meerschaum getäuscht werden können, lohnt hier ein Blick auf die Details.

Als angeblich untrügliches Kriterium für die Echtheit von Meerschaum gilt immer noch das Gewicht. Naturmeerschaum sei in der Regel leichter, außerdem matter und rauher als künstlicher – doch oft ist das nicht einmal für einen Fachmann zweifelsfrei zu entscheiden, geschweige denn für einen Laien. Da hilft schon eher der Hinweis auf den Preis. Wenn das Schnäppchen einfach zu günstig ist, sollte dies stutzig machen. Aber sicher sind alle diese Kriterien nicht! Hier helfen nur Vergleiche, Erfahrung und ein guter Fachhändler der vertrauenswürdige Lieferanten hat. Meerschaumpfeifen-Kauf ist Vertrauenssache!

Neben dem einzig wahren Blockmeerschaum tauchen in absteigender Qualität weitere »Meerschäume« auf. Da ist zunächst der *Preßmeerschaum*. Er wird aus den Abfällen des Blockmeerschaums hergestellt, indem man die zerkleinerten Stücke zu einem Brei zermahlt und mit einem neutralen Bindemittel unter Druck in Formen preßt. Unter den Blinden ist Preßmeerschaum der

Einäugige, setzt man ihm doch keine weiteren Stoffe zu. Trotzdem sind seine Raucheigenschaften bescheiden. Wer eine solche Pfeife als Meerschaum kauft und im guten Glauben raucht, wird beim besten Willen nicht verstehen, was der ganze Zirkus um die »weiße Göttin« eigentlich soll.

Noch eine Stufe schlechter als Preßmeerschaum ist *Massameerschaum*, der von gewieften »Marketingstrategen« auch als *Wiener Meerschaum* bezeichnet wird. Es handelt sich dabei im gewissen Sinne um eine Variante des Preßmeerschaums, nur wird hier den zermahlenen Meerschaumresten neben Wasserglas zusätzlich zum Bleichen auch noch Kali beigemischt. Das Ganze wird ordentlich gerührt und gekocht, mehrmals gesiebt und eingedickt, um dann in Pfeifenform gegossen oder gepreßt zu werden. Man kann den Brei auch als Block trocknen und wie Blockmeerschaum zu Pfeifen verarbeiten. Hieraus fertigt man Einsätze für billige Calabash-Pfeifen oder sogenannte »Meerschaumeinsätze« für Bruyère-Pfeifen. Die Meerschaumimitate aus gebranntem Gips, die noch den seligen Alfred Dunhill quälten, sind glücklicherweise nicht mehr im Handel.[4]

Missouri-Meerschaum aus den USA hat dagegen absolut nichts mit echtem Meerschaum oder seinen Surrogaten zu tun. Es handelt sich hier nur um die selbstironische »Aufwertung« der Maiskolbenpfeifen durch ihre Produzenten! Da nicht nur jeder weiß, was gemeint ist, sondern der Unterschied zwischen einem Maiskolben und einem Block Meerschaum wohl auch dem Unbedarftesten auffallen dürfte, schaffte es selbst die findige amerikanische Rechtsprechung bislang noch nicht, einen Fall zu konstruieren, in dem eine Täuschungsabsicht erfolgreich unterstellt werden konnte.

Besonders hartnäckig hält sich das Gerücht, daß man eine Meerschaumpfeife beim Rauchen niemals am Kopf anfassen dürfe oder (als Konsequenz) nur mit weißen Spezial-Handschuhen rauchen sollte. Vielleicht war das früher mal nötig, als man noch Walrat vor dem Wachsen verwendete, aber sicher ist auch das nicht. Manchmal wird empfohlen, etwa bei besonders feinen, großflächigen und glatten Modellen, die Pfeife bei den ersten fünf bis zehn Rauchvorgängen nicht dauernd am Kopf, sondern überwiegend am Mundstück zu halten. Diese Vorsichtsmaßnahme scheint völlig ausreichend, wenn man auf Nummer sicher gehen will.

Die Erklärung ist plausibel: Das *überschüssige* Wachs tritt durch die Hitze beim Rauchen aus und geht mit dem Handschweiß eine unheilige Allianz ein. Deshalb sollte man grundsätzlich nach dem Rauchen die abgekühlte Pfeife mit einem weichen Wolltuch polieren. Überhaupt kann eine Meerschaumpfeife nach dem Rauchen etwas matt aussehen. Das geht aber durch Polieren immer wieder weg. Nach den ersten fünf Rauchopfern ist die Gefahr der

Beeinträchtigung der Schönheit durch Handschweiß zumeist gebannt, und die Pfeife kann wie gewohnt gehalten werden.

Eine Meerschaumpfeife kann man ziemlich bedenkenlos drauflos rauchen: Einfach vollstopfen und rauchen. Und das täglich. Es ist nicht viel zu beachten und schon gar kein feierlicher Ritus nötig: Kein Einrauchen, nur sollte man wie bei jeder Pfeife die Temperatur möglichst »normal« halten.

Das ist übrigens bei Meerschaumpfeifen nicht nur Geschmackssache! Wenn die weiße Göttin zu heiß wird, sinkt das sich zu stark erwärmende Wachs im Pfeifenkopf nach unten und tritt möglicherweise sogar aus. Das Wachs ist aber für die gewünschte farbliche Veränderung zuständig. Eine schöne Verfärbung des Kopfes ist nun nicht mehr zu erzielen. Dafür wird sich der Holm um so kräftiger verfärben. Was auch kein Beinbruch ist. Eine Meerschaumpfeife, die sich partout nicht »ordentlich« verfärben will, läßt sich immer noch prima rauchen!

Um zu vermeiden, daß der Kopfrand beim Rauchen schwarz wird, sollten eine Meerschaumpfeife nie zu voll gestopft werden. Am besten verwendet man zum Anzünden keine Streichhölzer. Das kann zu gelb-grünen Striemen am Kopfrand führen. Meerschaum ist für eine weiche Feuerzeugflamme dankbar. Aber das trifft ja auf alle Pfeifen zu, wenn man »Dachschäden« vermeiden will.

Eine heiße Meerschaumpfeife sollte nie großen Temperaturschwankungen ausgesetzt werden. Sie ist ganz entschieden keine Outdoor-Begleiterin, sie mag weder Wind noch Regen. Und schon gar nicht, im heißen Zustand auf einer Glas- oder Keramikplatte abgelegt zu werden. Die Temperaturunterschiede können zu Spannungsrissen in der Pfeife führen. Damit scheidet auch unser Pfeifenascher als Ablage aus. Empfehlenswert ist ein sogenannter Pfeifensattel, ein knautschiges, etwa zu zwei Dritteln mit Sand (oder sonstwas) gefülltes Ledersäcken. Hierauf kann sich die heiße Weiße ausruhen. Meist tut es aber auch einfach die aufgeklappte Pfeifentasche, in der sich immer eine geeignete Ablage findet. Bei guter Pflege ist die Lebensdauer einer Meerschaumpfeife nahezu unbegrenzt – ganz wie es sich für eine Göttin gehört.

Legenden ranken sich um die exorbitanten Preise der Meerschaumpfeifen und das sagenhafte Ansehen ihrer Raucher. Das *Guinness-Buch der Rekorde* bezeichnet die Meerschaumpfeifen als die wertvollsten Pfeifen überhaupt. Folge: Die meisten glauben, die Meerschaumpfeife sei ein Rauchinstrument für einen Krösus. In diese Kerbe schlägt auch Helmut Hochrain: »Versetzen Sie Ihr Bett im Pfandhaus, wenn Sie kein Geld haben, aber besorgen Sie sich eine, kaufen Sie sich eine Meerschaumpfeife«.[5]

Keine Sorge, so weit muß es nicht kommen! Otto Pollner verweist darauf, daß eine passable Meerschaumpfeife nicht mehr als ihre Cousinen aus gutem Holz kosten muß.[6]

Und noch ein letzter Mythos: Der der heiligen Färbung. Angeblich hatten es unsere Vorfahren besser raus, denn ihre Pfeifen waren so prächtig gefärbt. Kein Wunder, früher war doch alles besser, das Material, die Ruhe... Sogar die Zukunft war besser.

Tatsächlich hat Ur-Opa bei seiner Meerschaumpfeife geschummelt! Schon früh gab es nämlich Möglichkeiten, die faszinierende Verfärbung *künstlich* zu erzeugen. Und die damaligen Hersteller haben nicht gezögert, von dieser Möglichkeit ausgiebig Gebrauch zu machen, um ihren Kunden die mühsame und langwierige Prozedur der *natürlichen* Verfärbung zu ersparen.[7]

Seit jeher hält sich das Gerücht, man müsse eine Meerschaumpfeife in möglichst kurzer Zeit möglichst oft rauchen, um die richtige Patina zu erzielen. Hochrain empfiehlt konsequent tägliches Qualmen, da sonst nicht nur der Prozeß der Verfärbung unterbrochen werde, sondern sogar Tönungen wieder verschwinden könnten. Als würde er dies ironisch aufnehmen, berichtet Dunhill, daß Mitte des 18. Jahrhunderts ein Londoner Pfeifenenthusiast ein Kommando königlicher Leibgardisten zusammengetrommelt habe, die ihm seine neue Meerschaumpfeife sieben Monate lang Non-Stop einrauchen mußten. Das Ergebnis soll sattbraun gewesen sein.[8] Wahrscheinlich bekam man von dieser Pfeife schon eine Nikotinvergiftung, wenn man mit Todesverachtung nur mal am abgewetzten Mundstück nuckelte. Nicht zu reden von Herpes Labialis. Uäh, aber das Renommee, diese Pfeife im Club zu rauchen, muß ganz exorbitant gewesen sein.

Hybrid-Pfeifen: Bruyère mit Meerschaumeinsatz

Die Grundidee dieser Pfeife ist ja nicht schlecht: Schützen wir die zerbrechliche Meerschaumpfeife durch eine robuste Ummantelung, und schon haben wir die Kombination aller Vorteile. Also steckt man einfach einen Meerschaumeinsatz in eine entsprechend ausgebohrte Holzpfeife. Beste Raucheigenschaften, dank Meerschaum und solide Holzverarbeitung mit schöner Maserung sind das Ergebnis dieser »Kreuzung«.

Eigentlich genial, nur machten irgendwann einige Produzenten dieser Pfeifen den entscheidenden Fehler, für die Meerschaumeinsätze Massameerschaum zu verwenden und diese wasserdichten Näpfe in Billigholz zu versenken. Das hat den Ruf dieser ursprünglich pfiffigen Pfeifenidee in kürzester Zeit komplett ruiniert. Zeitweise war eine ordentliche Pfeife mit Blockmeerschaumeinsatz eine echte Rarität.

Das hat sich erfreulicherweise in den letzten Jahren wieder geändert. Zuerst tauchten Altebestände guter Pfeifen auf, die wohl längere Zeit, trotz bester Qualität, wie Blei in den Läden gelegenhaben müssen und so preiswert an Kenner verkauft wurden. Dann wurden wieder neue und sehr gute Modelle von seriösen Pfeifenmachern hergestellt. Ihre hervorragenden Raucheigenschaften und unproblematisches Handling sprachen sich schnell herum. Heute kann man Bruyère-Pfeifen mit Blockmeerschaumeinsätzen wieder uneingeschränkt empfehlen.

Apropos Wärme: Sogenannten Hitzköpfen, also Pfeifenrauchern mit »Temperaturproblemen« sind diese Pfeifen nur bedingt zu empfehlen, da sie nur weiter zum sorglosen Heizen verleiten (»Schadet ja jetzt nix mehr, gelt?«). So kriegt man nie die wohltemperierte Pfeife hin...

Rauchen wie Ötzi

»Bog Oak« ist nicht etwa eine steinzeitliche Grußformel, mit der man einst die Seinen in der Höhle begrüßte, sondern die Bezeichnung für den *Dernier* Cri der Pfeifenbranche. Hinter dem englischen *Bog Oak* verbirgt sich die *Mooreiche*, auch *Morta* genannt. Dabei handelt es sich keineswegs um eine eigene Holzart, sondern um Eichen. Genauer: Sehr alte Eichen, die am Ende der Eiszeit (oder etwas später) durch Naturkatastrophen wie Gletscherschmelzen vom Wasser mitgerissen wurden. Durch für uns glückliche Umstände haben die Baumstämme dann zwischen 600 und 8.500 Jahre in Flußbetten, unter Moor oder Kiesschichten luftdicht abgeschlossen überdauert, und einen sogenannten *subfossilen* Zustand erreicht. Dabei wurden Harze und Öle aus dem Holz geschwemmt, was es extrem leicht und porös macht.

Außerdem ging die Gerbsäure des Eichenholzes mit den Eisensalzen des Wassers eine Verbindung ein, wodurch das Holz sehr hart wurde und sich dunkel färbte. Die Verfärbung der Stämme ist allerdings sehr unregelmäßig und variiert je nach Luftabschluß und Wasserkontakt von hellgrau bis tiefschwarz.

Die Eigenschaften dieses uralten Holzes ließen irgendwann einige Pfeifenmacher aufhorchen. Das Holz der Mooreiche ist erstaunlich leicht, man möchte sogar sagen: federleicht. Selbst große Pfeifen scheinen beinahe nichts zu wiegen. Man fühlt sich an Balsaholz oder Bimsstein erinnert.

Dabei ist das Material glatt und fest, doch immer noch porös genug, um während des Rauchens sehr viel Kondensat aufzunehmen und später die Feuchtigkeit leicht wieder abzugeben. Alles spricht für kühlen und trockenen Rauchgenuß.

Nun muß die Sache natürlich auch einen Haken haben. So weist das Holz der Mooreiche keine besonders spektakuläre Maserung auf. Deswegen werden Bog Oaks schwarz gebeizt und sandgestrahlt. Das klingt zunächst nicht sonderlich aufregend, doch gerade hier zeigt die Mooreiche, was in ihr steckt: Aufgrund der speziellen Struktur ihres Holzes entsteht beim Sandstrahlen eine außerordentlich reizvolle netz-, bzw. gitterartige Struktur. Je runder die Form des Pfeifenkopfes, desto schöner, kräftiger und gleichmäßiger zeichnet sich das Netz ab. So entsteht eine spektakuläre Oberflächenstruktur, die allein schon die Anschaffung einer Bog Oak rechtfertigen würde.

Leicht, schön, funktional, gute Raucheigenschaften, ein neuer Look und das erhabene Gefühl, etwas wirklich sehr altes nicht nur in Händen zu halten, sondern auch noch mit außergewöhnlichem Genuß rauchen zu dürfen – all das vermittelt das gewisse Etwas und verspricht, einen »Bog-Oak-Smoke« zu einem wirklich besonderen Erlebnis zu machen. Genau besehen war es also gar keine so überraschende Idee, aus dem Holz der Mooreiche Pfeifen zu machen. Man mußte bloß darauf kommen. Die Frage ist nun, wer war's?

Internationaler Vorreiter dürfte der in die Bretagne ausgewanderte amerikanische Pfeifenmacher *Trevor Talbert* sein, von dem es heißt, er habe zuerst die Idee zur Bog Oak Pfeife gehabt. Mittlerweile sind eine ganze Reihe international renommierter Freehand-Künstler seinem Beispiel gefolgt. *Reiner Thilo Bindschädel* war der erste, der sich mit Mooreichen als Pfeifenrohstoff systematisch befaßte und seither auch ausgefallene Shapes daraus herstellt. Inzwischen fertigen auch *Tom Richard Mehret*, *Hermann Hennen*, *Eckhard Stöhr* und *Josef Prammer* Pfeifen aus diesem Holz an. Die weltweit erste Serienpfeife aus Mooreiche wird von *Otto & Kopp* aus Offenbach unter dem Markennamen *Rattray's* vertrieben.

Wie es bei einer solchen Pfeife gar nicht anders sein kann, interessiert es die Pfeifenraucher selbstverständlich ganz besonders, wo genau der uralte Rohstoff ihrer neuen Pfeifen herstammt und wie alt er tatsächlich ist.

Die Mooreichen für die *Rattray's Bog Oak* beispilesweise stammen aus einem alten versandeten Seitenflußarm der Donau. Dieses Holz ist mit ca. 1.000 Jahren noch relativ jung. Hat damit das Holz aus der Zeit der Ottonen genau das richtige Alter?

Diese Frage ist nicht so einfach zu beantworten. Die Raucheigenschaften scheinen nicht unmittelbar mit dem Alter zu tun zu haben, denn einige

Pfeifenmacher verwenden sogar über 8.000 Jahre alte Hölzer mit besten Ergebnissen. Entscheidend ist offenbar, daß der Prozeß der Fossilierung noch nicht zu weit fortgeschritten ist, da sonst das Holz unbrauchbar, sprich unrauchbar geworden ist. Was nicht so sehr eine Frage des Alters, sondern der übrigen Rahmenbedingungen ist.

Bleibt noch die Frage: Ist Bog Oak der ultimative Pfeifen-Werkstoff dieses Jahrtausends? Genau besehen würde das dann doch überraschen. Das erste Problem besteht darin, daß die Rohstoffressourcen für Mooreichen-Pfeifen, ähnlich wie Steinkohle, nicht gerade als nachwachsend bezeichnet werden können und die Vorkommen recht begrenzt sind.

Außerdem ist das Holz von Mooreichen für Brandschäden anfällig, falls die Temperatur im Pfeifenkopf punktuell zu hoch wird und sich noch keine schützende Kokskruste ausgebildet hat. Deshalb mußte eine spezielle Wasserglaspaste entwickelt werden, mit der man die Brennkammer bis zum Aufbau der Kokskruste schützen kann.

Eine weitere Schwierigkeit entsteht durch die in der Brennkammer von Pfeifen üblicherweise bestehenden Temperaturschwankungen. Bruyère und Meerschaum können die beim Rauchen entstehenden Spannungen innerhalb bestimmter Grenzen vertragen. Bei einem spröden Material wie dem der Mooreiche, können diese Spannungen jedoch zu Rissen führen. Deshalb kommen nur runde Shapes, am besten mit gleichmäßig dicken Wandstärken in Frage, die die Wärme gleichmäßig verteilen und ableiten.

Rundliche Pfeifenformen haben unter Bog Oaks also nicht nur »oberflächlich« ästhetische, sondern auch »handfeste« physikalische Gründe, zumal sich gedrungenere Shapes im Alltagsgebrauch als besonders widerstandsfähig gegen Bruchgefahren erwiesen haben.

Man wird sicher gut daran tun, eine Bog Oak umsichtig zu behandeln. Dabei wird man feststellen, wie kühl und angenehm sie sich raucht. Die besonders tiefe »Maserung« des Holzes wirkt wie Kühlrippen und die Pfeife liegt sicher und angenehm in der Hand. Man könnte sagen, sie hat »grip«. Da sie so leicht ist, bietet sie einen hohen »Tragekomfort«, ob nun in der Hand oder zwischen den Zähnen.

Viel Kopfzerbrechen (im wahrsten Sinne des Wortes) macht den Pfeifenmachern die Herstellung der Pfeifen. Gerade bei Serienpfeifen häufen sich die Probleme, da das Material bei maschineller Fertigung sehr leicht reißt. Der Ausschuß ist entsprechend hoch. Folglich müssen eher kräftige und größere Modelle gefertigt werden, was die Gestaltungsspielräume einschränkt. Übrigens haben auch Freehand-Künstler ihre liebe Not mit dem Material, weshalb sie ebenfalls überwiegend große und eher rundliche Modelle herstellen.

Bei diesen Fertigungsbedingungen ist es kein Wunder, daß Pfeifen aus Mooreichenholz einen vergleichsweise stattlichen Preis haben. Natürlich geht's immer auch billiger, bloß läßt dann auch oft die Qualität dieser Pfeifen zu wünschen. So soll es Hersteller geben, die (möglicherweise unwissentlich) viel zu helles (und damit billiges unbrauchbares) Holz verwenden. Außerdem produzieren sie ungeeignete Formen und das vielleicht auch noch nachlässig. Fehler, die sich beim Rauchen unmittelbar rächen.[9] So ist es wenig verwunderlich, daß man zum Teil sehr unterschiedliche Urteile über Pfeifen aus Mooreiche zu hören bekommt.

Der Pfeifenmacher Josef Prammer hat nicht zuletzt wegen dieser schwarzen »Mooreichen-Schafe« eine Studie über die Eignung dieses Holzes zum Bau von Pfeifenköpfen beim *Institut für Holzforschung* an der Universität Wien in Auftrag gegeben.[10]

In der Studie bestätigen die Forscher der Uni Wien, was Pfeifenmacher bereits aus Erfahrung wissen: Je dunkler das Holz ist, desto besser sind die Raucheigenschaften. Leider hilft das dem Pfeifenraucher nicht wirklich weiter, da die handelsüblichen Bog Oak Pfeifen alle tiefschwarz gebeizt sind, so daß keine Unterschiede bezüglich der natürlichen Holzfärbung zu sehen sind.

Als Konsument muß man sich also auf das Wort des Händlers und der sich auf die Kompetenz des Pfeifenherstellers verlassen, der das Holz ausgewählt hat. Und der muß sich wiederum auf Fachleute in der Holzbranche verlassen, denn die Farbe des Holzes hat überhaupt nichts mit dem Alter zu tun. Die enormen Altersunterschiede von mehreren tausend Jahren sind den Hölzern absolut nicht anzusehen und im übrigen spielen sie auch nur eine untergeordnete Rolle.

Der Grad der Verfärbung hängt nämlich unmittelbar damit zusammen, ob der Baumstamm vollkommen und durchgängig luftdicht unter Wasser abgeschlossen war. Was tatsächlich, wie gesehen, erhebliche Auswirkungen auf die Raucheigenschaften hat.

Die Färbung allein sagt allerdings nichts über den Grad der Fossilierung, weshalb auch dunkles Holz durchaus ungeeignet sein kann, da die Versteinerung für den Pfeifenbau schon zu weit fortgeschritten sein könnte. Der Prozeß der Versteinerung kann je nach Rahmenbedingungen unterschiedlich langsam verlaufen, weshalb das bloße Alter auch kein Kriterium für die Raucheigenschaften abgibt. Es geht also um das richtige *Zusammenspiel* von Luftabschluß, Wasser, Zeit und Grad der Fossilierung.

Aber auch unabhängig von den genannten Faktoren kann die Qualität des Mooreichenholzes noch stark variieren. Risse im Holz, Pilzbefall, Bohrlöcher durch Insekten etc. können bereits zu »Lebzeiten« des Baumes zu jenen Problemen führen, die alle Pfeifenmacher nur zu gut vom Bruyère kennen. Handwerklich gut gemachte und mit Sachverstand hergestellte Pfeifen aus Mooreichenholz sind schon etwas ganz besonderes. Sie sehen nicht nur wunderschön aus und rauchen sich hervorragend, sie laden darüber hinaus zu einer »Zeitreise« ein. Man denkt unwillkürlich beim Rauchen darüber nach, was wohl vor sieben- oder achttausend Jahren gewesen sein mag, als der Baum aus dessen Holz die Pfeife in unserer Hand gemacht wurde, noch lebte. Wollnashörner, Mammuts und Menschen, die diese Tiere an Höhlenwände malen, gehen uns durch den Kopf. Unversehens ändert sich dabei die Perspektive auf das eigene Leben. Der Streß des Alltags erscheint plötzlich klein und unbedeutend, und man stellt eine Bog Oak Pfeife nach dem Rauchen etwas nachdenklicher und stiller als sonst zurück in den Pfeifenschrank. Schon deshalb sollte man so eine uralte »philosophische« Pfeife sein eigen nennen...

Das Landei: Corn-Cob Made in USA

Zugegeben, die Maiskolbenpfeife ist nicht gerade das elegante Accessoire zur großen Abendgarderobe. Sie paßt eher zu Jeans und kariertem Hemd, weshalb sie zum Hillbilly gehört wie die Fliege zum Stall. Im Schaukelstuhl sitzen, den Sonnenuntergang über der heimischen Prärie betrachten und Virgina-Flake aus der Corn Cob Pipe schmauchen... Wie von selbst entquellen uns markige Sprüche wie: »Gebt das Schiff nicht auf«, »Schießt erst, wenn ihr das Weiße ihrer Augen seht«, »Ich habe meinem Vaterland nur ein Leben zu opfern« und »Der Dude packt das«.[11]

Missouri-Meerschaum, wie Fans ihre Maiskolbenpfeifen liebevoll nennen, ist mehr als nur weißes Gold für Arme, es ist eine Lebenshaltung, die Jack Daniels als tattrigen Hektiker erscheinen läßt. Damit ist die Maiskolbenpfeife so uramerikanisch wie Cowboy-Stiefel, Schulgebet und das gute Recht einen jeden Mannes, Waffen zu tragen. Aber genau das ist auch ihr Problem: Wer will schon aussehen wie Fuzzy? Im Western rauchen bekanntlich nur alte Mümmelgreise und schrullige Deputies Maiskolbenpfeifen! Die Corn Cob, wie diese Pfeife auch kurz genannt wird, hat das Image, die Pfeife der älteren amerikanischen »Landmänner« zu sein. Dabei lassen diese Kolbenfresser nichts auf ihre Pfeife kommen. Wer sie probiert hat, kann nur zustimmen: Yeeeha! Her mit dem amerikanischen Traum vom Meerschaum!

Maiskolbenpfeifen haben tatsächlich manches mit Meerschaumpfeifen gemein. Sie sind leicht, einfach zu rauchen, sie werden nicht schnell heiß, nehmen jede Menge Kondensat auf und sind pflegeleicht. Wer eine wirklich unkomplizierte Pfeife sucht, ist mit einer Corn Cob bestens bedient.

Im Gegensatz zur weißen Meerschaumgöttin kann an der Maiskolbenpfeife nicht gerade viel kaputt gehen. Es macht nichts, wenn man sie mit schmutzigen Händen anfaßt oder durch Unachtsamkeit verkratzt, da sie keine anspruchsvolle oder empfindliche Oberfläche hat. Sogar einen ordentlichen Knuff nimmt sie so schnell nicht übel.

Äußerlich robust hat sie jedoch ein weiches Herz. Da sie keine Kokskruste ausbildet, ist sie weitgehend ungeschützt vor der großen Hitze der Tabakglut und brennt nach einigen Einsätzen unweigerlich durch. So what? Ist die eine hin, kauft man eben eine neue! Der Nachschub ist billig. Sogar sehr billig: Ab $ 2,99 geht der Spaß schon los.

»Es lebe die Wegwerfgesellschaft«, wird nun mancher sarkastisch einwenden. Doch zur Beruhigung vor allzu viel american way of life, kann man getrost sein ökologisches Gewissen beruhigen: Die Corn Cob ist ja zum Glück größtenteils kompostierbar!

Damit ist so ein dampfender Maiskolben die ideale Pfeife für alle Zu- und Zwischenfälle: Als Gästepfeife, von der man immer einige in Reserve haben sollte für den überraschenden Besuch, als vollwertige Ersatzpfeife im Handschuhfach, falls man seine Pfeifentasche zuhause vergessen hat oder als Notpfeife, wenn der kleine »Hunger« sich meldet und man schnell eine Pfeife im Laden für Reisebedarf kaufen möchte. Statt der dubiosen Billig-Bruyère aus schauerlicher Lagerhaltung eines Bahnhofskiosks sollte man dort lieber zu einer ordentlichen Maiskolbenpfeife greifen! Tabak, Stopfer, Streichhölzer und Pfeifenputzer: Viel Spaß für unter 20 Euro! Schließlich eignet sich die Missouri Meerschaum zum Probieren neuer Tabake trotz ihres dezent süßen Eigengeschmacks ganz hervorragend.

Selbst als Einstiegsmodell für den selbstbewußten Cigarrenraucher, der mal das Pfeifenrauchen möglichst unkompliziert ausprobieren möchte, ist die Maiskolbenpfeife nachdrücklich zu empfehlen. Man muß nicht auf Maserung, Mundstücke, Wanddicke, Rauchkanalführung etc. achten. Die Auswahl in Farbe und Gestaltung ist bescheiden und damit beruhigend überschaubar.

Überhaupt gibt es nicht viel zu beachten. Fast immer haben Maiskolbenpfeife eine *Stand-up Poker* Form, das heißt man kann sie auf dem unten plan geschliffenen Kopf abstellen. Sieht nicht gerade cool aus, ist aber ziemlich praktisch. Und wer an Cigarrenetui, Cutter und Turbofeuerzeug gewöhnt ist, wird überrascht sein, wie unkompliziert Pfeifenrauchen sein kann.

Die Corn Cob hat damit das, was man heute einen hohen Fun-Faktor nennt. Bei richtiger Kleidung und ländlicher Umgebung könnte man sie sogar als stylisch bezeichnen. Jedenfalls fällt man bei einer Gartenparty oder auf dem Bullenball der örtlichen Landjugend mit ihr sicher angenehm auf.

Wir wissen leider nicht, wer als erster auf die geniale Idee kam, aus Maiskolben Pfeifen zu machen. Vielleicht haben das ja schon die alten Inkas gemacht. Kulturgeschichtlich ist die Corn Cob noch kaum untersucht. Im Gegensatz zu Ton- oder Porzellanpfeifen werden Maiskolbenpfeifen ja schon sehr bald nach dem Wegwerfen Humus, was historische Studien naturgemäß etwas erschwert.

Mais gehört zur botanischen Familie der Süßgräser und ist auch unter der Bezeichnung Kukuruz (in Österreich), Türkischer Weizen oder Welschkorn bekannt, in den Vereinigten Staaten wird er corn genannt, englisch sagt man maize. Der Name Mais kommt von der Bezeichnung mahiz der karibischen Indianerstämme für diese Pflanze.

Von den unterschiedlichen Maissorten, die man durch jahrhundertelange Züchtung gewonnen hat, sind längst nicht alle für den Pfeifenbau geeignet. Die meisten brennen einfach zu schnell durch oder sind geschmacklich untauglich. Mais ist eben nicht gleich Mais. Nur wenige Sorten weisen letztlich einen ausreichend hohen Holzanteil auf und sind fest und feuerbeständig genug, um überhaupt in Frage zu kommen.

Unsere kindlichen Versuche, Huck Finn nachzueifern und uns selbst eine Pfeife aus den Rohstoffen herzustellen, die das heimische Maisfeld zu bieten hatte, waren von Anfang an zu jämmerlichem Scheitern verurteilt. Ich finde es jedenfalls beruhigend, daß unsere ersten Rauchversuche mit der selbstgebastelten Maiskolbenpfeife nur zu einem geringen Teil auf Kosten des Tabaks buchstäblich in die Hose gingen. Der heimische Futter- bzw. Speisemais ist absolut ungeeignet!

Maiskolbenpfeifen wurden in den USA bereits seit dem Ende des 18. Jahrhunderts geraucht. So lange suchte man auch schon nach den geeigneten Maiskolben. Die man bereits verwendete waren zwar schon ganz passabel, aber die Landwirten hatten das Gefühl, »da geht noch was...«. Es war aber kein Landwirt, sondern ein Biologe, Dr. Marcus Zuber, der schließlich 1946 den optimalen Pfeifen-Mais entdeckte: *Collier Seed.* Riesige Kolben mit hohem Holzanteil, lang, dick, robust, saugstark, mit der Konsistenz feingemaserten Hartholzes. Natürlich geht die Suche weiter. Wer weiß, vielleicht bringt die zukünftige Gentechnik irgendwann einmal komplette Pfeifen bereits auf dem Acker hervor...

Die eigentliche Massenproduktion der Maiskolbenpfeife hatte aber bereits Ende des 19. Jahrhunderts mit Hendrik Tibbe, einem Möbeltischler aus Enschede begonnen. Der wanderte 1867 in das Land der unbegrenzten Möglichkeiten aus und wurde dort, der Firmenlegende nach, von einem benachbarten Landwirt auf die Idee gebraucht, Maiskolbenpfeifen zu produzieren, als dieser ihn bat, einige Kolben für ihn aufzubohren.[12]

Der Tischler Tibbe war sofort von den Corn Cob Pipes fasziniert und die Idee solche Pfeifen hauptberuflich herzustellen war geboren. Tibbe ging hierzu 1878 nach Washington, wo der Mais zuhause ist. – Ach ja, wir reden hier natürlich nicht von Washington, DC, sondern von Washington, Missouri, einem kleinen Nest, wo es immer warm ist und es viel Gegend hat, insbesondere jede Menge Prärie. Hier sagen sich Bär und Bison gute Nacht. Das Einzige, was es dort neben ein bißchen Lokalpolitik gibt, ist der Anbau von Mais und eben die Produktion von Corn Cob Pipes.

Tibbe, der sich gemeinsam mit seinem Sohn Anton an die industrielle Produktion von Maiskolbenpfeifen machte, nannte ab 1883 seine Pfeifen schlauerweise *Missouri Meerschaum*. Das war ein sehr werbewirksamer Name. Doch die Rolle als Marktführer übernahm Tibbes Fabrik einige Jahre später durch ein besonderes Veredelungsverfahren, das exklusiv für seine Pfeifen Anwendung fand.

Gemeinsam mit dem örtlichen Apotheker entwickelte Tibbe nämlich den sogenannten »Pariser Gips«, eine heute noch verwendete Füllmasse, mit der die Pfeifenköpfe von *außen* behandelt werden, bevor man sie abschleift und poliert. Das gibt ihnen eine glatte und feine Oberfläche, eben den typischen Missouri-Meerschaum-Look. Außerdem macht der Gips die Corn Cob insgesamt unempfindlicher und robuster. Im Inneren der Brennkammern soll mit Alabastergranulat experimentiert worden sein, um die Lebensdauer der Pfeifen zu verlängern. Offenbar bestand aber keine Notwendigkeit, die Ergebnisse zu überliefern.

Der Selfmade-Man Tibbe hatte mit seinen Corn Cobs riesigen Erfolg. 1907 wurde seine Firma zum Marktriesen *Missouri Meerschaum Company*. Als sich 1920 US-Vizepräsident Thomas Marshall mit dem bemerkenswerten Statement vernehmen ließ »Was dieses Land wirklich braucht, ist eine gute Fünf-Cent-Zigarre«, bot Tibbe schon seit geraumer Zeit ein sehr preisgünstiges und hochwertiges Rauchvergnügen mit seinen Corn Cobs. Im Jahr 1924 stammten bereits 27 Millionen Maiskolbenpfeifen allein aus der Produktion der Missouri Meerschaum Company, der nunmehr größten, beileibe aber nicht einzigen Fabrik für Maiskolbenpfeifen.

Jedoch merkte man schon Ende der dreißiger Jahre deutlich die aufkommende Konkurrenz – weniger durch Bruyère-Pfeifen, als vielmehr durch den Siegeszug der Zigarette. Insbesondere im und nach dem zweiten Weltkrieg verloren die Maiskolbenpfeifen an Boden. Da halfen auch die neuen verbesserten Corn Cobs aus Collier Seed nichts. Der Verkauf von Maiskolbenpfeifen ging nach dem Krieg weiter dramatisch zurück. Man stelle sich Humphrey Bogart mit Maiskolbenpfeife vor...

Heute hat das Familienunternehmen der Tibbes seinen letzten Konkurrenten, die *Buescher Corn Cob Pipes Company*, übernommen und produziert unter verschiedenen Namen immerhin noch jährlich über 2 Millionen Corn Cobs, wobei gerade mal 15% in den Export gehen. Man sieht, wie amerikanisch die Maiskolbenpfeife immer noch ist.[13]

Ihr berühmtester Raucher war, neben dem Seemann Popeye, Douglas MacArthur (1880-1964), jener US General, der im 2. Weltkrieg die alliierten Streitkräfte im Pazifik befehligte, nach Kriegsende Oberbefehlshaber der Besatzungstruppen in Japan und der UN-Truppen im Koreakrieg war. Auf vielen Fotos ist »General Mac« mit einer monster-mächtigen Maiskolbenpfeife zu sehen.

Als Präsident Truman im Frühjahr 1951 MacArthur seines Kommandos enthob, weil dieser im Koreakrieg allen ernstes Atombomben einsetzen wollte, wurde eine Pfeifenserie mit dem sinnigen Namen »Mac« für kurze Zeit ein Renner. Insbesondere erzkonservative US-Bürger rauchten sie als Solidaritätsadresse, und viele Mac-Pfeifen wurden dem geschaßten General als Zeichen politischer Zustimmung geschickt. Man sieht: Nicht jede Pfeife ist eine Friedenspfeife. Allerdings ist eine Corn Cob aufgrund ihrer kurzen Lebensdauer ein unfreiwillig doppelsinniges Signal politischer Loyalität.

Abgesehen von den erst seit der Nachkriegszeit verwendeten Collier Seeds läuft die Produktion der Maiskolbenpfeifen immer noch wie zu Hendrik Tibbes Tagen: Die Kolben werden nach der Ernte entkernt, dann für zwei Jahre gut belüftet getrocknet, um später in passende Stücke gesägt zu werden. Die Stücke werden ausgebohrt, das Fruchtmark entfernt. Durch Schleifen wird der Pfeifenkopf in die gewünschte Form gebracht. Nun werden die Löcher im Äußeren des Kolbens mit »Pariser Gips« verschmiert. Nach dem Aushärten wird die nun glatte Oberfläche geschliffen, poliert und honiggelb gefärbt.

Zum Schluß wird im unteren Viertel des Pfeifenkopfes ein kleines Loch gebohrt und Holm und Mundstück eingesetzt. Hierbei kann es sich um ein einfaches Bambusrohr, ein Stück eines kleinen Maiskolbens mit Acrylmundstück oder ein einfaches Plastikrohr handeln. Da der Holm in den Tabakraum reicht, sollte die Corn Cob nie ganz zu Ende geraucht werden.

Natürlich gibt's auch Luxusversionen der klassischen Maiskolbenpfeife. Insbesondere am Mundstück zeigt sich eine besser verarbeitete Corn Cob. An den anderen Bereichen kann kaum etwas wirklich verbessert werden. So werden die teureren Pfeifenköpfe sehr sorgfältig auf Hochglanz poliert und mit Schellack überzogen, Holzpfropfen als Böden implantiert und Filtermundstücke angebracht. Trotzdem bleibt die Maiskolbenpfeife eine echte »low budget« Pfeife, die selten mehr als ein Päckchen Tabak kostet. Und wenn man dann durch den »Missouri Meerschaum« Geschmack am Pfeifenrauchen entwickelt hat, kann man ja zum echten Meerschaum übergehen...[14]

Wenden wir uns nun einem weiteren Rauchutensil unserer Jugend zu, dem die meisten von uns ihre ersten Erfahrungen mit einer Pfeife, wenn nicht gar mit dem Tabak überhaupt, verdanken: Der Tonpfeife, die wir einem moribunden Stutenkerl[15] entrissen hatten.

Nur noch für Stutenkerle: Die Tonpfeife

Mr Crusoe hat wahre Wunder vollbracht. Nicht nur, daß er den einzigen Robinson-Club ohne Animation entdeckt hat, er schaffte es sogar auf seiner einsamen Insel, eine Tonpfeifen herzustellen. Er hätte sich ja den Tabak, den er bis dahin nur aus dem Tabakbeutel kannte, einfach zur Zigarre rollen können – no thanks! Mr Crusoe war Engländer, und die rauchten damals entweder Pfeife oder gar nicht.

Ein weiteres Wunder besteht darin, daß wir seinem Erzähler, Mr Defoe so ohne weiteres glaubten. Woher wußte der gute Robinson denn so viel über Tabakpflanzen, Rauchtabakherstellung und die Fertigung von Tonpfeifen? Jetzt mal ehrlich: wer von uns weiß denn schon, wie eine Tabakpflanze aussieht, wann, wo und wie man dieses Kraut pflanzt, zieht und verarbeitet? Wieso sind wir dem Kerl, der auch nicht mehr wußte als wir, eigentlich damals auf den Leim gegangen? Wie haben wir den armen Robinson dafür bewundert, daß er das Glück hatte, auf seiner einsamen Insel über den passenden eisenfreien Ton in der richtigen Konsistenz zu verfügen und offenbar als echtes Naturtalent wußte, wie man ihn so verarbeitet, daß einem die glühend heiße Pfeife beim Rauchen nicht gleich um die Ohren fliegt: Kneten, blasenfrei (!!) in eine Metallform *pressen*, trocknen, nachbehandeln (»verputzen«) und 10 bis 12 Stunden in einem Schamottofen bei exakt 960° C *backen.* »Pfeifenbäcker« nennt man deshalb bis heute die Hersteller dieser spröden Rauchgeräte. Wir hätten das wohl so nicht gebacken bekommen.

Tonpfeifen waren schon bei den präkolumbianischen Südamerikanern bekannt und dürften, nach der Zigarre, die ältesten europäischen Rauchutensilien sein, waren sie doch bereits kurz nach Columbus' triumphaler Rückkehr aus dem falschen »Indien« praktisch in aller Munde. Jedenfalls in protestantischen Mündern, denn insbesondere in England war sie sofort sehr beliebt.

Von England ausgehend (deshalb heißt sie bis heute fast überall Clay-Pipe) trat die kleine schlichte und zerbrechliche Pfeife ihren Siegeszug im Schlepptau der Konfessionskriege über Schweden, die Niederlande und Deutschland an: Ein faßförmiger nach vorn geneigter Kopf, dessen Unterteil zumeist in einen Fuß, den Hilgen (Sporn), ausläuft. Ein mehr oder weniger langes, manchmal schlankes schwungvolles oder kurios brezelartig geformtes Rohr vervollständigt diese einfache Pfeife aus einem Stück. Selten ist das »Mundstück«, also das Ende des Pfeifenrohres, glasiert, was aber für den empfindlichen Mund angenehmer ist. Wegen des Mehraufwandes verzichtete man oft auf diesen Luxus. Damals wie heute behilft man sich mit einem Trick: Etwas Speiseöl auf das rauhe Mundstück auftragen, und schon stellt sich ein angenehmeres Pfeifengefühl ein.

Insbesondere durch die lange Gouda-Pfeife, einer niederländischen Weiterentwicklung der kurzen Clay-Pipe, raucht sich's angenehm kühl, auch wenn der Pfeifenkopf unglaubliche Temperaturen entwickelt. Es dürfte sich von selbst verstehen, daß man nicht in alter Gewohnheit die Tonpfeife wie eine Bruyère am Kopf hält. Jedenfalls nicht ohne Topflappen. Unnötig zu sagen, daß man sich eine Tonpfeife nicht richtig zwischen die Zähne klemmen kann.

Dank des im »Rohzustand« weichen und preiswerten Materials sind Clays gut in Massen und somit billig herzustellen, vorausgesetzt, man verfügt, wie gesehen, über die notwendigen Gußformen und entsprechenden Öfen – und ebenso billige wie geschickte Arbeitskräfte. Kein Wunder, daß es gerade im bitterarmen Irland des 17. und 18. Jahrhunderts, der Blütezeit der Tonpfeifen, besonders viele Produktionsstätten für Tonpfeifen gab. Bis zu 50.000 Pfeifen wurden zu dieser Zeit pro Brennvorgang in *einem* Spezialofen gebacken. Und von diesen gab es viele Hundert im ganzen Land.

Die unscheinbare Clay-Pipe gilt als Urform aller Pfeifen (man vergleiche die Shapes Dublin oder Churchwarden mit einer einfachen Tonpfeife).[16]

Clays gab es schon sehr früh in unterschiedlichen Formen, Längen und Farben (meistens weiß, durch Zusatz von Holzkohle oder Lehm schwarz und rot), Glasuren und Dekors. Manchmal wurden sie mit besonderen Effekt-Glasuren behandelt, die beispielsweise beim Erwärmen der Pfeife erst den (zumeist erotischen Gehalt) ihrer aufgemalten Bilder enthüllten. Holy smoke!

Die Größe des Pfeifenkopfes hing übrigens umgekehrt proportional vom Tabakpreis ab: Je teurer der Tabak, desto kleiner die Köpfe. Ein Trend, den wir zur Zeit wieder verfolgen können, da die kleine Shag-Pfeife dank Tabaksteuer und Rauchverbot wieder fröhliche Urstände feiert.

Die Pfeifenköpfe erfuhren im Laufe der Jahrhunderte viele, zum Teil auch kuriose Gestaltungen. Berühmt (und heute unter Sammlern gesucht) sind französische Gambier-Pfeifen mit dem Namen Jacob (»Ich bin der wahre Jakob« steht auf diesen Pfeifen – natürlich auf Französisch), eine Pfeife, deren Kopf die Form eines bärtigen Mannes mit Turban hat. Seit langem wird darüber gestritten, ob es sich bei dem Dargestellten um Jakob, den Vater der zwölf Stämme Israels, oder um Jacob Mericier, einen besonders penetranten Posaunisten aus dem Zuavenregiment handelt. Diese Debatte wurde kürzlich von Jean Léo endgültig zugunsten des Patriarchen entschieden. Der wahre Zuave hatte nur einen Spitzbart...[17]

Als diese kuriosen Tonpfeifen en vogue waren, hatte die Tonpfeife bereits die besten Zeiten hinter sich, denn der Adel griff damals zum Schnupftabak aus der sündhaft teuren Tabatiere. Das Bürgertum – spätestens seit der Mitte des 19. Jahrhunderts – schmauchte lieber revolutionäre Zigarren. Mochte *Père Duchesne*, die Ikone der Französischen Revolution, immer nur mit Tonpfeife abgebildet werden, die Pfeife verlor allgemein an Terrain und entwickelte sich zum Rauchinstrument der Armen.

Dabei benutzte man am Anfang der Pfeifengeschichte die fragilen schlichten Tonpfeifen sogar zum Protzen: Durch entsprechende Futterale und Köcher aus edlen Metallen, die ursprünglich, um Bruch zu verhindern, sinnvoll gewesen waren, nun aber repräsentativ bis luxuriös ausstaffiert wurden, gab man sich einen mondänen Anstrich. Der Londoner Gentleman ging im frühen 17. Jahrhundert selbstverständlich zur Saint Pauls Katedrale, um sich im Rauchen unterweisen zu lassen, wobei er mit Edelsteinen besetzte Pfeifenfutterale aus Silber mitführte. Trotzdem blieb eine Tonpfeife immer eine Tonpfeife, egal ob ein Bauer daraus schmauche oder ein Edelfräulein daran nuckelt.

Übrigens rauchten Shakespeare und seine Zeitgenossen offenbar nicht nur Tabak aus ihren Clays. Bei Ausgrabungen in Stratford-upon-Avon, damals wie heute nicht gerade der Nabel der Welt, konnten durch Untersuchungen der Londoner Gerichtsmedizin in den Überresten von zwei Dutzend Tonpfeifen aus dem 17. Jahrhundert Spuren von Kokain nachgewiesen werden.[18] Wahrscheinlich kam der »Stoff«, zusammen mit dem Tabak, von gekaperten spanischen Schiffen und fand sogleich enthusiastische Abnehmer, die offenbar ziemlich genau wußten, was man damit anstellen mußte. Es ist zwar nicht gesagt, daß Will sich schon mal ein Pfeifchen durchgezogen hat, aber manches Sonett wäre so erklärlich.

Die in dieser Hinsicht heute so liberalen Niederländer gingen damals jedenfalls mit ihren Tonpfeifen entschieden nüchterner um. Dafür hatten sie aber einige nette, fast romantisch zu nennende Riten rund um ihre langen Goudas entwickelt, etwa die speziell geschmückte *Bräutigamspfeife*: Bekam ein Raucher auf Freiersfüßen von seiner Angebeteten auf Anfrage dreimal hintereinander Feuer für diese besondere Pfeife, so galt die Verlobung als besiegelt.[19] Der Slogan *Pipe smoking is a matter of taste* bekommt so eine vollkommen neue Dimension. Nichtraucher gingen offenbar leer aus. Was passiert sein mag, wenn einem Pechvogel die Pfeife beim dritten Mal kaputt ging, ist nicht überliefert.

Ein weiterer kurioser Tonpfeifenbrauch stammt aus dem Irland des 18. und 19. Jahrhunderts, einem Land, dem wir Segenswünsche verdanken wie »Möge Gott Deine Pfeife immer mit Tabak füllen«. Die irische *Beerdigungspfeife* wurde speziell für Begräbnisfeiern angefertigt und von den trauernden Hinterbliebenen als »Funeral Expenses« angeschafft. Hatte man dem Toten zu Ehren die Pfeifen zu Ende geraucht, zerbrach man sie mit den Worten »Lord have mercy«. Die Begräbnispfeifen hießen deshalb auch »The Lord ha'mercy« und waren eine geniale Geschäftsidee der Pfeifenbäcker aus Knockcrogherys. Trotz der deutlichen Profitorientierung ein sehr schöner Brauch. Überhaupt klingt die ganze Geschichte verdächtig nach Flann O'Brien, auch wenn sich angesehene Pfeifenexperten für ihre Echtheit verbürgen.[20]

Wo wir gerade bei kuriosen Pfeifenbräuchen sind: Wissen Sie, was eine *Kemblepfeife* ist? Ein armer katholischer Priester namens Kemble wurde 1679 in seinem achtzigsten Lebensjahr in Herefordshire an der Grenze zu Wales gehängt, weil er den Verschwörungstheorien des paranoiden Titus Oates zum Opfer fiel. Er schritt, wie schon vor ihm Walter Raleigh, seinem Schicksal pfeiferauchend entgegen. Auch wenn dem Historiker die Parallele zu Sir Walter höchst verdächtig ist, wird angeblich noch heute in Herefordshire die Pfeife, die man bei einem Beisammensein als letzte raucht, eine Kemblepfeife genannt.[21] Allerdings muß dies nicht mehr, wie bei ihrem Namenspatron, eine Tonpfeife sein. – Was sagt uns das? Erstens, daß Rauchen tatsächlich tödlich enden kann, zweitens, daß wir nicht wissen, wer Titus Oates war, und drittens, daß man mit Störtebecker, Schinderhannes & Co. nicht so ein Aufhebens gemacht hat.[22]

Auch wenn Tonpfeifen historisch überaus interessant sind, stellt sich doch die Frage, was wir als Raucher heute im Zeitalter der Bruyère-Pfeife mit diesen fragilen Hochöfen anfangen sollen, wenn wir nicht gerade wie der amerikanische Pfeifenbuchautor Hacker in einer sentimentalen Stunde mit etwas naturbelassenem Tabak ausprobieren wollen, wie unsere Vorfahren schmauchten. »Go West?« Wo liegen die Besonderheiten einer Tonpfeife, außer in uncooler Optik, Bruchgefahr und hoher Brenntemperatur?

Man könnte anführen, daß man sich nicht bücken muß, wenn sie einem runter fällt. Zugegeben, ein alter Kalauer, aber immer noch zutreffend. Ein weiterer klarer Vorteil ist, daß Tonpfeifen wirklich billig sind. So kann man immer ein paar Pfeifen für den schusseligen Besuch vorrätig halten, der mal wieder seine Pfeifentasche vergessen hat. Aber eine echte Konkurrenz zur viel komfortableren und gleichwohl preiswerten Maiskolbenpfeife stellen sie, ehrlich gesagt, nicht dar (s.o.).

Zum Tabaktesten werden Tonpfeifen von manchen hoch gelobt,[23] obwohl Tonpfeifen hierzu eigentlich nicht besonders geeignet sind. Sie rauchen sich zu heiß (weshalb sie auch meist mit einem extra langen Mundstück versehen sind), was erhebliche Auswirkungen auf den Tabakgeschmack hat. Im Gegensatz zum Holz entwickelt Ton keinen Eigengeschmack (na, vielleicht ein kleines bißchen nach Kalk und Kreide...). Das scheint für ihre Verteidiger eher ein Vorteil zu sein, besonders wenn sie den tatsächlichen Eigengeschmack eines Tabaks testen wollen. Quasi Tabak pur. Nur, wenn man dann später denselben Tabak aus seiner Bruyère raucht, wird er natürlich ganz anders schmecken. Die meisten Tabake werden ja gerade in Abstimmung zur Pfeife (und zum Filter!) entwickelt und wirken in einer Tonpfeife gänzlich anders. Der Test erfüllt damit seinen Sinn und Zweck nicht.

Grundsätzlich kann man aber mit einer Tonpfeife erstmal auf einem billigen Weg ausprobieren, ob der Tabak überhaupt in die Pfeife kommt. Sprich: man muß nicht gleich eine gute Pfeife mit einer unbekannten Pfeifenmischung verderben. Ein weiterer Pluspunkt ist, daß die tönernen Pfeifenköpfe meist recht klein sind und man sich mit einem, sagen wir mal: interessant schmeckendenTabak nicht lange herumquälen muß. Tonpfeifen nehmen einem außerdem das vorzeitige Totstechen der Glut und das sofortige Ausräumen eines Zungenkrätzers nicht übel. Im Zweifel wirft man das ganze Ding einfach mit den Worten »Lord have mercy« weg...

Eine Zeit lang tun Tonpfeifen ihre Dienste, hat doch der Ton eine gewisse Saugfähigkeit. Aber irgendwann ist auch die beste Tonpfeife mit Kondensat gesättigt. Säubern kann man sie kaum. Den langen filigranen Holm bekommt man selten sauber, ohne ihn dabei zu zerbrechen, und auch der Rest ist schlecht zu putzen. Am besten reinigt man Tonpfeifen durch Ausglühen. Oder man kauft einfach eine neue Tonpfeife. Bei den Preisen...

Tja, und dann gibt es noch einen Aspekt der Tonpfeife, der eher sentimentaler Art ist. Für manche Pfeifenraucher ist die Tonpfeife einfach *Die* Weihnachtspfeife schlechthin. Der heilige Abend bietet dem Erwachsenen als Fest der Liebe und Beschaulichkeit (also wenn sich nach der Bescherung und dem *Kleinen Lord* endlich die liebe Verwandtschaft trollt) ausreichend Gelegenheit für einen echten weihnachtlichen Smoke mit einer langen, elegant geschwungenen Gouda-Pfeife, von der uns *Richard C. Hacker* immer so herzerwärmend vorschwärmt. Man fühlt sich nach Dickens, was aber nicht am Essen liegt...

Selbst hartgesottenen Pfeifenkerlen wird da der Mund wässerig, und es quillt das Tränchen, denn in der Tonpfeife raucht sich der süße Weihnachtstabak unvergleichlich heiß, scharf und beißend. Tief in den immer strenger riechenden Rauch versunken, die Summe des Jahres ziehend, erinnert man sich vielleicht wehmütig an seine erste Tonpfeife und ihren durchschlagenden Erfolg. Und daß diese hier auch nicht besser schmeckt als jene damals. Vielleicht nadelt deshalb der Baum jetzt schon. Also gut, versuchen wir es mal mit Opas alter Gesteckpfeife. Die hat so einen schönen Porzellankopf.

Nicht mal für's Kaffeekränzchen: Porzellanpfeifen

Früher wurde echtes Porzellan mit Gold aufgewogen. Da man es nur im Reich der Mitte herzustellen verstand und man das Geheimnis seiner Herstellung sorgfältig hütete, war lange Zeit das Wort »China« Synonym für das wunderbar zarte und weiße Material. Bis heute wird »Bone China« im Englischen für knochenweißes Porzellan verwendet. Porzellan wiederum ist ein ursprünglich italienisches Wort (porcellana) und bezeichnet eine Meeresschnecke mit sehr weißer Schale. Die Alchemisten der Medici waren die ersten, die bei der Porzellanherstellung nennenswerte Fortschritte machten, weshalb sich der italienische Name in Europa einbürgerte.

Lange Zeit gingen sogar Fachleute davon aus, daß der sächsische Alchemist Johann Friedrich Böttger der Erfinder des europäischen Porzellans sei. Tatsächlich war es Ehrenfried Walther von Tschirnhaus, dem es 1694 erstmals gelang, Porzellan herzustellen – Böttger war lediglich sein cleverer Gehilfe und arbeitete in der Folgezeit allein an der Verbesserung der Formel weiter. Das sächsische Porzellan mußte nämlich nur noch weißer werden.

Als Böttger nun 1708 in seinem Laboratorium in der Jungfernbastei zu Dresden erstmals das heiß begehrte »Weiße Gold« für seinen Landesvater, den starken August, in der gewünschten Qualität und Farbe herstellte, da dachte der gewiefte »Erfinder« sogleich: »Ei verpipscht, aus Porcellain lassen sich doch bestimmt schnuckelige Pfeifchen machen«. Porzellan, das neue Material aus dem Forschungslabor, stand für modernste Technologie, was damals wie heute guten Profit versprach. Leider war das Porzellanrezept ebenso geheime Staatssache wie heute der Tarnkappenbomber. August war ein strenger Landesvater und gedachte mit dem sächsischen Porzellan die stets klamme Landeskasse aufzufüllen.

Zu den ersten blendend weißen Gegenständen, die 1710 in Europas erster Porzellan-Manufaktur in Meißen den Brennofen verließen, gehörte tatsächlich auch eine Pfeife. Der geschäftstüchtige Forscher Böttger gründete noch im selben Jahr mit königlich-kurfürstlichem Privileg eine eigene Firma, die unter dem Namen *Böttgersteinzeug* Pfeifen aus dem preiswerteren (und für die Öffentlichkeit freigegebenen) braunen Porzellan herstellte.[24] Hier produzierte er bereits im zweiten Halbjahr des Gründungsjahres sagenhafte 44.200 Porzellanpfeifen die genau so aussahen wie Tonpfeifen – was ja auch naheliegend war. Böttger war gelernter Alchemist, nicht Produktdesigner.

Der Absatz der modernen »Hightech-Pfeifen« scheint reißend gewesen zu sein, und die nunmehr verpachtete Firma brachte es im folgenden Geschäftsjahr (1712) auf stolze 70.200 Stück. Die Verpachtung erwies sich übrigens als genialer Schachzug, denn bereits im Folgejahr war der »Boom« bereits vorbei und zwar so nachhaltig, daß der Pächter den Betrieb klammheimlich schließen und sich schleunigst absetzen mußte. Die Beantwortung der Frage nach den Ursachen für diesen furiosen Firmen-Crash führt zu den Vor- und Nachteilen des Produkts.

Porzellanpfeifen sind herrlich anzusehen, aber darin hat sich ihre Funktion für die Raucher auch schon erschöpft. Ihre Widerstandsfähigkeit reicht nicht über die der tönernen Konkurrenz, dafür hat sie absolut nichts im Hinblick auf Rauchkomfort oder Raucheigenschaften zu bieten! Ihr Kopf wird beim Rauchen unglaublich heiß, so daß man sie unmöglich in der Hand behalten kann. Anders als eine Tonpfeife nimmt sie garantiert kein Kondensat auf, da sie 100% wasserdicht ist. Deshalb kann man sie auch zusammen mit den Sammeltassen spülen, was aber schon ihr einziger technischer Vorteil ist.

Böttgers Firmen-Flop verhinderte jedoch nicht, daß man mit dem neuen Hightech-Werkstoff weiter experimentierte, um erfolgreich (und damit lukrativ) Porzellanpfeifen herstellen zu können. Man versuchte durch verschiedene Konstruktionen, wie Doppelkammern zur Wärmeisolierung des Kopfes, Abflüsse, Reservoire und langer Holme der Rauchprobleme Herr zu werden. Alles vergebens! Die noch so schön anzusehende Porzellanpfeife schmeckte einfach nur gruselig.

Diesen »Rauchgenuß« müssen Böttgers Zeitgenossen den neumodischen Pfeifen so nachhaltig übel genommen haben, daß sie die verflixt teuren, aber gänzlich un(b)rauchbaren Dinger in die Ecke gepfeffert haben. So ist es nicht weiter verwunderlich, daß nur eine Handvoll Exemplare von den damals etwa 100.000 gefertigten Porzellanpfeifen der ersten Generation das Fiasko überlebten und heute in Museen bewundert werden können.[25]

Erst 1761 entstand die heute noch gebräuchliche Gesteck-Porzellanpfeife in der Manufaktur Volkstedt in Thüringen und wurde sofort ein Verkaufsschlager. Der Porzellankopf, der immer noch so aussieht wie der einer Tonpfeife, wird in einem blind gebohrten Kniestück, dem Wasser- oder Saftsack, befestigt. Hier sammelt sich das, was der Fachmann höflich »Pfeifenöl« nennt.

Um die Temperatur auf rauchbare Stärke herunter zu regeln, verwendet man ein besonders langes Pfeifenrohr. Mundstück und Holm kann man zu diesen bis zu eineinhalb Meter langen *Rohren* eigentlich nicht mehr sagen. Der Einbau eines Liebig-Kühlers wäre zwar der nächste logische Schritt gewesen – doch der wurde erst etwa 70 Jahre später erfunden.

Wieso rauchte man diese monströsen Dinger? Der Geschmack des damals ohnehin nicht so feinaromatischen Tabaks aus dem Kolonialwarenladen (aus der Kruke, gleich neben den Salzgurken und Heringen) muß für den Magen ohnehin erhebend gewesen sein... Trotzdem wurden sie mit viel Enthusiasmus geraucht, wie man aus den Publikationen dieser Zeit unzweifelhaft entnehmen kann.[26] Irgendwas muß an ihnen dran gewesen sein, schließlich gab es schon damals echte Alternativen aus Ton oder Holz, kurze Zeit später sogar aus Meerschaum. Vielleicht lag es ja gar nicht so sehr am Geschmack, sondern vielmehr am Image.

Es waren die Studenten – und zwar aus revolutionärem Patriotismus. Revolutionär war nicht nur das Outfit einer solchen mit Quasten und Troddeln, Geweihstücken und Hornscheiben sowie kunterbunten Malereien verzierten Riesenpfeife: Zu Beginn des 19. Jahrhunderts war das Rauchen in der

Öffentlichkeit von der Obrigkeit polizeilich verboten. Also, was macht ein ordentlicher Student des Jahres 1830? Ab in die nächste Kneipe und her mit dem impertinent auffälligen Kocher! Am besten noch mit Schwarzrotgold gegen die Kleinstaaterei demonstrieren: Rauchen für die Freiheit. Sollten die Spitzel doch petzen! Lachen Sie nicht: Dank der Tabaksteuer rauchen wir heute schließlich auch für Frieden und innere Sicherheit. Und Rauchverbote gibt es ja auch wieder.

Nach 1848, als man wieder fast überall qualmen durfte, und der Spruch »Mit Rauchern läßt sich reden« die Runde machte, griffen die von der Bourgeoisie enttäuschten Revoluzzer lieber zur Zigarre als zur Pfeife. Ab der Reichsgründung 1871 rauchten saturierte Bürger diese tollen Dinger aus ihrer (wilden) Studentenzeit. Die Ausstattung der Porzellanpfeifen wurde immer opulenter, schließlich waren die alten Herren schon über 60 und hatte es zu etwas gebracht. Hier zeigte sich die in Bürgerkreisen weit verbreitete Porzellanliebhaberei mit »romantischen« den Genretypischen Illustrationen, wir würden heute Kitschbildchen sagen. Porzellan war damals einfach »chic«; im Klartext: Statussymbol, weshalb immer mehr Porzellan an so einer Pfeife verarbeitet sein mußte, damit sie auch ordentlich »renommierte«. Die Pfeifenköpfe wurden immer größer. Aber echte Genießer rauchten auch damals schon ihre »Meerschaumenen«.

Meerschaum- und Porzellanpfeifen in aufwendiger Verarbeitung waren für Studenten aber nicht mehr erschwinglich. Auch rauchte man mit diesen unhandlichen Rauchgeräten der Vätergeneration nicht mehr gegen, sondern mittlerweile für das Establishment. Wir finden in der wilhelminischen Zeit die Porzellanpfeife deshalb seltener bei linksliberalen Studenten, dafür vermehrt bei Korpsstudenten, Offizieren, Reservisten und Jägern. Und natürlich bei Lehrer Lämpel, also der Kleinbürger, der sich gern gemütlich bis gemütvoll gab. Entsprechend den Berufsgruppen änderte man die Symbole auf den Pfeifenköpfen: Korps-, Regiments- und Kompanieinsignien, Jagdszenen und, für die »amüsante« Herrenrunde, erotische Bildchen. Aber auch Abbildungen berühmter Persönlichkeiten, etwa aus dem Hause Hohenzollern, zierten die »politischen« Pfeifenköpfe.

Ausgerechnet in dieser opulenten Kitschform trat die Porzellanpfeife ihren erneuten Siegeszug zwischen den Weltkriegen an. Es ist schon erstaunlich, daß ein Intellektueller wie Egon Friedell die Gesteckpfeife mit mächtigem Porzellankopf so sehr liebte. Vielleicht weil man sie fast nur im liegen rauchen kann und das Sofa der Lieblingsplatz des fülligen Philosophen war.

Bis heute ist die Gesteckpfeife mit Porzellankopf und Blechdeckel in den Augen der übrigen Europäer *die* Pfeife der Deutschen.[27] Na danke: Sie schmeckt fürchterlich, sie ist nach heutigen Maßstäben absolut unbrauchbar und vom Design her eine geballte Geschmacklosigkeit. Weshalb sie natürlich das Zeug zum Kult hat! Außerdem hat sie ihre historische Berechtigung. So ist es genau besehen sogar sehr erfreulich, daß sie heute noch hergestellt wird. Die Firma Hubert Hartmann (Design Berlin) führt noch sogenannte Reservistenpfeifen von 40 cm bis 1,80 Meter Länge. Wohl eher als nostalgische Reminiszenz, kurioser Geschenkartikel oder ausgefallenes Souvenir denn als ernstgemeintes Rauchutensil. Aber man kann sie natürlich auch rauchen!

Manche Porzellanmanufakturen stellen noch heute an der Shag-Pfeife orientierte Porzellanpfeifen her. Diese Pfeifen sehen in der Regel wie »normale« Pfeifen aus, nur daß sie über eine Doppelwandung zur Isolation verfügen, damit man sie überhaupt beim Rauchen in der Hand halten kann. Wer Pfeifen mit Zwiebelmuster mag, wird hier vor Glück weinen. Dagegen fertigt die *Ludwigsburger Porzellanmanufaktur* in ihrer Serie »*Ginkgo biloba*« herrlich schlichte Porzellanpfeifen, die ein Ginkgo-Blatt an der Stirnseite des Kopfes ziert. Pikanterweise versteht man diese Serie ausgerechnet als eine Hommage an Goethe – der ja bekanntlich zu den fanatischsten Tabakverächtern seiner Zeit gehörte.

Übrigens werden heute die meisten Porzellanpfeifen dieses modernen Typs in Dänemark gefertigt und verkauft, da es dort eine interessante Sammeltradition gibt: Die »*Kongelige Porcelainsfabrik*« in Kopenhagen produziert seit vielen Jahren, zuerst als Geschenk für den beliebten König Frederik IX, nun aber auch für das ganze Volk, heiß begehrte Sammelstücke. Gut zu wissen, daß wir Deutschen mit der Porzellanpfeife nicht allein sind und daß die Sammelpfeife aus Porzellan neben den Sammeltassen in der Vitrine ihren Platz hat.

Die exotischen Tanten: Calabash, Kalumet und Shisha

Er hat es nie getan. Ehrenwort! Jedenfalls gibt es keine Zeugen. Trotzdem glauben sogar in kriminalistischen Kreisen viele, er hätte. Von wegen in dubio pro reo: *Sherlock Holmes* wird immer wieder mit jener ebenso mächtigen wie kuriosen Pfeife dargestellt – der Calabash! Manche schreiben auch Kalabasch. Aber auch unter dieser Schreibweise findet sich nirgendwo im Werk seines geistigen Schöpfers *Sir Arthur Conan Doyle* auch nur der kleinste Hinweis darauf, daß Holmes eine jener auffälligen Pfeife besessen hätte.

Bei der *Calabash* weist nicht nur die prächtige Erscheinung, sondern allein schon der Name in exotische Regionen. Und tatsächlich stammt sie aus dem tropischen Teil des schwarzen Kontinents. Hierher hat diese prächtige Pfeife auch ihren etwas orientalisch klingenden Namen. Eine Calabash lädt ein zum Träumen von fernen Ländern und gefährlichen Abenteuern, während man gemütlich im Ohrensessel schmaucht.

Technisch gesehen gehört die Calabash zu den Luftkammerpfeifen und erinnert mit ihrer fülligen S-Form und dem trichterförmigen Kopf an ein Saxophon. Für den üppigen Corpus dieser exotischen Pfeife benötigt man eine besondere Sorte der Flaschenkürbisse (Lagenaria vulgaris), auch Kalebasse genannt, die im südlichen Afrika beheimatet ist.

Die harten Schalen der Flaschenkürbisse wurden schon in prähistorischer Zeit als Gefäße verwendet. Auch hat man seit je aus Kalebassen geraucht, allerdings nicht immer Tabak, den erst Araber und Europäer nach Afrika brachten. Die Ur-Calabashs wurden hierzu mit Einsätzen aus Ton oder Stein versehen, damit die Glut den Pfeifenkörper nicht zerstört.

Bereits im 15. Jahrhundert dürften die europäischen Einwanderer mit diesen Großpfeifen Bekanntschaft gemacht haben, was aber keinen bleibenden Eindruck auf deren Rauchgewohnheiten machte. Erst durch den Burenkrieg (1899-1902) kamen die Kalebassenpfeifen zu einer weiteren Verbreitung. Es gibt das Gerücht, daß die ignoranten Kolonialherren erst aus purer Kriegsnot (genauer: dem Mangel an Bruyère-Pfeifen) auf die Idee kamen, es den Ureinwohnern gleich zu tun und deren Pfeifen ernsthaft auszuprobieren.

Der Genuß der damaligen Modelle muß schon so außergewöhnlich gewesen sein, daß man gern an der Calabash festhielt, als man endlich wieder über Bruyère-Pfeifen verfügte. So gelangten die afrikanischen Pfeifen im Seesack britischer Soldaten (wahrscheinlich wohl eher im Handgepäck der Offiziere) nach Europa.

Einmal in Europa angekommen, wurde die Calabash gründlich modifiziert: Man verwendete die von den europäischen Pfeifen her bekannten Mundstücke, setzte Verbindungsstücke aus Silber, Holz oder Horn zum Schutz des zerbrechlichen Kürbis ein und benutzte statt Ton als feuerfestem Einsatz edlen Meerschaum. So wurde die Calabash zu *der* Kolonialpfeife der Upper Class und trat ihren Siegeszug durch die Rauchsalons und Kaminzimmer Londons an. Im Offizierskasino dürfte der Militärarzt Dr. Watson diese prunkvolle Pfeife kennengelernt haben. Bis heute gilt die Calabash als Königin der Pfeifen, und sie zu rauchen ist immer noch ein besonderes Ereignis. Zumindest fällt man mit so einer riesen »Tröte« einigermaßen auf.

Die ersten europäischen Hersteller von Calabash-Pfeifen begannen ab 1903 mit einer nennenswerten Produktion. Die kelchförmigen Pfeifen werden auch heute noch im wesentlichen wie damals gefertigt, etwa in Wien bei Robert Strambach. Eine Serienproduktion im strengen Sinne gibt es bei

Calabash-Pfeifen nicht, denn die Kalebassen werden speziell gezogen und während des Wachstums durch Gärtnerkunst entsprechend geformt. Nur wenn die reife Frucht eine passende Form aufweist und kein Schädlingsbefall die Schale ruiniert hat, kommt sie nach der Ernte in die engere Wahl für den Pfeifenbau.

Entsprechend der Unterschiede des Rohstoffs gibt es mehrere Qualitätsstufen. Hier gilt wie bei Bruyère-Pfeifen die alte Faustregel, je heller, desto teurer, da an einem hellen Kalebassenkörper mögliche Fehler leichter zu entdecken sind als an einem tiefbraun gefärbten Gehäuse. Klassisch ist ein honigfarbener Ton des Corpus, der die natürliche Struktur der Kalebasse noch durchscheinen läßt und zum bernsteinfarbenen Mundstück besonders gut paßt.

Nach der Ernte der Kalebassen werden deren Enden abgesägt und die Flaschenkürbisse in großen Bottichen mehrere Stunden gekocht. So wird die ledrige Außenhaut und das Fruchtfleisch von der Schale gelöst. Die gründlich gereinigte Schale wird nun getrocknet, was sich unproblematischer anhört, als es ist: Bei zu großer Trockenheit reißt die Schale, bei zu viel Feuchtigkeit schimmelt die Kalebasse. Viel Sachverstand, Können und ein glückliches Händchen gehören also zum Kalebassenzüchten und Verarbeiten der Kürbisfrüchte. Kein Wunder, daß trotz aller Mühen fehlerfreie Kalebassen ausgesprochen selten und damit teuer sind.

Zu Beginn des eigentlichen Fertigungsprozesses einer Calabash-Pfeife wird die ausgehärtete Schale der Kalebasse geschliffen, je nach Qualitätsstufe gefärbt, poliert und zugerichtet. Kleine Mängel werden mit Pinsel und Farbe behoben. Ein Mundstück wird angepaßt und ein Korkring als Halterung für den Meerschaumeinsatz eingesetzt. Jeder Meerschaumeinsatz muß entsprechend dem Kalebassendurchmesser einzeln angefertigt und eingepaßt werden. Zum Abschluß wird alles sorgfältig poliert und der Meerschaumkopf in die Pfeife eingesetzt. So gekrönt kommt die Calabash in den Handel.

Die Calabash bietet eine bestechende Kombination aus vielen Vorteilen. Erster Pluspunkt: Der Meerschaumeinsatz leistet alles, was man auch von der weißen Göttin erwartet, vorausgesetzt der Einsatz ist tatsächlich aus echtem Meerschaum (Blockmeerschaum) und nicht aus billigem Pressmeerschaum (s.o.).

Der zweite große Pluspunkt der Calabash-Pfeife liegt in der großen Verwirbelungskammer der Kalebasse, wie Ingenieure sagen würden. Der ganze Pfeifenkörper ist eine »Kühlkammer«, in der sich das Kondensat niederschlägt und der Rauch angenehm temperiert und getrocknet wird. Dadurch schmeckt ein geläufiger Tabak aus einer Calabash anders als gewohnt. Er wirkt dezenter, milder, entrückter, irgendwie ätherischer. Dies wissen insbesondere Anfänger zu schätzen. Aber auch gestandene Piperos mögen die Calabash als Pfeife für kräftige, gehaltvolle und besonders aromatische Pfeifentabake, bei denen man sonst k.o. gehen würde. Seit einiger Zeit sind Calabash-Pfeifen sogar mit Filter erhältlich.

Der größte Pluspunkt dieser Wunderpfeife liegt jedoch eindeutig in ihren auffallend gutmütigen Raucheigenschaften. Eine Calabash raucht sich kühl und angenehm, sie schmeckt mild, schont die Zunge, zieht leicht und liegt trotz ihrer Größe angenehm in der Hand. So ist sie eine Pfeife mit hohem Spaßfaktor für Anfänger und Fortgeschrittene. Sie gewährt einen wahrhaft königlichen Genuß und manche behaupten gar, daß das Rauchen einer Calabash ein Akt der Selbstkrönung sei.

Zugegeben, Calabash-Pfeifen haben auch hier und da Nachteile. Daß ein so überaus stattliches Rauchgerät etwas unhandlich ist, kann als geschenkt gelten. Sie ist eine sogenannte Handpfeife, da man sie wohl kaum längere Zeit zwischen die Zähne geklemmt raucht. Sie ist eben eher der Rolls Royce unter den Pfeifen als ein Jeep.

So wird es kaum überraschen, daß eine Calabash vom Raucher mehr Muße und Sorgfalt verlangt, als man in der angesagten Cocktailbar hätte. Außerdem ist eine solche Prunk-Pfeife empfindlich, was Stöße, Kratzer und Feuchtigkeit anbelangt. Damit ist eine Calabash definitiv keine geeignete Begleiterin für den Stadtbummel oder die Spritztour im Cabrio. Und, ja, eine derart imposante Pfeife ist nichts für schüchterne Menschen. Mit so einem Alphorn kann man gar nicht anders als auffallen. Dabei sieht sie ehrlich gesagt nicht gerade cool aus, eher etwas old fashioned und spleenig. Eben eine Pfeife für Snobs und nicht für Nerds.

Trotzdem hat gerade die üppige Calabash-Form viele Freunde und das nicht nur unter pensionierten Englischlehrern. So werden seit einiger Zeit Bruyère-Pfeifen in dieser typisch schwungvollen Form hergestellt, manche sogar mit einem Meerschaumeinsatz. Allerdings sind die Bruyèreschwestern verkleinerte Formen des Originals, die zwar unempfindlicher sind, denen dafür aber auch eine Verwirbelungskammer fehlt. Dem hat der niederländische Pfeifenhersteller Hilson vor einiger Zeit mit seiner *Bruyère-Calabash Tan* Abhilfe geschaffen. Eine hübsche Pfeife mit Blockmeerschaumeinsatz, die jedoch etwas klein ausfällt.

Mit einer originalen Calabash hält man tatsächlich ein Pfeifenjuwel in Händen. Zurecht wird vom Kenner ihr Lobpreis hymnisch gesungen, und, um es mit Lichtenberg zu sagen, man muß sie einfach haben: Wer zwei paar Hosen hat, mache eines zu Geld, um sich so eine Pfeife anzuschaffen! Nun gut, so teuer ist sie nun auch wieder nicht, aber den Preis für eine gehobene Mittelklassepfeife muß man mindestens rechnen. Man sollte jedoch unbedingt darauf achten, ein stabiles Transportetui zur Pfeife zu erhalten. Es muß, ähnlich wie bei Meerschaumpfeifen, speziell angepaßt sein und ist zum Schutz der Pfeife unerläßlich.

Bleibt noch ein letztes Calabash-Geheimnis zu lüften. Wie kam Sherlock Holmes in den Verdacht, ein Anhänger dieser exotischen Pfeife zu sein? Alles fing 1903 im *Royal Court Theatre* in London und nicht in der *Baker Street 221 B* an. Als Charles Brookfield erstmals die erfolgreiche Romanfigur des Sherlock Holmes auf die Bühne brachte, benötigte er ein besonderes Erkennungszeichen für den Meister der Deduktion. Im *Strand-Magazin*, dem ursprünglichen Erscheinungsort der Krimis, gab es bereits durch die Illustrationen von *Sidney Paget* eine gewisse Holmes-Ikonographie: Die hagere Gestalt, der Deerstalker, Holmes' seltsame Kopfbedeckung, viel Tweed, der Reisemantel mit Pelerine, eine opulente Lupe und eben die Pfeife als ständige Begleiterin waren ohnehin schon die Markenzeichen des Detektivs. Doch auf der Bühne mußte man den Helden eines textlastigen Kriminalstücks (*Unter der Uhr, ein Ausstattungsstück in einem Akt*) auch noch in der letzten Reihe des Theaters auf Anhieb erkennen können. So griff ein findiger Requisiteur zur allergrößten Pfeife, die er nur auftreiben konnte. Einer Calabash. Seither weiß Holmes die Königin der afrikanischen Pfeifen zu schätzen.[28]

Friedenspfeifen

Kalumet (auch Chaloumeau) heißt die heilige Pfeife der Nordamerikaner. Also der ursprünglichen jedenfalls. Ein echtes Kalumet sieht einem Hammer durchaus ähnlich. Es ist schnörkellos, vergleichsweise kurz und hat kein Mundstück. Man zieht einfach am offenen Rohr. Wurde dieses lange Holzrohr, an dessen Ende sich ein Kopf aus Stein (selten Ton) befand, mit weißen Federn geschmückt, war's eine der berühmten *Friedenspfeifen*, baumelten rote Federn daran, hieß das Krieg.

Der für den Kopf verwendete *Stein* stammte übrigens aus einem ganz bestimmten Steinbruch in Minnesota, genauer aus *Pipestone* (ehrlich!), und war im wilden Westen ein begehrtes Handelsgut unter Winnetous roten Brüdern. Vor dem Auftauchen von Feuerwasser galt unter den Indianern insbesondere das Pfeifenrauchen als absolut männlich, weshalb es möglichst alle »harten Kerle« taten. Was einerseits gegen den verwendeten Tabak, andererseits für die legendäre Schmerzresistenz der Indianer sprach. Was ursprünglich mal in die Pfeife kam, waren unfermentierte Wildformen des Tabaks, die man mit verschiedenen Kräutern »aromatisierte«. Ihr Genuß machte offenbar nicht nur Greenhorns zu Bleichgesichtern.

Besonders geschmückte Pfeifen stellten explizit Kultgegenstände dar und waren Häuptlingen, Medizinmännern oder ausgezeichneten Kriegern bei gewissen Zeremonien vorbehalten. Ansonsten wurde im Wigwam ganz profan gequalmt.[29]

Heute sind Kalumets beliebte Sammlerobjekte, und mehr oder weniger authentische Replikate zieren mit ihrem Ethno-Charme so manche Blockhütte diesseits des großen Teiches. Rauchbare Friedenspfeifen kann man über den Spezialversand aus den USA und Kanada beziehen. Ob es aber auch noch den originalen Tabak dazu gibt, darf man wohl bezweifeln.

Shisha Lounges: Rauchvergnügen alla Turca

Eine der exotischsten Arten, Tabak zu konsumieren, ist das Rauchen einer *Wasserpfeife*. Die Grundidee kommt wahrscheinlich aus dem alten China. In der Form, wie wir sie kennen, trifft man sie aber zuerst in Indien an, wo man sie *Huka (Hooka)* nennt. Aber auch im Orient hat sie als *Nargileh* oder *Shisha* eine lange Tradition: Von einem großen Pfeifenkopf aus reich verziertem Metall, bunter Keramik oder fein geformtem Porzellan führt der Rauchkanal als Röhre in einen darunter liegenden, zur Hälfte mit Wasser (oder einem anderen »Wässerchen«) gefüllten, gut abgedichteten bauchigen Behälter. »Behälter« ist vielleicht nicht das richtige Wort: Wie bei großen Vasen gibt es viele Formen, Farben und Materialien, aus denen das Gefäß kunstvoll nach orientalischem Geschmack gefertigt sein kann.

Das aus dem Pfeifenkopf kommende Rohr reicht in diesem Gefäß fast bis auf den Gefäßboden, jedenfalls bis unter den Flüssigkeitsspiegel. Eine zweite Röhre ragt ebenfalls in den Innenraum des Behälters, jedoch endet sie deutlich über dem Flüssigkeitsspiegel. An ihr ist ein Schlauch und ein »Schnuller-Mundstück« (bei einfacheren Modellen ein kurzes Plastikrohr) befestigt. Große Wasserpfeifen verfügen über lange Schläuche und ein bis zu 50 cm langes reich verziertes Mundrohr, auf dem das eigentliche Mundstück sitzt.

Zieht man nun am Mundstück, entsteht im Behälter ein Unterdruck, und zum Ausgleich wird Rauch von oben aus dem Pfeifenkopf eingesaugt, perlt durch die im Behälter befindliche Flüssigkeit an die Oberfläche und beschert so ein herrlich dekadentes Raucherlebnis, bei dessen Blubbern einem

Worte wie Kalif, Maharadscha, Mogul oder Khan durch den Kopf gehen. Auch die kleine bekiffte Raupe aus *Alice im Wunderland* fällt einem unwillkürlich ein. Selbstredend raucht man die Shisha zwischen Polstern vergraben oder dezent hingelümmelt.

Am bekanntesten und in unseren Breitengraden am weitesten verbreitet dürften Wasserpfeifen für mehrere Personen sein: Unter dem mächtigen Pfeifenkopf sitzt eine üppig verzierte Glasflasche, die in ihrer orientalischen Pracht an die Wohnstätte der bezaubernden Jeannie erinnert. Am »Flaschenhals« befinden sich mehrere Ventile, an denen man zwei oder vier, selten sechs oder mehr Schläuche anschließen kann. Die an Bändchen hängenden Blindkappen oder Stopfen für die Öffnungen sollte man nicht verbummeln: Der notwendige Unterdruck kommt nämlich nur zustande, wenn außer dem Rohr, durch das gezogen wird, und der Zuleitung zum Pfeifenkopf, alle anderen »Luken« dicht sind.

Erfahrungsgemäß funktioniert aber gerade das bei den billigen Wasserpfeifen nie so richtig, weil die Ventile selten ordentlich funktionieren. Raucht man zu mehreren, was ja gerade den besonderen Reiz dieser orientalischen Rauchorgie ausmacht, müssen alle Beteiligten darauf achten, ihr Mundstück zuzuhalten, wenn ein anderer zieht. So geht's einigermaßen. Auch sollten nie mehrere Raucher gleichzeitig ziehen, da das den Wasserspiegel durch starkes Blubbern unangenehm steigen läßt.

Daß der Vorteil der Wasserpfeife nicht nur im geselligen Rauchgenuß liegt, dürfte offensichtlich sein: Das Wasser reinigt den aufperlenden Rauch von vielen Stoffen, was man deutlich an der dunklen Verfärbung der Flüssigkeit nach dem Rauchen sehen kann. Am Ende des Abends hat sich eine ziemlich braune Brühe gebildet. Scherzbolde, die unbedingt in ihr Mundstück pusten müssen, während andere ziehen, werden deshalb unnachsichtig der Runde verwiesen – jedenfalls sobald die »Opfer« des Anschlags wieder in der Lage sind, aufrecht am Tisch zu sitzen.

Da der Rauch durch das Wasser gefiltert und gekühlt wird, muß man eher kräftigen Tobak in den Pfeifenkopf tun, um überhaupt noch etwas zu schmecken. Seit alters her nimmt man *Tombak*, einen starken, um nicht zu sagen strengen, und klebrig-saftigen Tabak. Er sieht aus wie grobkörniger Kautabak, den man mit Laub verknetet hat. Folglich brennt er ohne fremde Hilfe etwa so gut wie frischer Dung. Deshalb legt man zur Unterstützung ein Stück glimmende Holzkohle auf den Tabakklumpen im Pfeifenkopf. Im türkischen Gemüseladen um die Ecke, aber auch in gut sortierten Tabakwarenhandlungen erhält man neben Sishas auch Tabak, die spezielle Holzkohle und diverses Zubehör für den orientalischen Rauchgenuß.

In der Türkei heißt Tombak übrigens *Tömbeki*. Er ist ein echt herbes Steppenkraut und wird auch dort nur noch von den älteren Semestern in den Teestuben bevorzugt. Den sollte man niemals in einer »normalen« Pfeife rauchen! Jedenfalls nicht ohne ärztliche Aufsicht und den Beistand des örtlichen Hodschas...

Frühere Orient-Reisende, wie zum Beispiel Mark Twain, machten mit solchen Knastern aus Wasserpfeifen ihre eigenen Erfahrungen: »Ich nahm einen Zug, und das genügte: Der Rauch drang in einer einzigen großen Masse in den Magen, in die Lungen, selbst in die abgelegensten Teile des Leibes vor. Ich platzte mit einem gewaltigen Hustenstoß heraus, der so klang, als hätte der Vesuv losgelegt. Die nächsten fünf Minuten rauchte ich aus allen Poren wie ein Holzhaus, das im Inneren brennt. Nie wieder die Nargileh!«[30] Entweder hat der geistige Vater von Tom Sawyer irgend was falsch gemacht, oder ein Scherzbold hat ihm statt Tabak etwas anderes im die Pfeife gestopft... Denn auch im Orient raucht man zunehmend süße, fruchtige und milde schmeckende Tabake.

Und da sind wir bei einem interessanten Trend. Seit einiger Zeit feiert die Shisha in der Türkei wieder fröhliche Urstände.[31] Insbesondere in großen Städten wie Istanbul und Ankara stürmen vor allem Yuppies und Studenten in die wie Pilze aus dem Boden schießenden Wasserpfeifen-Cafés, tippen auf ihren Smartphones und ordern zu Tee und Cola eine Shisha mit Tabaken der Geschmacksrichtung Pfefferminz, Banane, Erdbeere, Apfel oder Cocktail. Das ist die dänische Pfeifenreform auf türkisch! Jungbanker und Produktmanager sitzen hier wie ihre Vorväter, ziehen versonnen an den Pfeifen und lassen sich Zeit. Viel Zeit. Doch der Unterschied zu den alten Herren ist, daß das Ganze heute trendy ist. Mit den neuen Tabaken zieht ein neues Lebensgefühl und damit der Zeitgeist in die türkischen Cafés ein.

Seit einiger Zeit ist der Wasserpfeifen-Trend auch zu uns gekommen, wird aber durch die restriktiven Anti-Raucher Gesetze zunehmend unmöglich gemacht. Das ist sehr schade, denn die Shisha-Lounges sind eine willkommene Bereicherung unserer Innenstädte, vor allem im Sommer: Draußen vor dem Straßencafé sitzen, zum Espresso eine Wasserpfeife schmauchen und durch die dunkle Sonnenbrille versonnen dem Getümmel in der Fußgängerzone zugucken. Cool!

Viel Dampf um nichts? E-Pipes

Bleiben wir noch einen Augenblick beim Rauchen mit Wasserdampf. Sogenannte E-Pipes sind, im Gefolge von E-Zigaretten entstanden und gelten als Antwort auf Rauchverbote und Passivraucherschutz, da man sie völlig legal überall dort rauchen darf, wo Rauchen aus gesundheitlichen Gründen untersagt ist. So darf man seine tägliche Dosis Nikotin per E-Pipe sogar wieder in seiner Stammkneipe zu sich nehmen.

Seit einiger Zeit werden im Handel verschiedenste Formen von E-Pfeifen angeboten. Dies bezieht sich nicht nur auf Shapes und Oberflächen, sondern auch auf die Technik in ihrem Inneren. Auf den ersten Blick sind E-Pipes ganz normale Pfeifen, die eher der preiswerten Kategorie anzugehören scheinen, bei genauerem Hinsehen aber einen Akku, eine Kammer zur Verdampfung, ein Depot und etwas Elektronik enthalten. Telefonieren, fotografieren oder Musik hören kann man bislang mit diesen Pfeifen noch nicht.

Dafür muß man allerdings als Benutzer eines solchen High-Tech-Instruments auch nicht gleich einen Master in Elektrotechnik mitbringen. Wichtig zu wissen ist nur, daß irgendwo im inneren des Rauchgeräts Wasser verdampft und mit Nikotin angereichert wird. Hinzu kommen noch sogenannte »Liquids«, Geschmacksstoffe in Tropfenform, die es mittlerweile in vielen Geschmacksrichtungen gibt, wie sie jeder Pfeifenraucher kennt. Ach ja, und laden muß man eine solche Pfeife natürlich auch hin und wieder. Der Akku sitzt im Kopf der E-Pfeife, das Depot wird nach Abnehmen des Mundstücks in den Pfeifenholm eingesetzt. Dort sitzt auch der Verdampfer mit dem Unterdruckschalter. Akku laden, Wasser einfüllen, Liquid zufügen, einschalten und los geht's.

Zieht man am Mundstück, das einen leichten Zugwiderstand simuliert, entsteht in der Vernebelungskammer genau die Menge Wasserdampf die in etwa dem Zug entspricht. Man pustet sogar Dampf aus. Es sieht tatsächlich so aus, als würde man rauchen. Einige ältere E-Pfeifen-Modelle gaben nach dem Ausatmen wenig oder gar keinen Dampf ab, neuere hingegen wurden so angepaßt, daß eine satte Dampfwolke entsteht. Ohne Dampf hat dieses »Rauchen« wohl keinen Spaß gemacht. Allerdings sind die meisten Pfeifenraucher auch mit ausreichendem Wasserdampf eher skeptisch.

Da eine Verbrennung nicht stattfindet, soll der (ja, kann man noch von Tabakgenuß sprechen?) Nikotinkonsum, abgesehen vom Nikotin selbst, unschädlich sein. Die Emissionen für Passivraucher sollen ebenfalls gegen Null gehen. Das wären Pluspunkte.

Für Raucher bietet sich das E-Rauchen laut Hersteller als Ersatz für das normale Tabakrauchen an. Darüber hinaus soll das elektrische Rauchen eine sehr große Chance bieten, ganz mit dem Tabak-Rauchen aufzuhören, da beim Umstieg auf das E-Rauchen auf emotionale und haptische Gewohnheiten nicht verzichtet werden müsse. Allerdings wird darauf hingewiesen, daß für Nichtraucher das E-Rauchen eine genau so große Suchtgefahr darstellt, wie das normale Rauchen.

Im Unterschied zum starken Zigarettenraucher geht es dem Pfeifenraucher aber nicht um die Nikotinaufnahme. Der »Kick« durch Nikotin ist ihm zwar angenehm, aber nicht alleiniger Zweck seines Tabakkonsums. Ihm geht es um Genuß. Das kann die derzeitige E-Pfeife aber nicht einmal ansatzweise bieten. Sie ist einfach nur ein Surrogat, ein Ersatz und nichts mehr. Wie es aussieht, scheinen dann auch eher E-Zigarettenraucher schon mal zur E-Pfeife zu greifen. Der Pfeifenraucher, dem man in seiner Stammkneipe das Rauchen verboten hat, wird auf die Biergartensaison warten und ansonsten dort sein Pfeifchen mit echtem Tabak rauchen, wo er es noch darf. Ob die E-Pfeife die Zukunft des Pfeifenrauchens darstellt bleibt doch sehr fraglich.

Anmerkungen

1 Meyers Taschenlexikon, Mannheim 1990.

2 Vgl. R. J. Rutzen, Pfeifen, a.a.O., S. 242.

3 »Hatari!« ist ein Spielfilm von Howard Hawks, mit John Wayne und Hardy Krüger in den Hauptrollen, aus dem Jahr 1962. Der Film ist eine romantische Abenteuerkomödie vor der Szenerie der grandiosen Landschaft von Ostafrika, wo Tierfänger ihrem Gewerbe nachgehen. Das Swahili-Wort Hatari bedeutet auf Deutsch Gefahr.

4 Vgl. A. Dunhill, Die edle Kunst des Rauchens, a.a.O., S. 124f.

5 H. Hochrain, Das Taschenbuch des Pfeifenrauchers, a.a.O., S. 45.

6 Vgl. O. Pollner, Pfeiferauchen leicht gemacht, a.a.O., S. 29.

7 Vgl. E. Günther, Das Phänomen der Verfärbung, in: Smokers Club 3/1999, S. 23.

8 Vgl. A. Dunhill, The Pipe Book, A Guide to nearly every Pipe, a.a.O., S. 236.

9 Diese und die Äußerungen von Oliver Kopp, dem Geschäftsführer von Otto & Kopp, wurden mir gegenüber in Gesprächen bzw. schriftlich gemacht.

10 Die Ergebnisse liegen im Internet frei zugänglich vor (unter www.tecon-gmbh.de).

11 Größtenteils zitiert nach Groucho Marx, Schule des Lächelns, Frankf. a. M. 1981, S. 135.

12 Vgl. R. C. Hacker, Das Handbuch des Pfeifenrauchers, a.a.O., S. 30; s.a. H. Behrens, H. Frickert, Mit vollem Genuß rauchen, a.a.O., S. 29.

13 Zur Firmengeschichte s.a. die Firmenhomepage www.corncobpipe.com

14 Vgl. www.corncobpipe.com; siehe auch www.keepsmilin.com/pipe.html

15 Ein Stutenkerl ist nicht etwa ein Hengst, sondern eine vorweihnachtliche Backware, die man im südlichen Teil Deutschlands auch als Weckmännle kennt. Diese mit Tonpfeifen ausgerüsteten Knabbereien werden meist durch den Nikolaus an »brave« Unmündige verteilt. Wahrscheinlich weil kritische Pädagogen dahinter eine Werbeaktion der Tabakindustrie argwöhnten, werden in manchen Regionen Stutenkerle statt mit traditionellen Pfeifen mit pädagogisch wertvollen Lutschern ausgestattet.

16 Vgl. O. Pollner, Tabakspfeifen aus zwei Jahrhunderten, a.a.O., S. 18ff.

17 Vgl. Jean Leo, Der wahre Jakob war kein Zuave, in: Das Pfeifen-Buch 2001, a.a.O., S. 69ff.

18 Vgl. Francis Thackeray, South African Journal of Science, Februar 2001.

19 Vgl. H. Hochrain, Das Lexikon des Pfeifenrauchers, a.a.O., S. 24; s.a. A. P. Bastien, Von der Schönheit der Pfeife, a.a.O., Abb. 42 (das Buch wurde nicht paginiert!), K.-D. Billerbeck, Mit Rauchern läßt sich reden, a.a.O., S. 28.

20 Vgl. Jan-Geert Wolff, Irische Pfeifenbäckertradition, in: Smokers Club 1/1999, S. 24f. Das malerische Städtchen mit dem unaussprechlichen Namen Knockcrogherys liegt übrigens in der Nähe von Roscommon, am Lough Ree.

21 Vgl. G. Cabrera Infante, Rauchzeichen, a.a.O., S. 202.

22 Okay, okay: Titus Oates (1649-1705) war der Hauptinformant im Popish plot, der »Papistenverschwörung«. Der Paranoide Oates schürte 1678 die antikatholische Stimmung in England und behauptete, eine Verschwörung aufgedeckt zu haben, der zufolge die Katholiken den anglikanischen König Karl II. umbringen und ihn durch seinen katholischen Bruder, den Herzog von York, ersetzen wollten. Es gibt sehr interessante Parallele zwischen ihm und Joseph Raymond McCarthy (1908-1957), einem amerikanischen Politiker, der zu Beginn der fünfziger Jahre die Kampagne gegen die angebliche kommunistische Unterwanderung der US-Verwaltung und anderer Bereiche des öffentlichen Lebens leitete.

23 Vgl. R. C. Hacker, Das Handbuch des Pfeifenrauchers, a.a.O., S. 179.

24 Vgl. E. Günther, Porzellanpfeifen, in: Smokers Club 1/2001, S. 34.

25 Vgl. W. Morgenroth, Pfeifen sammeln, Kunstwerke in Porzellan, München 1989. Böttger arbeitete übrigens weiter an der Herstellungsmethode für Porzellan und leitete bis zu seinem Tode 1719 die Meißner Porzellanmanufaktur.

26 Vgl. Friedrich Sternberg, Knasterkopf, a.a.O., S. 4ff.

27 Vgl. J. Verdaguer, Das Pfeifenraucher Brevier, a.a.O., S. 35ff. Eine akribische Aufarbeitung bietet Hans Titschack, Die Reservistenpfeife, Ein Wehrzeit-Erinnerungsstück als volkskundliches Dokument 1813-1918, Potsdam 1999.

28 Vgl. Martin Compart, Das Sherlock-Holmes-Buch, Frankf. a. M., Berlin 1987, S. 53.

29 Natürlich war und ist die kultische Bedeutung des Kalumets allgegenwärtig in der indianischen Kultur: »Für uns Indianer gibt es nur die Pfeife, den Erdboden, auf dem wir sitzen, und den offenen Himmel. [...] Der Rauch aus der Pfeife steigt geradewegs nach oben zur Welt der Geister. Es ist ein Auf und Ab. Kraft fließt durch den Rauch, durch das Pfeifenrohr zu uns herab. Du spürst diese Kraft, wenn du die Pfeife hältst; sie bewegt sich von der Pfeife geradewegs in deinen Körper [...]. Diese Pfeife ist kein gewöhnlicher Gegenstand, sie lebt«, Lame Deer, Sioux Indianer (1979).

30 Vgl. Mark Twain, Die Arglosen im Ausland (1869), Frankf. a. M. 1997.

31 Vgl. B. Hauser, Tömbeki bitte! in: Cigar 4/2001, S. 29ff.

Reine Formsache

Pfeifen haben im wesentlichen ein Merkmal: Man kann aus ihnen rauchen. Es gibt Pfeifenraucher, die behaupten, man müsse nicht viel mehr über Pfeifen wissen. Alles andere sei Mumpitz. Viel Getue um nichts. Wer so denkt, macht bestimmt nichts verkehrt, sollte dieses Kapitel hier aber besser auslassen. Alle anderen werden die nun folgenden minutiösen Differenzierungen in die verschiedene Bauteile und Formen der Pfeife sowie die unterschiedlichen Stilrichtungen sicher als großen Spaß an der Sache zu schätzen wissen. Denn hier hat sie ihren Ursprung: Die einzig wahre und rechte Wissenschaft von der Pfeife – die Pipologie![1] Sie war immer schon getragen von einer ganz eigenen Mischung aus Pedanterie und Begeisterung, die für Außenstehende nicht immer leicht zu verstehen ist. Hier zeigt sich der Pfeifenrauchern gern schon mal als Nerd.

Aus dem Blickwinkel eines Fans hat jede Pfeife, ob Serienpfeife oder Unikat, das Zeug zu einem Kunstwerk, wenn nicht gar zu einem anmutsvollen Fetisch. Die Ansprüche der Raucher, die Kreativität der Pfeifenmacher und der Geschäftssinn der Branche haben die Zahl der Formen und Gestaltungen der Pfeifen nahezu unbegrenzt werden lassen. Und siehe da: schon lassen sich klassische Grundformen beschreiben, die auf historische »Urformen« zurückgehen und aus denen sich die »Varietäten« aller heutigen Pfeifen entwickelt haben. Das Ganze muß nur noch in eine drollige Fachsprache gekleidet werden und fertig ist die Pfeifenlehre.

Sogar die Verächter dieser kleinen, zugegeben etwas eitlen Pfeifenwissenschaft werden einräumen müssen, daß es unbestreitbar nützlich ist, über ein gewisses praktisches, technisches und terminologisches Grundwissen zu verfügen. Tips bezüglich des Rauchverhaltens, also der *Gutmütigkeit* oder *Sensibilität* bestimmter Pfeifenformen sind erst möglich, wenn man eine gewisse Klassifikation der möglichen Formen vorgenommen hat. Wer der Linné der Pfeife war, läßt sich heute nicht mehr genau feststellen, aber selten herrschte unter den Pfeifenpäpsten so viel Einigkeit wie bezüglich der verschiedenen Pfeifenvarietäten.

Gelesen oder gehört hat wohl schon jeder Pfeifenraucher von den verschiedenen Pfeifenformen. Im 19. Jahrhundert wurden (übrigens auch in Großbritannien) gern französische Begriffe verwendet, weshalb man noch bis zum ersten Weltkrieg überall von *Façons* sprach. Schließlich kamen die Bruyère-Pfeifen ursprünglich aus Frankreich. Doch hat sich dies Anfang des 20. Jahrhunderts mit dem Aufkommen eines britisch geprägten Pfeifen- und

Lebensstils nach und nach geändert und die ursprüngliche französische Prägung verdrängt. Dunhill hat die Welt der Pfeifenraucher auch sprachlich verändert, weshalb man heute von *Shapes* spricht.

Trotz der Universal-Fachsprache gilt aber Vorsicht: Nicht immer ist alles so eindeutig geklärt, wie es manche Pfeifensystematiker gern hätten. Selbst wenn in den meisten Punkten Konsens besteht, kann es doch zu irritierenden Doppelbezeichnungen, Abweichungen und Sonderwegen in der »Welt der Pfeife« kommen. Halten wir uns also an die gebräuchlichen Formulierungen und Kategorien, auch wenn so manchen die Anglizismen stören mögen.

Die Teile einer Pfeife

Das ist die »Anatomie« einer gewöhnlichen Pfeife: *Kopf*, *Holm* und *Mundstück* (antiquiert: Spitze) dürften hinlänglich geläufig und sinnfällig benannt sein. Die Stelle, wo der Holm auf den Kopf trifft, wird auch als *Schaft* bezeichnet, die Oberseite nennen manche *Kehle*. Rechts und links am Pfeifenkopf sind die *Wangen*, vorne die *Stirn*. Wer hätte das gedacht.

Die Bezeichnungen *Brennkammer* oder *Tabakraum* für den Hohlraum im Pfeifenkopf, *Krone* (oder *Top*) für den Rand unseres kleinen Kraters und *Rauchkanal* für die Bohrung, die vom *Biß* durch das Mundstück und den Holm in den Kopf führt, wo sie in der Brennkammer, und zwar exakt am Boden, endet, müßten auch klar sein. Bleibt noch der *Zapfen* des Mundstücks zu beschreiben, jene Verengung, die man in die Bohrung des Holms hineindreht und die bei Filterpfeifen die *Filterkammer* enthält.

Eine schräge Verdickung zwischen Mundstück und Zapfen trägt zur Stabilität bei und wird *Fase* genannt. Die Bezeichnung *Sattel* für eine Ausbuchtung, respektive Verengung des Mundstücks, ist in ihrer Bildlichkeit verständlich. Die verschiedenen Mundstücksformen und Bißtypen wurden bereits vorgestellt. Schauen wir uns die *Teile der Pfeife* nochmal in einer Graphik an:[2]

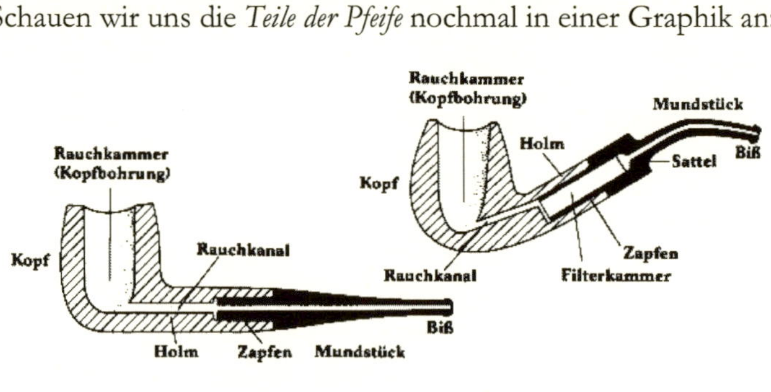

Bislang ging's doch noch ganz gut auch ohne Englischexamen, oder? Jetzt aber: *Straights* nennt man die geraden Pfeifenformen, *Bents* (Hänger) die gebogenen, wobei der Grad der Biegung von Holm und Mundstück von der sanft geschwungenen *Quarter Bent* über die flotte *Half Bent* und der klassischen Bent bis zur S-förmig gezwirbelten *Full Bent* reicht. Damit hätten wir schon eine Grundeinteilung für die Pfeifenkunde gefunden: Gerade oder gebogen. Hinzu kommen nun noch die unterschiedlichen Kopf- und Mundstückformen, verschiedene Holmquerschnitte sowie die verschiedenen Applikationen. Los geht's:

Kopf, Holm und Mundstück können im Durchmesser rund, oval oder facettiert (kantig, eckig) sein. Facettierungen des Pfeifenkopfes lassen jede Form zu einer kantigen *Panel*-Variante werden. Manche Pfeifen haben einen plan geschliffenen Boden, damit man sie abstellen kann (*Stand-up*).

Saddle Bits sind *Sattelmundstücke* die man, wenn man pedantisch ist, noch nach Ober- und Unterseite differenzieren kann. Außerdem kennt man zwar noch gestufte Mundstücke, findet sie aber nur noch selten in den Auslagen der Fachgeschäfte. Die heute am weitesten verbreitete schnörkellos-gerade Mundstückform heißt *Taper*.

Virolen sind Metallringe zwischen Holm und Mundstück, die nicht nur zur Zierde, sondern oft auch zur Einfassung und Stabilisierung des Holmausganges dienen. Nur zur optischen Auflockerung des gesamten Erscheinungsbildes sind hingegen die meisten anderen Holmringe aus verschiedenen Materialien wie Holz, Horn, Keramik oder Plastik da. Gelegentlich verwendet man auch Zwischenstücke zur Verlängerung des Holmes. Manche Zwischenstücke können dabei recht lang sein. Da wird dann durch »einstöpseln« aus einem kurzen Nasenwärmer eine lange Lesepfeife.

Metalloliven (Einfassungen des Holmausgangs, auch Holmkappen genannt) und konische *Steckermundstücke* sowie Zapfenmanschetten aus Metall machen ein Pfeifen-Modell zur *Spigot* (von engl. Zapfen, Spund; die verbreitete französische Aussprache ist Unsinn!).

Einschliffe und Metallringe am Kopf sowie eine Reihe andere Applikationen, die leider oft bloße Anklebsel sind, sorgen für einen Hingucker, gelegentlich ändern sie aber auch den »Charakter« einer Pfeife. Hier tummelt sich der kreative Bastler zur Verschönerung der Pfeife. Das nannte man früher »aufpeppen«, heißt heute »pimp your pipe« und erinnert an das langweilige, aber bequeme Jackett, das mit neuen Knöpfen, ein paar Lederflicken und der Pfeifennadel zum »Smoking« des Pfeifenclubs wurde.

Insbesondere schöne Edelmetalle werten Pfeifen ganz erheblich auf: *Silvercap* oder *Silverlid* sind Deckel aus Silber und sorgen für ein gediegenes Auftreten, und haben nichts mit dem rustikalen Pfeifendeckel des Försters aus dem Silberwald zu tun. Übrigens wird der Begriff *Silvercap* auch manchmal für jene Silberringe benutzt, die als Randeinfassung die Oberseite der Pfeifenköpfe vor Ablagerungen schützen sollen.

Die Grundformen

Wie gesehen nennt man gerade Pfeifenformen allgemein *Straights* (nur noch selten französisch *Marseillaises*). In den USA werden geraden Formen manchmal wegen des dominanten rechten Winkels noch *Squares* genannt. Die Grundform unserer traditionellen Pfeifen dürfte eine leidlich gerade Figur mit gleichmäßig geformtem, mäßig großem, etwas tonnenförmig aufstrebendem Kopf ohne jeden »Schnickschnack« gewesen sein. Die Tonpfeife läßt grüßen.

In der Literatur findet man für die einfache gerade Pfeifenform durchgängig die Bezeichnung *Billiard.* Otto Pollner schreibt generös (nach Duden) *Billard* ohne zweites »i«. Ich habe zwar Sportsgeist, habe mich aber trotzdem dafür entschieden, der international gebräuchlichen Schreibweise »Billiard« (nach OED) zu folgen. Übrigens werden große Billiards in den USA *Topper* genannt – eine Bezeichnung, die man gelegentlich auch bei uns findet.

Neben der schlicht klassischen Billiard finden sich die anmutige *Dublin* mit ihrem schlanken leicht nach vorn geneigten konischen Kopf und dem langen Mundstück. Sie ist der Form nach wohl am nächsten von allen Pfeifenformen mit der Tonpfeife verwandt, wie man noch deutlich sehen kann.

Ganz anders die übrigen Verwandten der Billiard: Die große *Liverpool,* bei der ein Billiard-Kopf an einem langen Holm und ebensolchem Mundstück sitzt und die *Canadian* (auch *Lumberman* genannt), deren langer filigraner Holm mit dem kurzen Mundstück bei dem großen Kopf besonders schlank wirkt.

Ebenfalls in diese Gruppe der »Billiard-Schwestern« gehört die kräftige *Lovat,* mit ihrem langen Holm und gedrungenen Sattelmundstück. Der Name Lovat soll übrigens von Henry Fraser herrühren, dem 3. Lord Lovat – einem schottischen Gutsbesitzer aus dem vorletzten Jahrhundert, der diese Pfeifenform populär gemacht haben soll. Hierher gehören auch die *Chimney* (franz. *Tour Eiffel*), deren gerader großer Kopf im Verhältnis zu Holm und Mundstück ihren beiden Namen alle Ehre macht und die *Brandy* (im Französischen natürlich *Cognac* genannt), deren tulpenförmiger Kopf tatsächlich an einen entsprechenden Schwenker erinnert. Den Reigen beschließen die rundliche

Apple (auch Egg oder Tomatoe) sowie deren gedrungenere Form, die *Pot*. So weit die geraden Grundformen.

Die gebogene Pfeifen nennt man *Bents* (franz. *Relevées*). Sie können so beschrieben werden wie die soeben vorgestellten geraden Formen, nur mit mehr oder weniger stark gebogenem Holm und Mundstück. In der Regel handelt es sich um »hakenförmige« Hänger (Bent bis Full Bent), wobei Kopfform und Proportionen selten grundlegend verändert werden. Da ist zunächst die gebogene Billiardform, die schlicht *Bent* heißt. Sie ist ein echter Klassiker.

Bei den anderen Shapes setzt man meist nur ein »Bent« vor den bereits bekannten Namen: *Bent Dublin*, *Bent Chimney*, *Bent Pot* (meist mit Sattelmundstück), *Bent Brandy*. Eine recht auffällige Pfeifenform ist die *Hungarian*, auch *Oom Paul* genannt: Eine extrem gebogene Form, die Kopfrand und Holmende nahezu U-förmig auf eine Ebene bringt; oft mit Steckermundstück und Metallolive.

Der Namenspatron diese Form war Paul Charger, ein südafrikanischen Führer im Burenkrieg, den man unter den Buren »Oom« (also Ohm, Onkel) nannte. Die von diesem »Onkel« bevorzugte wuchtige Pfeife erscheint zwar heute nicht gerade cool, aber in ihrer rustikalen Optik zumindest auffällig. Anzumerken wäre noch, daß es zwar bei den Pfeifenformen kaum etwas gibt, was es nicht gibt, aber die sehr langen Formen Canadian, Lovat und Liverpool werden nicht als Bents angeboten.

Doch eine Bent muß nicht unbedingt wie ein Haken im Mund baumeln. Es gibt auch dezent gebogenen Formen. Hier haben wir es mit besonders eleganten Shapes zu tun. Diesen mondänen Formen ist eigen, daß ihre Designlinien unter Spannung zu stehen scheinen, eine Spannung, die vom Kopf bis zur äußersten Spitze des Mundstücks anhält.

Die bekannteste dieser leicht geschwungenen Formen dürfte die *Prince* sein, eine schlanke Pfeife mit nahezu kugeliger Kopfform. Es wird kolportiert, daß sie in den 1920ern für den damaligen Prince of Wales entworfen worden sein soll, viel wahrscheinlicher ist es aber, daß sie von den Pfeifengöttern für *Jacques Tati* aufgespart wurde.

Etwas flacher und bauchiger als die Prince ist die an eine Brandy erinnernde *Diplomat*. Da sie meist etwas kürzer ist als die Prince, erscheint sie handlicher und kompakter, aber immer noch überaus elegant.

Aus der Dublin dürfte sich die *Bent Albert* entwickelt haben. In einem sanften Schwung läuft der nach vorn geöffnete schlanke Dublin-Kopf in Holm und Mundstück aus. Ob mit oder ohne Sattelmundstück, diese schlanke Form ist einfach ein ästhetischer Traum – aber rauchtechnisch für Anfänger ein Alptraum. Die nur unwesentlich gutmütigere *Zulu* (amerikanisch political correct *Yachtsman* genannt) hat einen etwas dickerer Kopf und ist weniger geschwungen.

Noch mal etwas kräftiger an Kopf und Holm, aber weiter nach vorn geöffnet, ist das *Horn* (auch *Woodstock* genannt). Die *Cobra* ist ein noch weiter geöffnetes aber stärker gebogenes Horn, das man facettiert hat. Die Facettierung hat die *Scheitel*, jene erhobenen Linien, die beim Panel-Verfahren entstehen, an den Seiten, was der Pfeife tatsächlich das Aussehen einer aufgerichteten Kobra gibt.

Alle weiteren Pfeifenformen sind im Grunde nur Variationen der bisher angespielten Themen. Trotzdem lassen sich noch sinnfällige Gruppen ausmachen und beschreiben.

Am auffälligsten sind sogenannte *Stand-Pfeifen.* Sie haben einen plan geschliffenen Boden, damit man sie abstellen kann. Am bekanntesten ist die *Stand-up Poker*, deren tonnenförmiger Kopf und angesetzter Holm an deren Ursprünge erinnern: die Maiskolbenpfeife. Sie hat dieser ganzen Gruppe von Pfeifen ihren Namen gegeben.

»Selbständigen« Pfeifen bekommen im Englischen offenbar gern Hundenamen: In Billiard-Form nennt man die Stand-up Poker *Setter*, die jenseits des Tweed so beliebte dicke gedrungene Pfeifenform wird respektlos als *Scotch Pug* (schottischer Mops) bezeichnet. Zu den Bulldogs kommen wir gleich noch.

Heute selten geworden ist die *English Saddle*, eine knubbelige Apple-Form, die ebenfalls für sich steht. Setter, Scotch Pug und English Saddle haben als gerade Formen alle ein Sattelmundstück. Das hat nicht nur ästhetische, sondern auch hygienische Gründe: Damit der Biß beim Ablegen der Pfeife nicht die Unterlage berührt, verlagert man ihn etwas höher. Dies ist bei den echten Stand-ups nicht nötig, da hier der Holm weiter oben am Pfeifenkopf angesetzt ist.

Wird dann der Holm noch weiter oben angesetzt und schräg nach oben geführt, so daß eine sichere Distanz zwischen Unterlage und Mundstück entsteht, haben wir es mit einer *Cherrywood* zu tun. Werden Holm und Mundstück stark verlängert, dafür aber bleistiftdünn, handelt es sich um eine *Don,* eine in unseren Breitengraden ziemlich seltene Pfeife.

Durch gezielte Kombination der jeweiligen Vorzüge der klassischen Grundformen versucht man besonders praktische oder widerstandsfähige Shapes zu erzielen. Da wäre die kugelige *Chubby*, bzw. *Bent Chubby*, eine »Kreuzung« aus Apple und Liverpool, mit mächtigem Holm und »pummeligem« (engl. chubby) Kopf. Mit dieser ausgewogener Pfeife zwischen den Zähnen können die Stürme des Tages kommen.

Auch die *Topper* wartet mit einem kräftigen Holmdurchschnitt auf, aber der Kopf hat seine Tücken, kommt er doch von der Brandy her und hat einige Schmalstellen. Die *Oval Bowl*, eine Mischung aus Bent Albert und Pot, ist durch ihre keilförmige Gestalt sehr handlich, aber tatsächlich nur leidlich widerstandsfähig.

Sportpfeifen

Was soll denn das sein? Eine Sportpfeife? Am besten räumen wir gleich zerknirscht ein, daß Rauchen und Sport nicht wirklich zusammen gehören. Beim Joggen rauchen? Unmöglich! Vielleicht lassen sich Schachspieler und eventuell noch Segler als sportive Pfeifenraucher bezeichnen. Zugegeben, es spendet die Pfeife so manchem Jäger auf dem Hochsitz und Angler am Kanal Wärme und Trost, doch spricht man deshalb wohl kaum ernsthaft von »Sportpfeifen«.

Sportlich sind Pfeifen höchstens im übertragenen Sinne. Etwa so, wie Tweed-Sakkos als sportlich gelten können. Wie bei der Kleidung zeichnen sich sportliche Pfeifen nach gängiger Meinung durch robustes Material und praktisch-kompakte Form aus. Es handelt sich dabei in der Regel um gebogene Formen, da eine Bent einen günstigeren Schwerpunkt hat als eine gerade Straight-Form. Die Bent schmiegt sich geradezu ans Kinn des sportiven Rauchers. So baumelt eine Pfeife recht bequem im Mundwinkel, ohne die Kaumuskulatur übermäßig zu strapazieren. Außerdem hat man beide Hände frei, etwa um Steuerrad, Flinte oder Angel fest im Griff zu haben.

Gerade Formen können in der Bewegung störend wirken, vor allem wenn man mit ihnen nicht nur im übertragenen Sinne aneckt. Kommt für die Liebhaber von Billiard, Apple & Co als Sportart zwar Schach, nicht aber Skat in Frage? Aber nein! Es gibt extra für Skatbrüder (und Schwestern) handliche Kurzpfeifen mit Stummelholm und Kompaktmundstück. Das Problem bei diesen »Nasenwärmer« ist aber, daß sie sich heiß rauchen, weshalb nur erfahrene Piperos zu ihnen greifen. Aber wer käme auch sonst wohl auf die Idee, beim »Sport« zu rauchen?

Da man bei stressigen und schweren körperlichen Aktivitäten (etwa einem Einkaufsbummel) die Pfeife besonders fest zwischen die Zähne klemmt, benötigen deren Mundstück einen kräftigen, aber bequemen Biß aus stabilem Material in solider Verarbeitung. Asiatische Pfeifen mit Metallmundstücken haben sich bei uns in Europa (glücklicherweise) nicht durchgesetzt.

Die Oberflächen von Sportpfeifen sind meist dunkel gebeizt, sandgestrahlt oder rustiziert, was sie gegen Schmutz und Kratzer unempfindlich macht. Man achtet bei der Holzqualität eher auf gutmütige Raucheigenschaften als auf superbe Maserung. Insbesondere bei »Outdoor-Activities« kann die Temperaturregulation beim Rauchen schon mal problematisch werden, weshalb Kenner zu Pfeifen mit dickwandigen Köpfen greifen.

Wie jedes offene Feuer ist natürlich auch die Glut in der Pfeife zug- und windempfindlich. Eine unkontrollierte Sauerstoffzufuhr läßt die Temperatur im Pfeifenkopf geradezu explodieren. Bewährt haben sich überall da, wo es zieht und weht, also beim Segeln, Radeln oder Cabrio-Fahren, Bruyère-Pfeifen mit Meerschaumeinsätzen. Sie sind gegenüber Temperaturschwankungen recht unempfindlich.

Sehr wirkungsvoll zum Schutz vor Zugluft sind Pfeifendeckel. Es gibt von vielen Herstellern Pfeifen mit einer solchen Schutzausrüstung (meist in gediegenem Silber), aber neben dieser recht teuren Serienausstattung gibt es auch einfache Blechdeckelchen zum Nachrüsten. Diese praktischen Pfeifendeckel sind für nahezu alle Pfeifen erhältlich, gelten aber als absolut uncool.

Als technischer Flop hat sich übrigens Dunhills legendäre Cabrio-Pfeife erwiesen, bei der der vordere Teil des Pfeifenkopfes höher ist als der Rest und so einen Windschutz bilden soll. Im Prinzip eine prima Idee, funktioniert in der Praxis aber nicht, da die Gesetzte der Aerodynamik irgendwie anders lauten. Trotzdem ist Dunhill als Pfeifenmacher ausgerechnet mit diesem Modell berühmt geworden.

Nun ergeben sich aus den »sportlichen« Anforderungen konstruktionstechnische Spezifika für eine Sportpfeife. So entstanden bestimmte Pfeifen-Shapes, bei denen Form, Funktion und Stabilität besonders gut zueinander finden. Gewicht, Balance und nicht zuletzt ästhetische Gesichtspunkte haben zu echten Klassikern der Sportpfeife geführt. Hier seien nur einige genannt:

Da ist zuerst die traditionelle *Bulldog*, die mit ihrem stämmigen und großen Kopf, mit sportivem Einschliff, dem kompakten kantigen Holm und kräftigen Mundstück, bei Kapitänen wie Landratten gleichermaßen beliebt ist. Nicht zuletzt wegen ihrer handlichen Form und des günstigen Schwerpunkts ist sie eine treue Gefährtin zum freihändigen Rauchen. Vorausgesetzt, sie ist nicht zu schwer und groß proportioniert.

Eine kugelförmige stark gebogene Bent mit Metallolive erfreut sich insbesondere unter Seglern großer Beliebtheit. »Knuffig« nennt die Werbung solche Pfeifen. Falls sie wie bei Peterson's, Savinelli oder VAUEN mit einem besonderen Dry-System ausgestattet sind, rauchen sie sich besonders angenehm und unproblematisch, selbst wenn man alle Hände voll zu tun hat.

Nun wird mancher einwenden, daß es einfach zu gefährlich sei, beim Sport Pfeife zu rauchen. Sport sei bekanntlich Mord, da könne man doch nicht auch noch zusätzliche Risiken eingehen. Wie passionierte Sportraucher dieses Risiko einschätzen und wo sie für sich und ihre Pfeifen Prioritäten setzen, zeigt jene Anekdote des weltberühmten Einhandseglers Albert Einstein (1879-1955) der, als sein Boot kenterte, verzweifelt seine Pfeife über die Wogen hielt. Der herbeigeeilten Küstenwache rief er aus dem Wasser zu: »Nehmen Sie um Gottes Willen zuerst die Pfeife!«[3]

Die Militärpfeife

Daß man beim Militär nach der Pfeife eines Vorgesetzten zu tanzen hat, dürfte sich auch unter Zivilisten herumgesprochen haben. Nur dürfte es sich dabei eher um eine Trillerpfeife als um eine gemächlich dampfende Tabakspfeife handeln. Was macht ein so friedliches und mitunter gar gemütliches Rauchgerät militärisch?

Sogenannte Militär- oder Army-Pfeifen sind nicht etwa olivgrün, auch haben sie keine Tarnkappen. Klassisch für eine Army-Variante ist es, eine Pfeife dadurch widerstandsfähiger zu machen, daß man den bruchgefährdeten Übergang vom Holm zum Mundstück verstärkt. Hierzu hat man zwei Ansatzpunkte: Zuerst wird der Zapfen im Inneren der Pfeife durch eine sogenannte Fase, einer Materialverdickung am Übergang zum Mundstück, verstärkt. Zapfen werden heute durchweg aus Teflon hergestellt und sind ohnehin schon recht widerstandsfähig.

Die meiste Stabilität erhält eine Pfeife durch eine Metallhülse zum Schutz des Holms. Mit Metalleinsätzen sollen der Legende nach britische Soldaten erstmals im Burenkrieg die Holme ihrer Pfeifen verstärkt haben. Sie benutzten dazu angeblich leere Patronenhülsen, die sie über das Holmende schoben. So wurde aus einer Billiard oder Bent durch entsprechende Aufrüstung eine *Army* beziehungsweise *Bent Army*. Offenbar hatte man damals entweder sehr großkalibrige Waffen oder höchst filigrane Pfeifen.

Es liegt nahe, den Zapfen des Mundstücks ebenfalls durch eine Metallhülse zu schützen, indem man es genauso mit Metall ummantelt. So wurde das Steckermundstück entwickelt. Beides zusammen, Metallmanschette (die man auch Olive nennt) und Steckermundstück, ergeben eine recht bruchsichere Military-Variante, die Spigot-Pfeife. Heute sind die verwendeten Verstärkungen zumeist aus Silber oder Edelstahl und dienen eher zur Zierde. Eindeutig auch zum Schutz werden Metallringe oben am Rand des Pfeifenkopfes angebracht, damit beim Anzünden die Flamme das Holz nicht beschädigt.

Eine Liga für sich sind die unverwüstlichen *Rhodesian-Shapes*. Meist Bulldog-Formen mit kräftigen Metallbesätzen. Bei den sogenannten *Squat Shapes* (flache und stämmige Pfeifenformen) handelt es sich um besonders kompakte, meist recht große und flache Bulldogs mit kantigem, oft kurzem Holm, gedrungenem Sattelmundstück und kräftigem Biß. *Bent Rhodesians* sind trotz ihres meist recht hohen Gewichts allein schon wegen ihres ausgewogeneren Schwerpunktes ausgesprochen bequem zu rauchen. Kürzer, schlanker, kleiner und leichter sowie regulär mit einem deutlichen Sattelmundstück ausgestattet ist die oben schon erwähnte *Scotch Pug*.

Alle *Military*-Shapes gibt es selbstverständlich auch als hoch elegante Pfeifenformen, wie man es von der Militärkleidung für Zivilisten als »Edelparka« und »Luxus-Duffle« kennt. Eine erlesene Besonderheit bildet die oben genannte *Spigot*, meist eine sehr schlanke pechschwarze Billiard oder Bent mit Holm- und Zapfeneinfassung aus Silber. Wegen der Ausstattung gehört sie eigentlich in die Army-Klasse, tatsächlich ist sie aber hierfür viel zu filigran. So paßt sie eher ins Offizierscasino als in die Wachstube.

Der Kontrast von Schwarz und Silber wirkt bei diesen Pfeifen recht vornehm, vor allem wo klassisches Understatement gefragt ist. Sie sind die passende Begleitung für jede elegante Abendveranstaltung, die Rauchern offen steht – was aber nicht mehr allzu oft vorkommen dürfte.

Wenn Pfaffen Pfeifen paffen

Besitzen Sie eine Churchwarden, eine jener langen Lesepfeifen? Bevor Sie leichtfertig auf diese unschuldig klingende Frage antworten, sollten Sie bedenken, daß die langstielige Pfeife Inbegriff der Betulichkeit ist und die 20 bis 30 Zentimeter Rohrlänge zwischen Brennkammer und Biß voller Klischees stecken: Vor dem knisternden Kaminfeuer schmaucht der Hausvater (in Strickjacke und Pantoffeln) behaglich in den Ohrensessel gekuschelt seine alte Lesepfeife, wobei er in ein dickes Buch vertieft ist. Ach, und wenn wir gerade schon dabei sind, auch ein Brandy sollte nicht fehlen...

Dieses nicht nur einer dänischen Mixture zu verdankende süßliche Szenario gilt unter trendgerechten Menschen als ungefähr so cool wie Halleluja-Singen im Kirchenchor. Offenbar sind Churchwarden genau wie monströse Gesteckpfeifen als verschnarchte Großvaterpfeifen absolute No-Go-Areas für stylische Piperos. »Mir doch egal«, wird manch erfahrener Pfeifenraucher denken, der den kühlen Rauch der Churchwarden besonders an Sommertagen zu schätzen weiß. Allein schon wegen dieser Raucheigenschaft lohnt es sich, einen genaueren Blick auf die wahrscheinlich unangesagteste Pfeife der Dekade zu werfen. Vielleicht zeigt sich ja dabei, daß man es bislang nur mit Vorurteilen zu tun hat. Also Vorurteile: Die fangen schon beim Namen an. Der kommt, wie wir es ja nun schon fast gewöhnt sind, aus dem Englischen. *Churchwarden* müßte mit *Gemeindevorsteher* oder *Küster* übersetzt werden und nicht etwa, wie man oft lesen kann, mit *Hochwürden* – ein kleiner, aber entscheidender Unterschied, wie nicht nur anglikanische Kirchgänger bestätigen können.

Die wohl kurioseste Erklärung für den ausgefallenen Namen bot 1898 die Zeitschrift »Gartenlaube«, das angesagteste Lifestyle-Magazin der Deutschen von Anno Toback. Die ungewöhnliche Pfeife verdanke das immens lange und geschwungene Rohr den dicken Bäuchen gealterter Kirchenmänner, über die der Pfeifenkopf hinausreichen müsse, um bequemes Rauchen zu ermöglichen. Schon damals also war die Churchwarden nicht gerade Ausdruck der jungen Pfeifenavantgarde, sondern galt aus modischen Gründen als Sonderanfertigung für den behäbigen Ruheständler im XXL-Format.

Natürlich ist diese Geschichte nicht unumstritten. Viel wahrscheinlicher ist nämlich, daß die Churchwarden in direkter Linie von der ebenso langen wie zerbrechlichen Gouda-Pfeife abstammt. Dieser Tabakhochofen aus Ton braucht unbedingt ein langes geschwungenes Pfeifenrohr, damit der heiße Rauch bis zum Mund hin einigermaßen abkühlen kann.

Im 19. Jahrhundert entdeckte man mit dem Bruyèreholz den wohl besten und schönsten Werkstoff für die Fertigung widerstandsfähiger Holzpfeifen. Seit dem müssen Holm und Mundstück nicht mehr so lang sein, da man auch kurze Pfeifen mit etwas Übung problemlos kühl und trocken rauchen kann. Das gewährt dem Pfeifenraucher jene Mobilität, die der Zigarrenraucher schon immer genoß. »Ambulantes« Rauchen ist seither angesagt: Bruyèrepfeifen lassen sich nahezu überall (wo man darf) und bei so ziemlich jeder Gelegenheit (wenn man denn will) rauchen.

Doch diese modernen Pfeifen aus Bruyèreholz waren anfangs recht teuer. Das brachte sie zunächst als Luxusgut in die Hände bauchiger Bürger. Die nicht so finanzkräftigen Vielraucher allerdings hielten vorerst noch an den spottbilligen Tonpfeifen fest. Hier kommen nun die chronisch unterbezahlten Kleriker als Namenspatrone ins Spiel: Als Jahre später Bruyèrepfeifen durch industrielle Fertigungsmethoden preiswerter wurden, und ihren Siegeszug als »proletarische Rauchgeräte« antraten, hielten die konservativen Pfeifenfreunde aus Kirche und Schuldienst an der alten Form ihrer geliebten Tonpfeifen fest, nur daß sie nun aus Holz gefertigt wurden. Da habe der Name Churchwarden nahe gelegen, behaupten manche.

So gesehen stellt die Churchwarden vermutlich weniger eine Hommage an die alte Gouda als vielmehr eine Konzession an die in konservativen Kreisen bevorzugten Pfeifenformen dar. Genau weiß man dies allerdings nicht, da der Übergang von der Tonpfeife zur hölzernen Churchwarden ebenso wenig datierbar ist wie der Zeitpunkt der Namensgebung.

Tatsächlich kann man die ursprüngliche Verbindung zwischen Ton- und Bruyèrepfeife heute noch leicht anhand der bloßen Form erkennen. Dies wird ebenfalls durch ihren anderen englischen Namen unterstrichen. Die Briten nennen sie nämlich meist *Yard of Clay* (Tongerte). Zwar gibt es mittlerweile die langen Pfeifen in nahezu allen Bent-Shapes, jedoch wird zumeist der Dublin-Kopf bevorzugt, der eindeutig an die Tonschwestern aus der Blütezeit der Pfeifenbäcker erinnert. Gerade diese klassische Form ist kurioserweise besonders als Army-Variante mit Silberstecker und Metallolive beliebt. Man nennt sie aber trotzdem nicht Militärkaplan oder Feldgeistlicher...

Natürlich wird mit dieser Pfeife niemand durchs Unterholz robben. Wer sie raucht, muß sich setzen, da die lange Churchwarden hektische Aktivitäten unmöglich macht, jedenfalls wenn man sich nicht unfreiwillig als varietétauglicher Pfeifenschlucker betätigen will. So wie sich im 19. Jahrhundert die Pfeifenraucher über die neue Bewegungsfreiheit dank der Bruyèrepfeife gefreut haben, scheinen sich heutige Anhänger der Langpfeife an ihr als einer »Immobilie« zu erfreuen.

Es ist wie ein Reflex: Kaum hat man eine Churchwarden angezündet, schon greift man zum Buch, lehnt sich zurück und schmaucht. Nebenbei erfüllt man so alle Stereotype, die man nie zu erfüllen sich früher einmal geschworen hat. Nun ja, die Churchwarden wird ja schließlich nicht umsonst auch als Lesepfeife bezeichnet. Vielleicht heißt sie ja so, weil durch das extrem lange Rohr verhindert wird, daß einem der Rauch aus dem Pfeifenkopf in die Augen steigt. Ein erster Selbstversuch bestätigt zumindest diese These sofort, doch weiß der erfahrene Pfeifenraucher ohnehin, daß darin das geringste Problem beim Lesen mit Pfeife besteht.

Alexis Liebaert und Alain Maya, die »Pfeifenlehrer« der Grand Nation, haben wiederholt auf die Parallelität von Lesen und Pfeifenrauchen hingewiesen: »Beide verlangen eine eigene Aktivität und damit eine gewisse Anstrengung. Und vielleicht bedürfen beide auch des Lichts, der Atmosphäre des Geheimnisvollen, der Ruhe, des Für-sich-Seins und vor allem der *Flamme* der

Leidenschaft.«[4] Aus dieser erhabenen Perspektive haben manche beides, Lesen und Rauchen, für unzeitgemäß erklärt. Doch ob Foliant, Taschenbuch, Bildschirmtext oder E-Book, Lesen bleibt lesen und Rauchen rauchen. So selbstverständlich man von »Lesepfeife« spricht, so kurios mag dem humanistisch gebildeten Pfeifenfreund das Wort »Fernsehpfeife« erscheinen. Doch wer will darüber richten, was besser oder auch nur angemessener ist?

Wer nun allerdings glaubt, eine Lesepfeife, die ja grundsätzlich nichts anderes als eine Bent ist, müsse sich auch genau so einfach rauchen lassen, sieht sich schnell eines Besseren belehrt und legt die Lektüre bereits nach kurzer Zeit genervt zur Seite, um sich voll und ganz aufs Rauchen zu konzentrieren. Das lange Mundstück verändert nämlich das Zugverhalten der Pfeife nicht unerheblich, und es dauert etwas, bis man den Bogen heraus hat.

Aber auch danach fällt Menschen mit durchschnittlicher Armlänge die praktische Lektüre von Zeitungen schwer, wohingegen sich ein Buch wie dieses hier gerade noch mit einer Churchwarden bewältigen läßt. Für PC-Freaks scheint eine Lesepfeife allerdings völlig ungeeignet, da sie sich schon mal auf die Tastatur verirrt und so ungewollt zur »Schreibpfeife« wird. Eigentlich ist sie für alles außer Sitzen und Rauchen zu unhandlich. So trägt sie zu dem bei, was man heute *Entschleunigung* nennt.

Das rauchtechnisch Beste an einer Churchwarden liegt nun genau in dem hinderlichen Mundstück. Wie schon bei ihren tönernen Vorgängern kondensiert auch hier die Feuchtigkeit aus dem sich abkühlenden Volumenstrom im langen Pfeifenrohr, so daß der Rauch am Ende kühl und trocken ist. Viele Pfeifenraucher preisen dies als besonderen Vorzug der Churchwarden und erklären sie unumwunden zur idealen Sommerpfeife.

Das Problem dabei ist allerdings, daß man mit viel Gefühl an der Pfeife ziehen muß, da man sonst die längste Zeit kühl und trocken geraucht hat. Nun braucht man nicht gleich ein Pfeifenvirtuose zu sein, aber etwas Übung bedarf es schon. Wie immer beim Pfeifenrauchen kommt es auf das rechte Maß an, nur ist dieses bei der Churchwarden besonders schwierig zu bestimmen. Was insbesondere für Modelle mit Filter gilt.

Zieht man zu wenig oder zu schwach an der Lesepfeife, geht sie dauernd aus. So kommt man nicht wirklich zum Lesen. Zieht man zu kräftig, steigt die Temperatur in der Brennkammer. Der Pfeifenkopf wird heiß und die sich nun üppig im langen Pfeifenrohr niederschlagende Feuchtigkeit sammelt sich aus den fiesesten physikalischen Gründen an der tiefsten Stelle der Pfeife, will sagen, die Brennkammer meldet »Land unter«. Schon bald blubbert der Pfeifenkopf wie ein Geysir, und unser Kirchenmann beginnt höllisch zu stinken. Auch so wird man kaum lesen mögen.

Doch man sollte sich von diesen anfänglichen Problemchen nicht entmutigen lassen, denn wenn man erst mal den Dreh raus hat, ist die Lesepfeife eine himmlische Freundin zum wohlverdienten Feierabend. Etwas kompliziert und anspruchsvoll, aber durchaus befriedigend.

Da wundert es, daß es bei einer Churchwarden ansonsten wenig Zusätzliches zu beachten gilt. Spezielle Tabake sind für sie generell unnötig. Die Mixture ist Geschmackssache, und ob man lieber Flake, Curly oder einen »normalen« Pfeifentabak bevorzugt, hängt, abgesehen von den Vorlieben des Rauchers, vor allem vom Füllvolumen der jeweiligen Pfeife ab. Hier verhält sich die Churchwarden wie jede andere Pfeife, außer eben, daß sie etwas sensibler reagiert.

Was man aber auf jeden Fall extra benötigt, sind lange Pfeifenreiniger. Im guten Fachgeschäft werden diese meist stillschweigend beim Kauf einer Churchwarden dazu gelegt. So erfährt mancher erstmals von ihrer Existenz. Allerdings bekommt man sie meist nur im guten Fachgeschäft...

Recht teuer sind spezielle Pfeifentaschen, in denen man die Pfeifenlulatsche bequem und sicher transportieren kann. Doch zumeist wird man die Churchwarden ohnehin lieber zuhause schmauchen wollen, weshalb sich das Transportproblem gar nicht erst stellt. Echte Schwierigkeiten bereiten Lesepfeifen jedoch im Pfeifenregal oder Pfeifenschrank, wo sie nicht so recht hineinpassen. Aber mit etwas gutem Willen und Phantasie findet sich immer ein hübsches Plätzchen für die langen Pfeifen.

Vor einigen Jahren noch schien die Lesepfeife, wie angeblich auch das Lesen selbst, vollkommen out zu sein. Viele Fachhändler klagten darüber, daß Churchwarden-Pfeifen nicht mehr nachgefragt seien und sie auf ihren Beständen sitzen blieben. Seit einiger Zeit ist eine kleine Renaissance der Langpfeife zu beobachten. Einige clevere Hersteller sind außerdem dazu übergegangen, ihre Churchwarden mit zusätzlichem kürzeren Mundstück auszuliefern, damit man seine Langpfeife noch wo anders als im lauschigen Ohrensessel oder auf der Hollywood-Schaukel rauchen kann.

Die Fünf-Minuten-Pfeife

ist zwar nicht von Gaggi steht aber als fast food, pardon: fast smoke doch etwas quer zum hehren Bild des gemächlichen Genußrauchers: Überall dort, wo der leidenschaftliche Pipero eigentlich nicht rauchen möchte, weil die Zeit zu knapp, die Atmosphäre zu hektisch oder die Umstände zu ungünstig sind, soll ein kleines Pfeifchen all jene »versorgen«, die meinen, unbedingt zwischendurch, mittendrin, nebenbei und vor allem rasch ein paar Züge paffen zu müssen. Entsprechend lehnten bislang zünftige Pfeifenraucher diese Miniaturpfeifen ab, bilden doch Zeit, Ruhe und Genuß die Grundvoraussetzungen des Pfeifenrauchens.

Doch die Rauchverbote der letzten Jahre haben vieles verändert! Wer vor die Tür muß, um zu rauchen, meldet sich nur ungern für die nächste Stunde von der geselligen Runde oder der wichtigen Arbeit im Büro ab. Den Launen des Wetter ausgeliefert mag so mancher sich nicht so lange ins Freie begeben - und bevor man gar nicht mehr dazu kommt, eine Pfeife zu genießen, greift man doch lieber zum kleinkalibrigen Dampfkolben. Handelt es sich bei diesen winzigen Pfeifchen um schnelle Suchtbefriediger?

Kommt darauf an, wird mancher antworten und zu bedenken geben, daß man diese Pfeifen früher auch »*Zwischenakt-Pfeifen*«, oder, vornehmer, »*Entreacte*« nannte. Also Pfeifen, die man in der halben Stunde Theaterpause gut rauchen konnte. Merke: Nicht nur der »Big Smoke« will gehörig gepflegt und zelebriert werden. »Size isn't everything«, heißt es. Die »Kleine« kann großen Spaß machen, gerade wenn man wenig Zeit hat.

In die Gruppe der »Miniaturpfeifen« gehören in erster Linie die *Shag-Pfeifen* (oder *Cutty-Pipes* wie man in den USA sagt), kleine meist sehr preiswerte Pfeifchen mit winzigen Köpfen, die mit fein geschnittenem Shag-Pfeifentabak gefüllt werden. Sie zu rauchen dauert kaum länger als eine Zigarettenlänge.

Anfang des 20. Jahrhunderts nannte man diese kleinen Pfeifen in Deutschland noch *Mutzpfeifen*, was teils drolligen, teils anzüglichen Namenerklärungen Raum bot. Woher der Name tatsächlich stammt, läßt sich zweifelsfrei nicht mehr klären. Aber er wird heute ohnehin nur noch selten gebraucht.

»Die Mutz« trat nach dem ersten Weltkrieg als Billigpfeife für Resteraucher ihren Siegeszug an, was ihr das Image des Schmuddelkindes unter den Pfeifen einbrachte. Tatsächlich aber hat die Mutz maßgeblich zur Etablierung der Bruyère-Pfeifen in ihren heutigen Grundformen beigetragen. Otto Pollner spricht deshalb vom *Zeitalter der Mutzpfeifen* und Werner Luft sogar vom dreihundertjährigen Triumph der Shag-Pfeifen, denn er rechnet die Tonpfeifen hier mit ein.[5]

Doch zurück zu den zum Teil recht eleganten und edlen Entreactes, die zwar etwas größer als klassische Shag-Pfeifen, allerdings immer noch deutlich kleiner und vor allem filigraner als »normale« Pfeifen sind. Ihr großer Vorteil gegenüber der Shag-Pfeifen ist, daß sie mit »normalem« Pfeifentabak befüllt werden können, was entscheidend für das Rauchverhalten ist. Die Entreacte ist somit eine ganz »normale« Pfeife, nur mit kürzerer Rauchdauer

– und nur sehr selten mit Filter. Übrigens werden diese beiden Pfeifentypen meist in einen Topf geworfen und heute beide als Shag-Pfeifen bezeichnet...

Etwas ganz anderes sind sogenannte *Pocket-Pfeifen.* Im Gegensatz zu den vorherigen sind diese richtige »ausgewachsene« Pfeifen. Zwar etwas schmal, aber durchaus eine Pfeife mit fast mittlerem Füllvolumen. Durch ein einklappbares Mundstück und einen sehr kurzen Holm passen sie flach wie die Flundern in jede Westentasche. James Bond läßt grüßen...

Man glaubt es kaum, aber diese Taschenpfeifen gab es schon vor über hundert Jahren. Einige Firmen wie Chacom und VAUEN bauen diese Veteranen heute wieder nach.

Eine weitere Taschenpfeife ist die *Pipo* von Big-Ben (Gubbels) aus den Niederlanden. Kurz, gedrungen, kompakt und unempfindlich handelt es sich hier um einen echten Nasenwärmer nicht nur für Deichgänger und Seebären. Die Pipos werden in dieser Form schon seit über 40 Jahren gebaut und haben eine große Fan-Gemeinde.

Es gibt sie in verschiedenen Farben, inklusive Metalliclack – wahrscheinlich, weil man glaubt, so ein junges Publikum anzusprechen. Wegen ihrer kurzen und gedrungen-rundlichen Form, bei der Pfeifenkopf, Holm und Mundstück nicht erkennbar gegeneinander abgesetzt sind, nennt man sie manchmal auch Entenschnabel-Pfeifen.[6] Diese niederländischen Pocket-Pfeifen werden in einem Lederholster geliefert, in dem auch noch ein einfaches Pfeifenbesteck Platz hat.

Bei den Pocket-Pfeifen geht's nicht primär um den kurzen Rauchgenuß, sondern um den unproblematischen Transport auch ohne Pfeifentasche. Sind diese kleinen Reisebegleiter auch noch sandgestrahlt oder rustiziert, kann man seine Pipo wirklich unproblematisch überall mit hin nehmen. Solche robusten Kleinpfeifen hießen übrigens in den 1970er Jahren tatsächlich Camping-Pfeifen[7] und kamen etwa zeitgleich mit den ersten Klapprädern auf den Markt.

Der Jahrmarkt der Eitelkeiten

Ist das nicht toll? Die großen Intellektuellen: alles Pfeifenraucher! Ob im wirklichen Leben wie Albert Einstein und Bertrand Russell, oder im Krimi wie Sherlock Holmes und Kommissar Maigret: Wenn Köpfchen statt Action gefragt ist, hat die Tabakspfeife ihren Auftritt. Umgekehrt gilt, daß man ja auch schon ziemlich blöde sein müßte, um mit einer Pfeife zwischen den Zähnen wie Bruce Willis in die Deckung zu hechten. Wenn man Pfeife raucht, geht man doch als Schlauberger gar nicht erst da hin, wo geschossen wird... Ist sowieso gesünder.

Doch wie kommt es eigentlich, daß über alle Kulturen hinweg die Pfeife so tief als Attribut des intellektuellen und souveränen Menschen verwurzelt ist? Es mag ja sein, daß »Macher« Zigarre rauchen, Denker rauchen Pfeife. Es ist schon erstaunlich, wie hartnäckig sich seit Jahrhunderten das Bild von pfeifenrauchenden Dichtern, Denkern, Politikern, hochrangigen Militärs usw. in der Öffentlichkeit hält.

Der Historiker und Kulturwissenschaftler unter den Pfeifenbuchautoren *André-Paul Bastien* weist darauf hin, daß sich dieses Bild des wertkonservativen Pfeifenrauchers wahrscheinlich aus grauer Vorzeit herleitet. Es ist nämlich ein historischer Irrtum zu glauben, daß das Pfeifenrauchen in Europa erst seit der Einführung des Tabaks üblich gewesen wäre. Vielmehr spielte die Pfeife immer schon bei bestimmten Anlässen eine wichtige kultische Rolle.[8]

Sie war ursprünglich ein Instrument zum Erhalt und Transport des Feuers, das nie ausgehen durfte. Deshalb vertraute man die Pfeife wohl nur besonders zuverlässigen Stammesmitgliedern an. Später wurde die Pfeife offenbar zum Zeichen der Weisen und Mächtigen, also derjenigen, die im Clan über Opfer, Krieg und Frieden, Leben und Tod entschieden. Da man den Feuerwächtern, meist Schamane oder Priester, transzendentes Wissen, besondere Gaben oder Kräfte zuschrieb, wurde die Pfeife zu einem Kultgegenstand, von dem man annahm, es befähige mit Geistern, geheimen Mächten oder Göttern zu sprechen.[9] Sie sehen: Es wurde immer schon ein Kult um die Pfeife gemacht.

Wenn Sie sich entschieden haben, Pfeife zu rauchen, weil Sie glauben, daß es zu Ihnen paßt, dann stellt sich Ihnen ein neues, ein besonderes Problem – ein Problem, das unsere Vorfahren mit dem Bärenfell aller Wahrscheinlichkeit nach so noch nicht hatten: Welche Shapes passen zu wem? Haben Sie sich nicht auch schon mal gefragt, was Sie für ein Pfeifen-Typ sind?

In älteren Pfeifenbüchern findet man zu diesem Thema stets längere Auslassungen mit konkreten *Dos* und *Don'ts*: »Es gibt rassige Pfeifen für den sportlichen Typ, die gemütliche, gleich einem Schwanenhals gebogene für den Ruhigen mit dem ausgeglichenen Temperament, dann die frechen, verrückten, unkonventionellen für Extravagante und selbstverständlich die vornehmen Klassiker mit dem geraden Mundstück und dem konservativen Dublinkopf, die für Männer nahezu obligatorisch sind, die in Direktionsetagen etwas zu sagen haben, die Flugzeugkapitänen gut zu Gesicht stehen und all den übrigen, die Seriosität, Selbstsicherheit und Zuversicht ausstrahlen wollen oder müssen. Quirlige, notorische Betriebsnudeln kommen mit kurzen, kompakten *Schnauzenverbrennern* besser zurecht als mit einer langen Lesepfeife. Die stehen eher dem Nachdenklichen, Betulichen, dem mit der lyrischen Ader im Unterbewußtsein«.[10]

Ich will mich dieser allgemeinen Pfeifenphysiognomie nicht anschließen. Und zwar nicht nur, weil hier Optik und Fähigkeiten der Raucher unzulässig vermengt werden, sondern weil die Pseudopsychologisierung dieser »Pfeifenraucher-Typologie« zwar witzig, aber gänzlich willkürlichen und unbegründet ist. Vor allem aber würde sie uns in unserer Wahlfreiheit nur unnötig einschränken. Hinzu kommt, daß sich Moden schneller ändern als Tinte trocknet.

Also: Man muß kein Dichter sein, um eine Lesepfeife genußvoll rauchen zu können, und auch dem kleinen Pummelchen schmeckt die superschlanke Canadian. Bei der Wahl der Shapes gilt, daß jeder *mit* seiner Façon glücklich werden soll!

Anmerkungen

1 Vgl. Giorgio Celli, Der letzte Alchemist, Betrachtungen über Komik und Wissenschaft, Frankf. a. M. 1989.

2 Vgl. O. Pollner, Pfeiferauchen leicht gemacht, Leopoldshöhe 1999, S. 60.

3 Diese Anekdote findet sich (leider stets ohne Nachweis) in vielen Pfeifenbüchern. Mir ist es bislang nicht gelungen, einen Nachweis in einer Einstein-Biographie zu finden. Aber bekanntlich müssen Anekdoten nicht wahr, sondern nur treffend sein. Und charakteristisch für einen passionierten Pfeifenraucher wie Einstein ist diese Anekdote allemal.

4 A. Liebaert, A. Maya, Die Welt der Pfeife, a.a.O., S. 16.

5 Vgl. O. Pollner, Pfeiferauchen leicht gemacht, a.a.O., S. 78ff. S.a. W. Luft, Rauchringe, a.a.O., S. 105.

6 Vgl. H. Hochrain, Das Lexikon des Pfeifenrauchers, a.a.O., S. 48.

7 Vgl. H. Hochrain, Das Lexikon des Pfeifenrauchers, a.a.O., S. 29.

8 Vgl. A. P. Bastien, Von der Schönheit der Pfeife, a.a.O., Abb. 3.

9 Vgl. Wolfgang Zwickel, Räucherkult und Räuchergeräte, Göttingen 1990.

10 H. Hochrains neues Pfeifen-Buch, a.a.O., S. 42f.

Das böse F-Wort

Verantwortungsbewußte tun es nur mit. Schon klar. Aber er muß passen, damit nichts vorbei geht. Safety first! Andere lehnen ihn als elende Spaßbremse ab und machen es lieber ohne, auch wenn es gefährlicher ist. No risk, no fun! Richtig, wir reden hier selbstverständlich vom Pfeifenrauchen mit und ohne Filter! Und man muß schon ein wenig naiv sein, wenn man glaubt, daß sich an der Filter- oder Viel-Teer-Frage nicht die Pfeifengeister scheiden würden. Wir merken: Wenn die Witze flacher werden, nähert man sich Untiefen...

Als sich vor einiger Zeit der deutsche Pfeifenmacher Rainer Barbi in der einschlägigen Fachpresse zum »Rauchen ohne Krücke«[1], also ohne Filter, bekannte, war es vorbei mit der hochgelobten Beschaulichkeit unter Pfeifenrauchern, und noch Monate später hagelte es geharnischte Leserbriefe, so daß der streitbare Kolumnist Mühe hatte, wieder zurückzurudern.

Auch wenn seither mancher der Meinung ist, daß zu diesem Thema wirklich schon genug Tinte vergossen wurde, gehört doch in jedes ordentliche Pfeifenbuch ein Kapitel über die Pfeifenfilter. Also stellen wir uns diesem Thema. Bis zur letzten Filter-Patrone!

»Mit« oder »Ohne«?

Offensichtlich hat man es beim Thema »Filterpfeifen« mit einer unversöhnlichen Lagerbildung zu tun: Auf der einen Seite findet man die harten und ehrlichen Pfeifenraucher, die dem tabakechten Genuß noch nach bewährter Männersitte ungefiltert frönen. Weil nur so Tabak noch nach Tabak schmecke und der natürlichste Filter immer noch der Tabak sei. Wer unbedingt gesund rauchen will, sollte besser zuckerfreie Kaugummis kauen! Militante Filterverächter stehen zum Nikotin und halten die filterfanatischen »Gesundraucher« schlichtweg für »Weicheier«.

Auf der anderen Seite des Grabens finden sich die gesundheitsbewußten und umsichtigen Pfeifenraucher, die auf modernste Filtertechnologie schwören, damit das Rauchen nicht unnötig schädigt, der Rauch weicher schmeckt und die Zunge (und der ganze Rest des Körpers) nicht so belastend wird – um sich dann im beruhigten Gewissen zu sonnen, »gesünder« geraucht zu haben. Filterraucher halten die Agitatoren der Normalbohrung für verrückte Hasardeure, die wahrscheinlich auch eine Pizza ohne Handschuhe aus dem heißen Backofen holen.

Nun, was sagt die objektive Statistik? Im deutschsprachigen Raum greift die große Mehrheit der Pfeifenraucher mit 95% zur Filterpfeife und den 9mm Aktivkohlefilterpatronen. Die großen deutschen Pfeifenhersteller setzen nahezu komplett auf Filterpfeifen, gilt man doch hier als Erfinder der Filtersysteme und Hauptproduzent der kleinen Patronen. Filtertechnik Made in Germany ist in Deutschland beliebt und man vertraut ihr.

Im übrigen Europa spielen diese Filter zwar immer noch eine eher untergeordnete Rolle, da man zu 90% filterlos raucht, aber es handelt sich beim Filterrauchen keineswegs mehr um eine bloß germanische Marotte. Die »Global Players« der Pfeifenbranche aus Frankreich, Großbritannien, Italien, Irland und den Niederlanden bieten schon seit vielen Jahren zwei Sortimentstränge an. Mal mit, mal ohne. Schließlich beliefert man die ganze Welt, und der Kunde ist König. Und der entscheidet sich in den letzten Jahren auch außerhalb Deutschlands immer öfter für eine Filterpfeife, wenn man sie ihm anbietet.

Da man nun auch in den USA auf die deutschen Pfeifen mit ihren vertrauenserweckenden Aktivkohlefiltern aufmerksam geworden ist, die immerhin 70% der Schadstoffe herausfiltern sollen, scheint dem weltweiten Siegeszug der Filterpatronen nun nichts mehr im Wege zu stehen. Alan Schwartz, der Editorial Director von *PipeSMOKE* (Lockwood Publications), spricht sogar von einem neuen Trend und empfiehlt nachdrücklich seiner amerikanischen und kanadischen Leserschaft die europäischen, insbesondere deutschen Filterpfeifen zu probieren: »Germany is the largest pipe market in Europe [...]. They can't all be wrong!«[2]

Die in den Filtern enthaltenen Aktivkohlestücke nehmen durch ihre winzigen Poren nicht nur Feuchtigkeit aus dem Rauchstrom, sie saugen auch Kondensate und Nikotin auf. Dabei liegt es auf der Hand, daß sowohl die Qualität der verwendeten Kohle bezüglich der Filterleistung als auch die Befüllung der Patrone hinsichtlich des freien Flusses des Volumenstroms entscheidend sind. Nur wenn die Kohle sehr porös und die Befüllung optimal ist, erfüllt der Aktivkohlefilter seinen Zweck, ohne zu stören. Kaum nötig zu sagen, daß man für jede Pfeifenfüllung einen neuen Filter verwenden sollte.

Neben dem bekannten Aktivkohlefiltern gibt es noch Patronen mit Füllungen aus Meerschaumgranulat und Kieselgel (Siliciumoxid). Beide nehmen zwar weniger Schadstoffe auf, dafür »saugen« sie aber jede Menge Feuchtigkeit aus dem Rauchstrom. Letzteres gilt allgemein als angenehm und wird immer als besonderer Vorteil ausgespielt. Die Filterleistung bei den Kondensaten scheint im Vergleich zur Aktivkohle allerdings eher gering, doch fehlen harte Zahlen zum tatsächlichen Nutzen. Einige Raucher behaupten, daß der geschmackliche Unterschied gegenüber manchen Aktivkohlefiltern nicht unerheblich sei. Man schmecke wesentlich mehr vom Tabak, auch wenn sich beim Meerschaumgranulat gelegentlich ein mehr oder weniger deutlich wahrnehmbarer Kreidegeschmack einschleichen könne. Ob man allerdings bei einem Blindtest einen guten Aktivkohlefilter von einem Meerschaum- oder Kieselgelfilter unterscheiden kann, darf dann doch wohl bezweifelt werden.

Bei dem aus Italien stammenden 9mm Balsaholzfilter dürfte die Filterleistung tatsächlich gering sein. Dies scheint aber auch nicht sein Zweck zu sein. Das weiche und poröse Balsaholz erfüllt, wie der gleich große Papierfilter, seine Hauptaufgabe als »Tamponage«: Beide saugen die anfallende Feuchtigkeit auf und verschonen so den Raucher vor dem bräunlich-teerigen Pfeifensaft und bitteren Tabakkrümeln. Balsaholz- und Papierfilter stellen geschmacklich kein Hindernis dar, allerdings können sie durchaus zum Hindernis werden, wenn sie gesättigt sind und die Pfeife so verstopfen.

Eine weitere Variante der Kondensatbekämpfung setzt dort an, wo die Feuchtigkeit entsteht: Man gibt beispielsweise *Meerschaumgranulat* in den Pfeifenkopf und stopft darüber ganz normal den Tabak. Nach dem gleichen Prinzip funktionieren *Filterkristalle* (Silikagel) und Filtersteine, sogenannte *Philt Pads*. Letztere sind gerippte Kaolin-Halbkugeln, die den gesamten Boden der Brennkammer abdecken, ohne ihn zu verstopfen. Kaolin ist übrigens hoch poröser und sehr weißer Ton, auch Porzellanerde genannt.

Einen nennenswerten Zugwiderstand gibt es bei dieser Methode der Kondensatbekämpfung nicht, im Gegenteil, man verhindert sogar noch, daß Tabakkrümel oder Feuchtigkeit in den Rauchkanal geraten. Ein weiterer Vorteil ist, daß der Tabak bis zum bitteren Ende kaum mit dem Kondensat in Berührung kommt. Das Kondensat wird aber nicht völlig vom Granulat/Pad aufgenommen, sondern setzt sich am Pfeifenboden ab. Es besteht die Gefahr der »Versumpfung«. Ob es überhaupt eine Filterleistung gibt, sei dahingestellt. Wer nicht nur Feuchtigkeit, sondern auch Schadstoffe wirksam aus dem passierenden Rauchstrom filtern will, wird also trotz aller Alternativen letztlich doch zum Aktivkohlefilter seines Vertrauens greifen.

Trockener rauchen, weniger Schadstoffe, milderer Geschmack, bessere Verträglichkeit, mehr Rauchkomfort... Wieso raucht da überhaupt noch jemand ohne Filter? Weil man sich für die Vorteile des Filters auch einige Nachteile einhandelt. Der Verbrennungsprozeß in der Pfeife läßt sich nicht so exakt steuern, wie bei den Pfeifen mit Normalbohrung. Dank des Filters kann man zudem während des Rauchens nicht mit einem Pfeifenreiniger den gesamten Rauchkanal bis in den Pfeifenkopf hinein trocken legen. Und schließlich: Auch der allerbeste Filter verursacht immer zusätzlichen Zugwiderstand.

Das führt zum Hauptargument der Filtergegner: Die Pfeife kann durch starkes Ziehen immer heißer werden, das produziert wiederum mehr Kondensat, was den Filter nach und nach zusetzt und den Geschmack immer mehr verdirbt. Nach kurzer Zeit hat man einen Zugwiderstand wie bei einem verknoteten Gartenschlauch, wobei sich der Geschmack ähnlich unangenehm entwickelt. Filter können somit genau das bewirken, was sie eigentlich verhindern sollen: mehr Kondensat und scharfen Geschmack.

Kräftig saucierte Tabake verlangen von Pfeifen eine üppige Holzwandung, um die Kondensate aufzunehmen. Der Holm einer Filterpfeife muß zudem mächtiger sein als bei einer Pfeife ohne Filterkammer, um überhaupt so weit aufgebohrt werden zu können. Filigrane (filterlose) Pfeifen sind daher kaum noch erhältlich, da die Fachhändler dem überwiegenden Kundengeschmack verpflichtet sind, und nur noch die »dicken Dinger« vorrätig halten.

Für den Filtergegner steht außerdem fest: Filter machen mehr Arbeit. Beim Putzen und Transportieren. Sie nehmen zusätzlichen Platz in der ohnehin schon vollen Pfeifentasche ein. Auch vergißt man sie schon mal und ärgert sich dann. Sie sind teuer und komplizieren unnötig den Umgang mit der Pfeife. Schon mancher hat wegen mangelhafter Filter die Pfeife an den Nagel gehängt.

Wer hingegen vom gesundheitlichen Aspekt her bedenkenloser genießen will, der wird um Aktivkohlefilter und einen leicht erhöhten Zugwiderstand nicht herumkommen. Und tatsächlich müssen Filter keine Spaßbremsen sein! Alles eine Frage von Qualität und Qualifikation. Mit etwas Übung hat man schnell den Bogen raus, wie man auch mit Filter exakt dosiert zieht, und kann sich an mildem und trotzdem aromatischem Rauch erfreuen. Nimmt man den Filter dann nach dem Rauchen heraus, sieht man, was die kleine Patrone geleistet hat – und das ist wohl der Hauptgrund, der für Filter spricht. Giftige Gesundheitsapostel bezeichnen deshalb Filterpfeifen als Galgen mit Blitzableiter.

Besonders zartaromatische Tabake kann man ja weiterhin noch mit einer filterlosen Pfeife genießen. Und die tauchen kurioserweise in letzter Zeit auch in der Filterrepublik Deutschland wieder öfter im guten Fachhandel auf. Denn wenn auch 95% der Pfeifenraucher zur Filterpfeife greifen, so heißt das noch nicht, das sie nicht auch hin und wieder filterlose Pfeifen rauchen.

Erfahrene Pfeifenraucher besitzen mehrere Pfeifen beider Fraktionen. Das gern unterstellte »einmal Filterraucher, immer Filterraucher« stimmt also nicht ganz. Es ist ja nicht so, als könnte man sich nicht umgewöhnen. Und wenn es mal nicht so klappt, dann kennt man ja immer noch das andere F-Wort.

Falls man eine Filterpfeife ohne Filter rauchen möchte, sollte man dies nicht so ohne weiteres tun. Klar, wenn man mal die Filter verschusselt hat, geht's natürlich auch mal »ohne«. Doch in der leeren Filterkammer wird der Rauch besonders stark verwirbelt und so bildet sich zusätzliches Kondensat. Im Fachhandel gibt es Adapter zu kaufen, die statt der Filterpatrone eingesetzt werden. Diese kleinen PVC-Stöpsel sind mit einer entsprechenden Bohrung und einem kleinen »Dichtungsring« versehen. Sie passen haargenau, schließen die Filterkammer und lösen das Problem auf ebenso elegante wie effektive Weise.

Von allen Metalleinsätzen im Mundstück muß dringend abgeraten werden, weil sie absolut nichts nützen, ja sogar noch schaden, da sie zusätzliches Kondensat bilden und schwer zu reinigen, sprich unhygienisch sind. Angeblich sollen sie als Kühlschlangen und Tropfenfänger funktionieren, was jedoch empirisch leicht zu wiederlegen ist. Eine Filterleistung haben sie selbstverständlich nicht. Außerdem verengen sie den Rauchkanal nur noch zusätzlich. Bei uns in Deutschland werden sie kaum noch angeboten und wenn, dann empfiehlt sich sofortiges »Ausschlachten« der Pfeife. Ganz anders sieht man das in Frankreich: Hier schwören einige Pfeifen-Maitres auf das 3,5 mm Metallsystem. Apropos »System«...

Eine Frage des Systems

Sie sehen schon etwas seltsam aus, diese *Systempfeifen*, also Pfeifen, die besondere »bauliche« Eigenschaften zur Kondensatbekämpfung aufweisen. Da wäre zunächst die Systempfeife von *Peterson*, die in der Tradition der guten alten Porzellanpfeife steht. Wie diese verfügt sie über einen »Saftsack« (ehrlich, so heißt das!), eine fast bis in die Rauchkammer reichende Blindbohrung, aus der sich der Rauchkanal seinen Rauch ohne Kondensat holt (siehe Abbild). Einfach, wirkungsvoll und genial. Dieses System macht natürlich einen eng am Kopf anliegend mächtigen Holm notwendig, der sich am besten für die typisch irischen Calabash-Formen und die eher kugeligen Shapes eignet.

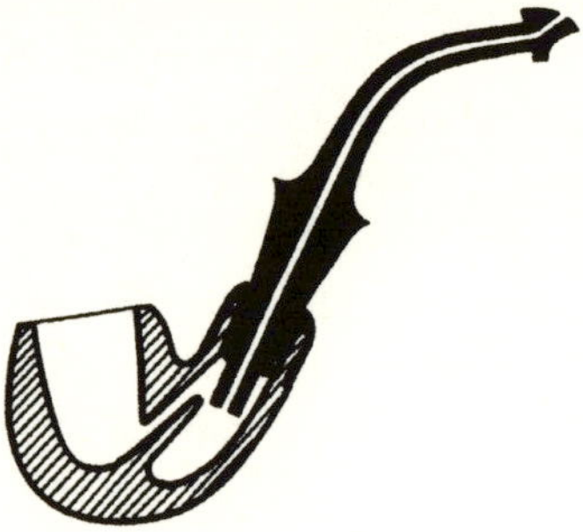

Meist werden diese Systempfeifen mit einer Metallolive am Holm verstärkt und mit Steckermundstück, häufig mit Lippenbiß, geliefert. Diese Petersons erinnern in ihren knorrigen Formen an die schrulligen Romanprotagonisten von *Flann O'Brien.*

Savinelli fertig übrigens schon seit vielen Jahren unter dem Namen »*Dry System*« baugleiche Modelle. Bei beiden Systemen kann man recht trocken auch die gebogensten Bents schmöken, ohne mit dem lästigen Pfeifensaft kämpfen zu müssen. Außerdem bekommt man diese Systeme sogar noch mit Filterkammer. Daß die Reinigung dieser Pfeifen nicht so einfach ist, steht auf einem anderen Blatt. Wer solche Pfeifen hat, hat garantiert auch Wattestäbchen im Haus.

Systempfeifen von nahezu futuristischem Outfit sind die chromblitzenden Metallpfeifen von *Falcon* und *Dr. Plumb.* Auch wenn sie der Werbung zufolge als die »meistverkauften Pfeifen der Welt« bezeichnet werden, scheint dies jedenfalls eher nicht auf Deutschland zuzutreffen. Jedenfalls sieht man sie kaum je, wo hierzulande Pfeifenraucher auftreten.

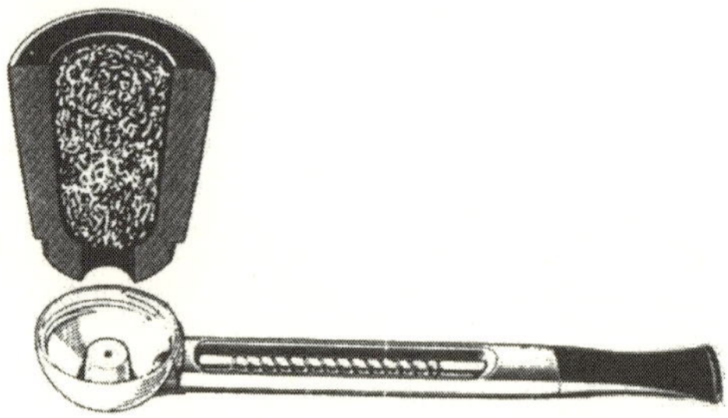

Die meisten Piperos haben zumindest ästhetische Vorbehalte bei diesen Rauchgeräten: Um eine freiliegende nahezu korkenzieherhaft gedrehte Metallröhre, den Rauchkanal, werden zwei Stabilisierungsschienen geführt, die auf der einen Seite in einem Mundstück, auf der anderen in einer Art Pfanne mit Gewinde am oberen Rand enden. Dort wird der hölzerne Pfeifenkopf eingeschraubt.

In der Pfanne sammelt sich das Kondensat, und man kann hier einen saugfähigen Ring einlegen. Man kann auch einen um den Finger gewickelten Pfeifenreiniger benutzen. Natürlich wird so nur Sauce getunkt, nicht aber gefiltert. Die geriffelte Aluröhre wirkt wie eine Kühlschlange. Die

Wechselköpfe gibt's in gut zwei Dutzend Formen, Farben und Oberflächenstrukturen. Und auch der »Aluminiumstiel« ist gerade und gebogen erhältlich. Für ganz besonderes »Raffinement« sorgt die braun eloxierte Alu-Variante. Die Nylonmundstücke sind, wie man bei einer solchen Pfeife passenderweise sagen müßte, nahezu »unkaputtbar«.

Somit hat diese Systempfeife, sieht man einmal von ihrem Auftreten ab, schon einige Vorteile: Sie ist leicht, sie läßt sich kühl und trocken rauchen, ist einfach zu reinigen und man bekommt in eine kleine Spezialtasche zwei komplett montierte Pfeifen, vier Wechselköpfe, Tabak und Kleinkram hinein. Genug für's Weekend-Survival-Kit.

Anmerkungen

1 R. Barbi, Filterwonnen und Filterleid, in: Pipe & Cigar 3/1999, S. 84. Die Reaktionen auf diesen Artikel, inklusive aller Stellungnahmen der Filterproduzenten, zog sich bis zur Ausgabe 3/2000 hin!

2 Alan Schwartz, There's a New Trend in Pipesmoking, PipeSmoke, Summer 1999, on-line-Ausgabe.

Parole: Frühjahrsputz!

»Was am tiefsten zwei Menschen trennt, das ist ein verschiedener Sinn und Grad der Reinlichkeit«.[1] Nietzsche, dem wir diese saubere Einsicht verdanken, trifft hier einen wichtigen Punkt: Mangelhafte oder fehlende Pfeifenhygiene macht einsam! Gesellige Menschen werden deshalb nach jedem Rauchen die Pfeife säubern. Das ist nur eine kleine Mühe und muß auch nicht lange dauern. Im *Hagakure* heißt es: »Der Samurai denkt scharf nach und reinigt innerhalb von sieben Atemzügen eine Pfeife.« Na ja, wenigstens so ähnlich meinte es wohl Meister Yamamoto.[2]

Doch sogar Pfeifen, die regelmäßig und gründlich gereinigt werden, fangen mit der Zeit an, etwas zu müffeln – und entsprechend zu schmecken. In einer schmuddeligen Pfeife entwickelt selbst der leichte Frühlingstabak statt der wilden Frische von Limonen nur die muffigen Dünste schwelender Socken. Spätestens dann, wenn es im Pfeifenschrank riecht, wie nach einem verheerenden Brand im Munitionsbunker, wird es höchste Zeit für einen gründlichen Frühjahrsputz – auch wenn gerade Oktober ist: Fertigmachen zum großen Pfeifen reinigen! Aber gründlich!

Was als erstes Not tut, ist ein kompletter Pfeifenappell, um die Fitneß der gesamten Truppe zu ermitteln, und um gegebenenfalls Generalüberholungen anzuordnen. Vielleicht kommt man ja auch ganz nebenbei zu dem Schluß, daß ein Neuzugang die Moral der Truppe deutlich heben könnte.

Auf den ersten Blick haben sich die meisten Pfeifen recht wacker gehalten, aber wahrscheinlich nur, weil sie überwiegend in der Etappe geblieben sind. Andere kamen deutlich öfter unter Feuer und zeigen erkennbare Schmauchspuren. Vor allem die tapferen Veteranen sind nicht nur ruhmbedeckt aus den vielen Einsätzen zurückgekehrt. Die intensive Inspektion im kalten Licht der Xenon-Taschenlampe offenbart dann den Ernst der Lage: Der harte Kern unserer Pfeifentruppe macht seinem Namen alle Ehre: *The Dirty Dozen...*

Nun gut, das Jahr war für unsere hölzernen Kameraden lang und anstrengend, insbesondere die Winterkampagne mit ihren süßen Weihnachtstabaken scheint umfangreiche Verwüstungen angerichtet zu haben. Diese Mixtures sind feucht und süß, weshalb sie beim Rauchen üppig Kondensat bilden. Selbst wenn man vorschriftsgemäß nach jedem Rauchen die Pfeife wienert, bleiben doch immer noch Rückstände zurück. Eine Bent ist dafür anfälliger als eine Straight, wie man leicht auch ohne Ingenieur-Studium einsehen kann.

Am »saubersten« lassen sich noch englische Mixtures aus geraden Pfeifen rauchen, aber selbst die größten Strategen des trockenen Rauchens hinterlassen Ablagerungen in ihren Pfeifen. »Normales« Reinigen reicht früher oder später nicht mehr. Der Blick in den Rauchkanal zeigt: »Da sind ja noch Elefanten drin!«

Zugegeben, die meisten von uns haben schon mal eine Pfeife nach dem Raucheinsatz nicht so geputzt, wie es notwendig gewesen wäre. Wer es eilig hat, oder in Gedanken schon ganz wo anders ist, kann das Reinigen sogar ganz vergessen. Man findet zu seiner Schande später eine alte Filterleiche in einer traurig vor sich hin miefenden Pfeife, wo man doch schwören könnte, man hätte... C'est la guerre! Beim nächsten Rauchen »mäuseln« solche Pfeifen, will sagen, sie schmecken, als hätte sich eine Mäusekompanie gefechtsmäßig in ihnen erleichtert. Nachreinigen? Von wegen: Da hilft nur noch Generalreinigen!

Nimmt man Pfeifen mit außer Haus, können sie stärkere Blessuren davon tragen als Stubenpfeifen, da das Gefahrenpotential »out of area« immer größer ist. Durch starke Beanspruchung wuchert außerdem die Koksschicht im Pfeifenkopf wie der Haushalt des Verteidigungsministers. Silberapplikationen, die Orden der Pfeifen, laufen mit der Zeit an und werden unansehnlich. Und erst die Mundstücke! Man muß sie nicht einmal bei der täglichen Pfeifenhygiene vernachlässigen, und doch werden sie zunehmend pelzig. Wer klemmt sich so was schon gern zwischen die Zähne?

Dann sind da noch die üblichen Kollateralschäden: Die Pfeifentasche ist verschmutzt, der Tabakbeutel sieht auch nicht viel besser aus, in den Tabaktöpfen schlummern Mumien und auch der Pfeifenspind müßte dringend mal wieder gelüftet und gereinigt werden. So ein Pfeifenraucher hat einen vollen Dienstplan, wenn er die Rauchbereitschaft wieder herstellen will.

Nun gibt es Pfeifengeneräle, die beim Pfeifen- und Revierreinigen wahre Materialschlachten schlagen. Sie stürmen das nächste Fachgeschäft und kaufen, was die Kriegskasse hergibt: semiprofessionelle Spezialwerkzeuge, erlesene Reinigungstinkturen sowie teure Pflegemittel. Nur das Beste ist gerade gut genug für ihre Pfeifengarde. Man könnte dies für ein Zeichen des schlechten Gewissen halten, denn natürlich kann man auch mit einfachen Hausmitteln seine Pfeifentruppe vorbildlich in Schuß halten. Ganz nebenbei verzichtet man so auch noch auf chemische Keulen.

Ein in den Lieblingsalkohol des Rauchers getauchter Pfeifenreiniger durch Mundstück und Rauchkanal gezogen tut wahre Wunder. Ebenso ein angetrunkenes Wattestäbchen, das zwar nicht gut für die Ohren, aber ideal für die Grundreinigung von Filterkammer und Holmbohrung ist. Unnötig zu sagen, daß man hierzu kein Likörchen nehmen darf, sondern schon zu echtem Feuerwasser greifen muß, um gründlich zu reinigen und ordentlich zu desinfizieren. Die fortlaufenden Qualitätskontrollen machen außerdem aus dem Reinigungsappell einen feucht-fröhlichen Kameradschaftsabend. Versuchen Sie das niemals mit den teuren Pflegemitteln!

Stichwort Hausmittel: Neben Whisky, Brandy und Co. beseitigt auch die gute alte Nivea Creme nach kurzem Einwirken ganz hervorragend klebrige Ablagerungen am Kopf der Pfeife.[3] Ein Tropfen Olivenöl verleiht dem Mundstück von außen neuen Glanz und soll Ebonitmundstücken sogar einen gewissen Sonnenschutz spenden.[4]

Was braucht man sonst noch? Zwei weiche fusselfreie Baumwolltücher, die, wie beim Schuheputzen, jedes für sich entweder für helle oder dunklere Pfeifen zuständig ist. Ein extra Tuch (am besten weiß und besonders weich) sollte für Meerschaumpfeifen reserviert sein. Etwas Haushaltsrolle (Küchenkrepp) und natürlich jede Menge Pfeifenreiniger in unterschiedlichen Längen, Dicke- und Härtegraden dürfen nicht fehlen. Im Fachgeschäft hält man meist die mittlere Stärke bereit. Es gibt aber auch »drahtigere« und weichere, dickere und dünnere Durchmesser in unterschiedlichen Längen. Sie sollten immer saugfähig und ausreichend stabil sein. Ist der Draht zu weich, wird die Putzerei unnötig zur Pfriemelei.

Was sich nicht unbedingt in jedem Haushalt findet, ist ein mit Spezialpolitur getränktes Pfeifentuch, mit dem man auch glanzlose Pfeifenköpfe wieder aufpolieren kann. Es ist nicht teuer und kann über den Fachhandel angeschafft werden. Möbelpolitur ist »echt ätzend« und darf keinesfalls verwendet werden! Ein Silberputztuch für die Applikationen ist dagegen schon eine sinnvolle Investition.

Schwergängige Zapfen können durch einen speziellen Graphit-Stick, der an einen Lippenstift erinnert, wieder wie geschmiert in den Holm flutschten. Zur Not tut es aber auch ein weicher Bleistift (2B), mit dem man den Zapfen einfach großzügig »bemalt«.

Nützlich beim Pfeifenreinigen ist eine ordentliche Lichtquelle und gegebenenfalls eine Lupe, um Problemzonen genau inspizieren zu können. Auch an eine geeignete Unterlage sollte man denken, da Pfeifenreinigen selten ohne Krümeln und Kleckern abgeht.

Wenn sich die Kokskruste in der Brennkammer so weit verstärkt hat, daß immer weniger Tabak in die Pfeife paßt, gerät das diffizile Verhältnis von Brennkammer, Rauchkanaldurchmesser und Volumenstrom aus dem Gleichgewicht und die Pfeife zieht nicht mehr richtig. Zu stark verkokste Pfeifen haben außerdem Temperaturprobleme. Es entstehen hitzebedingte Spannungen, die zu Rissen in Kruste und Holz führen können. Ein gefundenes Fressen für die Glut.

Aber auch die Kondensate schaffen es nun nicht mehr bis in die Holzwand, wo sie aufgenommen werden sollen, um verdunsten zu können. Die Pfeife wird zunehmend »dichter« und fängt an zu stinken. Also muß die überschüssigen Kruste weg. Doch Vorsicht: Niemals sollte man mit einer Messerklinge die Pfeife auskratzen. Nichts gegen das Original Schweizer Offizierstaschenmesser mit seinen vielen Extras, aber so lange es nicht über Spezialwerkzeuge wie Pfeifenschlüssel oder Reamer verfügt, würde man mit der Klinge die Schicht nur ungleichmäßig abschaben und das darunter liegende Holz verletzen.

Zum Glück gibt es die verschiedensten Räum-Sets und -Systeme. Die preiswertesten sind konisch geformte flache Pfeifenschlüssel aus Stahl mit denen man die schwarze Schicht durch Drehen im Pfeifenkopf abraspelt, bis von ihr etwa noch ein Millimeter stehen bleibt. Um mit dem Pfeifenschlüssel klar zu kommen, braucht man gleichzeitig Kraft und Fingerspitzengefühl.

Etwas komfortabler als die scharfkantigen Pfeifenschlüssel sind konisch geformte Trägerköpfen mit vier eingelassenen Messern und einem handlichen Griff, mit dem sich die Klingen gut und gleichmäßig in der Pfeife drehen lassen. Es werden meist vier unterschiedlich große Trägerköpfe mitgeliefert, passend für die gängigsten Bohrungen der Brennkammer. Allerdings eben nur in vier genormten Größen. Für die meisten Serienpfeifen sind sie ausreichend, nicht aber, wenn man einige individuellere Pfeifenköpfe sein Eigen nennt.

Hier braucht man einen professionellen (und natürlich teuren) *Reamer* mit stufenlos verstellbaren Klingen. So ein Luxus-Räumgerät ist eine Anschaffung fürs Leben. Man braucht ihn zwar selten, aber wenn, dann hat man die S-Klasse.

Ganze Sets mit Reamer, Spiralbohrern, Schabern, Bürsten und Spateln, die wie chirurgisches Besteck in repräsentative Schatullen verpackt sind, kann man sich am besten schenken lassen. Sie sind das Non-Plus-Ultra der Pfeifenpflege und lassen keine Wünsche offen.

Der Reamer nimmt bei vorsichtigem Einsatz gleichmäßig die Kruste weg. Wer einen mit verstellbaren Klingen verwendet, kann nach und nach immer etwas mehr Kruste wegnehmen, bis die ideale Schichtdicke von einem Millimeter erreicht ist.

Die Spiralbohrer und drahtigen Bürsten des Sets dienen dazu, den Rauchkanal auch von hartnäckigsten Verkrustungen zu befreien. Man sollte es nicht glauben, aber auch bei intensiver Pflege kommt es hier im Laufe der Zeit zu Ablagerungen.

Dies ist der Punkt, wo sich alle Vorurteile der Aficionados zu bestätigen scheinen: Pfeifenrauchen sei kompliziert und mache eine Menge Arbeit – und in diesem Fall sogar noch eine Riesensauerei. Aber erstens haben die Freunde der dicken Braunen mit ihren Humidoren auch so ihren Streß (Ausfälle der Befeuchtungsanlage, Schimmelbefall und Käferinvasionen), und zweitens stellen sich Probleme mit dem Reamer meist nur dem Vielraucher mit wenigen Pfeifen und einer Vorliebe für süße Mischungen.

Es gibt aber tatsächlich auch jene Pfeifenfreunde, denen gerade dieser Pfeifendienst besonderen Spaß bereitet. Selbst mittlere Katastrophen wie Brandlöcher, gerissene Holme, zerbissene Mundstücke, lockere Virolen oder Lackschäden aller Art sind für sie höchstens eine Herausforderung – da lacht das Herz all jener echten Männer, deren zweiter Wohnsitz der Baumarkt ist. Wahre Bastler stürzen in den Hobbykeller, um begeistert zu Raspel, Bohrmaschine und Schwabbelscheibe zu greifen, rühren emsig Einrauchpasten an, ordern Spezialwachse und arbeiten mit Hingabe alte Pfeifen wieder auf. Wer den alten Opel Manta wieder in Gang bekommen hat, wird doch vor so einer Pfeife nicht kapitulieren..

Wer keine Lust auf Präzisionseingriffe an der offenen Pfeife hat, oder sich nicht traut, läßt sein altes Schmauchholz einfach im Fachgeschäft vom Pfeifen-Doc wieder »herausputzen«. Oder man schickt sie kurzerhand in Pension, um mit einer brandneuen Pfeifenschönheit ins nächsten Pfeifenmanöver zu ziehen...

Die Holzpflege

Auch wenn Pfeifenraucher selten zu schwitzigen Händchen neigen, der aggressive Handschweiß greift die Oberfläche der Pfeife an und macht sie stumpf. Ehrlich gesagt handelt es sich hier eher um ein kosmetisches Problem, das sich in den meisten Fällen leicht durch ein weiches Tuch und etwas Pfeifen-Politur lösen läßt.

»*Pipe Bowl Polish*« oder »*Briar Polish*« erhält man im Fachhandel. Dabei handelt es sich um Politurpasten, die man mit einem Lappen aufträgt und wieder abpoliert. Das geht so einfach wie Schuheputzen! Mit diesen Pasten entfernt man auch hartnäckigere Verschmutzungen und gibt den Pfeifen neuen Glanz. Das von den Profis verwendete *Carnauba-Wachs* ist eine *Maschinenpolitur*. Man kann es in Fachgeschäften für Pfeifenbastler kaufen, sollte es aber nur verwenden, wenn man auch über eine entsprechende Poliermaschine verfügt. Zur Not tut es auch eine fixierte Bohrmaschine mit verschiedenen Polierscheiben (Baumarkt!).

Seit alters her wird noch eine weitere Methode der Pfeifenpflege empfohlen, die den Raucher regelrecht mit seiner Pfeife verschmelzen läßt:[5] Während des Rauchens reibt man gelegentlich die Pfeife am Nasenrücken. Das sieht zwar total bescheuert aus, verteilt aber (ohne jemandem zu nahe treten zu wollen) das reichlich vorhandene Hautfett der Nase auf den Pfeifenkopf. Machen Sie sich nichts daraus: Jeder hat eine fettige Nase. Der Pfeifenkopf dankt Ihren persönlichen Einsatz mit Glanz und dezentem Nachdunkeln, die Kollegen vom Stammtisch mit herzlichem Gelächter.

Die Mundstückspflege

Aus hygienischer Sicht ist die Pflege des Mundstücks fast wichtiger als das Reinigen des Pfeifenkopfs oder Holms. Wer nuckelt schon gerne an einem »versifften« Mundstück herum? Es ist auch kein guter Gedanke, im Mundstück Lebensformen heranzüchten zu wollen, bis sie einen uns bekannten Zivilisationsstandard erreicht haben.[6] Wer zu Entzündungen im Mundraum neigt, reinigt ohnehin immer den Biß des Mundstücks besonders peinlich. Das oben beschriebene unbekümmerte Desinfizieren mit hochprozentigem Alkohol empfiehlt sich allerdings nur bei Acrylmundstücken, da sich Ebonit unter Alkoholeinfluß verfärben kann und stumpf wird.

Um Verfärbungen oder besonders hartnäckige Verschmutzungen bei Ebonitmundstücken zu beseitigen sollte man »*Pipe Mouth-Piece Polish*« verwenden. Eine Paste, meist aus der Tube, die man einfach aufträgt und dann gründlich poliert. Für stark beanspruchte Ebonitmundstücke gibt es »*Ebonite Super-Cleaner*« zur Vorbehandlung. Nach dem ersten Politurgang mit dem Cleaner kommt die Politurpaste »*Ebonite-Polish*« zum Einsatz. Die Wirkung ist recht überzeugend, denn in der Regel nimmt das Mundstück wieder eine matt glänzende schwarze Farbe an. Hilfreich ist aber auch hier eine mechanische Polierhilfe.

Zur hygienischen Reinigung des Mundstücks zieht man bekanntlich einen harten Pfeifenreiniger durch das Mundstück. Bei Lippenbißmundstücken ist das aber selbst mit einem schlanken Putzer gar nicht so einfach; man kann oft nur das dünnere Ende nutzen. Am besten sollte man den Putzer nach ca. 2 cm im rechten Winkel knicken. Mit diesem »Haken« kann man dann vorsichtig von oben im Mundstück »pröckeln«.

Vorsicht bei Lippenbißmundstücken aus Ebonit: Gerade bei Bents besteht im Laufe der Zeit die Gefahr des Durchstoßens an Biegung und Biß, wenn man mit dem Pfeifenreiniger zu rüde werkelt! Beim Putzen also mit viel Fingerspitzengefühl vorgehen!

Echte Tüftler und passionierte Heimwerker basteln sich aus verschiedenen alten Motoren, Bohrmaschinen oder Akkuschraubern die phantasievollsten Poliermaschinen und erzielen so wirklich professionellen Glanz. Und so manchen gebrochenen Finger, wenn nämlich zur Stabilisierung der Pfeife beim Polieren ein Finger in den Pfeifenkopf gesteckt wird und die Schwabbelscheibe den Holm unglücklich erwischt. Ein alter Anfänger-Fehler unter Pfeifenbastlern.

Einsatz und Aufwand für's Aufarbeiten lohnen sich aber, ehrlich gesagt, nur bei ziemlich angegriffenen oder alten Pfeifen. Am einfachsten ist es allerdings, wenn man in diesen Fällen den Fachhändler um Aufpolieren bitten. Macht der glatt!

Exotenpflege

Meerschaumpfeifen verdienen besondere Aufmerksamkeit, zumal wenn man die »weißen Göttinnen« recht häufig im Gebrauch hat. Die leergerauchte Pfeife wird möglichst nicht ausgeklopft. Meerschaumpfeifen sind empfindlicher als ihre hölzernen Schwestern. Überhaupt sollten sie immer mit Sorgfalt behandelt und gereinigt werden: Die Pfeifenreiniger können mörderische Spuren hinterlassen, wenn man mit ihnen im Pfeifenkopf herumstochert. Am besten nimmt man die Putzer doppelt und putzt mit dem gebogenen Ende voraus.

Ansonsten reibt man Kopf und Holm der Meerschaumpfeife nur von außen mit einem weichen fusselfreien Tuch ab. Die Mundstücke unterscheiden sich in der Regel nicht von denen anderer Pfeifen und können wie gewohnt gereinigt werden. In jedem Fall muß die Meerschaumpfeife aber gründlich auskühlen und lüften, bevor man sie wieder in ihr Etui zurück legt. Sonst fängt die »Göttin« schnell an, höllisch zu stinken.

Keinesfalls sollte man die in einigen Büchern empfohlene Reinigungsmethode mit weißer Zahnpasta und Zahnbürste anwenden, die eine Blockmeerschaumpfeife mit großer Sicherheit ruinieren würde. Auch Alkohol und aggressive Fettlöser sind bei dieser empfindlichen Pfeife mit ihrer fein gewachsten Oberfläche absolut tabu!

Ernst Günther empfiehlt für die Außenreinigung »einfach (eis-)kaltes Wasser, neutrale Seife, eventuell eine ganz weiche Bürste [zu] verwenden. Richtig trocknen lassen, dann mit Wolltuch polieren.«[7] Eine Radikalkur, die man wohl bestenfalls bei starker äußerer Verschmutzung anwenden sollte. Normalerweise reicht ein weicher, *trockener*, höchstens mal feuchter Lappen aus.

Das Besondere und Schöne an so einer »weißen Göttin« ist ja kurioserweise, daß sie nicht lange weiß bleibt, sondern sich allmählich zart rot färbt. Also wollen wir ihre Verfärbung von den verschiedensten Honiggelb- und Rosanuancen hin zu einem satten Kirschrot durch unsere Pflegemaßnahmen möglichst unterstützen. Hierzu braucht man Schmirgelpapier. Natürlich nur feines und auch nur für den inneren Bereich der Brennkammer. Entfernt man in regelmäßigen Abständen mit einem kleinen Streifen Schmirgelpapier die sich bildende Kokskruste in der Pfeife, können die Kondensate besser in die Pfeife eindringen. Aber vorsichtig! Wenn das Schwarz des Innenraumes ins Bräunliche übergeht, hat man genug abgetragen und den Weg für die Kondensate in den Pfeifenkopf wieder frei gemacht. Kräftig auspusten, fertig.

Calabash-Pfeifen sind nun tatsächlich Exoten. Wie bei Meerschaumpfeifen sollte man mit einer Calabash stets vorsichtig umgehen, da sie noch zerbrechlicher als eine weiße Göttin ist. Das gilt vor allem für den Kürbis-Corpus. Ein beschädigter Corpus kann meist nicht repariert werden. Auch ist Ersatz nicht möglich, da jeder Kürbis immer etwas anders wächst.

Der Meerschaumeinsatz der Calabash läßt sich aus dem Korkring recht einfach herausdrehen, wobei man darauf achten muß, nicht zu kräftig zu drehen oder zu verkanten. Das wäre der beste Weg, die Halterung aus Kork auszuleiern oder gar auszubrechen, was für die Pfeife der SuperGAU wäre. Den Einsatz selbst reinigt man wie eine Meerschaumpfeife. Das Mundstück ist heutzutage aus Acryl bzw. »Kunstbernstein«. Die Kunststoffmundstücke können wie gewohnt gereinigt werden.

Sollte die Calabash irgend wann einmal im Innenraum allzu verschmutzt sein, hilft nach Expertenmeinung nur eines: Schnaps. Man füllt hochprozentigen Alkohol ein, ungefähr ein Drittel Füllung, und schwenkt den Kürbis wie einen Cognac-Schwenker. Nicht zu schwungvoll! Es sollte nichts nach außen kommen, und auch der Kork darf oben nicht feucht werden. Dann gießt man die Brühe in Richtung Mundstück (das noch nicht wieder eingesetzt wurde) aus. Nun muß die Pfeife noch gründlich trocknen, bevor sie zusammengesetzt werden kann.

Der Pfeifenflüsterer

Na, wie fühlen sich Ihre Pfeifen? Irgendwelche Beschwerden? Erwarten Sie hier bitte keine fachmännischen Anleitungen zur professionellen Lösung aller Pfeifen-Wehwehchen, sondern nur erste Hilfe bei kleineren Pfeifen-Unfällen. Zu Risiken und Nebenwirkungen befragen Sie bitte Ihren Fachhändler oder die Reparaturwerkstatt Ihres Vertrauens. Bevor man selber »schlimmbessert«, sollte man lieber zu einem Profis gehen. Jeder gute Fachhändler kann entweder die Pfeife selbst vor Ort aufarbeiten bzw. reparieren oder zumindest eine kompetente Werkstatt empfehlen. Betrachten wir im folgenden also nur die kleinen Pfeifenproblemchen des Alltags und einige Hausmittel zur Selbstbehandlung.

Ganz oben auf der Liste der Pfeifenprobleme steht immer das *lockere Mundstück*. Für lockere Mundstücke gibt's viele Gründe. Aus Sicht der Raucher ist natürlich immer der Hersteller schuld, weshalb man bereits beim Kauf der Pfeife dem Mundstück einige Aufmerksamkeit widmen sollte. Aus Sicht der Hersteller haben natürlich meist die Raucher etwas falsch gemacht, denn Fehler bei der Handhabung der Pfeifen, etwa unsachgemäßes Trennen des Mundstücks vom Holm, leiert die Bohrung aus. Doch was ist zu tun, wenn das Mundstück nun einmal locker ist?

Am einfachsten und gefahrlosesten kann man am Holm herumdoktern, etwa indem man nach dem Rauchen ausnahmsweise sofort vorsichtig Mundstück und Holm trennt. Da sich in der Folge der Holm ohne den Gegendruck des Zapfens abkühlt und trocknet, zieht er sich stärker zusammen als mit eingesetztem Mundstück. Wenn man diese »Therapie« öfter anwendet, sollte mit der Zeit das Mundstück wieder wie eine Eins sitzen. Falls dieser Versuch nicht glückt, muß man sich doch am Zapfen des Mundstücks zu schaffen machen.

Leider kann man viele der guten Ratschläge älterer Pfeifenbücher getrost vergessen, etwa durch Erwärmen, Stauchen und Abschrecken den Sitz des Zapfens im Holm wieder zu festigen, denn heutzutage bestehen die Zapfen der Pfeifen nicht mehr aus Ebonit, das bei Wärme weich wird, sich ausdehnt und in Eiswasser durch abschrecken fixiert werden kann.

Herkömmliche Zapfen sind aus Teflon – einem Material, das sich beim Erwärmen kaum verändert, aber den unmittelbaren Kontakt mit einer Flamme nicht übersteht. Das Gemeine ist, daß man Teflon nicht so ohne weiteres von anderen Zapfen-Materialien unterscheiden kann, so daß die alten Ratschläge, den Zapfen über einer Flamme oder auf einer Herdplatte zu erwärmen, katastrophale Folgen haben können.

Eine gute Methode der Korrektur bietet Sekundenkleber. Aber Vorsicht: Nicht, daß man damit den Zapfen final im Holm verankern soll, nein, man tupft ganz vorsichtig wenige Tropfen eines sehr dünnflüssigen Sekundenklebers auf den Zapfen, dreht ihn dabei, so daß die Flüssigkeit sich möglichst gleichmäßig verteilt. Dann läßt man den Kleber trocknen, OHNE (!!!) den Zapfen wieder einzuführen. Erst wenn der Kleber 100% getrocknet ist, kann man einen Versuch wagen. Meist paßt der Zapfen wieder wunderbar. Falls er immer noch zu locker sitzt, muß der Vorgang wiederholt werden. Falls sich trotz aller Vorsicht störende »Knubbel« auf der Oberfläche gebildet haben, oder die Schicht doch zu dick ist, läßt sich der Kleber im ausgehärteten Zustand mit einem sehr scharfen (Teppich)Messer oder einer Rasierklinge behutsam abkratzen.

Falls das Mundstück vom Hersteller tatsächlich nicht richtig angepaßt wurde und deshalb zu fest sitzen sollte, hilft etwas Graphit (Stick, Bleistift). Niemals aber sollten Feile oder Schmirgelpapier zum Einsatz kommen! Hier ist eine professionelle Anpassung durch eine Werkstatt fällig.

Was tun, wenn der *Rauchkanal im Mundstück zu schmal* ist? Manchmal verwandeln sich solche Pfeifen in nervig flötende »Tonpfeifen«, die man außerdem nicht richtig säubern kann, da ein Pfeifenreiniger nur unter Anwendung von Gewalt durch ihre Innereien paßt. Dies kann vor allem bei Bents und im Bißbereich vorkommen.

Wer schon einmal, wie in einigen Pfeifenbüchern empfohlen, vom Bißende her versucht hat, mit einer dünnen Rundfeile oder einem aufgerauhten Draht herumzubröckeln, der hat auch schon einmal ein Acrylmundstück zerbrochen. Besser arbeitet man hier, wenn schon selbst, dann nur mit Wärme und Kälte. Man erhitzt den Kunststoff vorsichtig und hebelt mit einem geeigneten Instrument (Feinwerkzeug) den Biß etwas auf. Bei Erfolg sogleich abschrecken, um das Ergebnis zu sichern. Aber auch hier ist es unbedingt sinnvoller, Fachleute ranzulassen. Am besten läßt man das Problem schon vor dem Kauf beheben. Deshalb empfiehlt es sich im Zweifelsfalle auch, schon im Geschäft einen Pfeifenreiniger durch das Mundstück zu ziehen.

Eingefleischte Bastler werden gern auch immer dann aktiv, wenn ihrer Meinung nach das *Mundstück nicht ausreichend gebogen* ist und Uri Geller gerade Urlaub hat. Oft wird empfohlen, es im Do-it-Yourself-Verfahren wie oben beschrieben zu versuchen: Das Mundstück möglichst gleichmäßig erhitzen, mit Hilfe eines kräftigen Drahtes, der den Rauchkanal offen halten soll, vorsichtig in Form biegen. Für einen Profi ein Klacks, für den Bastler womöglich ein Knacks, also ein unnötiges Risiko, das man wirklich nicht empfehlen kann.

In manchen älteren Pfeifenbüchern werden noch einige Tips für die Aufarbeitung von Ebonit-Mundstücken gegeben. Da wird mit Rasierklingen gehäutet, mit feinstem Schmirgelpapier geschliffen, gesalbt, gemacht und getan. Abgesehen davon, daß man Stunden beschäftigt ist und alles wunderbar daneben gehen kann, könnte man sich auch fragen, warum man nicht eben in den Laden 'rüberflitzt und die Pfeife zum Aufpolieren gibt. Das Mundstück erhält ohne merklichen Substanzverlust wieder seinen schönen Glanz zurück.

Was ist zu tun, wenn die Pfeife *»versumpft«* ist? Eine zu heiß gerauchte Pfeife hat eine extra große Portion Feuchtigkeit abbekommen, d.h. das Holz der Pfeifen bleibt nach dem Rauchen feucht, im kalten Zustand müffeln sie und schmecken später auch nicht mehr wirklich gut. Das kann schon mal vorkommen. Nach einer großzügigen Erholungspause von einigen Wochen raucht man sie sehr vorsichtig mit einem neutralen Tabak. Damit hat es sich meistens auch schon, man darf allerdings von dieser Pfeifenfüllung keine Geschmackswunder erwarten. Es ist ja auch eher ein »Reparaturrauchen«. Wenn unsere arme Pfeife aber öfter zu feucht geraucht wurde, muß sie gründlich trocken gelegt werden. Hier empfiehlt sich ein Verfahren, daß den schönen Namen »*Redrying*« hat und eine Radikalkur beinhaltet.

Man säubert die Pfeife zunächst gründlich, trennen das Mundstück vom Holm und füllt dann den Pfeifenkopf etwa zur Hälfte mit reinem Alkohol. Jawohl! Diesmal ausdrücklich kein Schlummie-Fix aus der Hausbar! Das würde nur die Zucker- und Aromastoffe aus Brandy, Whisky & Co ins Holz schwemmen. Wir nehmen am besten Weingeist aus der Apotheke. Der reine Alkohol sollte eine gute Stunde in der Pfeife bleiben. Wir können ja derweil die Zeit mit einem der anderen genannten Getränk angenehm überbrücken.

In der Zwischenzeit werden die Kondensate im Inneren der Pfeife durch den aggressiven Alkohol angegriffen und gelöst. Nach der Stunde sieht der Apothekersprit dann wie unser Brandy aus, sollte aber möglichst nicht mit ihm verwechselt werden. Vorsichtig wird nun die Brühe mit den Kondensaten in Richtung Mundstück ausgegossen oder mit der Pipette abgepumpt. Nun gut mit Küchenkrepp und Pfeifenreinigern trocknen. Keinesfalls mit dem Fön nachhelfen, da zu schnelles Trocknen Risse verursachen könnte. Jetzt kommt *Talkum* zum Einsatz. Nicht Körperpuder mit der wilden Frische von Limonen, sondern reines unparfümiertes Talkum aus dem Drogeriemarkt oder Sportgeschäft. Locker einfüllen, ohne zu stopfen. Das Ganze läßt man über Nacht einwirken, sprich die Restfeuchtigkeit aufsaugen. Nun noch mal gründlich (!) reinigen und von der ersten Pfeifenfüllung nicht das allermeiste erwarten. Damit sollte das Problem behoben sein, was aber nicht garantiert werden kann. Wem die Talkum-Aktion suspekt ist, kann auf sie verzichten, wenn er die schwer alkoholisierte Pfeife erst mal für einen Monat in den Urlaub schickt: Luftig lagern und nicht rauchen...

Wenn eine Pfeife immer wieder versumpft, könnte das mehrere Gründe haben, und nicht alle haben mit dem Raucher zu tun: Manche Pfeifen sind schlicht Fehlkonstruktionen, weil der Rauchkanal zu eng angelegt wurde (hier hilft Aufbohren-lassen – durch Fachleute), oder wenn der Rauchkanal nicht richtig im Pfeifenkopf einmündet und man die Pfeife deshalb nie richtig leerrauchen kann.

Hier kommt die Einrauchpaste zum Einsatz. Diese muß man nicht unbedingt fertig kaufen, denn man kann sie auch ohne den großen Chemiebaukasten der Kinder zu plündern leicht selbst herstellen. Alle Zutaten erhält man in Drogerie oder Baumarkt. Man nehme: 1 Teil Holzkohlepulver (oder zerriebene Kohlekompretten) mit 3 Teilen Bimsmehl mischen und zusammen mit Wasserglas zu einem sämigen Brei anrühren und zügig verarbeiten. Gut verschlossen ist der Brei einige Tage haltbar.

Mit dieser Paste gleichen Sie durch mehrmaliges Auftragen die Bodenhöhe an das Austrittsloch des Rauchkanals an. Führen Sie aber immer, wenn Sie Einrauchpaste im Pfeifenkopf auftragen, einen Pfeifenreiniger in den Rauchkanal ein, um zu verhindern, daß er verstopft. Jede aufgetragene Schicht der Paste muß gut durchhärten. Am besten über Nacht.

Ein zu tief liegender Rauchkanal, der wie eine Rille in den Boden der Brennkammer getrieben wurde, kann ebenfalls Schwierigkeiten bereiten. Versuchen Sie's mal mit dem Reamer, denn meist wurde diese »Rille« mit Einrauchpaste verkleistert und deren Beseitigung löst auch schon unsere Probleme mit der neuen Pfeife. Notfalls läßt man sich in der Pfeifenwerkstatt den Boden der Brennkammer etwas absenken.

Kleinere Risse oder schadhafte Stellen in der Brennkammer können Sie leicht selbst mit der Einrauchpaste reparieren und gefährdete Stellen wirkungsvoll schützen. In jedem Fall aber ist vor dem Einsatz der Paste die Pfeife gründlich zu reinigen und von lockeren Krusten und Staub zu befreien.

Ihre neue Pfeife schmeckt nicht. Das kommt in den besten Pfeifenfamilien schon mal vor, gibt sich aber meist nach einigen »Rauchopfern«. Manche Fälle sind aber hartnäckiger und selbst nach längerem Einsatz schmeckt die Pfeife immer noch gruselig. Ein Problem bei Billigpfeifen? Leider nicht! Diese üble Überraschung kann einem auch bei teuren Stücken passieren: Sie schmecken von Anfang an harzig bis fischig. Was ist zu tun, wenn sich dieser Zustand partout nicht ändert? Ein Blick auf die Diagnose zeigt die Therapie auf.

Die plausibelste Theorie scheint die zu sein, daß es nicht am Holz selbst, sondern an dessen Verarbeitung liegt. Wenn beim Kochen der Ebouchons nicht richtig umgerührt wird, bleiben einige immer in einer Randposition, d.h. sie werden nicht ausreichend erhitzt, um die Enzyme im Holz zu zerstören. Der schlechte Geschmack vergeht nämlich meist nach längerem Warten (wenn die Enzyme von selbst zerfallen sind) von selbst. Berichte von solchen »Wunderheilungen« füllen die Kolumnen der Pfeifenflüsterer in der Fachpresse. Abwarten heißt hier unter Umständen zwei bis drei Jahre Zwangsruhestand für betroffene Pfeifen.

Wem das zu lange dauert, kann es auch mit kräftigem und unverdrossenem Dauerqualmen versuchen. So wird die Pfeife gut durchgewärmt, was den Prozeß des Abbaus beschleunigt und die Pfeife nach und nach mit Aromastoffen sättigt. Durchhalten ist hier die Parole und natürlich gelten auch bei dieser Methode die notwendigen »Sabbatzeiten« zwischen den Rauchgängen. Es gibt noch Versuche mit aromatisierten Einrauchpasten (Whiskyaroma als Zugabe in den selbstgemachten Brei), doch helfen die nicht lange.

Eine Radikalmethode ist die Befüllung des Pfeifenkopfs mit aromatischem Schnaps (Maturieren), den man so lange darin stehen läßt, bis er vollständig verdunstet ist. Das ist aber wegen des im Schnaps enthaltenen Zuckers problematisch, da der sich im Holz ablagert. Außerdem ist das Aroma schneller verdunstet als die Enzyme zerfallen sind, und die Morchel mieft lustig weiter. Wissen Sie was? Ärgern Sie sich nicht herum und kaufen Sie sich lieber eine schöne neue Pfeife und schicken Sie den alten Stinker in den einstweiligen Ruhestand. Gelegentlich können Sie dem Sorgenkind ja noch mal 'ne Chance geben.

Über *Durchbrenner* haben wir schon einiges im Crash-Kurs gehört. Bei leichteren Fällen von Pfeifenkaries kommt die oben beschriebene selbstgebraute Einrauchpaste zum Einsatz: Nach gründlichem Reinigen mit einem rauhen Pfeifenreiniger je nach Bedarf ein oder mehrmals die Paste auftragen, jeweils gut aushärten lassen, d.h. einen Tag warten und dann die Pfeife wie eine Neuanschaffung behandeln.

Manche Pfeifen sind echte Fehlkonstruktionen und lassen sich einfach nicht kühl rauchen. Solche »schnellen Brüter« Marke *Kernschmelze* machen nur Ärger. Mal ist ihr Rauchkanal zu eng, mal stimmen die Proportionen der Pfeife nicht, oder das Holz ist einfach zu weich und damit anfällig für Brandlöcher. Manches können Fachleute durch Aufarbeiten beheben, aber in der Regel lohnt der Aufwand nicht. Man tut gut daran eine solche Pfeife abzuschreiben und sich einer neuen zuzuwenden.

Die meisten Unfälle sollte man aber vom Pfeifendoktor behandeln lassen: Brandlöcher, gerissene Holme, gebrochene Mundstücke, Lackschäden aller Art, lockere Virolen usw. können durch den Reparaturservice eines Fachgeschäfts, d.h. in der eigenen Werkstatt oder einer Vertragswerkstatt repariert werden. Der Versandhandel bietet häufig auch einen Reparaturservice in eigenen Werkstätten an. Allerdings kommen hier zum Reparaturpreis natürlich noch die Versand- und Verpackungskosten.

Apropos Kosten: Fachleute machen stets einen Kostenvoranschlag, so daß man sich überlegen kann, ob es sich überhaupt noch lohnt, das gute Stück reparieren zu lassen. Übrigens sollte man immer die *vollständige* Pfeife zur Reparatur geben. Auch aus den Bruchstücken können Fachleute noch vieles machen, zumindest manches ersehen. Insbesondere eine Zapfenanpassung oder Mundstücksreparatur ist ohne Holm nicht möglich. Eigentlich logisch, oder?

Anmerkungen

1 Friedrich Nietzsche, Jenseits von Gut und Böse, № 271, Schlechta-Ausgabe, München, Wien 1977, Bd. 2, S. 745.

2 Statt Feng Shui und Zen zeigt Meister Tsunetomo Ymamoto (1659-1719) in seinem Hagakure (dt. Der Weg des Samurai, München 2005), das, was man heute »klare Kante« nennt. Der Weg des Pfeifenrauchers, gerade heute in den Zeiten der Rauchverbote, wäre noch zu schrieben.

3 Vgl. R. Barbi, Kleine Kniffe – große Wirkung, in: Pipe & Cigar 4/2001, S. 100.

4 Vgl. E. Günther, Das Pfeifenmundstück und seine Pflege, in: Smokers Club 2/2000, S. 26ff.

5 Vgl. H. Hochrains neues Pfeifen-Buch, a.a.O., S. 220f.

6 Vgl. P. J. O'Rourke, Der mit dem Besen tanzt, Ein praktischer Ratgeber für Junggesellen, a.a.O., S. 28.

7 Vgl. E. Günther, Das Phänomen der Verfärbung, in: Smokers Club 3/1999, S. 22f.; s.a. ders., Was Liebe zu alten Pfeifen vermag, in: Smokers Club 4/1999, S. 24f.

Von Smart-Shoppern, Pipe-Beaus und Pfeifen-Geistern

Es soll tatsächlich *Pfeifenästheten* geben, die die Wahl einer Pfeife nicht nur durch Leidenschaft und ästhetisches Empfinden, sondern auch durch Fragen der Etikette bestimmt sehen. Wie bei der Bekleidung müsse stets die zum Anlaß passende Pfeife gewählt werden – woraus sich (erfreulicherweise) ein größerer Fundus an verschiedensten Pfeifen herleitet. Wer wert auf Etikette legt, kennt selbstverständlich immer die zur jeweiligen Situation passende (also den Konventionen entsprechende) Pfeife. Fragt sich nur, was das genau sein soll: Pfeifenetikette? Blütenweißer Meerschaum zur Hochzeit, Bent-Army zum großen Zapfenstreich, eine grüne Peterson's zum Saint Patrick's Day?

Langjährige Erfahrung zeigt, daß sich eigentlich nur überzeugte Pfeifenfans über die Zulassung einer bestimmten Pfeife zu einem besonderen Anlaß Gedanken machen. Für alle anderen raucht da einfach jemand Pfeife. Es ist schon bitter: Während der feinsinnige Pfeifenfreund ohne weiteres Wanderschuhe von Pumps unterscheiden kann, fällt es gewissen Familienmitgliedern immer noch schwer, Canadian und Billiard auseinander zu halten. Wieso glauben dann manche Pfeifenraucher, daß es irgendeine Rolle spiele, welche Pfeife man raucht? Die Frage stellen heißt sie mit »Na, ich merke es doch« zu beantworten. Und genau deshalb gehen wir jetzt eine Pfeife kaufen!

Eine gute Adresse ...

... ist Gold wert, denn Pfeifenkauf ist Vertrauenssache! Deshalb geht man in ein Fachgeschäft. Keine Frage! Je weniger Ahnung man hat, desto mehr braucht man einen kompetenten Fachhändler. Je mehr Ahnung man hat, desto eher sucht man ausgefallenes, was es nur beim Fachhändler gibt. Der Fachhändler hat nicht nur ein profundes Wissen und ein handverlesenes Sortiment, er lebt auch von der Zufriedenheit seiner Stammkundschaft. Hier ist man gut beraten, Pfeifen zu kaufen. Beratung, Auswahl, Ambiente und der unmittelbare Augenschein – da kann das Internet nicht heranreichen. Auf Neudeutsch: Support your local dealer! Damit es vor Ort immer noch wenigstens einen guten Fachhändler gibt.

Dabei sollte man sich nicht von der distinguierten Atmosphäre mancher gediegener Tabaktempel abschrecken lassen: Trotz des Mahagoni-Messing-Ambientes und der beeindruckenden Vitrinen wird man freundlich und zuvorkommend bedient. Mit Sicherheit gehen in einem solchen Pfeifen-Olymp nicht nur Handmades und Markenunikate über den exquisiten Ladentisch. Eine Serienpfeife kostet hier übrigens genau so viel, wie im Kaufhaus. Wenn man Glück hat, gehört zum Fachgeschäft noch eine gemütliche Smoker-Lounge, in der man seine neue Pfeife gleich mit dem gerade empfohlenen Tabak einweihen kann. So macht Pfeifenkaufen erst richtig Spaß.

Die »Qual« der Wahl

Wie bei allen großen und wichtigen Anschaffungen stehen wir auch beim Pfeifenkauf vor einigen Problemen: Was ist eigentlich eine qualitativ ansprechende Pfeife zu einem ordentlichen Preis? Wie erkenne ich das? Und: Was will ich überhaupt? Kaufe ich nur nach Optik? Macht man solchen Unsinn auch beim Kauf von Schuhen? Sorry, schlechtes Beispiel...

Grundsätzlich gilt auch beim Pfeifenkauf: Qualität hat ihren Preis. Wenn man eine Pfeife für 19,99 € kauft, macht man sich lächerlich, wenn man an Kittstellen, Spots und kleinen Farbfehlern herumnörgelt. Der kleine Kocher ist nicht umsonst so billig. Trotzdem kann man einwandfreie, d.h. funktionstüchtige Ware verlangen. Schlotternde Mundstücke, röchelnde Rauchkanäle, offensichtliche Kratzer und Macken, die auf nachlässige Verarbeitung, rustikalen Transport oder andere unsachgemäße Behandlungen zurückzuführen sind, muß man nicht tolerieren, es sei denn, besagter Kratzer hat gerade aus einer teuren Pfeife ein Sonderangebot gemacht.

Besonders bei Schaufensterware sollte man genau hinsehen: Pfeifen mögen keine ausgedehnten Sonnenbäder. Ihre Farben verblassen, die Mundstücke können sich, je nach Material, verfärben und einen unangenehmen schwefeligen Geschmack annehmen. Ein genauer Blick – ohne Beckmesserei – und ein dezentes Schnuppern lohnen sich. Hier einige Tips für den Erwerb einer grundsoliden Mittelklasse-Pfeife ohne Star-Allüren:

Beginnen wir an der Schnittstelle Mensch-Pfeife, also dem Mundstück: Mag die Pfeife auch noch so schön aussehen, ihr Maserung und Färbung superb sein, wenn das Mundstück nichts taugt, wird man an seiner neuen Trophäe wenig Freude haben. Profis beugen dieser Enttäuschung vor, indem sie schon beim Kauf dem Mundstück die gleiche Aufmerksamkeit widmen wie dem schönen Holz.

Beim Material des Mundstücks sind dessen Vorzüge und Nachteile abzuwägen. Es wird wahrscheinlich Acryl sein, muß aber nicht. Gut poliert und neu ist ein Ebonit-Mundstück optisch kaum vom Acryl-Mundstück zu unterscheiden, aber es hat einen charakteristischen Geruch, der etwas an Lakritze erinnert. Zur Not kann man ja auch fragen...

Auch sollte man die Form des Mundstücks, vor allem den Biß genau *betrachten.* Testen Sie im Zweifelsfall, nach Rücksprache mit dem Händler, ob sich ein Pfeifenputzer durch den Biß ziehen läßt.

Letztlich entscheidet sich die Mundstücksfrage aber erst zwischen den Zähnen. Natürlich verbietet sich ein »Probebeißen« schon aus hygienischen Gründen, aber eigentlich müßte man genau das tun. Siehe oben: Man kauft sich doch schließlich auch keine Schuhe, ohne sie vorher anprobiert zu haben. Vor über 20 Jahren war es noch Usus, daß Fachhändler für den Fall einer Beißprobe entsprechende Plastiküberzüge bereithielten. Ältere Pfeifenhandbücher empfehlen auch in ihren aktuellen Neuauflagen immer noch danach zu fragen, was aber nur noch auf Unverständnis bei den Händlern stößt.

Zum Glück kann man (mit etwas Erfahrung) den meisten Mundstücken schon ansehen, ob ihr Biß »gut« ist. Aber was nützt das jetzt dem Anfänger? Hier hilft nur der sachkundige Rat des Fachhändlers, auf den man sich anfangs verlassen muß. Ein dicker wulstiger Biß ist etwas für kräftige Beißer und freihändige Raucher. Allen anderen wird er eher wie ein Brecheisen zwischen den Zähnen klemmen und ein erhebliches Fremdkörpergefühl auslösen.

Besonders sollte man darauf achten, ob der »Schlitz« im Biß sauber verarbeitet und präzise, nämlich waagerecht und mittig plaziert ist. Dies ist wichtig, da sonst die Beißfläche an manchen Stellen zu dünnwandig ist und unter dem Druck der Zähne zerbröckeln könnte. Auch sollten keine scharfen Ecken und Kanten zu sehen sein. Ist die Verarbeitung in diesen Details tadellos, darf das sogar als gutes Zeichen für den »Rest« der Pfeife gelten.

Ist man trotz aller Umsicht beim Einkauf am Ende doch nicht zufrieden, bleiben immer noch einige Korrekturmöglichkeiten – hier kommt der Service des Fachhändlers wieder ins Spiel: etwa um das Mundstück auszutauschen, nachzubiegen oder den Biß abschleifen zu lassen. Das Auswechseln eines »unerträglichen« oder schadhaften Mundstücks ist in jeder Reparaturwerkstatt für relativ kleines Geld zu haben – und ein gutes Mundstück ist allemal sein Geld wert.

Einige Werkstätten haben aus dieser »Not« eine Tugend gemacht und bieten für alle Individualisten und qualitätsbewußten Ästheten speziell nach Kundenwünschen gearbeitete Hand-Cut-Mundstücke an. So kann eine gute

Pfeife zu einem echten Luxusmodell veredelt werden. Selbstverständlich hat dieser Luxus seinen Preis.

Nun zu einem wichtigen Punkt, der Qualität des Holzes: Wie schon gesehen, gilt die Faustregel, je leichter die Pfeife, desto besser das Holz. Noch einmal zur Erinnerung: Die Holzqualität ist abhängig vom Füllholzanteil und entscheidet über die hygroskopischen Eigenschaften der Pfeife. Nur durch die Kapillare des Füllholzes können die Kondensate ungehindert nach außen transportiert werden, und die Pfeife kann sich vom Rauchen regenerieren. Über diese notwendigen Transportwege gibt vor allem die Dichte der Maserung Aufschluß: Je dichter, desto besser.

Da das Füllholz die Beize besser annimmt als das Strukturholz, kann man den Füllholzanteil leicht erkennen. Ein tiefes und ausgeprägtes Relief bei einer sandgestrahlten Pfeife zeugt ebenfalls von gutem Holz. Bei rustizierten Pfeifen wird's schon schwieriger. Wieder gilt: Je leichter, desto besser.

Niemand sollte an das alte Märchen vom hundertjährigen Holz glauben, das angeblich bei Dunhill verarbeitet wird, auch wenn Sir Alfred höchstpersönlich diese Mär verbreitet hat.[1] So altes Holz wäre *mausetot*, ohne jede Atmung und hätte die Fähigkeit verloren, die Kondensate zur Verdunstung von innen nach außen zu transportieren. Mögen Musiker auf alte Holzinstrumente schwören, Pfeifenraucher können mit Pfeifen aus antikem Bruyère nichts anfangen – außer vielleicht sammeln. Das Motiv für die Dunhill-Geschichte vom hundertjährigen Holz dürfte die beabsichtigte und, wie wir jetzt wissen, gelungene Legendenbildung gewesen sein.

Ganz anders verhält es sich mit *Bog Oak*, dem viele tausend Jahre alten Holz von Eichen aus dem Moor. Wir haben uns oben mit diesem Holz bereits ausführlich beschäftigt und gesehen, daß durch die besondere Form der teilweisen Fossilierung dieses federleicht Material eher dem Meerschaum entspricht und ganz ausgezeichnete Raucheigenschaften aufweist. Da es aber auch wie beim Meerschaum große Qualitätsunterschiede beim Bog Oak gibt, die sich dem Laien nicht auf Anhieb erschließen, sollte man diese Pfeifen nur im Fachgeschäft kaufen.

Doch zurück zu den Bruyère-Pfeifen und deren Oberflächenbehandlung, dem Finish. Bei gewachsten Modellen kann man sicher sein, daß diese Pfeifen frei atmen können. Bei hochglänzenden Lacken muß gewährleistet sein, daß die verwendeten Überzüge atmungsaktiv sind. Sind sie auch meistens, bei Markenpfeifen ohnehin. Sogenannte *Fancy*-Pfeifen werden aber gerade im unteren Preissegment schon mal mit ungeeigneten Lacken oder sogar bunten Klebefolien als *Finish* versehen. Die Folgen sind vorhersehbar: Das Kondensat bleibt im Holz und beginnt zu stinken. Tatsächlich ein »Finish« für die Pfeife!

Gewachste Pfeifen, die im Geschäft seidig glänzen, werden nach einigen »Brandeinsätzen« etwas matt, die Maserung dunkelt nach. Das ist vollkommen normal und kein Grund zur Reklamation. Man kann durch fleißiges oder maschinelles Polieren den Pfeifen wieder neuen Glanz verleihen. So gepflegte Pfeifen bekommen eine eigene Patina und gewinnen eher, als daß sie verlieren!

Durch das Nachdunkeln können aber leider auch bisher verborgene Kittstellen sichtbar werden: In dunklen Pfeifen sind helle Kittstellen (und umgekehrt) nicht gerade schön anzusehen. Man sollte deshalb beim Kauf darauf achten, wo sich Kittstellen befinden und sorgfältig das Preis-Leistungsverhältnis abwägen. Bei der Herstellung von Markenpfeifen achten die Produzenten ohnehin sehr sorgfältig darauf, wo sich die Kittstellen befinden und wie groß und auffällig sie sind. Dort neigt man eher zum Sandstrahlen, Rustizieren oder Aussortieren, wenn die Spots im Sichtbereich liegen.

Sollte die neue Pfeife in der Hand (beim ersten oder zweiten Rauchen) etwas abfärben: Keine Panik! War wohl ein bißchen viel Beize. Man muß deshalb nicht gleich befürchten, etwas falsch gemacht oder eine schlechte Pfeife erwischt zu haben (ein Auslaufmodell?). Am besten poliert man den kleinen Schmierfinken mehrmals gut mit einem weichen Lappen und löst so das Problem.

Wo wir schon bei den Händen sind: Die neue Pfeife sollte nicht nur gut verarbeitet sein und prima aussehen, sie sollte auch gut in der Hand liegen. Und ein Handschmeichler sollte am besten nicht nur in der rechten Hand gut liegen. Schließlich will man ja auch mal wechseln. Das gilt vor allem für ergonomisch geformte Freehands. Achtung Linkshänder: Die meisten Freehands sind für Rechtshänder ausgelegt. Im Fachhandel gibt es aber auch entsprechende Modellen für Linkshänder.

Die Wandung der Pfeife sollte möglichst überall gleich stark sein. Das gilt natürlich nicht für die kantigen *Panel*-Varianten und ausgefallenen Freehand-Formen, die bewußt asymmetrisch angelegt sind, aber auch diese Pfeifen dürfen eine bestimmte Mindeststärke nicht unterschreiten. Probieren Sie's mal zu Hause an einer Pfeife aus, um ein Auge für den Kauf zu bekommen: Stecken Sie den kleinen Finger in den Pfeifenkopf hinein und fühlen Sie durch Gegendruck mit dem Daumen ringsum die Dicke des Pfeifenkopfes ab. Schon mal 5mm gefühlt? So dick sollte die Wandung *mindestens* sein. Vergessen Sie auch den Boden nicht! Dünnwandige Pfeifen können nicht soviel Kondensat aufnehmen und sind schneller gesättigt. Später im Laden beim Pfeifenkauf läßt man diskret den kleinen Finger im Pfeifenkopf verschwinden, um die Brennkammertiefe auszuloten. Aber eigentlich tut man das nicht...

Die Brennkammer sollte innen glatt sein – ob mit oder ohne Einrauchpaste. Die kleinen quadratischen Druckstellen in den Brennkammern von Serienpfeifen rühren vom Herstellungsprozeß her und sind unschädlich. Irgendwo muß man ja die Pfeife einspannen, wenn man sie für die weiteren Verarbeitungsschritte fixieren will.

Immer wieder wird behauptet, Einrauchpasten dienten auch dazu, mögliche Fehler oder Mängel im Inneren der Pfeife zu verbergen. Deshalb würden sehr teure Pfeifen aus exquisitem Holz innen auch nicht mit der schwarzen Paste ausgekleidet werden, damit man die Makellosigkeit des Holzes sehen könne. Wieder so eine Legende.

Weiche Stellen im Holz, die einen Durchbrenner begünstigen, kann man sogar mit geschultem Auge nur in den seltensten Fällen erkennen. Fachgeschäfte und renommierte Pfeifenmarken zeigen sich in solchen Fällen des offensichtlichen »Materialfehlers« kulant. Aber ehrlich gesagt ist es recht schwierig nachzuweisen, daß es ein Material- oder Verarbeitungsfehler und nicht die eigene Dusseligkeit war.

Wo wir schon bei der Brennkammer sind: Die Kopfbohrung sollte um die 20mm betragen, die Tiefe zwischen 25 und 40mm liegen. Als Faustregel gilt: je größer die Brennkammer, desto mehr Holz ist drum herum nötig.

Man geht heute bei den Größenangaben für Pfeifen meist vom Füllvolumen aus, wobei diese Angaben recht vage sind und sich am ehesten noch als Hinweis auf den zu verwendenden Pfeifentabak deuten lassen:

Kleines Füllvolumen: Außendurchmesser ca. 27mm; Höhe ca. 35mm; geeignet für feiner geschnittene Pfeifenmixtures und Flakes bzw. Curlies.

Mittleres Füllvolumen: Außendurchmesser ca. 34mm; Höhe ca. 45mm; geeignet für Normalschnitt, kombinierte Schnittbreiten, Krüllschnitte; bei nicht zu hohem Kopf auch für Flakes, Ready Rubbed und Curlies »zugelassen«. Eine echte allround-Größe.

Großes Füllvolumen: Außendurchmesser ca. 36-42mm; Höhe ca. 42-52mm; geeignet für mittlere bis grobe Pfeifentabake, Cubes (Dice) oder andere Cross Cuts.

Alles an Zwischen- und Übergrößen orientiert sich an Zwischenwerten, wobei die Differenzierung manchmal etwas schwer fällt und reine Definitionssache des Herstellers ist: Das »gerade noch mittlere Füllvolumen« ist meist im Sinne des »etwas kleiner als das mittlere« gemeint; »gut mittleres Füllvolumen« ist »etwas mehr als mittleres« usw. Und dann gibt es noch die Unterschiede »kleineres Füllvolumen« (zwischen klein und mittel) sowie »größeres Füllvolumen« (zwischen mittel und groß). Und natürlich alle möglichen »Übergrößen«. Alles klar?

Um die Verwirrung komplett zu machen, hier noch die bei Englandfans so beliebte Einteilung der Pfeifengrößen nach Dunhill: Die Größen reichen von »1« (kleineres Füllvolumen) bis »4« (großes Füllvolumen). Hinzu kommen noch die Bezeichnung »OD«, was bei Dunhill nicht nur »Own Design«, sondern bei älteren und ganz neuen Pfeifen wieder »Oversized Dunhill« bedeuten kann. Bei diesen ODs handelt es sich um Pfeifen jenseits der Größe »4«, wobei noch ein »A« (groß), »B« (sehr groß) und »C« (Giant) an das »OD« angehängt werden kann. Keep calm and carry on.

Anfänger sollten sich hinsichtlich der Pfeifengröße für eine mittlere Größe entscheiden. Zu kleine Brennkammern lassen sich schlecht stopfen. Außerdem sollte die Pfeife mindestens so groß sein, daß man in ihr alle gängigen Pfeifentabake rauchen kann; aber sie sollte nicht so groß sein, daß man sie nur mit Mühe zu Ende rauchen kann. Bei zu großen Pfeifen kommt außerdem das Verhältnis von Brennkammer und Wanddicke einerseits und Zugkraft andererseits aus dem Gleichgewicht. Rauchen wird so zur Schwerarbeit.

Der Rauchkanal im Pfeifenkopf sollte einigermaßen exakt am Boden austreten. Der Bohrer darf dabei die gegenüberliegende Seite der Austrittsstelle nicht verletzt haben. Sitzt die Bohrung zu hoch, kann man diese Pfeife nie ganz aufrauchen. Es entsteht über Kurz oder Lang ein Sumpf. Trotzdem ist hier keine Pedanterie angesagt: Toleranzen von einigen Millimetern sind absolut akzeptabel. Auch wenn manche findige Pfeifenkünstler, wie Anne Julie, Spezialwerkzeuge aus Zahnmedizin und Urologie einsetzen, ist besonders bei *Bents* die passgenaue Einmündung des Rauchkanals ein echtes Kunststück. Maschinell hergestellte Pfeifen der besseren Sorte haben manchmal sogar eine höhere Paßgenauigkeit der Bohrungen als mittelprächtige Handmades!

Man sieht, daß eine Menge Physik beim Pfeifenrauchen eine Rolle spielt. Keine Sorge, so schwierig wie bei *Stephen Hawking* wird's schon nicht werden: Es geht nur um eine bestimmte Relation, die, wie bei einem Kamin, eingehalten werden muß, damit eine Pfeife richtig zieht. Das Verhältnis von Kopfbohrung, Rauchkanal (Durchmesser sowie Länge) und Holzdicke muß stimmen.

»Durchmesser der Holmbohrung um vier Millimeter (bei Großkopfeten auch mal 4,2 Millimeter), Bohrung im Mundstück zwischen 2,5 und drei Millimeter, Brennraumfläche im Kopf zwischen 19 und maximal 23 Millimeter Durchmesser für Giants, Bodendicke mindestens vier Millimeter«. So hielt es der für seinen Perfektionismus bekannte Pfeifenmacher *Rainer Barbi*. Auf die Frage, woran man denn nun auch als Laie erkennen könne, daß eine Pfeife die richtigen Relationen hat, antwortete er: »Wenn die während des Rauchens mal beiseite gelegt wird und dann bis zu einer Viertelstunde nachglimmt«.[2] Damit dürfte sich die Zahl der wirklich guten Pfeifen in unserem Pfeifenschrank ziemlich drastisch reduzieren...

Manchmal liegen die Einschränkungen aber auch im Minimalbereich. So verklebt bei vielen Pfeifen die zu großzügig aufgetragene Einrauchpaste das Zugloch in der Brennkammer. Die Pfeife zieht dann nicht richtig oder gibt fiepsende Töne beim Ziehen von sich. Sozusagen eine »Tonpfeife«. Mit dem Dorn des Pfeifenbestecks oder mit einem kräftigen Pfeifenreiniger läßt sich dieses Problem leicht beheben. Aber Vorsicht, damit man nicht einen zu großen Brocken der Paste herausbricht und dabei das Holz beschädigt.

Der Zapfen sollte stramm, aber nicht wie betoniert im Holm sitzen. Als Test vor dem Kauf empfiehlt sich, das Mundstück einmal um 360° im Uhrzeigersinn zu drehen – und zwar möglichst ohne den Biß zu berühren. Letzteres tut man mit fremden Pfeifen grundsätzlich nicht. Tabu!

Beim Drehen ist darauf zu achten, daß sich der Zapfen im Holm gleichmäßig bewegen läßt. Holperiges Drehen und knatternde Geräusche deuten auf unrunde Holmbohrung und mangelhafte Verarbeitung des Zapfens hin.

Mundstück und Holm sollten bündig abschließen. Fachleute sprechen hier von sauberer »Verschachtelung«. Spalten sehen hier nicht nur häßlich aus, sie sind vor allem ein Zeichen nachlässiger Verarbeitung. Wenn schon hier geschlampt wurde, wo es jeder sehen kann, läßt das Schlimmes befürchten.

Auch ein Blick auf die Applikationen lohnt sich. Sitzt die Virole auch fest? Wurde sie vielleicht sogar angebracht, um einen Mangel, wie einen gerissenen Holm, zu kaschieren oder zu reparieren? Verbergen sich in rustizierten Flächen besonders große Kittstellen? Aber auch hier sollte man selbstverständlich die Kirche im Dorf lassen. Man rustiziert oder sandstrahlt natürlich nur, wenn's unbedingt nötig ist.

Bei Filterpfeifen empfiehlt sich, vor dem Kauf eine Filterpatrone einzusetzen, um die Passgenauigkeit zu prüfen. In seltenen Fällen läßt sich die Pfeife mit einem Filter nicht ganz schließen, oder man bekommt die Patrone kaum noch heraus, weil sie beim Schließen »automatisch« fest hineingepreßt und dabei deformiert wird. Wenn das schon im »kalten« Zustand problematisch ist, wird's nach dem Rauchen, wenn die Patrone feucht und aufgequollen ist, eine um so größere Sauerei. Marken-Filterpfeifen werden direkt vom Hersteller mit einem eingesetzten Filter ausgeliefert, damit sich die Kunden schon beim Kauf vom perfekten Sitz der Patrone überzeugen können.

»Die Maserungsqualität und Fehlerhaftigkeit des verwendeten Bruyèreholzes, die Verarbeitungsqualität und natürlich auch die Idee des Designs sind die Kriterien, die den Marktpreis einer Pfeife ausmachen. Außergewöhnliche Formen, pfiffige Oberflächengestaltungen oder attraktive Applikationen erhöhen den Wert einer Pfeife – und damit ihren Preis«,[3] so Alexander Eckert, Geschäftsführer von VAUEN, der generös ein weiteres Kriterium für den Preis einer Pfeife übergeht, das gestandene Pfeifenraucher aber natürlich alle kennen: den *Markennamen*. Piperos erkennen oft schon aus mehreren Metern Entfernung, was für eine Pfeife jemand raucht und wie bei vielen Marken- und Luxusartikeln sind gut eingeführte Firmenlogos Anlaß für eine anerkennend gehobene Augenbraue. Hier scheidet sich der Smart-Shopper vom Pfeifen-Beau.

Tatsächlich geht es in der Pfeifenbranche nicht nur darum, besonders gut zu rauchende Pfeifen herzustellen, auch bestimmt nicht nur das Design das Sein, sondern man bezahlt auch den gut eingeführten Namen, der nicht nur für eine bestimmte Qualität, sondern vor allem für eine besondere Anerkennung der Produkte aus diesem Hause steht.

Preise für Marken- und Serienpfeifen regeln sich zwar nach Angebot und Nachfrage, grundsätzlich geben aber die renommierten Pfeifenhersteller in ihren Katalogen und Listen feste Preise vor. Das sind die berühmten *»unverbindlichen Preisempfehlungen«*, an die sich der deutsche Einzelhandel auch hält. Allerdings werden immer mal wieder bestimmte (meist auslaufende) Serien oder einzelne Stücke mit kleinen Mängeln preiswerter verkauft.

Eine makellose, in aufwendiger Handarbeit gefertigte Unikat-Pfeife aus einer Kreativ-Werkstatt hat natürlich auch einen individuell bemessenen und auf den ersten Blick extravaganten Preis. Bedenkt man aber, wieviel Arbeit und Risiko in ihr stecken, werden nicht nur der Preis des Unikats, sondern auch die Preisunterschiede zwischen einzelnen Pfeifen ähnlicher Modelle nachvollziehbar. Wer sich ein Paar Schuhe anfertigen oder eine Jacke maßschneidern läßt, erwartet ja auch nicht die kleinen Preise von Cheap & Awful.

Meist beginnt man als Anfänger mit eher preiswerten Pfeifen – und das ist ja auch gut so, wenn bestimmte Mindeststandards eingehalten werden. Erst wenn man schon einige »günstige« Pfeifen besitzt, sind die Karten neu gemischt, fällt der Blick auf die »Besseren«. Man braucht nicht mehr so »dringend« eine weitere Pfeife, man greift auch immer seltener spontan bei Sonderangeboten zu. Nicht, daß der Markt nichts mehr hergäbe, nein, man ist wählerischer geworden, sieht immer deutlicher die Unterschiede und hat einen Blick für Details entwickelt.

David Blieswood hat dies in seinem *ABC der feinen Lebensart* auf den Punkt gebracht: »Was will man noch, wenn man schon vieles hat? Wenig und weniger. Der neue Luxus ist die lastlose Bescheidenheit«[4] – etwa in Form eines Pfeifenjuwels von *Karl Joura*, dem Armani der Pfeifenmacher. Angesichts dieser Pfeifen fallen einem nur vier Worte ein: »klassisches Understatement« und »städtische Eheberatungsstelle«.

Ist es also kein Wunder, daß es nur eine kleine, sehr reiche Minderheit ist, die sich solche Preziosen gönnt? Aus dem Einzelhandel hört man durchaus ambivalentes: So scheinen es auf den ersten Blick tatsächlich eher wohlhabende Pfeifenästheten zu sein, die die teuere Pfeifen erwerben, allerdings gibt es auch immer Pfeifenraucher, die jahrelang auf ihre Luxuspfeife sparen.

Ein Sparbuch für eine Pfeife? Mal ehrlich: Verglichen mit der letzten Handwerkerrechnung und dem Geld, daß man so fürs Auto ausgibt, sind selbst Hochpreispfeifen der Luxusklasse nur »Erdnüsse«. Warum gönnt man sich dann nicht mal was gutes? Seufzend wird man allerdings einräumen, daß es oft nicht nur eine Frage der Prioritäten, sondern meist leider auch eine der Ressourcen ist. »Eine Pfeife! Eine Pfeife! Mein Königreich für eine Pfeife...«

So greift die Mehrheit der deutschen Pfeifenraucher (preis- und qualitätsbewußt) zur soliden bis gehobenen Mittelklasse. Nach eigenem Bekunden tun sie das übrigens nicht so sehr wegen der horrenden Zinsen für den Dispo-Kredit, sondern weil man mit Pfeifen aus dem mittleren Preissegment (so um die 100 bis maximal 200 Euro) viel sorgloser und unverkrampfter umgehe. Man schleppe sie dauernd mit sich herum, rauche sie ständig – und das ist natürlich das beste, was einer Pfeife passieren kann – allerdings gilt das auch für eine sehr viel teurere. Aber offenbar traut man sich da nicht so recht...

Tatsächlich gilt, daß jene Pfeifen, die man häufig benutzt, die preiswertesten sind. Dabei sollte man nicht denselben Fehler wie mit der »guten Garderobe« machen, die (seien wir doch ehrlich) überwiegend für den Schrank gekauft wurde. Man sollte sich tatsächlich jeden Tag mal was Besonderes gönnen und den grauen Alltag mit einer hervorragenden Pfeife und einem Luxus-Tabak verschönen! Das ist nicht nur vernünftig, es wirkt auch sofort.

Wenn sich das Jahr dem Ende zuneigt, was es im Einzelhandel bereits ab Anfang September tut, findet man allerorten einträgliches Brauchtum rund um Spekulatius, Glühwein und Lametta. Und ehe sich der Pfeifenraucher versieht, befindet sich auch in seiner Pfeife eine unverkennbar weihnachtliche Pfeifentabakmischung mit dem Duft von Marzipan, Christstollen und Pfeffernüssen. Und das, obwohl er womöglich viel lieber englische Mixtures raucht. Wie schön, daß es dazu passend Weihnachtspfeifen gibt.

Bei Weihnachtspfeifen handelt es sich nicht etwa um jene bedauernswerten Zeitgenossen, die sich als einzige an die Absprache »Dieses Jahr machen wir uns keine Geschenke« gehalten haben. Die familiären Vereinbarungen zur Verweigerung des weihnachtlichen Konsumterrors sind ja bekanntlich so wirkungsvoll wie der Atomwaffensperrvertrag.

Nein, Weihnachtspfeifen sind sogenannte saisonale Tabakpfeifen, »Serienmodelle mit Sonderausstattung« wie Silverlid, weihnachtlichem Stopfer und süß-fruchtigem Christmas Tobacco in der praktischen Geschenkbox. Ähnliches wird zu Ostern als Frühlingsbote offeriert, oder in irisch-grün zum Saint Patrick's Day. Weitere Feiertagspfeifen werden folgen. Daneben gibt es auch noch sogenannte »Limited Editions«, etwa bei Firmenjubiläen oder ähnlichen Gelegenheiten, wo besondere Pfeifen angeboten werden. Furore machte vor einigen Jahren ein deutscher Pfeifenhersteller, der anläßlich eines cineastischen Fantasy-Spektakels exklusiv Pfeifen vom Kino-Auenland in die Tabakwarenläden brachte. Rauchen wie ein Hobbit. Ja, das waren noch Zeiten, als Zauberer noch rauchen durften. Heute gilt nicht nur im Lehrerzimmer von Hoghwarts ein strenges Rauchverbot...

Egal ob Weihnachts-, Jahres- oder Jubiläumspfeifen, ob Event- oder Gedenkpfeife für Magritte, Maigret oder Methusalem: Es handelt sich immer um sehr gelungene, besonders formschöne und ausgefallene Modelle, die oft sogar von führenden Designern entworfen und als Serienpfeifen in limitierter Auflage gefertigt werden. Von bester Qualität sind sie exzellente Repräsentanten ihrer Marke und werden gern von den Kunden gekauft.

Kapitalismuskritiker werden nun einwenden, daß Sondermodelle doch bloß zur Markenbindung dienen. Das bedeutet, sie müssen klar in die Produktlinie des Herstellers passen und doch ein wenig anders sein als die übrigen Modell: besser, schöner, exklusiver. Der Kunde, der eine bestimmte Pfeifenmarke kennt und gern raucht, greift beim Sondermodell mit besonderer Genugtuung zu *seiner* Marke und der Neukunde wird durch ein besonders gutes Preis-Leistungsverhältnis, eine schöne Ausstattung und pfiffige Extras angelockt.

Nicht selten sind bei den großen Marken diese Modelle sogar Chefsache. Das fängt mit dem ersten Entwurf an, gefolgt von der sorgfältigen Auswahl der verwendeten Rohstoffe, zeigt sich weiter im besonderen Design und findet sich wesentlich in einer aufwendigeren Verarbeitung wieder. Vor allem Applikationen spielen eine wichtige Rolle. Manchmal werden auch eindrucksvolle Zertifikate über die besondere *Qualität* oder das *Design* beigelegt. So freut sich der Raucher an der schönen Pfeife und weiß sich, dank der *Limitierung* des Modells, in einem erlauchten Kreis von Pfeifenästheten.

Solche »Sondermodelle« führen beim Pfeifenfreund ziemlich sicher zu »Sonderausgaben«. Clevere Piperos kalkulieren zum Herbst hin einen entsprechenden »Sonderetat« ein, aber die meisten regeln das um Weihnachten herum über einen »Nachtragshaushalt« oder eine »Bonus-Gratifikation«. Man gönnt sich ja sonst nichts.

Eine überzeugende Form der Geldanlage sind Jahrespfeifen wohl eher nicht. Trotz aller »Limitation« handelt es sich doch immer noch um Serienmodelle, deren Auflage für irgendwelche Wertsteigerungsüberlegungen viel zu hoch ist. Allerdings gibt es auch Ausnahmen. Am bekanntesten dürften Dunhills Christmas Pipes des 2004 abgeschlossenen ersten zwölf-Jahres-Zyklus sein, der sich an dem englischen Volkslied *The Twelve Days of Christmas* orientiert: 12 makellose Pfeifen in klassischen Shapes, limitiert auf jeweils 500 Stück, einzeln numeriert, wurden mit dem jeweiligen Vers versehen und gemeinsam mit einem speziell gefertigten Stopfer aus Sterling-Silber in einer prachtvollen Geschenkbox geliefert.

Wer nach den 12 Jahren den Zyklus nicht nur komplett besitzt, sondern auch noch bei jeder der 12 Pfeifen die gleiche, möglichst niedrige Seriennummer ergattern konnte – und natürlich diese Pfeifen niemals geraucht hat –, darf auf Wertsteigerung hoffen. Wer diese Serie verpaßt hat, kann ja noch versuchen, in die aktuelle Weihnachtsserie »einzusteigen«, denn natürlich hat man diese Erfolgsserie mit einer neuen Kollektion fortgesetzt.

Eine nahezu garantierte Wertsteigerung erzielen hingegen besonders rare *ungerauchte* Unikate, insbesondere, so makaber dies auch ist, von verstorbenen Pfeifenmachern. So soll kürzlich eine noch unberührte Pfeife des 2006 verstorbenen schwedischen Pfeifenmeisters Bo Nordh für unglaubliche 30.000 Euro nach China verkauf worden sein. Man munkelt, die Pfeife habe in ihrem Entstehungsjahr 1999 »lediglich« 2.000 DM gekostet. Wer legt da sein Geld noch in Gold an? Endlich haben wir die passende Antwort auf die blöde Frage »Wie sind Sie eigentlich dazu gekommen, eine so umfangreiche Pfeifensammlung anzulegen?« Klar doch: »War'n Tip meines Anlageberaters!«

Die Pointe hat nur einen Schönheitsfehler: Alle unsere Pfeifen sind ja bereits von uns benutzt worden, was sie enorm entwertet. Etwas anderes wäre es vielleicht, wenn wir unglaublich berühmt wären. Das würde die Pfeife zu einer unbezahlbaren Devotionalie machen. Doch wer würde schon unsere benutzten Pfeifen kaufen? Äh, genau besehen ist das keineswegs eine rhetorische Frage...

Dead Man's Pipes

Tatsächlich berichten die amerikanischen Pfeifenbuchautoren *Richard Carleton Hacker* und *Rick Newcombe* einem fassungslosen europäischen Publikum, daß ihre Landsleute mit Begeisterung *gebrauchte* Pfeifen nicht nur kaufen, sondern auch noch mit Hingabe schmauchen.[5] »Holy Smoke!« Diese Pfeifen nennen die geschäftstüchtigen Amis nicht etwa Second-Mouth-Pipes, was sie ja tatsächlich sind, sondern blumig *Estates* – was so viel bedeutet, wie »aus dem Nachlaß stammend«.

Auf riesigen Messen werden diese Pfeifen neben neuen Designerstücken in großer Zahl verkauft. Bestens abgelagert und (unvermeidlicherweise) bereits eingeraucht sind sie besonders preiswert. »Eine tolle Sache«, schwärmt Hacker. Gut aufbereitet sollen diese alten Schätzchen durchaus angenehm zu rauchen sein. Schwört jedenfalls der amerikanische Pfeifenpapst – und sein Deputy Newcombe pflichtet bei: So holt sich der Bostoner Broker durch die Pioneer-Pipe eines Vorvaters ein Stück Abenteuer und Tradition in den tristen Büroalltag.

Das mit dem Abenteuer kann man ja hierzulande vielleicht noch verstehen... Angesichts einer gebrauchten Pfeife bleibt uns im alten Europa das »Yeeha!« schaudernd im Halse stecken. Wie kann man eine Pfeife in den Mund nehmen, die sich zuvor ein fremder Kerl zwischen die Zähne geklemmt hat? Schon die bloße Vorstellung verursacht Schauder.

Auf den ersten Blick hat der Markt für gebrauchte Pfeifen bei uns genau so große Chancen wie eine Börse für benutzte Zahnbürsten. Um es auf den Punkt zu bringen: Die Kundschaft hat überwiegend hygienische Vorbehalte. Kein Wunder, wenn man an jene Pfeifen denkt, die man hin und wieder auf unseren heimischen Flohmärkten herumliegen sieht. Opas olle Rotzkocher sind zumeist in schauerlichem Zustand und zum Rauchen weiß Gott nicht einladend. Das weiß auch Newcombe: »Ich bin fast ohnmächtig geworden, als ich beobachtete, wie jemand eine dieser Pfeifen mit Tabak füllte und sie rauchte als hätte er die Pfeife schon seit 20 Jahren geraucht.«

Solche »Gammelware« würden seriöse Estates-Händler selbstverständlich niemals anbieten, auch nicht zum absoluten Schnäppchenpreis. Ihre gründlich desinfizierte Ware beschränkt sich auf Nobelmarken und wird so aufbereitet, daß sie sich auch auf den zweiten Blick nicht von neuen Pfeifen unterscheidet, sieht man mal vom Preisschild ab. Am besten, so versicherte mir ein Händler, der hier nicht genannt werden möchte, verkaufen sich noch jene Pfeifen, die so selten geraucht wurden, daß sich kaum Spuren der Benutzung fänden.

Aber wer kauft solche Pfeifen? Verzweiflungstäter, die sich sonst nie eine Dunhill oder meisterliche Freehand leisten können oder wollen? Selbst die, so der Händler, nehmen noch zahllose rituelle Waschungen vor, bevor sie sich die neue Gebrauchte erstmals mit Todesverachtung zwischen die Zähne klemmen. Später soll's dann besser werden. Aber oft wandern gebrauchten Pfeifen lediglich in die Vitrinen der Sammler. So fristet der Estates-Handel in Europa ein ausgesprochenes Nischendasein. Gebrauchte Pfeifen werden sogar häufig unter der Theke gehandelt. Nicht etwa, weil es illegal wäre, sondern weil sie von Kunden für ekelig gehalten werden und der Händler mit gebrauchten Pfeifen lieber nicht in Verbindung gebracht werden möchte.

Eine Ausnahme bilden hier jene Unternehmen, die sich aus einer Reparaturwerkstatt entwickelt haben und somit eine professionelle Aufarbeitung bieten können. Aber auch sie haben mit den Vorbehalten der Kunden zu kämpfen. Und so mancher Kunde, der ein lang ersehntes, makellos aufgearbeitetes Stück erstanden hat, verschweigt besser zuhause die Vorgeschichte dieser Pfeife.

Hacker hat für die Vorbehalte gegenüber runderneuerten Pfeifen wenig Verständnis. Er hält sie für völlig unbegründet, schließlich benutze man doch auch ohne jedes Unbehagen das Geschirr in einem Restaurant, obwohl das doch ebenfalls schon hundertfach gebraucht worden sei. »Wen kümmert's« fragt er cowboyhaft. Dieser Punkt geht aber nur auf den ersten Blick an Hacker, denn es gibt hinsichtlich der Bereitschaft, Flüssigkeiten und Feststoffe im Material einzulagern, einen klitzekleinen Unterschied zwischen einem Porzellanteller und einer Pfeife.

Die hiesigen Händler tragen diesem winzigen Unterschied Rechnung und versehen ihre Estates meist mit neuen Mundstücken, was vor allem bei Freehands mit ausgefallenen Formen und Applikationen schwierig und kostspielig ist. »Ich weiß, daß insbesondere die Mundstücke ein Problem darstellen, aber mit den gebrauchten habe ich keine Chance, meine Ware zu verkaufen«, gesteht der Händler. Eine Pfeife ist eben eine sehr persönliche Angelegenheit.

Diese lapidare Feststellung des Kaufmannes deutet darauf hin, daß es beileibe nicht nur hygienische Einwände sind, die den Pfeifenraucher vor einer »Gebrauchten« zurückschrecken lassen. Eine Pfeife ist ein Gegenstand mit Charakter, wie *Ilja Ehrenburg* aus dem tiefsten Grunde seiner russischen Seele feststellt: »Zernagt, durchräuchert, stellt sie sozusagen das menschliche Leben dar, eine Chronik seiner vielfältigen Leidenschaften, denn im Holz verbirgt sich die Spur des menschlichen Atems«.[6]

Die Persönlichkeit des Vorbesitzers spiegelt sich wieder in der Auswahl der Pfeife und an den Spuren seiner Nutzung. Man könnte fast sagen, daß der Raucher der Pfeife seinen Atem eingehaucht hat. Wegen der so entstandenen engen Bindung – und nicht bloß aus hygienischen Gründen – mag niemand seine Pfeife verleihen. Genau das ist es aber, was Newcombe allen Ernstes vorschlägt. »Tauschen Sie doch mal mit anderen Leuten Ihre Pfeifen, so kann man viel mehr ausprobieren«. Ein Swinger-Club für Pfeifen?

Amerikanische Händler wie *Jim Benjamin* jedenfalls, die den kometenhaften Aufstieg des US Estates-Handels aus einer Nischenposition in den 70ern bis zu den großen Marktanteilen heute beobachtet haben, glauben an einen wachsenden Estates-Markt auch in Europa. »Ich sage voraus, daß es nur eine Frage der Zeit ist, bis sie in den Pfeifengeschäften im Rest der Welt ebenso beliebt sind.« Derzeit ist unschwer zu erkennen, was der Rest der Welt darüber denkt. Tatsächlich zeigt sich zumindest das alte Europa eher als Koalition der Unwilligen.

Doch wie steht es mit Erbstücken aus dem Familienkreis? Vatis Pfeifen haben wir früher doch auch heimlich geraucht. Aber das waren eben Vatis Pfeifen und die Situation war damals eine andere. Doch Opas Pfeifen wären vielleicht schon unappetitlicher, Onkels ohnehin, auch wenn die beiden ihre Pfeifen immer tipptopp in Schuß gehalten haben.

Gegen die Nutzung alter Erbstücke sprechen noch ganz andere Gründe, die uns *Michael Gerber* in einer haarsträubenden Schauergeschichte erzählt, in der jemandem eine fabelhafte Pfeife unglaublich billig angeboten wird. Der Besitzer war verstorben, und nun wurde der Nachlaß verkauft. »Ich bin nicht zimperlich, daher kaufte ich die Pfeife. Aber erst als ich sie rauchte, wurde mir klar, warum der Preis so lächerlich niedrig war. Ihr ehemaliger Besitzer spukte nämlich noch darin«.[7]

Ach, Sie glauben, das sei hanebüchener Unsinn? Na, mir fällt da eine Pfeife ein, die moderig wie eine alte Mumie riecht und unheimlich seufzt, wenn man an ihr zieht. Schuhuu. »Rauche nie die Pfeife eines Toten! Das lassen die sich nicht gefallen,« ruft uns Michael Gerber zu. Weia!

Gruselpfeifen

Diese Geschichte leitet zu ganz besonderen Pfeifen über, die sich auf ein Fest beziehen, das sich bei uns in den letzten Jahren so unaufhaltsam verbreitet hat, wie der Waschbär. Gemeint ist der am 31. Oktober fällige Halloween. Das Wort stammt vom englischen *all hallows eve(ning)* her, dem Vorabend vor Allerheiligen, ein Fest, das irische Auswanderer im 19. Jahrhundert in die USA mitbrachten und das dort vor allem ein kommerzieller Erfolg wurde. Mit anderen Worten: Es gibt die »passenden« Pfeifen dazu.

Das Fest selbst ist uralten Ursprungs und wurzelt im heidnischen Samhain-Kult, besser bekannt als Sonnenwende. Die alten Kelten glaubten, daß beim Wechsel der Jahreszeiten die Geister mit den Lebenden Kontakt suchen. Die Druiden entfachten deshalb magische Feuer, um böse Geister abzuwehren und im Rauch die Zukunft zu erforschen.

Laut Werbung sollen wir dies stilecht mit einer Halloween-Pfeife tun. Nun spricht zunächst nichts gegen ein kleines Rauchopfer für die ehrenwerten Ahnen, vor allem, wenn man mal in Ruhe in die Zukunft blicken möchte. Bloß warum muß der Pfeifenkopf wie ein Kürbis mit Fratze aussehen? Doch damit nicht genug. Halloween-Pfeifen scheinen direkt aus dem Biotop der Geisterbahn zu stammen: Totenschädel, Vampirköpfe, Werwolfschnauzen, Teufelsfratzen, Hexenköpfe und Drachenklauen – ob Bruyère oder Meerschaum, all diese eher morbiden als geschmackvollen Halloween-Pfeifen bekommt man seit einiger Zeit nun auch hierzulande in nahezu jedem Tabak-Fachgeschäft. Und das, obwohl die meisten von uns nicht einmal Kelten sind und Halloween bislang bei uns bloß ein kommerzieller Termin und keinesfalls gelebtes Brauchtum ist.

Gern erhebt der Deutsche am 17. März zum Saint Patrick's Day eine stilvolle irische Pfeife, vielleicht sogar in grünem Finish und mit einem Kleeblatt im Silberring, um den Schutzheiligen Irlands zu ehren. Oder er schmaucht »stattlich und feist wie Buck Mulligan« am 16. Juni zum Bloomsday auf James Joyce eine Dublin mit einem Tabak »created for the thinking man« – aber müssen es unbedingt am 31. Oktober diese in Holz oder Meerschaum geschnitzten Alpträume sein? Sogar Halloween-Tabake soll es schon geben und sie scheinen nach der Devise »Süßes, sonst gibt's Saures!« aromatisiert zu werden. Wir warten nur noch auf die Mixture mit Pumpkin-Cranberry-Aroma.

Die Iren glauben angeblich bis heute, daß die Geister der Toten zu Halloween ihre irdischen Wohnstätten wieder aufsuchen. Womöglich, um sich ihre alten Pfeifen wiederzuholen. Dem beugten früher die Bewohner der grünen Insel vor, indem sie Pfeifenraucher gleich mit Pfeife beerdigten. Heute werden sie wohl als Estates in die USA verscheuert.

Anmerkungen

1 Vgl. Dunhill, Die edle Kunst des Rauchens, a.a.O., S. 110; s.a. J. Rutzen, in: Pipe & Cigar 2/2001, S. 60.

2 Stan Hill, Rainer Barbi, Perfektionist ohne Grenzen, in: Smokers Club, 4/2001, S. 7. Barbi ist leider 2011 verstorben.

3 A. Eckert, Schönheit hat ihren Preis, in: Smokers Club 1/2001, S. 27.

4 David Blieswood, Das ABC der feinen Lebensart, Berlin 1999, S. 20.

5 R. Newcombe, Der Traum vom Pfeifenrauchen, a.a.O., S. 77ff., R. C. Hacker, Das Handbuch des Pfeifenrauchers, a.a.O., S. 109ff. u.ö.

6 Ilja Ehrenburg, 13 Pfeifen und andere unwahrscheinliche Geschichten, a.a.O., S. 7 (Vorwort von 1922).

7 Michael Gerber, Barry Trotter, Hamburg, Wien 2003, S. 79ff.

Marken und Macher

Ein großes Thema! Und man sollte die Finger davon lassen, da man unmöglich alle Marken und Macher kennen, geschweige denn in einem Buch angemessen darstellen kann. Kenner der Szene behaupten sogar, die Pfeifenbranche sei so rücksichtslos umkämpft, daß man von »mafiaähnlichen Strukturen« sprechen könne.[1] Wehe dem, der vermeintlich Partei ergreift, Gunst willkürlich gewährt oder versagt. Daß diese Einschätzung nicht übertrieben ist, zeigt die oft ungerechtfertigte Kritik an den wirklich verdienstvollen Büchern von Rolf Joachim Rutzen und Stan Hill, die vollständig dem Thema »Pfeifenmarken« gewidmet sind. So wollen auch wir hier nicht »kneifen«, gehört doch ein solches Kapitel in jedes »ordentliche« Pfeifenbuch.

Allein schon der unübersichtliche deutsche Markt mit seinen verwirrenden Markennamen, unterschiedlichen Klassifikationssystemen und die kuriose Ausdifferenzierung in Primär-, Sekundär- und Tertiärmarken sorgt für eine maximale Orientierungslosigkeit der Konsumenten. Ein Überblick tut also Not!

Über Billigpfeifen vom Discounter wollen wir hier nicht reden. Das einzig respektable an Kaufhaus- oder sogenannte Drugstore-Pfeifen sind oft die hochtrabenden Markennamen, die sich skrupellos der italienischen oder englischen Kulturgeschichte bedienen. Nun ja, *Jean Claude* aus Saint-Claude ist auch nicht besonders originell. Nicht, daß man unter den Billigmarken nicht auch akzeptable Pfeife finden könnte – viele heute große Marken haben schließlich auch mal klein und billig angefangen –, aber die Wahrscheinlichkeit, daß man etwas Anständiges für sein Geld bekommt, ist relativ gering.

Wenn Pfeifen etwas besser sind, kosten sie auch als »No Names« fast genauso viel, wie preiswerte Markenpfeifen. Eine Übersicht über das untere Marktsegment aus der Massenproduktion ist unmöglich, denn meist verbergen sich die auf einfache Pfeifen spezialisierten Fabriken erfolgreich hinter mehreren verschiedenen »Markennamen«. Auch verschwinden diese Pfeifenmarken ebenso schnell wieder, wie sie auftauchen und werden flugs durch neue ersetzt. Wir halten uns deshalb besser an die etablierten Marken der Branche, die man in jedem gut sortierten Pfeifengeschäft finden kann. Mit Pfeifen dieser Marken macht man in der Regel keinen Fehler.

Serienhelden

Egal, ob überwiegend manuell oder an der Kopierfräse hergestellt, Serienpfeifen der Markenfirmen sind in der Regel von allerbester Qualität, aus hochwertigen Materialien gefertigt und solide verarbeitet. Dank der immer unterschiedlichen Maserung sind auch Serienpfeifen kleine Unikate, die sich nur in der Form gleichen. »Individualität ist für uns die Norm«, mag die heimliche Devise aller Hersteller von Serienpfeifen sein.

Oft stellt sich bei Serien-Pfeifen sogar die Frage, welcher bekannte Designer hier für die Grundform, den Prototyp als Vorlage für's Pfeifenklonen verantwortlich zeichnet. Former, Barbi, Joura ... hier gibt es große Namen zum kleinen Preis.

Dänischer Stil? Nein! Eindeutig italienisches Design! Ach, Blödsinn, ganz klare englische Linienführung! Oder doch französische Eleganz? Haben wir was vergessen? Deutsche Solidität? Holländischer Charme? Irischer Schwung?

Die genannten Zuordnungen sind zugegeben etwas klischeehaft, außerdem vermischen sie sich auf dem europäischen Markt, trotzdem kann man mit einiger Übung oft schon auf den ersten Blick erkennen, aus welchem der großen »Ställe« eine Serienpfeife kommt, da man sich in den meisten Pfeifenfabriken und Manufakturen seit vielen Jahren auf bestimmte Kernbereiche spezialisiert hat. Zwar führt man oft auch andere Linien, dies aber nur, um Stammkunden auch mal einen anderen Stil bieten zu können, ohne daß sie »ihre« Marke wechseln müßten.

Zur *Markenbindung* gehört aber eine mehr oder weniger beständige *Produktlinie.* Bestimmte Merkmale erleichtern den Wiedererkennungseffekt. Und hier ist nicht nur das Firmen-Logo gemeint: Schreitet jemand mit stolz erhobenem Pfeifenkopf durch die Fußgängerzone, erkennen die meisten Piperos schon aus großer Entfernung die Marke.

Der deutsche Pfeifenmarkt

Deutschland darf als das Eldorado für Pfeifenraucher bezeichnet werden, jedenfalls was den Handel mit Pfeifen und Tabak anbelangt. Wie es dann beim Rauchendürfen aussieht, steht auf einem ganz anderen Blatt. Die Sortimente der Pfeifenläden sind in Deutschland jedenfalls reichhaltiger und exklusiver als sonst irgendwo auf der Welt. Große und gut sortierte Tabakwarenläden finden sich in den meisten Städten und auch so manche Kleinstadt hat einen engagierten Ladenbesitzer mit pfiffigen Ideen und einer Smokers-Lounge. Wer schon mal durch London, Dublin, Kopenhagen oder Paris geirrt ist, um dort jene sagenhaften Pfeifenläden von Dunhill, Peterson, Larsen oder Tabakpaläste im Stile des Empire zu finden, wird sich vor allem an lange Wanderungen erinnern – und die Enttäuschung, als man endlich fündig wurde. Daß die Auswahl an Pfeifen und Tabaken bei uns so üppig ist, liegt nicht zuletzt daran, daß Deutschland Europas größter Markt für Pfeifen und Pfeifentabak ist.[2] Weltweit wird nur noch in Dänemark mehr Pfeife geraucht. Statistisch gesehen.

Die deutschen Verbraucher sind außerdem in ihrer Mehrzahl aufgeschlossen, gut informiert und sehr kritisch. Einschlägige Pfeifen-Magazine, kostenlosen Infohefte, Prospekte und Broschüren sind unter Pfeifenrauchern sehr beliebt und werden sehr gründlich gelesen – ebenso wie die Bücher zum Thema. Aber wem erzähle ich das?

Gut informierte Kunden sind entsprechend wählerisch, aber auch Neuerungen gegenüber sehr aufgeschlossen. Dadurch sind die interessierten Kunden als Laien manchmal besser informiert als jenes Verkaufspersonal, das sich mit dieser Lektüre nicht beschäftigt.[3] Was natürlich auf die Profis guter Fachgeschäfte nicht zutrifft! Hier kennt man den Markt und weiß, was die Kunden wünschen. Die Kehrseite ist aber, daß jeder Fachhändler haarsträubende Geschichten über hyperkritische Kunden und rechthaberische Besserwisser erzählen kann... Außerdem muß der deutsche Fachhandel viel zu Vieles und selbst Ausgefallenes vorrätig halten, dabei auf Trends flexibel reagieren und das Ganze auch noch zu akzeptablen Preisen anbieten.

So ist es nicht verwunderlich, daß man in deutschen Fachgeschäften fast alle führenden Pfeifenmarken bekommt und viele Freehand-Künstler mit ihren Top-Modellen vertreten sind. Dazu kommen noch Meerschaumpfeifen und Calabashs. Aber auch lange Goudas und exotische Nargilehs stapeln sich in den Regalen. In den letzten Jahren kam noch das Internet als stille, aber merklich Konkurrenz dazu. Wer die neue Trend-Pfeife im Netz findet und auch gleich für den morgigen Tag per »Mausklick« bestellen kann, geht immer seltener zum Fachhändler an der Ecke. Aber nur hier kann man direkt aussuchen, unmittelbar befühlen, direkt persönlich beraten werden und wirklich abwägen. Und richtig Spaß haben.

Da der deutsche Markt nicht protektionistisch orientiert ist, wird er auch nicht durch einheimische Produkte dominiert. Deshalb haben es deutsche Unternehmen nicht ganz einfach, sich bei der breiten internationalen Konkurrenz zu behaupten. So mußte etwa die Traditionsmarke *Oldenkott* schon vor vielen Jahren ihre Produktion einstellen. Trotzdem halten sich manche

Namen noch lange über das »Sterben« der eigenen Marke hinaus, da noch nach Jahren Pfeifen aus Restbeständen auf dem Markt auftauchen. So kann es einem passieren, daß man eine nagelneue Pfeife aus den 60er Jahren kauft: Eine *Graco* mit Meerschaumeinsatz, eine *Fratelli* oder *Mercato* ...

Das traurige Schicksal der Schließung alter Traditionsunternehmen in der Pfeifenbranche ist weltweit zu beobachten, da der Pfeifenmarkt in den letzten Jahrzenten kontinuierlich schrumpft. Die in älteren Pfeifenbüchern häufig empfohlenen Marken oder Geschäfte finden sich oft nicht mehr auf dem Markt. Wer kennt schon noch die englischen *Parker* Pipes, einst Inbegriff von »London Made«, oder die soliden und formschönen *Gigi*-Pfeifen aus Italien; und was ist eigentlich aus den einst so renommierten Marken *Svendborg* und *Seiffert* geworden? Entweder stellten sie die Produktion ein, wurden von den Großen »geschluckt« oder agieren nur noch als Importeure. Markennamen werden verkauft und wechseln häufiger als andere Leute ihre Filter.

Überwiegend haben Markenpfeifen aus renommierten Betrieben einen festen Kundenstamm, und das nicht nur in Deutschland. »Made in Germany« wird nicht nur bei uns geschätzt. Und da man in den USA gerade die Filterpfeifen entdeckt, haben deutsche Marken voraussichtlich wachsende Chancen auf dem Weltmarkt. Dabei scheint es auf den ersten Blick in Deutschland eigentlich keinen eigenen Pfeifenstil zu geben. Ob an den klassisch englischen Shapes ausgerichtete Pfeifen, moderat moderne dänische Formen oder flippige Italo-Fancies, die meisten Produzenten haben nahezu alles im Angebot.

Kleine Pfeifen werden bei uns (trotz des allgemeinen Trends zum Outdoor Smoking) immer noch vergleichsweise selten gekauft – genau wie ihr Gegenteil die Giants. Tendenziell wird in Deutschland zum mittleren bis größeren Füllvolumen und kräftigem Holm mit Platz für Filterpatronen gegriffen. Ganz anders als in England und Japan wo man kleine schlanke Pfeifen bevorzugt, oder in den USA, wo man elefantöse Pfeifen ohne Filter schätzt. Franzosen greifen überwiegend wie ihre deutschen Nachbarn zum mittleren Füllvolumen, aber zu schlankeren Formen ohne Filter. Dafür mit Metallsystem, was Deutsche und Niederländer entrüstet ablehnen und Amerikaner gar für ein Zeichen minderwertiger Fertigung halten. Die »Global Player« in der Pfeifenbranche stehen vor dem Problem, all die Besonderheiten und Befindlichkeiten in den unterschiedlichen Abnehmerländer bei der Produktion zu berücksichtigen: Kleine und große Pfeifen, mit und ohne die verschiedenen Filter, manche unbedingt mit Metalleinsatz, andere unbedingt ohne – und dann noch die ganzen Kombinationen...

Die bekannteste, älteste und wahrscheinlich größte Pfeifenfabrik Deutschlands dürfte *VAUEN* sein. Der Name kommt von *VN*, *V*ereinigte Pfeifenfabriken *N*ürnberg, deren Geschichte bis auf das Jahr 1848 zurückreicht. Heute verlassen über 50.000 Pfeifen jährlich das moderne Werk in Nürnberg. In so ziemlich allen Designs, von klassisch-konservativen Shapes bis zu Fancies, werden die etwa 250 Modelle in mehreren Qualitätskategorien gefertigt. Dabei handelt es sich fast ausnahmslos um qualitativ hochwertige Pfeifen, bei den Spitzenmodellen um wahre Kleinodien.

Hält man eine VAUEN in der Hand, fällt einem sofort das Wort »grundsolide« ein. Selbst die preiswertesten Modelle sind von untadeliger Qualität und guter Verarbeitung. Außerdem haben VAUEN-Pfeifen durchweg gutmütigen Raucheigenschaften. Man könnte eine durchschnittliche VAUEN auch als den »Golf« des Pfeifenmarktes bezeichnen. Die erstklassigen Pfeifen aus diesem Hause werden innerhalb Deutschlands mit einem weißen Punkt auf der Oberseite des Mundstücks geadelt. Die *Weißpunktqualität* geht schon eher in Richtung Audi.

Seit 1911 liegt man mit Dunhill im Clinch über das Recht auf den weißen Punkt. Die Briten waren damals wohl nicht eher, aber cleverer dabei, sich die Rechte weltweit zu sichern. Deshalb darf VAUEN seinen weißen Punkt nur in Deutschland setzen. Deshalb fällt man auch in Great Britain unter Pipesters mit einer VAUEN ziemlich auf, denn außer im Preis steht so manche der Nürnberger Pfeifen kaum den Dunhills nach. *Solitaire*, die Spitzenserie von VAUEN, wird nur aus Plateauholz und in Handarbeit gefertigt. Das wäre dann der Porsche. Übrigens stellen die Nürnberger als einer der wenigen Produzenten noch Pfeifen mit Lippenbißmundstücken in Serie her – was an dieser Stelle ausdrücklich gelobt wird. Als Hersteller des »Dr. Perl junior Aktivkohlefilters« werden bei VAUEN natürlich zu 100% Filterpfeifen gebaut. Für ein beruhigtes Rauchen: Hat Doc Perl so verschrieben...

Der schärfste deutsche Konkurrent von VAUEN führt den drolligen Namen *Denicotea*, wurde 1932 gegründet, sitzt in Bergisch-Gladbach und hat alles im Angebot: Von A-Klasse bis S-Klasse, von Anfängerpfeifen für ein paar Euro bis zum teuren Super-Designermodell. Mit 50.000 Pfeifen jährlich ist das Unternehmen eine große Nummer auf dem deutschen Markt, vor allem bei all jenen Rauchern, die auf Kieselgelfilter schwören, die exklusiv von Denicotea produziert werden.

Alle Denicotea-Pfeifen sind qualitativ hochwertig und sehr gut verarbeitet. Man bevorzugt klassisch elegante Formen im eher dänischen als englischen

Stil, am häufigsten trifft man aber auf Pfeifen mit dem typisch italienischen Hang zur Verspieltheit. Übrigens hat man auch ein paar Ferraris im Angebot, denn Denicotea hat den deutschen Exklusivvertrieb für die Pfeifenmeister *Tommaso Spanu* und *Don Carlos* (Bruno Sordini).

Wo wir gerade beim Vergleich mit Automarken sind: *db-Design Berlin*, mit 30.000 Pfeifen pro Jahr die Nummer drei der deutschen Pfeifenproduzenten, legt größten Wert auf das Wort *Design* im Namenszug: Aus Berlin kommen die »schweren« Limousinen und witzigen Flitzer unter den deutschen Pfeifen. Das Design tendiert eher zur Klassik, aber auch Ausgefallenes findet sich. Besonders die handgefertigten Pfeifen sind oft recht extravagant, etwa die an Blattformen angelehnten Designs oder der skulpturhafte *Happy Fish*. Die Verarbeitung der Serienmodelle ist sehr gut, das Material superb, und die Serienproduktion hält den Preis erträglich. Man geht auf Sonderwünsche ein, baut Pfeifen für Linkshänder, XXL-Pfeifen (Giants) und sogar vor Gesteckpfeifen schreckt man nicht zurück, seit man eine entsprechende Manufaktur in Thüringen übernommen hat. Außerdem produziert man den selbst entwickelten Doppelrauchkanal, den vor allem Menschen mit empfindlicher Zunge zu schätzen wissen. Und es werden nur Pfeifen mit 9mm Filterkammer gebaut.

Ähnlichen Wert auf Design legt *Reiner Design*. Der leidenschaftliche Pfeifenraucher Rüdiger Lutz Will hat seit längerem die Rechte an dem Namen Reiner Design von dem Pfeifenmacher Reiner Klein gekauft. Heute werden die etwa 2.000 nach den Entwürfen von Will hergestellten Pfeifen »in einem modernen Großunternehmen in Nordeuropa«[4] aus Plateauholz gefertigt. Damit ist Will kein Pfeifenmacher im herkömmlichen Sinn, auch wenn der Chef des Ein-Mann-Unternehmens persönlich einige Pfeifen selbst herstellt. Er hat sich der klassisch britischen Linie und der Filterpfeife verschrieben. Seine Modelle sind solide bis gehobene Mittelklasse und zeichnen sich häufig durch aufwendige Silberapplikationen aus.

Die Traditionsmarke *Heinrich Kallenberg* wurde 1919 in Thüringen gegründet. Sie sorgte nach dem zweiten Weltkrieg in der DDR für eine jährliche Pfeifenproduktion von etwa 30.000 Stück und einen ansehnlichen Export in einige afrikanische Länder. Allerdings waren die damals hergestellten Pfeifen nicht immer aus Bruyère und die Mundstücke ließen, wie bei allen in der DDR produzierten Pfeifen, sehr zu wünschen übrig. Man kann sagen, daß bei allen Herstellern die Qualität der produzierten Pfeifen mit der Zeit immer schlechter wurde. Massive Lieferschwierigkeiten im realexistierenden Sozialismus und minderwertige Rohstoffe waren an der Tagesordnung und erschwerten die Produktion.

Bis zur »Wende« war trotz dieser Widernisse »*Kallenberg*« ein Begriff für jeden Pfeifenraucher in der DDR – auch wenn diese Pfeifen bis dahin gar nicht mit einem Namenszug versehen waren. Heute verlassen die Manufaktur von Seniorchef Hans Kallenberg jährlich nur noch etwa 2.000 solide Gebrauchspfeifen mittleren Preiskategorie. Aber auch 50 bis 100 exklusive Designerstücke werden jedes Jahr gefertigt. Von »Ostalgie« ist bei Kallenberg nichts zu spüren, auch wenn das Familienunternehmen zu den letzten ehemaligen DDR-Produzenten gehört. Die übrigen ehemaligen Größen der DDR-Pfeifenbranche (*Howal*, *March* und *ARK* (August Richard Kühn) sowie die Serien *Old Briar* und *Real Briar*, die überwiegend für den Export zum Klassenfeind vorgesehen waren, existieren heute nicht mehr. ARK wurde bereits zu DDR-Zeiten vom damaligen Marktführer »VEB Howal« übernommen. Der wurde übrigens Anfang der 90er Jahre von Design Berlin (db) gekauft und die Produktionsanlagen übernommen.

Auf dem deutschen Pfeifenmarkt gibt es noch einige weniger bekannte Pfeifenmacher, die für größere Vertriebsketten wie *Ermuri* oder für bedeutende Tabakhersteller Hausmarken-Pfeifen fertigen. Recht verbreitet sind die zum Tabak hergestellten *Mc Lintock*-Pfeifen, die als Low-Budget- oder Drugstore-Pfeifen von eher bescheidenerer aber noch akzeptabler Qualität sind. *Radford's*, die Pfeifen(tabak)marke des bayerischen Schnupftabakkonzerns *Pöschl*, läßt qualitativ hochwertige Pfeifen in Frankreich herstellen. Die ausgezeichneten Jahrespfeifen stammen übrigens in der Regel von *Chacom*.

Rule Britannia!

O Albion, Mutterland der Pfeifenkultur! Britannische Gaumenergötzungen durch Latakia und Oriental, puristische Pfeifen der englischen Klassik mit aristokratischem Understatement: »No freehands – we are british«. Entsprechend findet man kaum englische Pfeifenmacher, die mit ausgefallenen Pfeifenformen aus der Reihe tanzen. Alles nur Klischee? Kurioserweise ist es gerade der Erwartungsdruck des internationalen Marktes, der zu dieser konservativen Linie geradezu zwingt.[5] Wer eine Pfeife »*Made in Britain*« kauft, will offenbar keine dänischen Handschmeichler, italienischen »Design-Schnickschnack« oder französische Eskapaden. Hinzu kommt, daß der Pfeifenmarkt in Großbritannien gehörig an Schwindsucht leidet. Das erhöht aber immer weiter durch steigenden Export den Druck auf die Produzenten, nur noch die von den übrigen Europäern erwarteten Pfeifen herzustellen. Man könnte so das britische Design als Fluch des eigenen Stereotyps bezeichnen. Andererseits haben es die Pfeifen von der Insel tatsächlich zur Blüte der Klassik getrieben und so unbestritten ihre Nische gefunden. Angeblich gibt es nirgendwo sonst die Grundformen in Serie so »rein« wie in Großbritannien. Und kaum irgendwo sonst sind Pfeifen so teuer wie auf der Insel...

Da ist zunächst *Dunhill*, das Flaggschiff der britischen Pfeifenindustrie: Englische Klassik in der Formgebung beherrscht die Rolls-Royce unter den Pfeifen. Schließlich gehört man neben *Cartier*, *Montblanc* und *Lagerfeld* zur *Vendome Luxury Group* – und Luxus verpflichtet. Dunhill pflegt ein Markenimage, das nur noch durch die Queen getoppt wird. Selbst die untere Preisklasse löst unter Kaufwilligen noch Schwindelanfälle und Schweißausbrüche aus und nach oben ist beim Preis kaum eine Grenze zu erkennen. Dafür kann man sicher sein, daß man im Hause Dunhill ohne Rücksicht auf den Preis nur das Beste herstellt. Andererseits kauft man in der Londoner Luxusschmiede nicht Ebauchons, sondern vorgefertigte Ware ein, die »nur noch« durch Dunhillsche Veredelung geadelt wird! Die Pfeifenköpfe werden in Saint-Claude vorgedreht.

Zu Dunhill gehört die einst sehr renommierte Pfeifenmarke *Charatan*, eine Nobelmarke die nicht nur über eine Sekundär-, sondern sogar über eine Drittmarke verfügte. Ende der 80er Jahre wurden die Markenrechte an Colin Fromm verkauft, der bis dahin Freehands für Dunhill gefertigt hat. Heute werden Charatan Pfeifen für Dunhill in Saint-Claude gefertigt und versorgen Britannien mit ausgefallenen Freehandformen, die man nämlich auch dort schätzt.

Das genau andere Ende der Skala zu Dunhill nimmt *Dr Plumb's* ein. Die angeblich »beliebteste Pfeife der Welt«, so der Slogan der Marke, ist vor allem zweierlei: billig und bei uns nicht erhältlich. Ob Markenname oder akademischer Titel – alles Fake! Der Firmengründer Rubinovich entschied sich 1925 die Marke nach seinem Buchhalter Leslie W. Plumb zu benennen, weil dessen Name entschieden englischer klang als der eigene. Da Mr. Plumb gelegentlich die Buchführung frisierte (im Englischen *to doctor figure*), wurde der kreative Mitarbeiter kurzerhand vom Chef promoviert.

Die Pfeifen von Dr Plumb kommen überwiegend aus Frankreich, was die Briten entweder nicht wissen oder sie angesichts des Preises nicht weiter stört, denn auf der Insel sollen sie recht verbreitet sein. Gleiches gilt für die Traditionsmarke *GDB* (Ganneval, Bondier and Donninger), die seit ihrer Gründung im Jahre 1850 eine überaus wechselvolle Geschichte hatte, heute aber den Tiefpunkt erreicht zu haben scheint und vornehmlich *sehr* preiswerte Pfeifen fertigt, die zu allem Überfluß auch noch mit »Metallfiltern« geliefert werden. Hier setzt man überwiegend auf möglichst billige französische Produktion.

In diesem Sinne produziert auch *Comoy's* (*of London*) überwiegend klassische Shapes, wobei die Palette der traditionsreichsten Pfeifenfabrik Englands von sehr preiswerten bis zu qualitativ und preislich recht anspruchsvollen Pfeifen reicht. Nur unwesentlich jünger als Comoy's ist *Loewe*, ein Betrieb, der wahrscheinlich einer der größten Pfeifenproduzenten auf der Insel ist. Seit seiner Gründung 1856 ist man der klassischen Linie verpflichtet, weshalb man hier auch partout keine Filterpfeifen baut. Und so wahrscheinlich einen Trend verschläft. Dafür behauptet man, der erste britische Hersteller von Bruyère-Pfeifen gewesen zu sein.

Mit dem amüsanten Slogan »Smoked by all shrewd judges« trumpft der Benjamin unter den Traditionsunternehmen der britischen Branche auf: »Erst« 1899 wurde *Orlik Pipes* als Familienunternehmen gegründet und stellt heute, neben klassischen Formen, besonders gebißträgerfreundliche Pfeifen her. Vielleicht, weil früher Richter doch etwas bejahrt waren, wenn sie im Old Bailey, dem britischen Hauptgerichtshof in London, sitzen und ihre Pfeifen rauchten. Ein weiterer Traditionalist der englischen Pfeifenindustrie ist *BBB – Britain's Best Briar* – der seit 1847 am Werke ist. Heute gehört *BBB* neben *Dr Plumb's*, *GDB*, *Loewe*, *Comoy's of London* und *Orlik* zur *Cadogan-Investments* Gruppe und deckt dort das preisliche Mittelfeld ab.

Ebenfalls ein altes Unternehmen ist das 1890 gegründete Familienunternehmen *Blakemar* (»in the same familiy since«), das mit seinen etwa 10.000 in Northamtonshire produzierten Pfeifen zur Mittelklasse gehört. Hier hat man sich allein auf die klassisch-englischen Formen spezialisiert und deckt mit ihnen das untere und mittlere Preissegment ab. In dieselbe Kerbe schlägt *Barling*. Das bereits 1812 gegründete Unternehmen zählt zu Britanniens ältesten Pfeifenmanufakturen und wurde seither durch mehrere Verkäufe und Umstrukturierungen gebeutelt, ist aber mit seiner aktuellen Jahresproduktion von 25.000 Pfeifen immer noch eines der größeren Unternehmen. Auf der Isle of Man, dem heutigen Stammsitz des Unternehmens, setzt man auf gute Qualität zu kleinem Preis.

Ist Dunhill der Rolls-Royce unter den Pfeifen, so geht die Pfeifenmarke *Ashton* in Richtung Rover. Solide Verarbeitung, klassisch sportliches Design und ein Preis, der einen nicht gleich an geschälte Zwiebeln denken läßt – wobei die Spitzenqualität durchaus auch üppige Haushaltskassen sprengen kann. Eben »a class of it's own«. Die angeblich in heißem Öl gehärteten Ebauchons werden in der Nähe von London nach ähnlichen Qualitätskriterien gefertigt wie bei Dunhill – was nicht weiter wundert, war doch William »Ashton« Taylor, der Inhaber der 1983 gegründeten Firma, seinerzeit Lehrling bei Dunhill. Mit 3.500 Pfeifen pro Jahr ist Ashton nicht gerade ein Massenproduzent, aber dank guter Marktpräsenz ein weltweit bekannter Hersteller. Nicht zuletzt, weil man im Hause Ashton auf Klasse statt Masse setzt – und auf Solidität statt Originalität.

Eine ähnliche Karriere wie der »Newcomer« Taylor hat das Ehepaar Wood gemacht: Nachdem sie viele Jahre bei Dunhill gearbeitet haben, wagten sie 1979 den Schritt in die Selbständigkeit und fertigen seither Pfeifen unter den Namen *Ferndown* oder *L. Wood*. Den klassischen Formen merkt man die besondere Passion der Hersteller an. Leslie Wood gilt nicht nur als ein sorgfältiger Pfeifenhersteller der Spitzenklasse. Er ist auch als einer der besten Silberschmiede in Großbritannien bekannt. Noch heute führt er besondere Silberarbeiten für Dunhill, Ashton, die Cadogan-Investment Gruppe und *Upshall* aus.

Damit ist der Name des letzten der Großen auf der Insel gefallen: James Upshall Barnes war Colonel und Pfeifenraucher, der nach seiner aktiven Dienstzeit zunächst bei Charatan Direktor wurde, bis er sich 1978 unter dem Namen *James Upshall* selbständig machte. Nach dem Tod des Colonels machte der Betrieb eine wechselhafte Geschichte durch, bis er schließlich 1997 an Mordechai Ezrati verkauft wurde. Heute stellt man überwiegend Giants für den amerikanischen Markt her. Die etwa 5.000 Pfeifen, die jährlich die Fabrik in West Sussex verlassen, sind von exquisiter Qualität, insbesondere die luxuriöse Empire-Serie, und haben ihren Preis. Neben Serienmodellen werden auch Freehands gefertigt.

Sláinte Éire

Irland – Pfeifenland: Da wäre zunächst *Peterson*; dann noch Peterson – und natürlich Peterson, kurz: Peterson's of Dublin. Von den kleineren Pfeifenmanufakturen Irlands, die es angeblich immer noch geben soll, hört man hier auf dem Kontinent absolut nichts. Peterson ist hingegen weltberühmt, in den Pfeifengeschäften allgegenwärtig und steht quasi als Synonym für irische Pfeifen, auch wenn die Mitbegründer der 1865 gegründeten Firma zwei Nürnberger Pfeifenmacher, die Kapp Brüder, waren. Deshalb heißt es bis heute auch korrekt *Kapp & Peterson's of Dublin* – oder kurz: *K&P*. Im Süden Dublins werden so seit über hundert Jahren hochwertige Pfeifen in traditionellen Formen aber mit innovativem Dry-System (einer Erfindung von Charles Peterson, dem zweiten Namenspatron) und Lippenbißmundstücken gefertigt.

Die 125.000 Pfeifen der Jahresproduktion tummeln sich mit wenigen Ausnahmen im mittleren bis gehobenen Preissegment, und sind, trotz der Massenproduktion, hervorragend gearbeitet. Bei den teureren Modellen werden besonders gern aufwendige Silberbeschläge angebracht, die man in der hauseigenen Manufaktur herstellt. Die Pfeifen sind grundsolide, meist recht kräftig proportioniert, lediglich die Spigots sind etwas filigraner. Man will in Dublin eben robuste und langlebige Pfeifen für den manchmal rauhen Alltag bauen. Peterson-Pfeifen sind deshalb die Land-Rover unter den Pfeifen: Sie machen alles mit und können schon mal einen Klaps vertragen. Klassische Bents, Army-Pipes, Silver-Caps und vor allem die typisch irischen Dublin-Hänger mit ihrem Saxophon-Kopf und mächtigem Holm bestimmen die Produktpalette wie schon vor hundert Jahren. Eine Peterson ist leicht zu erkennen. Besonders die Sherlock-Holmes-Serie mit ihren »vollschlanken« Bulldog- und Calabashformen ist einzigartig.

Als Tom Palmer 1994 als Managing Director die Traditionsfirma übernahm, öffnete er die Produktpalette für etwas ausgefalleneren Formen, und seit kurzem werden sogar zaghafte Versuche im dänischen Stil unternommen. Man will in Dublin aber offensichtlich nicht bloß einen trendgerechten Stil kopieren, sondern vielmehr den eigenen (im besten Sinne) konservativen Stil mit neuen Einflüssen und pfiffigen Konzepten ergänzen.

Oh, là, là, Fronkraisch

Einst absolut marktbeherrschend hat die französische Pfeifenindustrie in den letzten Jahrzehnten dramatisch an Terrain verloren. Insbesondere im Herzen der Pfeifenherstellung in Saint-Claude im Jura war der Einbruch Ende der 70er und Anfang der 80er Jahre des 20. Jahrhunderts besonders schmerzlich. Dies führte zur Marktkonzentration: Firmen wurden aufgegeben, Traditionsunternehmen wechselten die Besitzer, Markennamen wurden verramscht, Fusionen durchgeführt und das nicht nur innerhalb Frankreichs, sondern (mon Dieu!) auch über den Kanal hinweg. Übrig geblieben sind nur die großen Marktführer und vereinzelte Spezialisten für Marktnischen.

Die immer noch recht hohen Produktionszahlen der französischen Pfeifenindustrie ergeben sich 1. aus einer breit angelegten Billigproduktion, 2. den Handelsverflechtungen mit Großbritannien, die vorgefertigte Pfeifenköpfe und Ebauchons in großen Mengen über den Kanal wandern läßt, 3. einer treuen Stammkundschaft in ganz Europa, insbesondere in Deutschland, für die man Pfeifen mit Filter produziert, 4. dem französischen »Pfeifenpatriotismus«, der einheimische Ware bevorzugt, und 5. aus dem beschränkten Angebot internationaler Marken in französischen Geschäften.

Trotz aller Kassandrarufe darf der französische Stil der Pfeifenformen aber fest mit einer größeren Anhängerschaft rechnen. Da man viel für britische Marken produziert, beherrscht man die englische Klassik selbstverständlich aus dem FF. Typisch französische Pfeifen sind in der Formgebung meist mehr laissez-faire als englische Pfeifenklassiker, aber trotzdem nicht so verspielt und ausgefallen wie italienische Modelle, und nur sehr selten werden opulent-runde Formen wie in Dänemark produziert. Eher zur schlanken englischen Form neigend, sind sie schwungvoll, in der Linienführung »weich« und selten ausgefallen. »Unaufdringliche Eleganz« ist das Etikett, mit dem man eine gute französische Serienpfeife auszeichnen kann.

Rutzen wirft der französischen Pfeifenbranche mangelnde Innovation vor,[6] was in mancher Hinsicht stimmen mag, aber nur ein Problem unter vielen ist. Das Hauptproblem scheint vielmehr die massenhafte Billigproduktion zu sein, die dem Ansehen französischer Pfeifen eher schadet als nutzt. Auch wird gegen den Grundsatz »Tue Gutes und rede darüber« verstoßen – wer weiß denn schon, daß die exquisiten Nobelpfeifen von *Davidoff* aus dem Hause Chacom in Saint-Claude stammen?

Anstatt sich auf einen eigenständigen Stil zu besinnen, produzierte man viel zu lange die angeblich vom Markt gewünschten ausgefallenen Fancy- und Freehandformen und verwechselte Modegag mit Originalität. Dort wo die typisch französischen Pfeifenformen wieder das Programm bestimmen, werden meist auch sehr hochwertige Pfeifen produziert, die international keinen Vergleich scheuen müssen.

Einer der französischen Pfeifen-Giganten ist die Firmengruppe *Borrod-Regard*, dessen Flaggschiff die renommierte Marke *Butz-Choquin* ist. Mit über 230.000 Pfeifen Jahresproduktion wahrlich ein großer Brocken. Butz-Choquin fertigt vor allem Pfeifen der Mittel- bis Spitzenklasse, wobei man bei den etwa 50 Modellen auf klassisches wie auch dezent modernes Design, exzellentes Holz und gute Verarbeitung in mehreren Qualitätsstufen setzt. Aber auch modisch Ausgefallenes und preiswerte Gebrauchspfeifen finden sich im Programm. Man ist leidlich experimentierfreudig, allerdings mit gutem Grund nicht so mutig wie Dänen oder Italiener. Insbesondere traditionsreiche Modelle im Retro-Style wie beispielsweise die chevalereske »Origine«, die nach Vorlagen des 19. Jahrhunderts gefertigt wird, sind nicht nur in Frankreich sehr beliebt. Die übrigen Marken der Borrod-Regard-Gruppe, etwa *Dr. Boston*, sowie einige Billigmarken mit wechselnden Phantasienamen sind eher für das preiswerte Marktsegment mit ausgefallenen bis kuriosen Modellen und Fancies zuständig. Viele Firmen, wie Charatan, lassen durch die Borrod-Regard-Gruppe ihre Pfeifen roh vorarbeiten oder sogar komplett fertigen.

Ebenfalls durch Fusion kamen die Traditionsunternehmen *Chacom*, *Jeantet*, *Lacroix*, *Ropp* und *Vuillard* unter das Dach der *Cuty Fort Enterprises*, die mit insgesamt 185.000 Pfeifen ebenfalls zu den Schwergewichten in Frankreich gerechnet werden kann. *Jeantet*, Frankreichs älteste Pfeifenmanufaktur, hat sich im Konzern auf das preiswerte Segment und die Reproduktion historischer Modelle konzentriert. Insbesondere bei den Nachbauten profitiert man von der Firmentradition, sprich den alten Musterkatalogen und Schablonen. Wer schmauchen will wie ein Grandseigneur, wird in diesem Sortiment fündig!

Chacom, der vormals größte Produzent in dieser Fusion, bietet für jeden Geschmack und Geldbeutel etwas: Von klassisch-strengen Formen über Freehands und historische Modelle bis zur Fancy hat man alles in nahezu jeder Qualitätsabstufung im Angebot.

Das 1869 gegründete Unternehmen *Ropp* hat innerhalb der Cuty-Fort-Gruppe seine Identität weitgehend erhalten können und stellt heute unter anderem sehr anspruchsvolle und extravagante Pfeifen her – etwa Schichtholzpfeifen oder die bei Touristen sehr beliebten Pfeifen aus dem Holz der Weichselkirsche (bei uns besser bekannt als Sauerkirsche). Die immerhin 42.000 Pfeifen im Jahr sind aber wieder überwiegend dem unteren bis mittleren Preissegment zuzuordnen.

Eine der ältesten heute noch bestehenden Pfeifenmanufakturen in Saint-Claude ist *Genod*. Gegründet 1865 und seit 1977 unter der Leitung des Pfeifenbaumeisters Jacques Craen werden hier jährlich etwa 8.000 Pfeifen vornehmlich in klassisch-schlichten Façons gefertigt. Auch wenn sich der Maître auf preiswerte Serienpfeifen spezialisieren mußte, verlassen jährlich immer noch etwa 500 Unikate der gehobenen Mittelklasse seine Manufaktur.

Genod gehört neben *Pipes Viou* (ebenfalls im Besitz von Monsieur Craen) zu den fünf verbliebenen Handwerksbetrieben, die sich zur Zunft der *Maîtres Pipiers de Saint-Claude* zusammengeschlossen haben, und gemeinsam 14 Pfeifenmarken herstellen. In ganz Frankreich gibt es neben den genannten Großproduzenten nur noch eine kleine und immer weiter schrumpfende Zahl von Kleinbetrieben wie *EWA* oder *Lacroix*, die zum Teil exklusive Pfeifen produzieren, aber außerhalb Frankreichs kaum bekannt sind.

Blickt man auf die französische Pfeifenbranche, so könnte der Eindruck entstehen, als spiele sich alles in Saint-Claude ab. Tatsächlich ist die Firma *Courrieu* die einzige nennenswerte Pfeifenmanufaktur Frankreichs, die ihren

Sitz nicht im Jura, sondern in der Provence hat. Man beansprucht, daß der Firmengründer Ulysse Courrieu 1802 als erster Bruyère zum Pfeifenbau verwendet hat. Seine Nachfahren bringen es auf immerhin 100.000 Bruyère-Pfeifen pro Jahr, auch wenn sie dazu Hilfe aus Saint-Claude annehmen, wo einige Unternehmen für Courrieu arbeiten. Natürlich greifen Lokalpatrioten für die wenigen tatsächlich in der Provence hergestellten Pfeifen am liebsten auf heimisches Holz zurück, das aber immer seltener wird.

Rauchen mit Frau Antje

Aus dem Mutterland der (und nicht nur des!) Gouda kommen jährlich 250.000 Bruyère-Pfeifen. Und das verdanken die Niederländer allein einer Firma aus Roermond, die schon 1870 gegründet wurde, zunächst aber nur als Tabakgroßhandel agierte und erst seit 1947 Pfeifen produziert: *Elbert Gubbels & Söhne* stellt mit seiner Produktion locker Branchenriesen wie Peterson, Stanwell oder Chacom in den Schatten und dürfte sich zum weltgrößten Pfeifenhersteller entwickelt haben. Möglich wurde dieser kometenhafte Aufstieg sowohl durch Fusionen als auch durch geschickte Marktstrategie und günstige Rahmenbedingungen. So »schluckten« die Roermonder nach dem Krieg zunächst die kleine aber feine Firma *Big Ben* aus Amsterdam, deren englisch klingender Namen nicht unerheblich zum Durchbruch als Marktführer verhalf. Später übernahm man dann die belgische Firma *Hillen* mit ihrer angesehenen Qualitätsmarke *Hilson*, was Gubbels zum alleinigen Pfeifenhersteller in den Benelux-Ländern machte. Traditionell rauchte man immer schon sehr viel Pfeife in den Niederlanden, weshalb man auf einen relativ stabilen heimischen Markt blicken konnte – und der große Nachbar Deutschland mit Europas größtem Markt für Pfeifen war in jeder Hinsicht naheliegend.

Außerdem nahm Gubbels sehr schnell die Trends aus Dänemark und Italien auf, ohne dabei jedoch den Markt für klassische Shapes aus den Augen zu verlieren. Obwohl man für einige Pfeifenformen internationale Preise für Industriedesign einheimste, kann man eigentlich nicht von einem eigenständigen niederländischen Pfeifenstil sprechen. Gubbels baut alle klassischen und modernen Formen, man hat den abgedrehten Modegag ebenso im Programm wie den schlichten Klassiker im britischen Undertstatement oder die verspielteste Freehandform – solange dies der Markt fordert.

Bei Gubbels entwickelte man übrigens die Rezeptur der nahezu überall verwendeten Einrauchpaste, konstruierte vollautomatische Kopierfräsen und rationalisierte so die Pfeifenproduktion erheblich, was Auswirkungen auf Formenvielfalt, Preise und Verkaufszahlen hatte. Die Kollektion von Gubbels umfaßt heute nahezu 2.500 Pfeifenmodelle und deckt den Pfeifenmarkt in nahezu allen Sparten ab, wobei weit über die Hälfte der Produktion exportiert wird.

Die stets günstigen Pfeifen aus Roermond sind bestens verarbeitet und aus guten Rohstoffen hergestellt – das Eine trotz, das Andere wegen der Massenproduktion. Intensive Marktforschung gehörte schon immer zur Geschäftspolitik von Gubbels, wobei man die verschiedenartigen Märkte der einzelnen Länder sorgsam unterscheidet. Das führt zu regional spezifischen Produkten und differenzierten Strategien. Übrigens nennt man die Pfeifenmacher von Gubbels auch »die besten Maler Hollands«, da sie die meisten Pfeifen mit einem hervorragenden Lack überziehen. Seit 1972 darf man sich in Roermond »Königliche Pfeifenfabrik« nennen.

Bella Italia

Italienische Pfeifen haben in Deutschland eine feste Fan-Gemeinde – und das nicht nur in der Toscana-Fraktion. Man schätzt ihre hochwertige Verarbeitung und die Verwendung von bestem Bruyère. Vor allem liebt man ihr formschönes Design. Verspielte Formen spiegeln südländische Leichtigkeit und Leidenschaft wieder. Selten werden robuste Formen wie klassische Bulldogs hergestellt, ohne daß man sie mit typisch italienischem Raffinement auflockert. Gern werden Formen gerundet, Einschliffe verschoben, Holme abgeflacht, Mundstücke in unerwartete Formen »gegossen«. Selbst monumentale Pfeifen sehen leicht und dynamisch aus. Eine Fülle von expressiven Applikationen stehen zur Auswahl, um klassisch schlichten Shapes Pfiff zu verleihen, große Flächen aufzulockern, Schwere zu nehmen, Konturen zu verwischen... Die Kunst der italienischen Pfeifenmacher scheint besonders darin zu bestehen, mit stilistischen Regeln und physikalischen Gesetzen gekonnt zu spielen.

Savinelli könnte man auch den Alessi der Pfeifen nennen: erschwingliches Top-Italo-Design aus der Serienproduktion. Die Mailänder Firma ist eine der großen Pfeifenfabriken Italiens und besteht seit 1876. Man produziert dort mit dem Know-How von Generationen über einhundert verschiedene Formen in über 20 Serien zu je drei Größen – und das auch noch in zahlreichen Oberflächenvarianten. Gut, man kann letztlich nicht wirklich alles mit jedem kombinieren, außerdem bekommt man manche Modelle nur in bestimmten

Ländern (siehe Filterproblematik), und es ist auch nicht immer alles in jeder der vielen Qualitätsstufen lieferbar, aber das Angebot ist dennoch unglaublich umfangreich. Der Begriff »Serienpfeife« wird von den Mailändern offenbar sehr ernst genommen. Angaben zur Produktion werden aber nicht gemacht.

Berühmt ist Savinelli allerdings für seine klassisch-italienischen Formen: etwas rundlich, immer schwungvoll und mit einem charmanten Hang zum verspielten Detail, ohne dabei ausgefallen erscheinen zu wollen. Insbesondere diese nicht zu originellen Formen verstehen sich in der Spitzenkategorie »Autograph« etwas vollmundig als »Italiens Antwort auf Dunhill«[7]. Der italienische Mann macht eben gern eine bella figura, und zur gepflegten Kleidung gehört dann auch eine entsprechende Pfeife.

Ein anderes Konzept verfolgt die lombardische Firma *Molina*, die eine Jahresproduktion von um die 75.000 Pfeifen hat und mit diesem »Ausstoß« gezielt auf das untere bis höchstens mittlere Preissegment der einfachen Gebrauchspfeife zielt. Hier werden viele Haus- und Eigenmarken für Händler, aber auch Phantasienamen-Pfeifen für Kaufhäuser und Lottoläden hergestellt. Dabei setzt man auf preisgünstige Fertigung bei Einhaltung guter Gebrauchsqualität. Ein Teil der Pfeifen wird zu Fancies verarbeitet, weil die Maserungsqualität nicht mehr hergibt. Deshalb sind auch viele der Serienpfeifen, die das Haus verlassen, teilweise oder ganz rustiziert.

Einen ähnlichen Weg beschreitet *Lorenzo*. Einst stand hinter der Marke ein großes und angesehenes Unternehmen mit 130 Mitarbeitern, das hervorragende Pfeifen fertigte. Nach dem Verkauf an *Comoy's of London* begann die imageprägende Konzentration auf das preiswerte Marktsegment. Heute produziert man in Italien und Albanien überwiegend preiswerte Gebrauchspfeifen insbesondere für die Handelsgesellschaft *Ermuri*. Diese Pfeifen sind leicht an der gewollt stumpfen Oberfläche und der ausgefallenen Form mit überraschenden Facettierungen und Kehlungen zu erkennen. Lorenzo produziert aber auch klassische Formen. Dies sind oft jene Pfeifen, die man im Bahnhofskiosk kaufen kann. Ansonsten ist Lorenzo noch für seine mächtigen *Oom-Paul*-Pfeifen und Giants bekannt. Seit einigen Jahren scheint man sich bei Lorenzo wieder mehr auf Qualität und klassisches bis moderat modernes Design zu besinnen.

Überwiegend klassische Formen, aber auch einige Freehands, hat das norditalienische Unternehmen *Gasparini* im Angebot. Der seit 1947 bestehende Familienbetrieb stellt jährlich bis zu 30.000 Pfeifen der preiswerten und mittleren Qualitätsstufe her. Daneben werden einige wenige Hochpreismodelle gefertigt, deren Verarbeitung und Materialqualität tadellos ist. Der Trend geht bei diesen Pfeifen eher zur klassisch-schlichteren Form, aber auch ausgefallenere Freehands werden vereinzelt angeboten.

»Pfeifen zu fairen Preisen« verspricht *Bartoli*, ein Unternehmen in der Toskana, das mit seinen etwa 18.000 Pfeifen jährlich überwiegend maschinengefertigte Pfeifen in klassischen Formen anbietet. Seit die Töchter des Chefs ins Geschäft mit eingestiegen sind, gibt's auch einige handgefertigte Designermodelle. Ob die Damen bei der Arbeit auch Opernarien trällern ist unbekannt. Offensichtlich ist aber die saubere handwerkliche Verarbeitung und die gutmütigen Raucheigenschaften für alle Pfeifen aus dem Hause Bartoli. Erwähnenswert ist noch, daß man bislang ganz bewußt darauf verzichtet hat, die eher preiswerteren Pfeifenmodelle über eine Sekundärmarke abzusetzen.

In einer eigenen Liga spielt eine der bekanntesten Pfeifenmarken Italiens: Die Rede ist von *Brebbia.* Ursprünglich zu Savinelli gehörend, trennte sich in den 60er Jahren Brebbia vom »Mutterhaus«. Die distinguierte Raute, das Firmenlogo, ziert exzellent verarbeitete und elegante Serienpfeifen, die oft von führenden Designer wie Rainer Barbi, Bjarne Nielsen oder Alberto Paronelli entworfen wurden. Zwar bemüht man sich im Hause Brebbia vornehmlich um die gehobene Mittelklasse bis S-Klasse des Pfeifenmarktes, nicht zuletzt um insbesondere zu Savinelli auf Distanz zu gehen, aber auch einfache Pfeifen verlassen die Fabrik. So kommt man jährlich auf etwa 15.000 Pfeifen.

In Italien gibt es noch eine ganze Reihe kleinerer und kleinster Manufakturen, die teilweise noch »in Serie« produzieren, andererseits aber bereits durch den hohen manuellen Aufwand, die Formgebung und die Qualitätsbestrebungen in den Bereich der überwiegend handarbeitenden Designer übergehen. Die Grenzen sind hier fließend. Auch wenn die Stückzahlen immer noch etliche Hundert bis Tausend betragen können, sind ihre Produkte doch eher für den gehobenen Anspruch und größeren Geldbeutel konzipiert. Die Eigenheiten ihrer Linienführung sind oft gut identifizierbar, die Shapes sind geprägt durch »italienische Klassik«, also nie zu verspielt, aber stets schwungvoll. Oft entwickeln diese Pfeifenmacher einen ausgesprochenen stilsicheren Hang zur Individualität in der Formgebung.

Eine Zuordnung in diese Gruppe und nicht in die der »Pfeifenkünstler« muß gerade hier besonders willkürlich erscheinen, zumal viele von ihnen auch vereinzelte Freehand-Unikate herstellen. Aber sei's drum: Zu nennen sind hier *Ascorti*, *Caminetto*, *Castello*, *Claudio Cavicchi*, *Don Carlos*, *Il Ceppo, Mastro de Paja* (Alberto Montini), *Ser Jacopo* (Giancarlo Guidi) und *Tommasu Spanu.* Allen ist eigen, daß sie Top-Design, exzellente Verarbeitung und höchste

Qualitätsansprüche bezüglich des Materials bieten. Und dafür sind ihre Pfeifen sogar recht preiswert!

Smørebrød, Smørebrød, rømpømpømpøm

Na gut, der Koch der »Muppets-Show« ist Schwede und kein Däne, und hier soll es doch eigentlich um dänische Pfeifenhersteller gehen. Andererseits war auch der geniale Pfeifenmacher Sixten Ivarsson, der für die dänische Pfeifenrevolution verantwortlich zeichnet, eindeutig Schwede. Das gilt auch für den jüngst verstorbenen Pfeifenmacher Bo Nordh und den legendären Freehandkünstler Björn Bengtsson (*Björn of Sweden*). Allerdings wurden beide als Schüler Sixten Ivarssons in Kopenhagen ausgebildet. Eine eigene schwedische Pfeifenindustrie im Sinne einer fabrikmäßigen Serienproduktion gab und gibt es nicht. Dafür hat man die Dänen.

Die Fans des dänischen Pfeifenstils dürften wohl, neben den anglophilen Puristen, die größte Gruppe unter den deutschen Pfeifenrauchern stellen. Dänische Pfeifen sind oft rundlich, immer handlich, freundlich (also gutmütig in den Raucheigenschaften) und nicht selten mit interessanten Applikationen versehen. Unter allen Pfeifenformen sind dänische Serienpfeifen den Freehands am nächsten, oft sind sie ihnen sogar unmittelbar nachempfunden: Sie scheinen eher dem Material, als einer vorgegebenen Form zu folgen und sie haben meist eine handfüllende Größe. Dänische Pfeifen kommen in der Regel nicht konservativ-klassisch, sondern unkonventionell-modern daher, ohne aber exaltiert zu wirken.

Und was ist dänische Klassik? Diese Formen gehen entweder in Richtung älterer Freehandformen, an die man sich im Laufe der Jahre so gewöhnt hat, daß sie einem schon wieder klassisch vorkommen, oder aber in Richtung der traditionellen Shapes, deren klare Formen aber »typisch dänisch« abgeändert werden. Ein verhaltener, dezent moderner Stil, ohne Modegags und Effekthascherei. Natürlich beherrscht man in Dänemark auch die typisch englischen Formen! Nur »dreht« man hier und da gern etwas. Schließlich hat man im hohen Norden viel Sinn für Humor.

Wer von Dänemarks Pfeifenindustrie redet, spricht eigentlich über *Stanwell*. Mit über 115.000 Pfeifen pro Jahr und einem bestens eingeführtem Markennamen, den man bewußt englisch-klingend gewählt hat, ist man nicht nur dort Marktführer. Als Poul »Stanwell« Nielsen 1942 ein kleines Unternehmen zur Herstellung von Holzpfeifen gründete, war die Situation gleichzeitig schwierig und günstig. Schwierig, weil es wegen des Krieges kaum geeignetes Holz und schon gar kein Bruyère gab; günstig, weil es wegen derselben Umstände keine englische Konkurrenz auf dem dänischen Markt, gleichwohl aber eine große Nachfrage nach Pfeifen gab. Ein irgendwie englischer Name und Buchenholz in Bulldogform sorgten für reißenden Absatz.

Als 1948 wieder Bruyère zur Verfügung stand und sich der Pfeifenmarkt zu normalisieren begann, sattelte Nielsen auf Bruyère um – aber er tat noch mehr: Gemeinsam mit Sixten Ivarsson, der als Designer für das Unternehmen ein wahrer Glücksfall war, baute der findige Manager Nielsen nicht nur ein modernes Werk, sondern eine avantgardistische Kollektion auf, um der übermächtigen englischen und französischen Konkurrenz Paroli bieten zu können. Geworden ist daraus die dänische Pfeifenrevolution, die den Konkurrenten das Fürchten lehrte.

Zu Nielsens modernem Betriebskonzept gehört die systematische Nachwuchsförderung, die immer wieder frischen Wind und neue Ideen in das Pfeifendesign von Stanwell bringt. So bleibt man up to date. Alles was unter dänischen Pfeifenkünstlern heute Rang und Namen hat, findet man als Anfänger oder Gast-Designer bei Stanwell: Jess Chonowitsch, Tom Eltang, Poul Ilsted usw. Viele Stanwell-Pfeifen sind nach Entwürfen der nunmehr berühmten Pfeifenkünstler entstanden.

Heute sind mehr als 80 Modelle in zahlreichen Varianten im Stanwell-Katalog vertreten, und die Palette reicht von preiswerten Modellen bis zu Pfeifen der gehobenen Mittelklasse. Nur selten liegt man darüber. Konservatives findet sich neben typisch Dänischem, Klassisches neben Modernem, wobei in den letzten Jahren eine Rückbesinnung auf ältere Formen, etwa bei der *Hans-Christian-Andersen-Serie*, zu verzeichnen ist. Stanwell-Pfeifen werden ausschließlich aus Plateauholz gefertigt und verdienen das Prädikat »Grundsolide«. Material, Verarbeitung und Design sind vorzüglich und haben ihren Preis, der aber »familienverträglich« bleibt. Wie ein Volvo – aber der kommt ja schon wieder aus Schweden... Allerdings kommen Stanwell Pfeifen auch nicht mehr aus Dänemark!

Unbeachtet von den Dänemarkfans unter den Pfeifenrauchern wurde bereits 1982 Stanwell von der Rothmans-Gruppe übernommen. Auswirkungen auf die dänische Pfeifenkultur schien dieser Schritt zunächst nicht zu haben, richtete man doch ein Scandinavian Tobacco Headquarter in Søborg ein. Doch im Jahr 2011 hat die Firmenleitung zur allgemeinen Entrüstung der Pfeifenraucher die Produktion von Stanwell-Pfeifen nach Italien zu einem, wie es heißt, »weltweit führenden Hersteller in Livorno« verlegt. Aus wirtschaftlichen Gründen wurde die Pfeifen-Produktion in der letzten Stanwell-Fabrik mit 30 Mitarbeitern in Borup, südlich von Kopenhagen eingestellt. Seither ist nur noch von dänischem Design, nicht mehr von dänischen Pfeifen die Rede, wobei man die Qualitätsstandards hält. Kein Wunder, munkelt man doch, daß es sich bei dem italienischen Hersteller angeblich um Barontini handelt.

Neben dem ehemaligen Markenriesen Stanwell wirken die anderen dänischen Pfeifenfabriken wie Zwerge. Zum Beispiel die kleine, aber feine Pfeifenmanufaktur *Bari*. Früher ein 30-Personen-Unternehmen, heute ein Ein-Mann-Betrieb. Die 1.500 größtenteils an der dänischen Klassik orientierten Pfeifen werden überwiegend nach Deutschland exportiert. Bari-Pfeifen wirken sehr distinguiert, sind gut gearbeitet und gehören meist der gehobenen Mittelklasse an.

Mit seinen 4.000 produzierten Pfeifen pro Jahr fertigt Karl Erik Ottendahl so viele Pfeifen wie sonst kein Ein-Mann-Betrieb. Hierzu muß er auf Drehmaschinen und industriell vorgefertigte Mundstücke zurückgreifen. Trotzdem sind die mit *Karl Erik* gezeichneten Pfeifen überaus individuell und tragen die klar erkennbare »Handschrift« des Designers. Die Formen reichen von dänischer Klassik bis zu eigenwilligen Freehands. Ottendahl fertigt vor allem Pfeifen der Mittelklasse, die Einzelstücke spielen natürlich in einer ganz anderen Liga.

Ein trauriges Beispiel für den Ausverkauf von Markenrechten bietet das 1864 gegründete Unternehmen *W. Ø. Larsen*. Die angesehenen Larsen-Pfeifen werden nicht, wie manche behaupten, in einer eigenen Werkstatt in dem herrlichen Ladenlokal im Zentrum Kopenhagens produziert. Im Keller befand sich nur das kleine (und sehenswerte) Museum. Nein, die bis heute in Deutschland sehr beliebten Larsen-Pfeifen wurden exklusiv von stets wechselnden Pfeifenmachern in deren eigenen Werkstätten hergestellt. Dabei gab der das Geschäft des dänischen Hoflieferanten führende Nachkomme – der der Familientradition folgend W. Ø. Larsen heißt – harte Qualitätskriterien für die Fertigung vor.

Wurden die Pfeifen mit seinem (guten) Namen ausgezeichnet, dann mußten selbst die preiswertesten in Top-Form sein. Ansonsten ließ der findige Geschäftsmann den verpflichteten Pfeifenmachern meist freie Hand bei der Gestaltung. Das hatte zur Folge, daß es zwar eine grobe gemeinsame Linie (nämlich die dänische Klassik) aber ansonsten kein »corporate design« gab. Und deshalb sind bis heute die mit dem Namen *Larsen* versehenen Pfeifen mehr als nur eine Hausmarke.

Doch 2005 kam wegen steigender Ladenmieten und rückläufigen Verkaufszahlen das »Aus« für das Traditionshaus Larsen. Die Markenrechte für die Larsen-Pfeifen gingen an *Stanwell*, die für die feinen Larsen-Tabake lagen wohl schon länger bei *Orlitz*.

Ein ähnliches Schicksal blieb zum Glück der auch in Deutschland sehr beliebte Pfeifenmarke *Bjarne* erspart. Sie geht auf den 2008 verstorbenen Bjarne Nielsen zurück, der ähnlich wie Larsen vorgegangen ist. Auch er stellte die Pfeifen für seine Marke nicht selbst her, sondern ließ die jährlich etwa 12.000 Pfeifen von sieben dänischen Pfeifenmachern produzieren. Aushängeschild waren dabei die »High-Grades«, erstklassige Pfeifen von führenden Designern. Selbst entwarf Nielsen nur gelegentlich Modelle. Unterschiedlichste Stilrichtungen zeichneten folglich die Bjarne-Kollektion aus. Als ehemaliger Handelsattaché des dänischen Außenministeriums dürfte Nielsen über die besten Kontakte in die USA verfügt haben, jedenfalls befindet sich in den Vereinigten Staaten das Hauptabsatzgebiet für Bjarne Pfeifen. Das war wohl auch der Grund, warum das Design der Bjarne-Pfeifen von Anfang an an dortigen Geschmacks- und Rauchgewohnheiten orientiert war.

Seit dem Tod von Bjarne Nielsen werden offenbar keine »High-Grade« Pfeifen mehr hergestellt. Man konzentriert sich auf die sehr beliebte Gebrauchsserie Viking mit relativ preiswerten Pfeifen in typisch dänischem Design. Und der Erfolg gibt dem Unternehmen recht, auch wenn so mancher Freehand-Fan die Spitzenprodukte aus diesem Hause vermissen wird.

Mit etwa 30.000 Pfeifen pro Jahr ist auch *Erik Nørding* einer der größeren Produzenten Dänemarks – und wahrscheinlich einer der einfallsreichsten. Das Spektrum seiner Pfeifen reicht von ausgefallenen Kuriositäten (etwa seiner »Entenschnabelpfeife«, die wie ein Entenkopf geformt ist), über hochwertige Freehands bis zu klassisch-schlichten Formen. Das Preisspektrum ist ebenso breit und kennt nahezu alle Güteklassen.

In Dänemark ist bei vielen Pfeifenmachern der Übergang von der Serienfertigung zur reinen Handarbeit ähnlich fließend wie in Italien. So erreicht *Georg Jensen* recht hohe Stückzahlen, da die Pfeifenköpfe der Serienpfeifen aus seiner Manufaktur an der Kopierfräse anfertigt werden. Der »Rest« ist immer noch mit sehr viel Handarbeit verbunden. Seine Modelle der dänischen Klassik werden gern als »ehrliche Pfeifen« bezeichnet: solide, preiswert und formschön.

Born in the USA

Es ist schon etwas irritierend: Ausgerechnet im Land des Virgina-Tabaks verfügt man kaum über eine nennenswerte Pfeifenproduktion. Na gut, Maiskolbenpfeifen werden in ansehnlicher Stückzahl hergestellt, auch spielen Kirschholzpfeifen eine gewisse Rolle. Bruyère-Pfeifen werden nur von einigen wenigen amerikanischen Freehandkünstlern hergestellt und das ganz unamerikanisch nur in bescheidenen Stückzahlen. So kommen Roswitha und Stephen *Anderson* (Ohio), Alfred S. *Baier* (Vermont), *Ed Burak* (New York), James T. *Cook* (Vermont), David *Jones* (Texas) und Steve *Weiner* (Illinois) zusammen gerade auf eineinhalb tausend Pfeifen jährlich.

Lediglich *Randy Wiley* (Florida) kann annähernd mit dänischen Verhältnissen mithalten: Seine etwa 1.500 Pfeifen jährlich sind, wie die der meisten der eben genannten Pfeifenmacher, an der dänischen Klassik orientiert und gehören in Hinblick auf Verarbeitung, Design und Preis in die gehobene bis obere Mittelklasse. Wiley fertigt auch exquisite Freehands zu erheblich höheren Preisen. Manche der US-Pfeifenmacher haben gezielt nach bestimmten Lücken im Markt gesucht und stellen sehr ausgefallene Pfeifenformen her, wie man sie wahrscheinlich nur dort verkaufen kann (und wohl auch nur kaufen will, wie etwa ein Pfeifenkopf in Form eines Planwagens von A. S. Baier).

Die alt-ehrwürdige US-Traditionsmarke *Peretti* (Boston) hat nur eine kleine, aber erlesene Anzahl »Briars« im Angebot: durchweg »hausgemachte« Freehands aus bestem europäischem oder nordafrikanischem Holz. Außerdem handelt man mit exzellenten Meerschaumpfeifen und exquisiten Pfeifentabaken. In Boston zehrt man vor allem vom Ruhm vergangener Tage, zählte man doch früher Amerikas berühmteste Pfeifenraucher wie Bing Crosby und Basil Rathbone zum Kundenstamm. Wer sich bei uns eine Peretti-Pfeife zulegen möchte, muß meist über den Internet-Versandhandel gehen. Amerikanische Brairs finden nur selten ihren Weg in europäische Fachgeschäfte. Und das hat seinen Grund: Wenn man sich die meisten Modelle anschaut, fragt man sich, warum man ein teures Dane-a-like (Dänemark-Imitat) aus Übersee einfliegen lassen sollte...

Der größte Pfeifenhersteller der USA dürfte immer noch *Keywoody* sein. Aktuelle Zahlen findet man nicht. Keywoody produziert, zusammen mit den unter dem gemeinsamen Dach der *S. M. Frank & Co. Inc.* gehörenden US-Pfeifenmarken *Yello-Bole* und *Medico* (Systempfeifen), wahrscheinlich insgesamt 100.000 Bruyère-Pfeifen jährlich. Gemessen an der Größe des US-Marktes sind das immer noch nur »Peanuts«. Man deckt im New Yorker Traditionshaus Keywoody nahezu alle klassischen und modernen Formen in allen Preiskategorien ab: Von der billigen Drugstore-Pipe bis zum hochwertigen Unikat ist alles im Programm vertreten.

Die Ursachen für die geringe US-Produktion dürften im gut funktionierenden (und für amerikanische Dollars preiswerten) europäischen Markt und in dem Umstand liegen, daß Nordamerika vom Bruyère-Vorkommen recht weit entfernt ist. Kultivierungsversuche der Erica Arborea in den klimatisch der

Machia ähnlichen Regionen Kaliforniens schlugen bislang fehl. Als während des zweiten Weltkrieges Bruyère in den USA knapp wurde, experimentierten einige kalifornische Firmen mit *Manzanita* (Arctostaphylos), dem Wurzelholz einer Bärentraube aus der Familie der Heidepflanzen, das neben guter Hitzebeständigkeit und Festigkeit auch noch eine schöne Maserung aufweist. Aber Robin Crole zufolge ist es sehr schwer, fehlerfreie Ebauchons zu finden, außerdem reißt das Holz leicht beim Trocknen.[8]

Wer übrigens vorhaben sollte, sich von einer USA-Reise ein Paar hübsche Ami-Pfeifen mitzubringen, wird auf nicht unerhebliche Schwierigkeiten stoßen. Die früher allgegenwärtigen Drugstore-Pipes sind heute Bückware. Die Ächtung des Rauchens verbannt auch den Pfeifenhandel ins Hinterzimmer – in diesem Fall ins Internet oder wenige Spezialgeschäfte. Ein Vorgeschmack auf das, was uns noch blühen kann.

Designerware: Meisterliche Freehands

»Eine Pfeife ist ein Stück Holz mit zwei Löchern drin«,[9] sagt niemand geringerer als Ingo Garbe, der Michelangelo der Pfeifenmacher. Nun ja, für so ein »Stück Holz mit zwei Löchern« aus des Maestros geschickter Hand muß man doch schon den Gegenwert einer Urlaubsreise auf den Tisch blättern. Der schlagfertige S-Klasse-Pfeifenmacher Rainer Barbi brachte es in seiner selbstironischen Art gut auf den Punkt: »Ich kann mir meine Pfeifen nicht leisten«[10]. Mancher fragt sich angesichts stattlicher Preise unwillkürlich: »Sind diese Pfeifenraucher eigentlich völlig verrückt?« – Um es deutlich zu sagen: Jawoll, sie sind es! Total plemplem – wie übrigens alle Genießer und Ästheten, die Gutes zu schätzen und würdigen wissen. Was übrigens nicht bedeutet, daß sie alle auch so vermögend sind, sich eine solche Pfeife locker aus der Portokasse kaufen zu können. Nicht jeder Freehand-Raucher muß gleich ein Krösus sein, solange er ein Sparschwein hat.

Richtig: Die meisten stolzen Besitzer hochklassiger Pfeifen haben tatsächlich mehr oder weniger lange auf ihre Preziosen gespart! In der Regel hat man auch reichlich Zeit dazu, da man selten eine Freehand ohne Wartezeit von so einem Großmeister erhält. In der Regel wird man auf eine Warteliste gesetzt. Um so größer ist dann die Freude, wenn man dann endlich das schöne Stück in Händen hält. Falls sich später das psychologische Phänomen der »Kaufreue« einstellt, wie das bei Gegenständen des Luxus schon mal vorkommen kann, kann man sie mit dieser wunderbaren Pfeife einfach wegrauchen.

Da wir die Rohstoffpreise, den Arbeitsaufwand und auch die Risiken bei der Pfeifenherstellung nun kennen, wissen wir, daß insbesondere die lupenreinen Designerstücke ihr Geld (also auch Ihr Geld) durchaus wert sind. Aber kaufen wir sie deshalb auch? Na? Genau! Die meisten von uns überlegen erst mal. Keine Sorge, man wird uns schon nicht gleich alle Ehrenrechte als Pfeifen-Connaisseur aberkennen, nur weil wir nicht zum Äußersten bereit sind. Tatsächlich besitzen die meisten Pfeifenenthusiasten gar kein lupenreines Straight Grain Modell eines jener »Wizards of Wood«. Nicht, daß sie nicht möchten, viele trauen sich schlicht nicht. Dabei geht es weniger ums »Leisten-Können« als vielmehr um das »etwas-damit-Anfangen-Können«. Man kauft sie nicht weil man sich nicht traut, sie zu rauchen. Verrückt, was?

Exoten und andere Kostspieligkeiten

Es muß leider mal gesagt werden: Die meisten Top-Pfeifenmacher sind Nichtraucher und einige haben sogar niemals, nicht mal probehalber, Pfeife geraucht. Man stelle sich vor: William E. Boeing wäre nie geflogen oder Ferdinand Porsche nie Auto gefahren. »Von allen Pfeifenmachern, die ich besucht habe«, so der stets verläßliche Rolf Joachim Rutzen, »waren nicht mehr als ein Dutzend auch Pfeifenraucher«[1] – und Rutzen hat wirklich viele besucht! Trotzdem ließen sich fast alle in seinem Buch über die *Pfeifenmacher der Welt* tatsächlich mit Pfeife zwischen den Zähnen ablichten. Trotzdem muß das ja nicht heißen, daß jemand schlechtere Pfeifen macht, nur weil er nicht raucht. Aber etwas ernüchternd ist es dann doch. Vielleicht wäre dies ein Ansatzpunkt für Verschwörungstheoretiker.

Wie dem auch sei: Echte Freehandkünstler haben aufgrund ihrer Fertigungsmethoden selbstverständlich keinen so hohen »Output« wie Manufakturen oder Fabriken. Sie modellieren jede Pfeife mit großer Akribie von Hand. Manche betreiben die Pfeifenfertigung auch nur nebenberuflich, oder sie konzentrieren sich so auf die Fertigung einer möglichst perfekten Pfeife, daß sie nur 20, 50 oder 100 Pfeifen pro Jahr herstellen. Wie der tragische Fall des Pfeifenmachers Jørgen Larsen, der ausgerechnet gegen Bruyèreholz allergisch ist und sich allein schon deshalb auf die Herstellung ganz weniger Pfeifen konzentrieren muß. Im Schnitt werden von einem Freehandkünstler zwischen 200 und 300 Pfeifen jährlich hergestellt, ganz Fleißige schaffen auch schon mal bis zu 500. Alles was darüber hinaus geht, kann nur durch mehr oder weniger umfangreiche Automation und mehrere Mitarbeiter produziert werden.

Freehandkünstler der Meisterklasse, zu deren Spitze seit Jahrzehnten zweifellos der oben genannte Ingo Garbe, der »Zauberer von Læsø«,[12] gehört, verstehen sich weniger als Künstler, sondern mehr als Kunsthandwerker, denn in erster Linie müssen auch die Unikat-Pfeifen eine Funktion erfüllen – nämlich rauchbar sein. Neben handwerklichem Können und einem Sinn für Proportionen bedarf es der Inspiration, um aus einem Stück Holz mit zwei Löchern einen Kultgegenstand zu machen. Preise im vierstelligen Bereich sind für solche Perfektionisten-Pfeifen keine Seltenheit. Erstaunlicherweise sind in diesem Qualitäts- und Preissegment nie größere Einbrüche in den Verkaufszahlen zu verzeichnen gewesen.

Man kann, mit aller gebotenen Vorsicht (und dem notwendigen Mut zur Lücke), vier grobe Richtungen unter den Freehandkünstlern ausmachen. Die Übergänge sind fließend und in den »Repertoires« der meisten Künstler finden sich immer auch Exemplare einer anderen Stilrichtung. Da es sich hier um ausgeprägte Individualisten handelt, hat man es stets auch mit »Grenzgängern« zu tun, die sich kaum einordnen lassen (und sich dies wohl auch verbitten würden). Insofern kann die folgende Einteilung nur ein Vorschlag sein:

Die erste Gruppe umfaßt jene Pfeifenmacher, die an einer sehr strengen und klaren Linienführung festhalten und auf *jede* Applikation verzichten. Wir haben es hier nicht nur mit Perfektionisten, sondern auch mit Puristen zu tun. Ich möchte sie die *lakonische Linie* nennen. Ihre Modelle sind unnachahmlich schlicht, fast genial simpel und doch etwas ganz bemerkenswert Besonderes, in jedem Fall elegant und ohne jede Effekthascherei auffällig. Die deutschen Pfeifenmacher sind hier führend: Ingo Garbe, Karl Joura und Bertram Safferling – aber auch der Däne Tom Eltang gehört in diese Gruppe. Es ist nahezu selbstverständlich, daß bei den Pfeifen aus diesen Werkstätten die klassischen und moderat modernen Pfeifenformen dominieren. Ingo Garbe bringt es stellvertretend für die anderen auf den Punkt: »Ich liebe klassische Formen. Sie sind das Gegenteil vom Modegag, vom letzten Schrei, vom Wegwurf, erklären ihre Vorgängerformen nicht für überholt, sie zielen auf Bleiben und Behalten«.[13] Dieser Wertkonservativismus definiert Perfektion in der Kunst des Weglassens.

Ebenfalls schlicht und klar, aber nicht so lakonisch, sondern vage an der englischen Klassik orientierte moderne Formen zeichnen die zweite Gruppe aus. Die Pfeifen werden sparsam mit dezenten Applikationen versehen. Am treffendsten kann man diese Gruppe mit dem Namen *sachliche Linie* beschrieben. Ihr herausragender Vertreter ist der Däne Hans Jonny Nielsen, besser bekannt als *Former*. Sein Verhältnis zur klassischen Form ist durchweg pragmatisch: »Wenn Du eine klassische Form machen kannst, beherrscht du auch alle anderen Formen«.[14] Und wenn er Lust dazu hat, ändert er frei ab. Die Kunst der Beherrschung der Regeln der Klassik liegt hier im bewußten Spiel mit den Konventionen und ihrem wohlkalkulierten Bruch.

Formers Stil zeigt am klarsten die für dänische Verhältnisse bemerkenswert sachliche und doch spielerisch leichte Linienführung, die sich nur bei wenigen seiner Landsleute findet. Zu diesen kann man mehr oder weniger eindeutig rechnen: Kurt Balleby, Ulf Noltensmeier und Per Hansen, die unter dem Namen *Bang* (die »Bang-Boys«) produzieren, Viggo und Kai Nielsen, Jörn Micke und Jørgen Larsen (*Jorgen-L. Pipes*).

In Italien ist der sachliche Stil nicht gerade weit verbreitet, hat aber in Paolo Becker, Alberto Bonfiglioli und unter den Machern der Marke *Caminetto* (Peppino Ascorti) hervorragende Vertreter gefunden. Weitere Freehandkünstler der schlichten Linie sind Holger Frickert und Heinz Nolte sowie Reiner Thilo Bindschädel, Franz von Matt und Peter Matzhold, Dennis und John Marshall, die unter dem Namen *Millville* in London die Fahne der Freehandkunst hochhalten, sowie der Kanadier Julius Vesz.

Die dritte Stil-Gruppe umfaßt die ausgefallene und eigenwillige Formgebung, die eine Tendenz zur Üppigkeit aufweist und mit dem Einsatz von Applikationen nicht gerade sparsam umgeht. Denkt man an Freehands, fallen einem diese markanten Formen mit ihren manchmal breiten und bunten Zierringen als erstes ein. Diese Pfeifen sind oft großproportionierte, rundlich-weiche Handschmeichler von gedrungener bis massiger Form und werden nicht selten mit ausgefallenen Mundstücken versehen. Ich möchte diese Freehands die *opulente Linie* nennen. Hier tummelt sich in der Nachfolge der dänischen Altmeister Sixten Ivarsson, Preben Holm, Poul Rasmussen und Sven Knudsen vor allem Dänemarks Pfeifenmacherelite. Allen voran der Star der Freehandszene Poul Winsløw, dessen unorthodoxer Pfeifenstil besonders in Deutschland beliebt ist. Daneben sind Jess Chonowitsch, Poul *Ilsted*, Jens »*Tao*« Nielsen und *Teddy* Knudsen zu nennen. Außerdem gehören der Schwede Björn Bengtsson (*Björn of Sweden*), die Italiener Tommasu Spanu und Massimo Palazzi (*L'anatra*, die typisch asymetrischen Pfeifen mit dem Entenkopf), die Deutschen Hans-Peter Klein, Markus Meyer und Oliver Brandt in diese Linie.

Nun bleiben noch die üppig oder kurios ausgestatteten, zum Teil sehr ausgefallenen Pfeifen, deren mitunter barocke oder skurrile Formen und deren manchmal an den Jugendstil erinnernde Silberapplikationen für einigen Effekt sorgen. Diese Freehands könnte man unter dem Namen *verspielte Linie* in einer vierten Gruppe zusammenfassen. Dazu gerechnet werden auch die skulpturhaften Formen, wie sie von Anne Julie oder den Pfeifenschnitzern Manuel *Shaabi*, Dorelio Rovera, bekannt unter dem Namen *Ardor*, und Paul *Lanier* ausgeführt werden. Aber auch der Einsatz ungewohnter Werkstoffe für Applikationen berechtigt zur Aufnahme in diese Gruppe, etwa die Flußpferdzahn-Ummantelung des Italieners Luigi *Radice* – der aber allein schon wegen der ausgefallenen Formen seiner »normalen« Pfeifen in diese Gruppe gehört. Außerdem zählen dazu Salvatore *Amorelli* und Luigi *Viprati*, Lars *Ivarsson*, Erik *Nørding*, Paul *Becker*, Klaus-Dieter *Billerbeck*, Werner *Mummert*, Peter *Egloff*, Peter *Fischer*, der eidgenössische »Objektpfeifen-Macher« Roman *Peter* sowie der Österreicher Ludwig *Lorenz*. Zugegeben, diese vierte Gruppe ist in sich nicht so homogen wie die drei anderen, aber es dürfte deutlich sein, daß sie als Sammelbecken der ausgefallenen Formen ihren Zweck erfüllt.

Na, auf den Geschmack gekommen? Wenn Sie sich die Kreationen der großen Pfeifenmacher anschauen, dann werden Sie sehen, wie viele der genannten Formen mittlerweile ins Repertoire der Serienherstellung übernommen wurden. Die »Haute Couture« der Pfeifen hat nachdrücklich die industrielle Fertigung in der Formgebung geprägt. Aber wie wäre es mit einer echten Freehand? Unbezahlbar? Na, lassen Sie mal nicht die Ohren hängen, es gibt noch andere Möglichkeiten, als das arme Sparschwein zu schlachten!

Sekundärmarken: Viel Design für wenig Geld

»Nobody knows you when you're down and out«. Auch Pfeifen aus gutem Hause haben manchmal den Blues: Hier ein Spot zu viel, dort ein Einschlußloch (sic), das gekittet werde müßte, Sandstrahlen lohnt nicht oder wird grundsätzlich nicht gemacht (und das bei der tollen Straight-Grain Maserung), nur weil es, wie das Rustizieren, nicht in die Linie des qualitätsbesessenen Herstellers paßt... Was bleibt? Dieses herrliche Prachtstück wegen ein paar läppischer *ästhetischer* Mängel wegwerfen, die sich ärgerlicherweise erst kurz vor dem Finish gezeigt haben? Wohlgemerkt, wir reden hier über nichts, was auch nur im entferntesten mit den Raucheigenschaften der Pfeife zu tun hätte!

Viele Nobelpfeifenhersteller tun genau das. Ab in den Kamin mit diesem »Ausschuß«. Ein teures Feuer, kosten doch gute Bruyère-Kantel über 30 Euro pro Stück. Offenbar glaubt man nur so höchste Qualitätsstandards, sicher das Image, letztlich aber auch die Preise halten zu können. Einige Pfeifenmacher finden jedoch zu Recht, daß diese Form der Rohpfeifen-Entsorgung ein Jammer ist! Aber aussortiert werden müssen diese nicht mehr makellosen Pfeife trotzdem, wenn der Hersteller seinem Ruf treu bleiben will. Deshalb kann er sie auch nicht unter seinem eigenen (Marken-)Namen verkaufen, der doch 1A Qualität ohne Kitt und Tadel garantiert.

Einige Hochpreishersteller und Freehand-Künstler haben deshalb sogenannte *Sekundärmarken* gegründet, damit sie nicht unter ihrem Flaggschiffnamen die zweite oder dritte Qualität (die immer noch hervorragend ist) anbieten müssen. Der oben angestimmte Pfeifenblues ist deshalb Musik in den Ohren aller gewieften Smart-Shopper, die gezielt nach solchen Sekundärmarken Ausschau halten.

Wir haben oben schon auf einige Sekundärmarken und ihre Low-Budget Pfeifen hingewiesen: *Crown* alias Paul Winsløw, *Cellini* und *Vincento Lombardi* alias Brebbia, *Ben Wade* und *Parker-Hardcastle* alias Charatan (also Dunhill), *Tilshead* alias James Upshall, *Oscar* und *Duca di Milano* alias Savinelli, *Danske Club* und *Royal Danish* alias Stanwell, *Peter Rasmussen* alias Bjarne, *Aldo Morelli*, Wessex alias Denicotea, *Montini Pipe* alias Mastro de Paja, *Amphora* und *Royal Dutch* alias Gubbels (Hilson) etc.

Bei einigen Sekundärmarken scheint sich kurioserweise der Name verselbständigt zu haben. Da viele Kunden wissen, wer dahinter steckt, ist die Nachfrage nach den »verunglückten« Pfeifen derart gestiegen, daß manche Nobelschmiede in eine kleine Serienproduktion eingestiegen ist, um die große Nachfrage bedienen zu können. Und das läuft normalerweise so: Was der »Meister« nicht für würdig hält, reicht er an seine Mitarbeiter weiter, die diese Pfeife dann vollenden. So muß nichts mehr weggeworfen werden, der Pfeifenmacher erhält ein zweites wirtschaftliches Standbein – und die Pfeifenfreunde freut es!

Eine weitere Möglichkeit der Differenzierung des Marktes bieten die Qualitätsabstufungen innerhalb einer Marke. Viele, besonders größere Unternehmen, aber auch kleinere Manufakturen haben sich zum Teil ausgeklügelte Klassifikationssysteme zurechtgelegt, um nicht von zweiter oder dritter Wahl sprechen zu müssen. Diese Systeme sind allerdings oft eine Wissenschaft für sich und nur für echte Fans einer bestimmten Marke interessant, weshalb wir hier nicht weiter folgen.

Anmerkungen

1 Vgl. auch im folgenden R. J. Rutzen, Pfeifen, a.a.O., S. 7.

2 Alan Schwartz, auf dessen Publikationen ich mich hier beziehe, geht bei seinen Berechnungen von 3 Millionen deutschen Pfeifenrauchern aus, was in etwa der Zahl der Pfeifenraucher in den USA entspricht. Hier greift der Editorial Director (so nennt man das im Internet) doch etwas hoch. Vgl. Alan Schwartz, There's a new trend in pipesmoking, PipeSmoke, Summer 1999, Online-Ausgabe.

3 Ich beziehe mich hier auf einen Bericht über »Die Akzeptanz und Lektüre von Magazinen und Broschüren über das Pfeifenrauchen« anläßlich einer Fachtagung der *Académie Internationale de la Pipe*; s.a. Radford's Magazin 1/2001, S. 9.

4 R. J. Rutzen, Pfeifen, a.a.O., S. 201.

5 Vgl. R. J. Rutzen, Pfeifen, a.a.O., S. 24.

6 Vgl. R. J. Rutzen, Pfeifen, a.a.O., S. 23.

7 Vgl. R. J. Rutzen, Pfeifen, a.a.O., S. 206.

8 Vgl. R. Crole, Pfeifen, a.a.O., S. 111.

9 Interview mit I. Garbe, in: Pipe & Cigar 1/2002, S. 64.

10 Den Satz hatte er wahrscheinlich von Davidoff stibitzt! Stan Hill, Rainer Barbi, Perfektionist ohne Grenzen, in: Smokers Club 4/2001, S. 9. Original-Zitat von Davidoff vgl. European Cigar Cult Journal 4/2001, S. 38.

11 Vgl. R. J. Rutzen, Pfeifen, a.a.O., S. 206.

12 Vgl. H. Hochrains neues Pfeifen Buch, a.a.O., S. 115.

13 Ingo Garbe in einem Interview in Pipe & Cigar 1/1998, S. 59.

14 Zit. nach Stan Hill, Meister der Klassik, in: Smokers Club 3/2001, S. 7.

Nebensachen und anderes Zubehör

Kommen wir zum Unwesentlichen! Na, jedenfalls scheint neben Pfeife und Tabak das Pfeifenzubehör doch eher ein Schattendasein zu führen. Wer aber so richtig stilvoll das Pfeifenrauchen zelebriert, denkt mit Begeisterung an die Fülle der herrlichen Accessoires – und vergißt prompt etwas, das so geläufig ist, daß es einem nur auffällt, wenn man es vergessen hat. Ohne *es* sind wir aufgeschmissen, *es* ist notwendige und hinreichende Bedingung für den gelungenen Pfeifengenuß:

Das Pfeifenbesteck

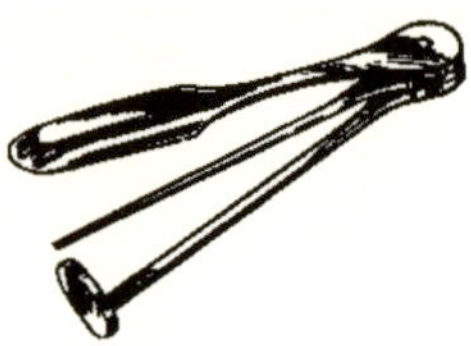

Das einfacheste ist auch das am weitesten verbreitete, das dreiteilige Pfeifenbesteck, wie man es für ein paar Münzen bekommt. Diese praktischen, aber designerisch nicht gerade aufregenden kleinen Blechdinger kommen meist aus Tschechien und haben seit mindestens 50 Jahren dieselbe platzsparende Form:

Die Trinität aus Stopfer, Löffel und Räumdorn wird durch einen gemeinsamen Scharnierring zusammen gehalten. Für die Freunde des knallbunten Schlüsselbandes gibt es das Besteck auch mit Schlüsselring. Yo! Das ist modern, zweckmäßig und preiswert – aber auch schön? Nö!

Während der Aficionado wie ein Samurai mit einer handgeschmiedeten Zigarrenschere aus japanischem Mokume Gane Stahl protzt, fummeln viele Pfeifenraucher mit Gerätschaften herum, auf denen auch der Recycling-Hinweis stehen könnte »Ich war mal eine Dose«. Muß das eigentlich sein?

Was für eine Frage! Natürlich nicht, schließlich gibt's doch auch hochwertige, schöne und pfiffige Pfeifenbestecke! Etwa jene zylindrischen ausgeklügelten Besteckssysteme, die man auseinanderschrauben muß, um an die in ihnen verborgenen Werkzeuge zu gelangen. Der Stopfer wird in eine feste Hülse gesteckt und verschraubt. In seinem Kopf wird wiederum der gekehlte, manchmal sogar flexible Dorn verborgen (der bis tief in den hohlen Stopfer reicht) und verschraubt.

Häufig werden diese »Torpedos« aus Bruyèreholz gedreht, während Stopfer und Dorn aus Metall sind. Auch die Version aus schwarzem Acryl und Messing ist sehr apart. Noch edler wirken jene Modelle, die im Metalliclook auftreten oder komplett aus Aluminium, Kupfer oder sogar Silber gefertigt sind. Große Markennamen wie *Dunhill* oder *Sillem's* stehen für funktionales Design, bestes Material und tadellose Verarbeitung. Sogar *Porsche* hat sich an diesem pfiffigen Design erfolgreich versucht.

Zugegeben, auch die billigen Cousins dieser Nobelmarken tun es – die sind dann aus Plastik und Alu und die Schutzhülse wird einfach übergeschoben oder seitlich weggeklappt. Aber schöne Geschenke sind die Renommierstopfer doch.

Da bei diesen Modellen meist der Stopfer durch eine Kappe verdeckt werden kann, ist die Kleidung geschützt, wenn man den unentbehrlichen Pfeifenhelfer nach dem Gebrauch wieder einsteckt. Ob technisch perfekte automatisch versenkbare Stopfer von *VAUEN*, im Pfeifenfeuerzeug integrierte Bestecke oder umfunktionierte Hufnägel, von winzig bis riesig, von billig bis edel – die Palette der Pfeifenbestecke ist groß, handelt es sich hierbei doch um eines der beliebtesten »Spielzeuge« der Pfeifenraucher gleich nach der Pfeife. Oder dem Pfeifenmesser – ? – Pfeifenmesser? Was, bitte schön, ist denn das?

Um es gleich zu sagen: Ein Pfeifenmesser ist weder ein Pipometer, das Pfeifen zählt, noch ein Piposkop, das den Füllstand der Brennkammer anzeigt. Nein, beim Pfeifenmesser handelt es sich um ein Taschenmesser mit Pfeifenbesteck. »Ach, so was gibt es?« wird nun mancher denken. Während es *selbstverständlich* edle Taschenmesser namhafter Hersteller mit ausgeklügelten Cigar-Tools für den Aficionado gibt, scheint entsprechendes für den Pipero weithin unbekannt zu sein. Das war aber nicht immer so...

Bis ins frühe 20. Jahrhundert hinein kaufte man seinen Tabak als gerollte Meterware. Pfeifentabak wurde zu einem »Tau« gesponnen, von dem man sich mit einem scharfen Taschenmesser zunächst eine Portion und dann feine Scheiben abschnitt. So stellte man seinen Curly Cut einfach selber her.

Das Taschenmesser erhielt im Laufe der Zeit zusätzliche Werkzeuge für den Pfeifenraucher: gerundete und gekehlte Zusatzklingen zum Ausschaben der Brennkammer, einen langen Dorn für den Rauchkanal und eine stumpfe Kappe als Stopfer. Doch seit dem fertig geschnittener Tabak den Strangtabak abgelöst hat, haben Pfeifenmesser einen bedauerlichen Niedergang erlebt, bis sie beim absoluten Tiefpunkt heutiger Modelle angekommen sind.

Ob in Pfeifen- oder Delphinform (warum ausgerechnet Flipper herhalten muß, kann beim besten Willen niemand erklären), ob mit oder ohne Griffschalen, stets bietet sich das gleiche traurige Bild: Nur selten verfügen diese billigen Blechmesser über eine halbwegs taugliche Klinge. Sie sind meist scharfkantig, wo sie besser abgerundet wären, und stumpf, wo sie scharf sein sollten. Der Stopfer ragt ungeschützt hervor, wahrscheinlich um maximale Verschmutzung in der Tasche anrichten zu können.

Auch sonst scheint man sich nicht viele Gedanken über Funktionalität und Ergonomie gemacht zu haben. Da trifft schlechte Verarbeitung auf miserable Materialien und liebloses Design. Hauptsache billig! Dem pfeifenrauchenden Kenner guter Messer schwillt der Hals, wenn er die Qualität dieser sogenannten Pfeifenmesser sieht. Lediglich *Rodgers of Sheffield* liefert derzeit ein halbwegs ordentliches Messerchen, allerdings fällt es ausgesprochen schlicht aus. Und das müßte nun wirklich nicht so sein. Auf einen Gruß aus Solingen wartet man übrigens bislang vergebens.

Dabei tut sich bei guten Taschenmessern eine ähnlich vielschichtige Qualitätswelt und Ästhetik auf wie bei Pfeifen: Es gibt neben guten industriell produzierten Serienmessern auch exquisite handgefertigte Einzelstücke. Man verwendet gemusterten Damaszenerstahl für Klingen, Ressorts (jene Stahlfedern, die die Klinge halten) und Beschläge. Die Griffschalen können aus Horn, Knochen oder gemasertem Holz (Bruyère!) sein, und kostbare Applikationen machen aus einem soliden Taschenmesser einen prächtigen Luxusgegenstand.

Außerdem gibt es wie bei den Freehandkünstlern der Pfeife auch im Reich der Qualitätsmesser Namen, die den Kenner schwärmen lassen: Wilfried Gorski, André Perret, Ernst Stangl, Jürgen Steinau oder Armin Stütz etwa, um nur einige herausragende Messermacher aus dem deutschsprachigen Raum zu nennen. Bislang hat sich bloß noch keiner dieser Künstler des Themas »Pfeifenmesser« angenommen.

Einerseits wissen die Hersteller von handelsüblichen Pfeifenmessern offenbar nicht so recht, was ein halbwegs gutes Messer ausmacht und was der Liebhaber guter und schöner Dinge erwartet. Jedenfalls legen dies ihre Produkte nahe. Andererseits haben die handwerklich hervorragenden Messermacher offenbar keinen blassen Schimmer, was der Pfeifenraucher so braucht.

Vielleicht haben beide Seiten auch einfach noch nicht das hier schlummernde Marktpotential erkannt: Nicht alle Pfeifenraucher suchen nur ein Billigbesteck, das man ruhig mal verlieren kann. Ein edles Taschenmesser trägt man einfach immer gern bei sich. Nie mehr das Pfeifenbesteck vergessen, weil man es immer in der Hosentasche hat! Wie schön, wenn es auch noch einen Korkenzieher und Kapselheber hätte. Nur, wo gibt es ein solches Pfeifenmesser?

Einen Silberstreif am Horizont zeigt sich für den Pfeifenraucher: In *Laguiole* (sprich Lajoll), wo Frankreichs Nobel-Messerschmieden beheimatet sind, haben gleich zwei Hersteller *(Forge de Laguiole* und *Laguiole Prestige*) den Versuch gewagt, den pfeifenrauchenden Gentleman mit dem ihm fehlenden Pfeifenmesser auszustatten. Dabei knüpft man an alte Modelle der Urgroßväter an.

Verarbeitung und Qualität sind bei diesen Pfeifenmessern tadellos und verschiedene Ausführungen der Griffschalen in Edelholz und Horn machen die Wahl zur Qual. Als ständige Begleiter sind beide Messer ausgezeichnet geeignet, auch wenn sie vielleicht etwas klein für manche Männerhand sind. Und natürlich sollte man es tunlichst unterlassen, sie mit in den Flieger nehmen zu wollen. Das könnte teuer werden.

Apropos Geld: Die Preise für diese Pfeifenmesser sind recht verträglich und liegen je nach Ausstattung nicht wesentlich über denen guter Serienpfeifen. Wer diese Messer sucht, findet sie allerdings nicht beim Tabakwarenhändler seines Vertrauens, sondern ausschließlich im guten Fachgeschäft für Schneidwaren – wo man sie auch noch lange vorbestellen muß. Deshalb sind sie wohl auch vielen Pfeifenrauchern unbekannt. Dabei sind Pfeifenmesser das ideale Geschenk für einen Pfeifenraucher, auch wenn sie hinsichtlich Ausstattung und Funktionalität durchaus noch verbesserungsfähig sind. Was wäre das für ein Fest, fänden sich Messermacher, die sich dieser Herausforderung stellen würden!

Deutlich preiswerter als ein Pfeifenmesser aber allemal edler als das einfache Pfeifenbesteck sind alle Bestecksysteme, bei denen der eigentliche Stopfer durch eine im Besteck integrierte Kappe oder Hülse verdeckt werden kann. Man schützt so die Kleidung vor Verschmutzung durch Aschereste, wenn das kleine Helferlein nach getaner Arbeit wieder in der Tasche verschwindet.

Die Palette der Pfeifenbestecke ist riesig. Jeder braucht sie und hat folglich mehrere von diesen kleinen Helfern. Bei der großen Auswahl sucht man sich immer mal wieder was anderes aus: Neben mehr oder weniger geschmackvollen Repliken aus viktorianischer Zeit (meist aus Zinn oder Messing), Sherlock-Holmes-Devotionalien, Stopfern mit Jagd-, Golf- oder Angelmotiven gibt es eine schier endlose Reihe phantasievoller Freehand-Stopfer aus Acryl, Horn oder Bruyère (mit Messing-Kappen an den brandheißen Stellen). Edelste Materialien werden in allen Größen und Formen verarbeitet.

Besonders gelungen ist ein ganz einfacher kleiner Edelstahlstopfer von

Savinelli: Aus einer geglätteten und auf Hochglanz polierten Hufnagelform wird ein jedem Bauhaus-Design in nichts an schlichter Funktionalität nachstehender Edelstahl-Stopfer gefertigt. Der Nagelkopf dient zum Stopfen, die Spitze läuft in einen gekehlten Spatel aus und bildet so gleichzeitig Dorn und Löffel. Einfach genial, praktisch und schön, wenn die Form der Funktion so schlicht und elegant folgt wie hier. Mit seinen 70 mm Länge ist dieser Stopfer auch noch ein besonders zierlicher Vertreter seiner Gattung.

Bleibt noch die große Palette der opulenten und repräsentativen Stopfer, die mit ihren ausladenden Köpfen, wertvollen Applikationen, schweren Materialien, sperrigen Ausmaßen oder historisch-rustikalem Design kaum für die Jackentasche geeignet sind. Hier taucht sogar wieder der Hufnagel auf, allerdings nun sein großer eloxierter Bruder, der, offenbar vom Hufschmied, in einen rustikalen Bruyère-Block mit Borke geschlagen wurde. Solche Ungetüme sind nicht sonderlich praktisch, sie können aber aus »pädagogischer« Perspektive nützlich sein: Diese Dinger gehen wenigstens nicht so leicht verloren.

Das Pfeifenfeuerzeug

Feuer bekommt man zur Not überall, aber eben nicht so stilvoll wie von einem waschechten Pfeifen-Feuerzeug, bei dem die weiche Gasflamme oben am Kopf des Feuerzeugs seitlich austritt. Doch wie könnte es anders sein, hat auch hier der stilbewußte Pipero einiges zu beachten! Feuer ist nämlich nicht gleich Feuer!

Ganz klar: Benzin-Feuerzeuge zur Pfeife sind wie weiße Socken zum schwarzen Anzug! Also überlassen wir die Super-Bleifrei-Aromen den Zigaretten-Rauchern und wünschen ihnen allzeit gute Fahrt mit dem Tiger im Tank. Pfeifen-Snobs lassen nur Gasfeuerzeuge zu. Für diejenigen, die auf das coole klicken der beliebten *Zippos* nicht verzichten wollen, hält der Fachhandel Gaseinsätze bereit – was echte Zippo-Fans natürlich erschaudern läßt. So hat eben jeder seinen Spleen.

Selbstverständlich sollte man für eine Pfeife nie einen Turbobrenner, ein Jetflame- oder Sturm-Feuerzeug oder gar einen dreistrahligen Cigar-Burner (was alles so ziemlich dasselbe ist) benutzen. Die gebündelte Feuerkraft dieser »Punktschweißgeräte« ist gefährlich für das Holz von Pfeifen.

Aber auch bei der Konzentration auf Gasfeuerzeuge (selbstredend werden Einwegfeuerzeuge komplett als nicht standesgemäß ignoriert) ist das Angebot immer noch riesig. Natürlich macht es einen Unterschied, ob man ein leichtes Kleinfeuerzeug für die Hosentasche, einen hypergestylten Renommierbrenner für die Pfeifentasche oder gar einen prächtigen Flammenwerfer für den Stammtisch sucht. Schwere Tischfeuerzeuge sind kaum für die Pfeife geeignet, es sei denn, man legt wert auf Hanteltraining.

Die Preise der Pfeifenfeuerzeuge reichen von »fast Nichts« bis »fast nicht zu bezahlen«. Manches Edelfeuerzeug ist deutlich teurer als die damit entzündete Luxus-Pfeife. Wenn man Glück hat, bekommt man so ein schönes Feuerzeug geschenkt. Das ist ja das Schöne am Pfeifenrauchen: unsere Verwandten und Freunde haben eigentlich immer das richtige Geschenk für uns. Andererseits ist dieser Vorteil eine zweifelhafte Freude, teilen wir ihn doch mit den Alkoholikern.

Am Anfang stand eine leere Senfbüchse »*Colmans Mustard Superfine Compound*«, aus der 1919 die beiden englischen Tüftler Frederick Charles Wise und Willey Greenwood das erste moderne Feuerzeug bastelten. Feuerzeuge gab es schon lange, aber keines, das man mit nur *einer* Hand anzünden konnte.[1] Mit einer gewissen prophetischen Gabe nannten sie es »*Everytime*«, denn das Prinzip dieses Benzinfeuerzeugs – Gasfeuerzeuge kamen erst 1947 auf – besteht bis heute fort. Aus dem »Everytime« wurde später (1924) durch £ 8.000 Übernahmegebühr Dunhills »*Unique*«, das bis heute Maßstäbe setzt. Am bekanntesten dürfte das nostalgische »*Old Boy*« sein, das mittlererweile von vielen Herstellern in unterschiedlichen Qualitäts- und Preisstufen hergestellt wird.

Worauf sollte man beim Kauf eines Pfeifenfeuerzeugs achten? Bestechende Ästhetik, ergonomisches Design, funktionale Konstruktion, gutes Material, robuste Verarbeitung und präzise Mechanik. Schon klar, bloß worin besteht das alles?

Man kann sich beispielsweise auf die großen Marken verlassen – vorausgesetzt das nötige Kleingeld ist vorhanden: Caran d'Ache, Cartier, Colibri, Colton, Formula, itt Corona, Diplomat, S. T. Dupont, Rowenta, Sarome, Saxo, Win, Winjet – um nur einige zu nennen, bei denen hohe Qualität und Service selbstverständlich sind. Natürlich stellen auch große Pfeifenfirmen gute Pfeifenfeuerzeuge her, schließlich weiß man doch hier am besten, was Pfeifenfreunde brauchen und schätzen. Neben *Dunhill*, *Peterson* und *Sillem's* sind hier insbesondere *Savinelli* und *VAUEN* zu nennen.

Bei Feuerzeugen werden grundsätzlich elektronische Zündung (Piezozündung, quartz-elektronischer Zündung) und Steinzündung unterschieden. Feuerzeuge mit Reibrad und Feuerstein sind einfach, klassisch und funktional. E-Zünder gelten als etwas anfällig, da hier durch den Pfeifendampf beim Entzünden nicht nur die Brennerdüse, sondern auch die empfindliche Zündelektronik verklebt, sprich rundum isoliert werden kann. Ein kompletter Systemausfall ist die Folge, und mühevolles Reinigen wird notwendig.

Die Anfälligkeit ist auch der Grund, warum vor Jahren die neuen und fortschrittlichen E-Feuerzeuge, insbesondere die mit Piezo-Zündung, die in den 70er und 80er Jahren den Markt absolut beherrschten, wieder größere Marktanteile an die Feuerzeuge aus der »Steinzeit« abgeben mußten. Seit einigen Jahren verzeichnet man ein Revival der Reibradmechanik, insbesondere bei den nostalgischen Feuerzeugen wie »Old Boy«, »Unique« und den klassischen Rollagas-Feuerzeugen.

Rollagas-Feuerzeuge haben eine lange drehbare »Daumen-Walze«, die von außen zur Hälfte in den Tank eingelassen ist und mit der man den Feuerstein an(t)reibt. Die Düse öffnet sich, wenn man den Deckel hochklappt. Aufklappen, anreißen, Feuer. Andere Mechanismen starten nur, wenn man eine Taste drückt. Durch mechanische Umsetzung hebt sich der Deckel, startet die Düse und die Zündung erfolgt gleichzeitig. Dabei kann es sich um Piezo- oder Feuersteinzündung handeln. Meist wird man dabei aber den E-Zünder antreffen.

Ein Nachteil bei der Steinzündung ist der Abrieb. Da dieser beträchtlich sein kann, vor allem, wenn man feuchten Pfeifentabak andauernd befeuern muß, sollte ein Feuerzeug stets über einen Ersatzfeuerstein verfügen. Dieses Kriterium erfüllen oft sogar die einfachsten Feuerzeuge; Hauptsache, sie sind nachfüllbar. Allerdings sind die Ersatzfeuersteine manchmal ziemlich versteckt angebracht. Bei einigen Feuerzeugen gibt es eine Schraube oder eine Klappe, hinter denen sich die Reserve-Steinchen verbergen.

Bei anderen Systemen muß der komplette Kopf des Feuerzeugs aus dem Tank gezogen werden. Und dann geht die Fummelei erst richtig los, wenn man den Ersatzstein einsetzen will. Besonders lustig ist es, wenn einem dabei eine lange Spirale entgegen hüpft und sich auf dem Teppich versteckt. Selbstverständlich springt die Spirale immer an eine andere Stelle als der winzige Feuerstein. Teure Modelle haben deshalb eine geniale Klappmechanik, mit der der Stein einfach gewechselt werden kann. Allerdings muß man, wie bei jedem ein Revolver, irgendwann wieder nachladen.

Man sollte die Flammenstärke einfach, aber nicht unabsichtlich verstellen können. Manche Feuerzeuge haben einen drehbaren Boden, durch den man die Größe der Flamme regulieren kann. Eigentlich eine gute Idee, nur weiß man nie, wie stark die Flamme beim nächsten Anzünden sein wird, weil man dauernd »am Rad dreht«. Normalerweise befindet sich am Boden eine Stellschraube, die man mit dem Daumennagel (falls der die Härte von Stahl hat) oder einer kleinen Münze justieren kann. Bei manchen Modellen ist besagte Stellschraube aber so versteckt gelegen, daß man nur nach fachlicher Einweisung und mit Uhrmacherwerkzeug rankommt.

Besonders großer Beliebtheit erfreuen sich derzeit Feuerzeuge mit sogenannter offener Technik, also mit einem Klappdeckel, der die Gasdüse bedeckt, nicht aber das Reibrad. Etwas »retro« ist es schon, aber eben ein echter Klassiker und als Folgemodell des »Unique« meist zur gehobenen Preiskategorie gehörend. Wer sucht, findet preiswerte »Nachbauten« – an deren Haltbarkeit man aber nicht zu große Ansprüche stellen sollte. Irgendwo muß der Preisunterschied schließlich herkommen.

Die einfachen Pfeifenfeuerzeuge verfügen über keinen besonderen Schutz für die Düse. Außerdem haben diese Feuerzeuge meist ein »Gaspedal«. Diese Technik dürfte jeder kennen. Am verbreitetesten sind solche mit Steinzündung. Handelt es sich um ein elektronisches Feuerzeug, ist auch die Zündelektronik weitgehend ungeschützt. Dafür sind diese Feuerzeuge aber billig, oft sogar Einwegware.

Grundsätzlich kann man zwei Feuerzeugtypen für Pfeifen unterscheiden: Bei dem einen Typ muß durch Druck auf das »Gaspedal« des Feuerzeugs die Flamme gehalten werden. Bei dem anderen bleibt, einmal entzündet, eine Dauerflamme, die durch eine bestimmte Taste abgeschaltet werden muß. So verriegelt man die Gaszufuhr. Wird dies vergessen, beispielsweise weil die Flamme aus einem anderen Grund gelöscht wurde, verdünnisiert sich klammheimlich das ganze Gas.

Besonders praktisch sind jene Pfeifenfeuerzeuge, die in ihrer Bodenplatte einen Pfeifenstopfer eingelassen haben, den man teleskopartig herausziehen kann. Sogar komplette Pfeifenbestecke sind nach Art eines Taschenmessers in manchen Feuerzeugen verborgen. Aber eigentlich sind das Gimmicks, denn die eingelassenen Gerätschaften braucht man nur in den seltensten Fällen, zumal sie stets eine Konzession an das Feuerzeug darstellen, ein Kompromiß, der mehr durch das Design und weniger durch die Handhabung des Bestecks vorgegeben wird.

Kenner behaupten, daß der Korpus des Feuerzeugs der Spielplatz für die Ästhetik sei. Aus funktionaler Perspektive sind alle griff- und kratzfesten Materialien und Lacke zu empfehlen. Dann ist alles erlaubt, was gefällt.

Man kann zwischen distinguiert mattierten, satinierten oder guillochierten, aber auch hochglänzenden Oberflächen wählen. Zudem werden gern erlesene Hölzer oder hübsche bis edle Steine verwendet. Sogar Rißzeichnungen von Pfeifen-Shapes sind als Dekor erhältlich. Übrigens werden Oberflächenstrukturen bei teuren Feuerzeugen eingefräst, während die preiswerteren Modelle gepreßt sind. Den Unterschied fühlt man.

Noch ein Wort zum Tank. Nur in den seltensten (und teuersten) Fällen sind Korpus und Tank identisch. Meist werden PVC-Tanks eingesetzt, was aber nicht unbedingt von Vorteil ist. Zwar kann man durch ein »Bullauge« den Füllstand ablesen, aber jeder eingesetzte Tank hat seine Schwachstellen. Zusätzlich nimmt er Platz weg. Das wiederum führt zu einem anderen Problem.

Wie dumm, wenn man gerade fern jeder Nachschubbasis seine Pfeife angezündet hat und der Blick auf die Füllstandsanzeige nichts Gutes verheißt. Und richtig: Pffft... – schon verröchelt das sonst so treue Feuerzeug. Prompt solidarisiert sich die Pfeife. Dann ist es schon eine feine Sache, wenn man mit Hilfe des Räumdorns den kleinen Knopf für den Reservetank aktivieren kann – immer vorausgesetzt, das der nicht auch schon leer ist. Leider verfügen meist nur exklusive Hochpreisfeuerzeuge über einen Reservetank.

Zum Nachfüllen des Gasfeuerzeugs ist Iso-Butan Gas zu empfehlen, am besten das, was durch die Firma des verwendeten Feuerzeugs vertrieben wird. Gas gibt es nämlich in unterschiedlichen Reinheitsgraden. Die Nachfüllkartusche aus dem Supermarkt sollte man also für die eher preiswerten Modelle verwenden. Langfristig können Kunststofftanks und Dichtungen bei mangelhaftem Reinheitsgrad des Gases in Mitleidenschaft gezogen werden. Eine Reparatur beinhaltet eine aufwendige Reinigung, was recht teuer wird. Gutes Gas lohnt sich also, allerdings nur bei guten Feuerzeugen.

Es gibt übrigens einen kleinen Test, wie man den Reinheitsgrad des Gases wenigstens ansatzweise überprüfen kann: Man nehme ein weißes Blatt Papier und sprühe etwas Gas darauf. Bleibt nur ein feucht-blasser Rand, ist alles in Ordnung. Graue Ränder sind dagegen ein schlechtes Zeichen!

Die firmeneigenen Nachfüll-Gasflaschen sind aber auch noch aus einem anderen Grund kein bloßer Marketing-Trick, denn der Nachfüllstutzen paßt immer nur bei seiner Marke optimal in den Tank des Feuerzeugs. Andernfalls entweicht Gas unkontrolliert während des Füllvorgangs, wobei das Ventil des Feuerzeugtanks beschädigt werden kann.

Zum Füllen hält man das Gasfeuerzeug senkrecht mit dem Füllventil nach oben, setzt den Füllstutzen der Patrone vorsichtig auf und drückt diesen kräftig, aber *nie mit Gewalt*, in das Ventil. *Zischhhhh!* Das Gas wird in den Tank gepreßt, was, je nach Größe, etwa 5 bis 15 Sekunden dauern kann. Je nach Passgenauigkeit geht mehr oder weniger daneben. Da können die Finger ganz schön kalt werden, vor allem, wenn man abrutscht. Aber keine Sorge, solange man das nicht am offenen Feuer, sondern am offenen Fenster macht, ist das nicht weiter gefährlich. Man sollte das Gas nicht einatmen!

Hat das Feuerzeug eine Füllstandsanzeige, kann man kontrollieren, ob das Feuerzeug ausreichend betankt wurde. Wenn beim ersten Mal nicht genug Gas in den Tank gelangt ist, muß der Vorgang wiederholt werden (was auch sonst?). Doch Vorsicht: Man sollte ein Gasfeuerzeug nie zu voll laden, da der Tank bei Wärmeeinwirkung einem enormen Druck ausgesetzt ist. Es können feine Risse entstehen und die Dichtungen Schaden erleiden. Überhaupt sollte man ein Feuerzeug, das länger nicht mehr benutzt werden soll, immer gänzlich entleeren. So wird es von Druck und aggressiven Gasen entlastet.

Vor jedem Füllen sollte das restliche Gas vollständig aus dem Feuerzeug abgelassen werden. Unterläßt man dies, sammelt sich das Treibgas, das man braucht, um das eigentliche Brenngas aus der Nachfüllflasche in den Feuerzeugtank zu bekommen, gemeinsam mit der sich immer ansammelnden Luft. Nach einigen Füllungen befindet sich dann mehr Luft und Treibmittel als Brenngas im Tank. Der Druck der Nachfüllflasche reicht niemals aus, um alles störende Gas hinauszudrücken. Die Flamme wird ungleichmäßig, das Feuerzeug hat Aussetzer und so mancher hat schon fälschlich vermutet, daß das teure Stück hinüber sei. Bevor man also beim Kundendienst »Druck« macht, sollte man selbigen erst mal aus dem Feuerzeug ablassen. Das hilft meistens.

Man entläßt das Gas vollständig, indem man mit einer Kugelschreibermine das Ventil im Boden des Feuerzeugs vorsichtig eindrückt und so lange gedrückt hält, bis das Zischen aufhört. Manchmal ist mehr drin als man glaubt! Wenn ein Feuerzeug keine Flamme mehr gibt, heißt das noch lange nicht, daß es leer ist.

Bei all der Feinmechanik und Elektronik moderner E-Feuerzeuge ist es nicht weiter verwunderlich, wenn so ein Brenner schon mal eine Störung hat. Elektronische Feuerzeuge sind mimosenhaft empfindlich. Wer so ein Feuerzeug auf harten Boden fallen läßt, muß sich nicht wundern, wenn es genau so reagiert wie ein Handy: Es macht keinen Mucks mehr. Im Unterschied zur Kommunikationselektronik, wo man sich nach dem Crash selbst einen Esel nennt, schreibt man seine eigene Schusseligkeit dem heruntergefallenen Feuerzeug zu. »Halten heutzutage nix mehr aus, die Dinger«. Trotzdem ist ein solcher Vorfall kein Grund zur Reklamation, wohl aber für eine Reparatur. Die lohnt sich jedoch nur bei entsprechend wertvollen Feuerzeugen. Auf jedem Fall sollte man aber das Präzisionswerkzeug im Kasten lassen! Hier sind Profis gefragt, die auf Feinmechanik und Elektronik approbiert sind.

Die verklebten Brennerdüsen lassen sich bei den Steinzeit-Feuerzeugen übrigens recht einfach mit Wattestäbchen und Alkohol reinigen. Vergessen Sie auch das Reibrad nicht. Ein speckiger Belag läßt den Feuerstein einfach drüber flutschen. Bei den elektronischen Feuerzeugen liegt die Sache komplizierter. Hier kommt man meistens nicht so ohne weiteres an die Düse heran. Kräftiges Schrubben könnte Kontakte unterbrechen, feine Drähte zerreißen, und eindringende Feuchtigkeit ruiniert garantiert jeden E-Brenner. Solche Feuerzeuge gehören zur Generalüberholung in den Fachhandel. Soviel mag hier über Feuerzeuge genügen, denn zu diesem Thema gibt es reichlich Spezial-Literatur.[2]

Zum Schluß noch ein Tip für die besonderen Pfeifenästheten und Freunde des gehobenen Pfeifenrituals, die (selbstverständlich) auf Streichhölzer als den einzig wahren Zündstoff für Pfeifen schwören: Wenn man sowieso schon für etwas spleenig gehalten wird, dann kann man auch noch seine geliebte King-Size-Streichholzschachtel durch erlesene Überzüge aufpeppen. Pimp your matchbox! Egal ob man edles Metall oder feines Holz wählt, man sollte das nötige Kleingeld bereit halten. Diese Hülsen sind zum Teil im Preis ganz schön happig. Manchmal so happig, daß man für sie auch eine sehr ordentliche Pfeife bekäme.

Der Pfeifenascher

Neben dem Pfeifenfeuerzeug kann der Aschenbecher ein weiteres Repräsentationsstück auf dem gediegenen Rauchtisch des Piperos sein. Ein Pfeifenascher? Natürlich geht auch irgendein einfacher Kippenfriedhof, aber dann kann man auch gleich ein altes Marmeladenglas oder eine gesprungene Untertasse nehmen. Stilsichere Pfeifenraucher werden allerdings zum speziellen Ascher für Pfeifen greifen. Den erkennt man an zwei Besonderheiten: Da *erstens* nicht jede Pfeife eine selbständig Stand-Up ist, werden extra ein oder zwei »Haltebuchten« als Ablagemöglichkeiten in jene Ascher integriert. Damit ist zwar mindestens schon ⅓ seines Fassungsvermögens für die Parkplätze belegt, doch ein solcher ausladender Luxus-Ascher aus Glas, Prozellan oder Speckstein ist eine ebenso stilvolle wie unverzichtbare Tischrequisite geworden.

Doch was einen echten Spezialascher für Pfeifen tatsächlich auszeichnet ist *zweitens* ein dicker Korkklotz in der Aschenschale. Wenn schon eine Pfeife ausklopfen, dann aber nur hier! Ob der Ascher aus Kristallglas, geschliffenem Onyx oder einfacher Keramik ist, ob weiß, schwarz, marmoriert, irden, rustikal glasiert oder grün getupft, immer hat er ein Korkpolster, wenn er ein echter Pfeifenaschenbecher sein will.

Der mit Korkknauf versehene Pfeifenascher soll angeblich zuerst bei *Rattray's*, dem berühmtem Tabakladen in Perth (Schottland), zu kaufen gewesen sein. Der Legende nach hat Charles Rattray bei einem endlosen Dinner die Lösung für die Probleme beim Pfeifenleeren gesehen. Ein pfeifenrauchender Gentleman hatte wenig »gentleman-like« einen Champagnerkorken mitten auf einen tiefen Teller gelegt, um seine Pfeife darauf stillvergnügt auszuklopfen.[3] Eine geniale und verdammt kostengünstige Idee, fand der schottische Handelsmann. Keine Ahnung, was die Gastgeberin davon hielt, wir wollen jedenfalls hoffen, daß der Gentleman nicht das gute chinesische Geschirr dazu mißbraucht hat. Wie auch immer, jedenfalls fand der geschäftstüchtige Mister Rattray die Idee mit dem Korken nachahmenswert und entwickelte gemäß seinem Firmenmotto »A Disquisition for the Connaisseur« einen opulenten Spezial-Pfeifenascher mit einer korküberzogenen Erhebung in der Mulde. Seither mag kein Pfeifen-Gentleman mehr darauf verzichten.

Die Pfeifentasche

Pfeifenraucher haben ein Problem, wenn sie das Haus verlassen: Wohin mit Pfeifen, Tabak und dem ganzen Kram, den man sonst noch so braucht? Doch wohl nicht in *diese* megapeinliche Pfeifen-Tasche? So wundert es kaum, daß man die meisten Piperos leicht im Gedränge der Fußgängerzonen erkennen kann: Sie pressen die mehr oder weniger große Tasche mit der Hand vor die Brust und versuchen sie dabei in der Armbeuge verschwinden zu lassen. Eine Mischung aus Scham und Schutz, wobei ihnen der verzweifelte Versuch, möglichst normal auszusehen, ins gerötete Gesicht geschrieben steht.

Pfeifentaschen sind wahrscheinlich deshalb so peinlich, weil sie fatal an die spießigen »Detlef-Täschchen« erinnern, in denen Vati früher seine Papiere mit sich herumtrug. Selbst peppige Namen wie »Pipe-Bag« oder »Smoker's Necessaire« wirken da nur wie grausame Ironie. Es ist schon kurios: Da hat man Freehand-Pfeifen, Designer-Tabaksdosen, Luxus-Feuerzeuge und durchgestylte Pfeifenstopfer, aber man muß alles in so ein blamables Tändeltäschchen stopfen. Pfeifentaschen sind schrecklich uncool. Die Lebensabschnittsgefährtin findet harte Worte für diesen »Style« und erklärt gleichzeitig ihre Handtaschen zum Pfeifensperrgebiet.

Die Peinlichkeit der Pfeifentaschen ist genau besehen Resultat ihrer Funktionalität. In der Regel warten diese wohldurchdachten Transportbehältnisse, zumindest in der gehobenen Kategorie, mit vielen überraschenden Details, schönem Leder und hochwertiger Verarbeitung auf. Und, man höre und staune, es gibt sogar welche im piffigen Design. Ob sie mit der einschlägigen Schlaufe, einem Bügelgriff oder Schulterriemen ausgestattet sind, hängt von Größe und Ausstattung ab. Oft befinden sich außen noch einige aufgesetzte Taschen, manche verfügen sogar über ein Handy-Fach. Aber trotz dieser Pluspunkte spielen Pfeifentaschen irgendwie in der gleichen Liga wie Anglerwesten, die ja auch sehr praktisch sind, insbesondere für Pfeifenraucher, aber doch eher von rüstigen Senioren bevorzugt werden.

Die handelsübliche Pfeifentasche bietet Raum für zwei bis vier, selten sechs Pfeifen, Tabak, Reiniger und Zubehör. Der umlaufende Reisverschluß schwächelt meist recht schnell, da man wider besseres Wissen die Taschen immer viel zu voll stopft. Alternativ zum Reißverschluß gibt es Pfeifenetuis, die durch eine Spange geschlossen werden. In Form gehalten werden sie durch einen umlaufenden Metallrahmen, der dem Ganzen die vertrauenswürdige Stabilität einer weltbekannten Hartschalenkoffermarke gibt. Solche Pfeifentaschen wirken etwas eleganter als die üblichen Pfeifen-Kulturbeutel.[4]

Auf der rechten Innenseite einer jeden Pfeifentasche sind mehr oder weniger breite Schlaufen angebracht, die die Pfeifen aufnehmen sollen. Da bei Pfeifen »*cheek to cheek*« nicht angesagt ist, sollten die Schlaufen versetzt und ausreichend weit voneinander entfernt angebracht sein, so daß die empfindlichen Holzköpfe möglichst nicht aneinander geraten. Leider ist bei den meisten Taschen der Platz nicht nur für Monsterpfeifen aus der mächtigen Full-Bent-Klasse viel zu knapp bemessen. Sogar ganz ›normal‹ proportionierte Pfeifen passen oft nicht bequem nebeneinander hinein. Und so behilft man sich damit, nur die Hälfte der Pfeifenparkplätze zu nutzen.

Erfahrene Piperos verwenden zusätzlich einen weichen Lappen als Knautschzone in der Pfeifentasche. Wenn man die auf der linken Seite der Pfeifentasche befindliche Halterung für eine Tabaksdosen verwendet, ist dies sowieso zu empfehlen, da sich die harte Büchse den Pfeifen ziemlich aufdrängt. Unproblematisch ist ein *Pouch*, also ein flacher Rollbeutel für Tabak.

Wenn wir nun noch die Pfeifenreiniger hinter dem Tabak postieren, dann können die pieksenden Drahtenden keine böse Verwüstungen unter den mitreisenden Pfeifen mehr anrichten. Sinnvoll sind auch Köcher für Pfeifenreiniger, man kann aber auch jene Beutel benutzen, in denen Pfeifen serienmäßig ausgeliefert werden. Sie haben die richtige Länge, werden in nahezu allen Farben hergestellt, passen also zu jedem Taschen-Interieur. Und der Bandzug schließt die Pfeifenreiniger auch noch sicher ein.

Nun muß man die Tasche nur noch schließen können. Wahrscheinlich hat sie nun ein ziemlich gespanntes Verhältnis zu ihrem Inhalt, und wir haben noch nicht einmal Pfeifenbesteck, Filter und Feuerzeug verstaut. Bei allen Fragen des Designs merkt man schnell, daß es nicht geschadet hätte, wenn der Designer der Pfeifentasche auch schon mal eine Pfeife in der Hand gehabt hätte.

Bei der Auswahl der Pfeifentaschen sollte man stets zu den großzügig bemessenen Pfeifentaschen greifen und die funktionalen vorziehen. Also greift man doch wieder zu der weniger stylischen Pfeifentaschen, die schon zu Vatis Zeiten out waren.

Es empfielt sich beim Taschenkauf ein Probepacken. Warum auch nicht? Schließlich kauft man doch auch keine Schuhe, ohne sie vorher anprobiert zu haben. Vielleicht sollten wir genauso zu unseren Pfeifentaschen stehen, wie zu ordentlichen Schuhen.

Was aber machen Pfeifenraucher, die ins Theater, in die Oper oder auf den Ball gehen *und* eine Pfeife mitnehmen möchten? Doch wieder die Spießertasche mitnehmen? Und alleine gehen? Oder die dralle Zweiertasche in die Jacke wurschteln und aussehen wie ein russischer Bodyguard?

Tatsächlich findet man bei genauer Durchsicht des Angebots durchaus elegante Slim-Line-Pfeifentaschen, die ins Armani-Jäckchen passen. Diese Taschen werden mit nur einer schlanken Pfeife ausgerüstet, so bleibt noch etwas Platz für Pfeifenreiniger. Ein Extrafach bietet einigen Prisen Tabak Unterschlupf, was für den Abend ausreichen sollte. Das Feuerzeug mit integriertem Stopfer wandert in die Hosentasche. Fällt kaum auf, und man muß nicht erst kramen, um einer Dame Feuer zu spenden. Unter dem Strich hat der Pipero dann nicht mehr zu verstauen als der mit Teleskop-Etui für zwei Grand Coronas, Cutter und Turboburner bewaffnete Aficionado.

In einer ganz anderen Liga als die bislang erwähnten Pfeifenetuis spielen Schulter-Taschen. Solche Pfeifencontainer bieten oft für ein halbes Dutzend Pfeifen Platz – nur warum sollte man so viele Pfeifen mit sich herumschleppen? Keine Frage: Weil man sich nicht immer mit dem absolut notwendigen Minimum zufriedengeben möchte. Wahlmöglichkeit und Genuß gehören einfach zusammen. Und das bezieht sich nicht nur auf die Pfeifen, sondern auch auf eine ansprechende Tabak-Bar.

Pfeifentaschen mit Schulterriemen sind bequem zu tragen, sehr praktisch und unauffällig, erinnern sie doch eher an Fototaschen (obwohl nur noch Fotofreaks die heute noch haben). Sie bieten nicht nur ausreichend Platz für Pfeifen, Zubehör und Tabak, sondern auch noch für Lektüre und Knabberkram. Das macht die Schultertasche zum idealen Bordgepäck. Allerdings hat man an jeder Sicherheitsschleuse reichlich Spaß, da das vielfältige Pfeifenzubehör stets die Phantasie des Sicherheitspersonals herausfordert und zu direkter Inaugenscheinnahme animiert. Vorsicht bei scharfkantigem Pfeifenbesteck, das je nach weltpolitischer Lage schon mal konfisziert werden kann.

Besonders einfallsreich ist der »Seesack« für Pfeifen: Rund um die Innenseite des kleinen Rucksacks sind Köcher, Schlaufen und Fächer angebracht, das ganze Ding läuft, eben wie ein Seesack, nach oben hin gerade zu und wird mit einer Kordel zusammengezogen und kann, mit einem Riemen, über der Schulter getragen werden. Wer allerdings schon mal mit einem Seesack verreist ist, weiß warum es Koffer gibt. Man packt sie nicht aus, man schüttet.

Gegenüber den bisher genannten Transportbehältnissen sind Pfeifenkoffer wieder eine andere Liga. Hier wird geklotzt und nicht gekleckert. Wenn Sie mit so einem Ding zu Besuch kommen, werden die Gastgeber befürchten, daß Sie für mindestens ein halbes Jahr bleiben wollen. Oder man hält Sie für einen Vertreter. Aber dafür sind die Pfeifen in dem Alu-Koffer »bombensicher« aufgehoben. Achten Sie nur darauf, daß der Pfeifenkoffer nicht größer ausfällt als das übrige Gepäck...

Und was macht jetzt der Hipster, der eine Pfeifentasche sucht und nicht auf das klassische Angebot zurückgreifen will? Entweder bleibt er bei seinen Cargo-Hosen mit dem Stauraum eines Mittelklassewagens, was letztlich auch nichts anderes als die Anglerweste, bloß mit anderen Mitteln ist, oder er funktioniert beliebte Umhänge-Taschen um.

Es ist kaum zu glauben, aber in einigen Modekaufhäusern für überwiegend jugendliche Konsumenten finden sich zwischen den unverzichtbaren Mode-Utensilien eines glücklichen Teenielebens Taschen, die zwar ursprünglich nicht für Pfeifenraucher konzipiert wurden, sich aber leicht mit jenen kleinen Beutelchen, in denen Pfeifen serienmäßig ausgeliefert werden, zum erstklassigen Pipe-Bag umbauen lassen. Und schon haben wir eine tageslichttaugliche Pfeifentasche, die zumindest nicht mehr ganz so peinlich wirkt.

Der Tabaksbeutel

Sie sind die unverzichtbaren Behältnisse für die Tagesration, allerdings müssen sie bestimmte Mindeststandards erfüllen. Beim Kauf eines Tabaksbeutels sollte man auf einige Details achten, da es auf dem Markt jede Menge unbrauchbarer Säckchen gibt. Die Beutel können aus noch so feinem Leder sein, wenn das Kautschuk- oder Latexfutter oder ein ordentliches Innenfutter aus speziellem Leder fehlt, trocknet der Tabak schneller aus als man »Lawrence of Arabia« sagen kann. Oft sind die Verschlüsse solcher Beutel ein Schwachpunkt. Ein bloßer Bandzug oder einfacher Reißverschluß reicht nicht aus. Sogenannte Rollbeutel mit Überschlag *und* Latexfutter haben sich bestens bewährt.

Selbst wenn man einen wirklich guten Tabaksbeutel mit Innenfutter und dichtem Verschluß benutzt, empfiehlt sich aus klimatischen Gründen immer die Mitnahme eines Tabakbefeuchters (Humydrol). Trotzdem ist und bleibt der Tabaksbeutel nur für die Tagesration geeignet. Bestenfalls mal übers Wochenende. Zur längeren Aufbewahrung ist er völlig ungeeignet.

So mancher nagelneue Tabaksbeutel hat allerdings ein etwas kerniges Lederaroma oder, schlimmer noch, einen ziemlich penetranten Latex-Geruch. Lüften nützt in hartnäckigen Fällen leider wenig. Der »Duft« verschwindet erst, wenn man einige Füllungen geopfert hat, um das entsprechende Aroma zu etablieren. Am besten nimmt man hierzu einen neutralen Tabak, den man einige Tage (in hartnäckigen Fällen ein paar Wochen) »ziehen« läßt, bis das Beutelchen die Tabakaromen angenommen hat. Gelegentlich sollt man nach dem Rechten schauen: Bei längerem Luftabschluß besteht Schimmelgefahr! Die »Einlage« kann man selbstredend im Anschluß nicht mehr »genießen«.

Das Latexfutter bedarf, wie das Leder, der Pflege. Von Zeit zu Zeit muß man jeden Tabaksbeutel komplett reinigen, also ausschütteln, um alle Krümel zu entfernen, eventuell feucht auswischen und sorgfältig lüften (und trocknen!) lassen. Insbesondere die Ablagerungen von saucierten Mixtures müssen gründlich beseitigt werden. Sie verkleben das Innenfutter, was vor allem Latex übel nimmt. Um Latex-Futter schmiegsam zu halten, soll man es nach dem gründlichen Reinigen mit unparfümiertem Talkumpuder bestäuben, etwas kneten und kräftig auspusten. Das erhöht laut Hersteller die Lebensdauer der Latexeinlage erheblich. Von Außen wird der Tabaksbeutel nur mit feinem Lederfett gepflegt.

Die Tabatière

Früher bezeichnete man mit Tabatière ein kleines Döschen, das besonders für Schnupftabak Verwendung fand. »Früher« heißt im 18. Jahrhundert, das Werner Luft zurecht als das Jahrhundert der Tabaksdose bezeichnet hat.[5] Heute versteht man darunter eine besonders gediegene kleine Tabaksdose, meist aus edlem Metall.

Tabatièren sind sicher die vornehmste Art des Tabaktransports. Diese kleinen handwerklichen Meisterwerke sind in der Regel schlicht und glatt wie ein Stück Seife, manchmal aber auch reich verziert durch Gravuren oder Einlegearbeiten. In den meisten Fällen handelt es sich bei ihnen um kostbare Renommierstücke. Oft werden diese Döschen in einer massiven Silber-Ausführung oder als »Silver Plate«, also als versilberte Dose, hergestellt, was natürlich einen erheblichen Preisunterschied ausmacht. Dank ihrer flachen Linsenform sind diese Dosen besonders handlich und passen vorzüglich in jede Tasche. Man sollte, wie beim Tabaksbeutel, darauf achten, daß das Döschen präzise schließt. Da die Klappdeckel trotz aller Mühen der Hersteller selten richtig dicht sind, dienen Tabatièren nur als Behältnis für die Tagesration.

Die Sparausgaben der Tabatièren sind jene kleinen Flake-Dosen, die man sich nach dem Verbrauch des Original-Tabaks zur Wiederverwendung aufhebt. Wenn sich beim ersten Öffnen der Deckel nicht allzu sehr verzogen hat, sind diese mitunter recht hübschen Döschen recht gut geeignet, zumal sie meist über eine Gummierung am Innenrand des Deckels verfügen, die für ausreichende Dichtigkeit sorgt.

Die Tabaksdose

Tabakhamster aufgepaßt: Jetzt geht's um Vorratsdosen, also jene Behältnisse, die für die *längerfristige* Lagerung etwas größerer Mengen unseres empfindlichen Pfeifen-Krauts gedacht sind. Da man bei der Tabaklagerung so manches falsch machen kann, lohnt ein kritischer Blick auf die Behältnisse. Hier ist nämlich nicht alles Gold, was als Vorratsdose glänzt. Was da manchmal im Handel angeboten wird, ist schon gemeingefährlich. Unbedarfte Zeitgenossen, die einen lieben Pfeifenraucher mit etwas hübschem beschenken wollen, das zu seiner Rauchleidenschaft paßt, greifen todsicher zur »antiken« Zinndose oder repräsentativen Alabasterbüchse, in denen man nicht mal Kekse aufbewahren könnte. Hauptsache es steht »Toback« drauf.

Natürlich müssen, wie beim Tabaksbeutel, auch Vorratsdosen bestimmte Merkmale hinsichtlich des Materials, der Verarbeitung und der Funktionalität erfüllen. Schließlich soll unser Tabak hierin besser aufbewahrt werden als in einem löchrigen Plastikbeutel oder einer verbeulten Blechdose. So sollen die Behälter möglichst luftdicht schließen, vielleicht sogar über ein Befeuchtungssystem verfügen und am besten blickdicht sein, da Tabak kein Licht mag. Auch haben die Behälter lebensmittelecht, d.h. ungiftig und geschmacksneutral, zu sein. Grundsätzlich haben sich Metall, Glas, Keramik, Porzellan und PVC als Materialien gut bewährt. Glas- oder klare Acrylbehälter sollten mit blickdichten Überzügen versehen sein, da man sie sonst nur an dunklen Orten aufbewahren kann. Der Fachhandel hat solche Behälter natürlich vorrätig.

Allerdings, nun ja, man muß es sagen, das Aussehen spielt zwar erst in zweiter Linie eine Rolle, aber man muß sich hier wirklich nicht alles antun oder gefallen lassen. Offenbar dominiert nämlich beim Design der Vorratsbehälter der rustikale Stadl-Stil. Offenbar werden solche Behältnisse gern wie Omas Gurkenkruke oder Onkels Bierseidel gestaltet. Es kommen auch unglaublich humoristische Keramikfiguren wie pfeifenrauchende Bulldoggen vor. Das mag ja Geschmacksache sein, doch manchmal bleibt nur noch die Hoffnung auf die Weihnachtszeit. Trash-Wichteln ist das Zauberwort.

In manchen Pfeifenrauchern erwacht der Basteltrieb, wenn sie die teuren Spezial-Dosen für Tabak sehen. Das kann man doch leicht und preiswert selbst herstellen, indem man sich ein dicht schließendes Behältnis aus dem Kaufhaus besorgt, mit einem Befeuchtungssystem für Humidore versieht und mit einem Überzug à la »d-c-fix« verdunkelt. Doch Vorsicht: Was als

Behälter für Kaffee und Tee taugt, eignet sich nicht immer für den etwas feuchten Tabak! Blechdosen oxidieren und rosten, wenn sie nicht entsprechend vorbehandelt wurden. Man muß das Rauchen nicht ungesünder machen, als es ohnehin schon ist.

Das Filterdöschen

braucht man natürlich unbedingt. Absolut unverzichtbar! Oder? Klar, es ist schon ganz nützlich, da so die kleinen Filter nicht lose in der Pfeifentasche herumfliegen und herauskullern, wenn man sie aufmacht. Außerdem werden die kleinen hygroskopischen Dinger in so einem Behältnis gut vor Feuchtigkeit geschützt, und man hat endlich einen Überblick über die Anzahl der noch vorhandenen Patronen im Magazin. Auch sind diese Döschen oft recht hübsch, wenn sie nicht gerade als Plastik- oder Blechdöschen von den Filterherstellern mitgeliefert werden (meist als kostenlose Zugabe zur Jumbo-Vorratspackung). Ob Ledertasche, Metallbüchse oder Holzkistchen, meist fassen sie 6 bis 10, manchmal auch 20 Filter und sind alles in allem eigentlich doch recht praktisch und nett.

Von Regalen und Schränken

Weil die Ruhe- und Lüftungsphasen für Pfeifen so wichtig sind, sollte man der Lagerung seiner Pfeifen die entsprechende Aufmerksamkeit schenken. Aber wie jeder Pfeifenfex weiß, gibt's in dieser Frage schwere innereuropäische Grabenkämpfe. »Kopf hoch oder runter« ist hier die Frage: Kontinentale Piperos lagern Pfeifen mit dem Kopf nach unten. So sind wir es gewohnt. Engländer kritisieren daran, daß sich so die ganze Feuchtigkeit mit dem hineinrieselnden Staub im Pfeifenkopf sammeln kann und der Versumpfung Vorschub leisten. Außerdem guckt man bei so gelagerten Pfeifen immer nur in deren »Schlund«. Kein ansprechender Anblick, sieht man doch von der Pfeife nur ein Loch, nörgeln die Briten.

Also nach britischer Sitte anders herum? So herum stehen Pfeifen auf dem Mundstück, also ziemlich wackelig und lüften nicht richtig, da unter Umständen das Zugloch verdeckt wird. Außerdem läuft der möglicherweise darin noch befindliche Saft ungehindert ins Mundstück, was Kontinentaleuropäer ekelig finden. Schließlich gibt es noch einen ästhetischen Vorbehalt: Auf dem Mundstück balancierende Pfeifen scheinen ihre Köpfe traurig hängen zu lassen.

Nun haben wir nicht oft die Wahl. Englische Pfeifenständer bekommt man bei uns nur sehr selten. Also greifen wir zum kontinentalen Klassiker. Normalerweise tut es ein preiswerter Pfeifenständer mit entsprechenden Halterungen, um Pfeifen fach- und sachgerecht zu parken. Für den Anfang tut es der traditionelle Pfeifenständer in Regalform allemal. Vorausgesetzt man findet für ihn ein schattiges und ruhiges Plätzchen, wo die lichtempfindlichen Pfeifen unbeschadet ihr Nickerchen machen können. Pfeifen sind schon anspruchsvoll und haben es gern dunkel, kühl, luftig und trocken.

Ein Vorteil dieser artgerechten Pfeifenhaltung im Regalsystem liegt neben der guten Belüftung in der Ordnung. Wenn sich Pfeifen nicht mehr in der ganzen Wohnung herumlümmeln, findet man sie schneller, und die Auswahl der nächsten »Freiwilligen« fällt einem bei einer vollzählig angetretenen Truppe ungleich leichter. Außerdem leben Pfeifen so weniger gefährlich und erregen weniger Unmut bei den übrigen Hausgenossen. So ganz nebenbei schaffen Pfeifengestelle nicht nur Ordnung, sie bieten auch eine schöne Repräsentationsplattform. Manchmal wird sogar ein kleiner »Herrgottswinkel« daraus.

So weit so gut. Doch leider sind viele Pfeifenregale oft schlecht verarbeitet, sprich scharfkantig oder wackelig, und das Ablagesystem ist mitunter sogar absolut untauglich: zu klein, zu schmal, zu kurz, zu steil, die Einkerbungen nicht tief genug und die Ablagemulden zu flach und zu dicht nebeneinander. Ganz zu schweigen vom Design! Aus irgendeinem Grund werden die Ständer meistens in Eiche-brutal gefertigt, was definitiv nicht jedermanns Geschmack ist. Wer gute Regale in schönem Design sucht (ob für Bücher oder Pfeifen macht hier keinen allzu großen Unterschied), und kein Fan schwedischer Puzzles ist, muß schon etwas länger suchen. Im guten Fachhandel bekommt man seit einiger Zeit nicht nur ordentlich verarbeitete, sondern auch vom Design her ansprechende Pfeifenständer, etwa aus klarem Acryl, was immerhin einigermaßen futuristisch aussieht. Zur Not geht man als Star Trek Fan durch. Data hat ja auch Pfeife geraucht. Also, er wird es noch...

Hat man ein paar Pfeifen mehr, so bleiben einige von ihnen doch längere Zeit unbenutzt. Die Ärmsten stauben dann ein, egal wie herum man sie lagert. Auch wird der würzige Eigengeruch der offen herumstehenden Pfeifen nicht von allen Mitmenschen gleichermaßen goutiert. Was man jetzt dringend braucht, ist ein Pfeifenschrank. Kein sensationelles Repräsentationsstück, sondern ein handwerklich gut gearbeiteter Schrank mit funktionalem Design, von einem Handwerker entwickelt, der schon einmal eine Pfeife in der Hand hatte und deshalb weiß, was er tut. Ein Schrank also, der nicht nur schön, preiswert und praktisch ist, sondern auch passend zu den übrigen Möbeln sein sollte. So was suchen Sie? Ha! Hahaha! Ich auch! Und zwar schon lange.

Offenbar glauben manche Hersteller von »Pfeifen-Möbeln«, daß man auch ohne jede Ahnung von Pfeifen zu haben, solche Schränkchen zimmern kann. So weisen einige dieser »Pfeifenschränke« nicht mal rudimentäre Belüftungssysteme auf, was aber dringend nötig wäre, wenn man nicht bloß Sammeltassen darin aufbewahren möchte. Die Frontscheiben sind häufig nicht getönt, so daß die Sonne ungehindert Schaden anrichten kann. Die Halterungen für die Pfeifen sind nicht selten genau so gebaut, wie die schlechten Pfeifenständer, also kaum je funktional und wenn überhaupt, dann nur für kleinere Durchschnittspfeifen geeignet. Und wer Pfeifenschränke für gerade mal 7 bis 10 Pfeifen baut, der hat aber auch gar nichts von dem verstanden, was ausgewachsene Piperos umtreibt.

Ein kleiner Lichtblick sind da jene edlen Schränke im italienischen Design, die von renommierten Pfeifenproduzenten wie *Mastro de Paja* oder *Savinelli* mit viel Sachverstand und Qualitätsbewußtsein hergestellt werden. Leider sind solche Pfeifentabernakel selten im Handel zu bestaunen, was mit der Nachfrage zusammenhängt. Oder mit dem Preis, denn für Möbel von der Stange sind sie nicht gerade billig. Bedenkt man, daß ein Pfeifenschrank für 40 Mittelklasse-Pfeifen (die Pfeife zu 100 € gerechnet) immerhin einen Wert von 4.000 € birgt – was sind da schon die lächerlichen 800 €, die der Schrank kosten soll? Andererseits hat der ganze Wohnzimmerschrank gerade mal...

Anmerkungen

1 Vgl. Frank Hidien, Toys for Boys and Girls, Die Alfred Dunhill Story, in: Pipe & Cigar 2/1999, S. 10; s.a. Michael Baldfour, Alfred Dunhill, One Hundered Years and More, a.a.O.

2 Die Literatur zu Feuerzeugen, ihrer Geschichte, Technik und über das Sammeln ist recht weitläufig. Als kleiner Einstieg ist zu empfehlen: Ad van Weert, Von der Geschichte der Feuerzeuge, Von Schwefelhölzchen zum Designobjekt, Mainz 1996; Avi Baer, Alexander Neumark, Zippo Feuerzeuge, Heel 1999. Vgl. Johannes Herrmann, Marktübersicht Pfeifenfeuerzeuge mit Stein-Zündung, in: Pipe & Cigar 4/1999, S. 82ff.

3 Vgl. G. Cabrera Infante, Rauchzeichen, a.a.O., S. 117. R. C. Hacker, Das Handbuch des Pfeifenrauchers, a.a.O., S. 161f.

4 Es ist schon bezeichnend, daß im Deutschen das Wort Kultur so eng mit Seife verbunden ist.

5 Vgl. W. Luft, Rauchringe, a.a.O., S. 118ff.

Vom Laub zum Tabak

»Was denn, Sie rauchen Pfeife? Also ich rauche Tabak...« Zugegeben, der Witz ist uralt und etwas besserwisserisch, tatsächlich könnte manchmal aber durchaus der Eindruck entstehen, Pfeifenraucher hätten vergessen, daß Pfeifen nur ein (wenn auch schönes) Mittel zum Zweck sind. Die schönste Pfeife nützt nix ohne Mixture. Schon deshalb sollten wir uns nicht nur mit Half Bents, Straight Grains und Old Boys auskennen. Werfen wir doch mal einen neugierigen Blick auf das Zauberkraut aus der Neuen Welt, das wir sonst so ohne weiteres Nachdenken in die Pfeife stopfen.

Tabak zählt zu den Nachtschattengewächsen, und gehört damit in die gleiche Sippschaft wie Kartoffel, Tomate und Paprika. Mit der Kartoffel kam der Tabak in Kolumbus' Gepäck aus Amerika nach Europa und wurde seither nahezu überall in der Welt kultiviert. Die Rangliste der Tabakerzeuger wird übrigens heute konkurrenzlos von der Volksrepublik China angeführt.

Schon früh fiel den schmauchenden Europäern auf, daß sich die Tabake aus Nord- und Südamerika geschmacklich erheblich voneinander unterschieden. Aus einigen wenigen natürlich vorkommenden Grundsorten wurden über die Jahrhunderte hinweg mehrere Ertragssorten (s.u.) gezüchtet.

Diese geschmacklich mitunter deutlich unterscheidbaren Tabaksorten entwickeln zusätzlich durch die Besonderheiten der Anbaugebiete (Provenienzen) einen ganz eigenen Charakter. Außerdem sorgen die verschiedenen Zubereitungsarten (Trocknung, Fermentation) und die verschiedenen Aromatisierungen (Casing, Flavouring) für unterschiedliche Geschmacksrichtungen. Wein schmeckt ja auch je nach Rebsorte, Anbaugebiet und Herstellung sehr unterschiedlich. Nicht zu vergessen die Jahrgänge, denn genau wie Trauben nicht jedes Jahr gleich reifen, sorgen auch die Wetterbedingungen für Unterschiede beim Tabak.

Pfeifentabak ist immer eine Mischung (Mixture, Blend) aus mehreren Tabaksorten und Anbaugebieten. Selbst bei einem »reinen« Virginia-Tabak kommen die Virginias aus verschiedenen Regionen oder stammen aus mehreren Jahren.

Die meisten Anfänger starten ihre Pfeifenkarriere mit recht süßlichen Tabaken, weil sie meinen, so müsse Pfeifentabak eben duften. Dabei sind gerade diese Tabake gar nicht so leicht zu rauchen! Meist erst später entdecken sie dann »naturbelassene« oder »tabakechte« Mischungen und englische Mixtures mit ihren kräftigen Latakia-, Périque- und Orient-Anteilen.

Pfeifentabak ist in der Herstellung sehr aufwendig und zudem noch hoch besteuert. Das macht ihn nicht gerade zu einem preiswerten Genußmittel.

Doch verglichen mit dem Preis für die »dicken Braunen« der Aficionados kommt der Pipero selbst beim exklusiven Luxus-Tabak nicht ins schwitzen. Außerdem: Mit gerade mal 3 bis 4 Gramm Tabak hat man etwa eine Stunde Spaß! Wo kriegt man schon so viel für sein Geld?

Echt dufte!

Angeblich sind Pfeifenraucher unverbrüchlich auf *ihre* Mixture eingeschworen, wie Hagen von Tronje auf seine Nibelungen. Doch angesichts des riesigen Angebotes an verschiedenen Tabakmischungen und dem häufigen Auftauchen von neuen Marken und Sorten kann diese Behauptung eigentlich gar nicht stimmen. Dagegen spricht für die standhafte Markentreue vieler Pfeifenraucher die große Entrüstung, wenn eine angestammte Sorte vom Markt genommen wird. So mancher Tabakhersteller kann hierzu Briefe vorlegen, die von erschütterndem Flehen über wütenden Protest bis hin zur Drohung reichen, die UNO und den Vatikan einzuschalten.

Die Erklärung für diese beiden, auf den ersten Blick, sich widersprechenden Phänomene ist, daß die allermeisten Pfeifenraucher zwar ihre Stammmarke oder Lieblingssorte haben, aber ansonsten ganz gern bereit sind, auch mal etwas Neues auszuprobieren. Pfeifengourmets rauchen meist nicht nur eine Geschmacksrichtung, denn der Kenner liebt die Abwechslung. Vielleicht schätzt man die dänischen Mischungen aus dem einen Hause und die englischen Mixtures aus dem anderen. Tja, und die Flakes raucht man am liebsten von dieser kleinen, aber sehr feinen Tabakmanufaktur, die man nicht im Internet, sondern nur in dem kleinen Pfeifenlädchen in Dingenskirchen bekommt. Pfeifenraucher können echte Nerds sein.

Da ist er wieder, der Hang des Pipero zum Extravaganten, Exklusiven, seine Genußorientierung und die Bereitschaft, hierfür auch etwas tiefer in die Tasche zu greifen. Aus diesem Grund haben sich gerade im eher hochpreisigen Marktsegment kleinere und kleinste Tabakmanufakturen durch innovative Mischungen und höchste Qualitätsansprüche profilieren und etablieren können.

»Würde ein Regenbogen duften, so müßte er nach Pfeifentabak riechen«, sagt ein irisches Sprichwort. Das nahezu unerschöpflich nuancenreiche Geruchsspektrum der verschiedenen Tabaksorten und Provenienzen ist, jede für sich genommen, schon komplex. So kommt mancher ins Schwärmen: »Das unvergleichlich mildwürzige Aroma von Hölzern, Herbstlaub und Weihrauch einer englischen Mixture, die zarten Duftnoten von Blüten und

Moos mit einem Hauch von Nüssen einer naturbelassenen Mischung, das kräftige torfig-herbale Aroma mit süßlich-ledrigen Anklängen einer irischen Mixture und die dezenten fruchtig-floralen bis kräftig süßen dänischen Mischungen haben je nach Gusto, Tageszeit und Verträglichkeit ihren Platz« – ein Text wie aus einer Werbefirma der 80er Jahre.

Man kann dieses sommelieuse Gefasel glauben oder nicht, Tatsache ist, daß die Grundtypen der Mischungen sich so weit unterscheiden, daß man sie auch im Blindtest einigermaßen verläßlich auseinanderhalten kann – und das auch ohne das Geschmacks- und Geruchsvermögen eines professionellen Sommeliers.

Es ist übrigens ein ebenso weitverbreitetes wie hartnäckiges Vorurteil, daß ein Tabak entweder eine gute Raumnote hat oder gut schmeckt. Das ist Raucherlatein aus den späten 50ern. Heute gilt: Wenn keine Harmonie zwischen Erscheinungsbild und Geruch im kalten sowie Raumnote und Geschmack im glimmenden Zustand besteht, kann man kaum von einem guten Tabak sprechen. Abgesehen von einigen »Blendern« unter den Blends kann man sicher sein, vom Geschmack des Tabaks nicht enttäuscht zu werden, wenn die Raumnote allgemein begeistert – vorausgesetzt, niemand erwartet, daß Tabak *genauso* schmeckt, wie er riecht. Das tut Kaffee schließlich auch nicht.

Es kommt beim Pfeifenrauch auf die harmonische Mischung von Geruch und Geschmack an, was einem Balanceakt gleichkommt: Er muß »rund«, d.h. harmonisch und stimmig sein. Nicht wie der billige Weihnachtstabak, der die Nadeln vom Baum rieseln läßt. Die einzelnen Komponenten müssen in einem Gleichgewicht und damit im Einklang miteinander stehen. Sie sollen sich gegenseitig ergänzen und unterstützen.

Dunkle Tabake nehmen in der Regel Aromen leicht auf, geben sie aber im Vergleich mit hellen Tabaken nur sehr dezent wieder. Gehaltvolle Tabake können ein allzu fragiles Gleichgewicht schnell durch Dominanz stören, andererseits sind sie als das Rückgrat einer guten Mischung unverzichtbar. Ohne dezent scharfe oder rassige Note würde eine Mixture nur flach oder süßlich-pappig schmecken. Allzu gefällige Glimmware wirkt nichtssagend, sie schwächelt beim Schwelen nur so dahin. Die Güte der Rohstoffe und das Gleichgewicht der Mischung sind also entscheidend für die Qualität der Mixture.

Aber damit noch nicht genug: Auch der Verlauf des Abbrands ist zu berücksichtigen. Mag ein Tabak direkt nach dem Anzünden noch voll und differenziert schmecken, so wird er vielleicht schon ab der Mitte der Füllung bitter und beginnt immer unappetitlicher zu riechen. Am Ende hat man Löcher in der Zunge und der Hund ist eingegangen. Normal ist es dagegen, wenn der Tabak im Verlauf des Rauchopfers an Stärke und Gehalt (nicht Gewalt!), vielleicht auch etwas an Schärfe gewinnt. Er sollte sich positiv entwickeln, also mehr Körper, mehr Fülle und Charakter bekommen, ohne bitter zu werden oder gar zu beißen. Andererseits sollte er auch nicht zu flach und gefällig, das Flavour nicht zu aufdringlich, klebrig oder flüchtig sein. Jede Mischung muß vom Blendmaster, dem »Meister der Mischung«, so entwickelt werden, daß sie vom Anzünden bis zum Verglimmen gleichbleibend aromatisch und wohlschmeckend bleibt.

Außerdem braucht jede Mixture noch das gewisse Etwas, einen »Kick«, der sie zum unverwechselbaren Erlebnis macht. Selbstverständlich ist hier nichts illegales gemeint, es geht einfach um den »olfaktorischen Wiedererkennungseffekt«, wie es in der Branche heißt. Der ist auf einem Markt mit über 500 Konkurrenzprodukten ebenso wichtig wie schwierig herzustellen. Es spricht doch sehr für den Rohstoff Tabak, den Einfallsreichtum der Hersteller und letztlich auch für das menschliche Geruchs- und Geschmacksvermögen, daß das überhaupt möglich ist.

Neben diesen Qualitätsmerkmalen soll die Tabakmischung noch ein ansprechendes Erscheinungsbild haben. Damit ist nicht nur eine hübsche Verpackung gemeint, obwohl natürlich ein cleveres Marketing in jedem Fall dazu gehört und eine liebevoll und aufwendig gestaltete Dose schon etwas her macht – vor allem bei der nichtrauchenden Verwandtschaft, die ganz scharf auf die Büchsen ist. Nein, gemeint ist der *Mischungs-* oder *Tabakspiegel*, das Aussehen des Tabaks, die hellen und dunklen Lagen, die unterschiedlichen Schnitte, das Potpourri der verschiedenen Provenienzen und Fermentationen. Jeder Blendmaster weiß, daß das Auge sozusagen mitraucht. Pfeifenrauchen heißt eben mit allen Sinnen zu genießen: Augenweide, Nasenschmeichler und Gaumenkitzel. Na gut: der Ohrenschmaus fehlt! Obwohl: Beim Anzünden knistern manche Tabake wirklich ganz apart!

Zum Schluß soll daran erinnert werden, daß Tabak nicht in jedem Jahr gleich wächst und entsprechend unterschiedlich schmeckt. Tabak ist ein Naturprodukt und in Geschmack und Güte natürlichen Schwankungen unterworfen. Deshalb steht er jedes Jahr in unterschiedlichen Qualitäten, Mengen und zu differierenden Preisen auf dem Markt zur Verfügung. Dem begegnet man durch Lagerhaltung und Mischung.

Ähnlich wie beim *Blended Scotch* versuchen die Blendmaster auch beim Pfeifentabak eine kontinuierliche Qualität und einen gleichbleibenden Geschmack durch entsprechende Vorratswirtschaft und Ausgleich durch unterschiedliche Mischungsverhältnisse zu gewährleisten. Bei kräftig aromatisierten Mixtures fallen kleinere Geschmacksunterschiede nicht so schnell auf wie bei naturbelassenen Mischungen, aber selbstverständlich bemüht man sich überall um gleichbleibende Qualität. Schließlich hat man eine genußorientierte und äußerst kritische Kundschaft. Das ist kein schleichender Gourmetismus, sondern selbstbewußter Genuß: Man ist als passionierter Pfeifenraucher mit nicht weniger als dem Besten zufrieden und man muß sich hierfür nicht mit dem Hinweis darauf, daß man sich ja sonst nichts gönne, entschuldigen. »Hier stehe ich und rauche nichts Anderes!«

Jede neue Mixture muß in der »Versuchsküche« (man spricht in der Branche ungern von Labor) über einen längeren Zeitraum reifen und anschließend in einer Testphase ausgiebig probiert, sprich *geraucht* werden – und das möglichst zu allen Tages- und Nachtzeiten, von verschiedenen »Schmeckern« und »Riechern«, also von besonders geschulten Rauchern und deren begutachtender Umwelt. Nur wenn alle Tests zufriedenstellend verlaufen, kommt der Tabak in die Verkaufsregale. Hier bewahrheitet sich einmal wieder, daß nur mit Hingabe genossen werden kann, was auch mit Hingabe gemacht wurde.

Trotz der vielen Tests und intensiven Bemühungen um die optimale Abstimmung des Pfeifentabaks kann es aber sein, daß der Tabak dem Gourmet immer noch nicht so richtig gut mundet. Jeder Geschmack ist eben anders. Deshalb gibt es im Handel reine Würztabake (Latakia, Orient, Périque). Ihrem Namen entsprechend kann man sie, wie eine Prise Gewürz zur Verfeinerung einer Mixture beimischen. So läßt sich aus einer guten englischen Mischung durch einen Klacks Latakia eine sehr gute machen (mit der man jedes Pub leerfegen könnte, dürfte man dort noch rauchen). Die kleinen Döschen mit den *kostbaren* Tabaken finden sich selten im Regal, aber gute Fachgeschäfte führen sie natürlich.

Es ist übrigens unter manchen Piperos ein regelrechter Sport, sich eigene Mischungen aus verschiedenen handelsüblichen Mixtures oder Basistabaken zu »kreieren«. Mischen kann man das leider manchmal nicht nennen, da diese eigenwilligen Kreationen oft nur die ungeteilte Zustimmung ihres Schöpfers finden. Nicht umsonst nennen manche ihre Produkte *Rauchwaren* – was tatsächlich nichts mit Tabak zu tun hat, sondern ein Begriff aus dem Kürschnerhandwerk ist.

Meist bestehen »handelsübliche« Mixtures aus zwei Grundmischungen. Die eine basiert auf Virginia *und* Burley, denen noch Würztabake wie Orient, Latakia und Périque beigemischt werden. Der andere Mixture-Typ ist einfacher gehalten und besteht gewöhnlich aus Virginia *oder* Burley und Cavendish. Bevor wir uns den Grundtypen der Mixtures zuwenden, wollen wir einen kurzen Blick auf die Basis-Tabake werfen. Beginnen wir mit einem der beliebtesten und am weitesten verbreiteten Tabake, dem Burley.

Edel sei der Tabak, aromatisch und gut [1]

Mit *Burley* bezeichnet man einen ursprünglich nordamerikanischen gelbbraunen Basistabak, der auch in Asien, Afrika und Europa sehr erfolgreich angebaut wird. Da Burley-Tabake ziemlich grobe Blätter haben und sehr saugfähig sind, eignen sie sich hervorragend als Aromaträger. Burley schmeckt mild, süß, etwas nach Schokolade und, je nach Verarbeitung, auch nach Nüssen. Zwei Hauptsorten sind zu unterscheiden, der schwere, dunkle *Kentucky-Burley* und der leicht süßliche *White-Burley*, der vor allem aus Tennessee kommt.

Die berühmteste Tabaksorte ist der *Virginia* aus Virginia, und dort gilt der *Old Belt* als Kerngebiet. Virginia wird zwar heute fast überall auf der Welt angebaut, aber man sagt, der beste stammt immer noch aus der Region, die ihm seinen Namen gegeben hat. Virginia hat eine goldgelbe bis orangerote Farbe, ist leicht süßlich und sehr aromatisch. Entweder luftgetrocknet oder feuergetrocknet entfaltet dieser Tabak sehr differenzierte Aromen. Der hellere Virginia entwickelt beim Rauchen ein süßes, an frisches Holz erinnerndes Aroma, der dunklere Virginia ist kräftiger und etwas herber im Geschmack.

Virginiatabake werden in großen Mengen produziert, da man sie für fast alle Mischungen benötigt. Was dem Weißwein der Müller-Thurgau, ist dem Tabak der Virginia. Er ist relativ einfach zu verarbeiten (für Tabak jedenfalls) und leidlich robust. Zu Flakes gepreßt oder als Curly gesponnen, ist er auch pur gehaltvoll genug, um selbst neben manchen wuchtigen Mixtures zu bestehen.

Der *Kentucky* ist ein berühmter, mittelschwerer bis kräftiger Tabak aus Kentucky und Tennessee. Dank seiner aromatischen und kräftigen Würze ist er besonders bei Freunden kräftiger Pfeifenmischungen beliebt. Der *Darkfired Kentucky* wird als grünes Blatt über dem Rauch von Holzfeuern, am besten von Hickory-Holz, getrocknet und geräuchert. Er wird in vielen Mixtures verwendet, da er eine besondere rauchige Note und ein charakteristisches Nuß-Aroma entfaltet.

Maryland ist ein leichter, zumeist luftgetrockneter Tabak, der eine recht süße Note enthält. Im Gegensatz zum Virginia, der von nahezu überall in der Welt herstammen kann, kommt der Maryland tatsächlich aus dem US-Bundesstaat, der ihm seinen Namen gegeben hat. Er ist gehaltvoll, oft dunkel und dient meist zur Abrundung einer Mischung, da er für ein geschmackliches Gleichgewicht sorgt. Auch wird er gern zum Beimischen verwendet, da er andere Tabake harmonisch ergänzt, ohne sie durch ein dominantes Eigenaroma zu überlagern.

Cavendish ist keine eigenständige Tabaksorte, sondern ein aromatisierter Tabak, dessen Geschmack und Geruch durch spezielle Fermentation, Erwärmung, Pressung und die Zugabe von Saucen bestimmt wird. Seine Aromen reichen von subtiler Fruchtigkeit bis zu massiver Bonbonsüße. Er ist mild und weich, so daß er auch pur geraucht werden kann, wenn er nicht allzu stark sauciert wurde. Der »einfache« Cavendisch wird nach dem *Casing*, dem Aromatisieren, zu hohen Tabakkuchen gepreßt, anschließend geschnitten und als *ready rubbed* einer Mixture beigemengt. Durch das Pressen gehen die Aromastoffe eine enge Bindung mit dem Tabak ein.

Black Cavendish (auch kurz Cavendish) ist dunkelbraun bis tiefschwarz und sehr mild, da er unter starkem Druck und hohen Temperaturen ein zweites Mal fermentiert und so die Aromastoffe noch besser aufnehmen und beim Rauchen nur nach und nach abgeben kann. Er macht den Charme einer jeden dänischen Mischung aus und sorgt für deren satt-fruchtig-süßes Aroma. Doch Cavendish kann noch mehr, denn er eignet sich auch hervorragend für englische Mischungen, da er richtig dosiert deren animalisch-ledriges Aroma bricht und so der Mixture eine angenehme Milde und unaufdringliche Süße verleiht – als wenn man einem Espresso Zucker beifügt. So ist Cavendish heute nicht mehr aus der Tabak-Bar wegzudenken.

Einer romantischen Legende nach soll der Erfinder des Black Cavendish ein gewisser *Horace W. Cavendish* gewesen sein, seines Zeichens Kapitän seiner britischen Majestät Handelsschiffahrt. Beim Überseetransport von Tabakballen soll die kostbare Ware in den schwülwarmen Frachträumen naß geworden sein. Offenbar nicht durch Seewasser, was den Tabak unweigerlich verdorben hätte, sondern durch ein geborstenes Faß besten Jamaika-Rums. Der Kapitän, seinen finanziellen Ruin vor Augen, soll mit dem Mut der Verzweiflung alles probiert haben, um den Tabak noch zu retten. Vor allem das Pressen in Fässer hielt er wohl für eine gute Methode – und so wurde ein neuer Tabak geboren.

Eine andere Legende besagt, daß der wegen des Knallgas-Experiments bis in unseren Schulunterricht vorgedrungene englische Naturforscher *Henry Cavendish* (1731-1810) bei seinen Versuchen zur Lebensmittelkonservierung unter anderem sogar Tabak mit Druck und Wärme behandelt habe. Auch hier wurde die Cavendish-Methode wieder nur so nebenbei entdeckt. Welche »Story« echt ist? Wer weiß...

Würztabake sind, wie oben gesehen, nur zum »Abschmecken« gedacht, also nicht zum Pur-Rauchen bestimmt und wohl auch nicht geeignet. Ihre Aromenvielfalt und Fülle gibt den verschiedenen Mixtures ihr besonderes Gepräge. Da sie im Gegensatz zu den Beimischungstabaken über sehr kräftige Aromen verfügen, sind sie höchst sparsam zu dosieren.

Da ist zunächst der *Périque*, quasi der Tabasco unter den Würztabaken. Er stammt aus dem tiefen Süden der USA, aus Louisiana, der Region um New Orleans, genauer aus einem nur 200 Hektar großen Anbaugebiet bei St. James Parish. Nirgendwo sonst auf der Welt wächst dieses Kraut so wie hier. Seine Zubereitung umgibt eine Aura des Geheimnisvollen, wie es sich für das Voodoo-Land gehört – und das, obwohl es eine sehr informative Homepage eines Périque-Produzenten gibt.[2] Der hier produzierte Tabak ist ein echter kreolischer Hammer. Sein schwersüßes bis scharfwürziges Aroma nach getrockneten Früchten und exotischen Gewürzen kann sich beim Rauchen in eine leicht säuerliche Note verwandeln, was recht überraschend und an heißen Tagen sehr wohltuend sein kann. Périque ist eine klebrige Tabakmasse aus noch grünen Tabakblättern, die durch wiederholtes starkes Pressen, die Zugabe von Pflaumensaft und anderen (wahrscheinlich wenig kreolischen) Ingredienzien, durch eine jahrelange Lagerung in Eichenfässern entsteht. Der sehr seltene und folglich sündhaft teure Périque wird nur höchst sparsam zugesetzt, zumeist in Virginia-Flakes verarbeitet und kommt selten in lose Mixtures.

Um keinen Würztabak ranken sich so kuriose Legenden, wie um den *Latakia.* Meist spielt dabei ein um 1850 irgendwo im tiefsten Balkan im Regen vergessenes Faß Tabak die Hauptrolle und es geht um den verzweifelten Versuch der Dorfbevölkerung, durch dilettantische Feuertrocknung den teuren Stoff zu retten. Es handelt sich beim Latakia um einen kleinblättrigen, schwarzen und enorm aromatischen Würztabak, der hauptsächlich aus Anbaugebieten in Syrien, dem Balkan, Griechenland und der Türkei stammt. Der Name Latakia soll übrigens von dem gleichnamigen syrischen Hafen stammen, wo der teure Tabak zuerst umgeschlagen wurde.

Bis heute wird die noch grüne Tabakpflanze mit Stumpf und Stiel geerntet und durch Räuchern getrocknet. Für das Feuer verwendet man würzige Hölzer und verschiedene Kräuter. Welche das sind, ist natürlich streng geheim. Unter Fans dieses Würztabaks kursieren die unglaublichsten Gerüchte, die hier aber aus Gründen der Pietät und Wohlanständigkeit nicht wiedergegeben werden sollen.

Riecht man in einer frisch geöffneten Dose reinen Latakia, erlebt man fast so einen Effekt wie bei frischem Meerrettich. Ui! Den massiven Duft nach Weihrauch und Leder wird man eine ganze Zeit lang nicht mehr los. Hochkonzentriert, wie ein starkes Parfum sorgt er schon in kleinster Dosis für ein absolut unverkennbares Aroma. Höchstens fünfzehn Prozent einer Mischung sollte er ausmachen. Mit einer Mega-Portion Latakia kann man aus jeder Mixture einen Schabernack machen.

Gemeinsam mit Orienttabaken sorgt Latakia für den charakteristischen Duft einer typisch englischen Mischung, und man kann zurecht sagen, daß er das Salz in deren Suppe ist.

Orienttabak (auch Oriental in englischer Aussprache) kommt oft gar nicht aus dem Orient, sondern aus Griechenland und der Türkei. Es handelt sich um kleinblättrigen, milden und eher unscheinbar grünlich-blassen Tabak. Wegen der großen Hitze und Trockenheit in diesen Ländern bilden die Tabakpflanzen auf ihren Blättern eine wächserne Schutzschicht gegen die Austrocknung. Hier sammeln sich besondere, für den Geschmack des Tabaks charakteristische ätherische Öle. Da der sonnengetrocknete Orienttabak nach der Fermentation recht langsam und gleichmäßig abbrennt, ist er die ideale Ergänzung leichter, frischer und milder Tabake, die ideal zu einem heißen Sommertag passen. Nebenbei sorgen Orienttabake für eine würzige Raumnote, die nicht immer von allen Zeitgenossen angemessen goutiert wird.

Ähnliches gilt auch für den etwas schärferen, leicht animalisch riechenden *Java-* und *Sumatratabak*. Er stammt aus Indonesien und hat ein mittelbraunes, hell gesprenkeltes Blatt, das einen mild-würzigen bis herzhaften Duft entfaltet und viele holländische Mischungen dominiert. Bei diesen Mixtures bedarf es aber bestimmter Basis-Tabake, die helfen, die differenzierten Aromen des Javatabaks zu erschließen. Die Niederländer verwenden deshalb gern Burley und Maryland für ihre Mixtures, da diese sich optimal mit Java- und Sumatratabaken ergänzen. Da diese naturbelassenen Mischungen recht herb sind, wird häufig Cavendish und ein wuchtiges Fruchtflavour zugesetzt. Diese Mixtures werden hierzulande immer seltener, da sich der allgemeine Konsumenten-Geschmack zu den englischen oder dänischen Mischungen hin entwickelt hat.

Havannatabak ist ein teurer kubanischer Würztabak, der überwiegend für Cigarren Verwendung findet und nur ganz selten Pfeifentabaken beigemischt wird, meist um Zigarrenrauchern den Übergang zur Pfeife schmackhaft zu machen. Er ist sehr dominant, ohne aber wie der ebenfalls kräftige Latakia mit anderen Pfeifentabaken zu harmonieren. So entfaltet sich mit ihm nicht das für Pfeifentabak so charakteristische Bukett. Wenn schon Havanna, dann doch lieber gleich eine Puro, meinen manche. Gleiches gilt übrigens für *Brasiltabake*. Vielleicht hängen diese geschmacklichen Vorbehalte aber auch einfach nur mit unseren Geschmacksgewohnheiten zusammen. So wie es aussieht, hat bislang jedenfalls noch niemand ernsthaft in dieser Richtung experimentiert, was zumindest beim Brasil doch eher überrascht, wenn man an die lecker-fruchtigen bayrischen Schmalzler denkt.

Aber warum in die Ferne schweifen, wenn man auch mitten in Europa überaus kräftigen herb-würzigen Tabak anbauen kann? Rollt man die in der Toscana angebauten *Umbrientabake* zu Cigarren, so sprechen selbst Aficionados von brennenden Salamis. Tatsache ist, daß sie mitunter etwas streng und stark sein können. So geben sie auch schwächelnden Pfeifen-Mischungen den nötigen Biß, flachen Mixtures Volumen und pappigen Pudding-Krümeln Charakter, wenn auch manchmal einen etwas zweifelhaften...

Die Verarbeitung

Alles kommt darauf an, den richtigen Augenblick abzupassen. Nur wenn die Tabakblätter die richtige Reife, den passenden Feuchtigkeitsgrad und den optimalen Nährstoffgehalt haben, werden bestimmte Blätter der Tabakpflanze abgeerntet. Tabak muß nach der Ernte getrocknet werden. Dabei geht es nicht nur um den Entzug von Feuchtigkeit, sondern auch um bestimmte chemische Reaktionen, die für den Tabak sehr wichtig sind. Nach der Trocknung wiegt das Tabakblatt nur noch etwa zehn Prozent seines ursprünglichen Gewichtes.

Als *air-cured* bezeichnet man Tabak, der in voller Vitalität grün geerntet und zur natürlichen Lufttrocknung in einem hohen, meist mehrstöckigen Trockenschuppen aufgehängt wird. Dieses Trockenverfahren ist ein langwieriger Prozeß, der je nach Klima 30 bis 70 Tage dauern kann. Holt man die Tabakblätter an die Sonne, trocknen sie schneller, was ein anderes Aroma mit sich bringt. Für die Freilufttrocknung nimmt man nur bereits angegilbte Blätter. Sie werden nach der Ernte einige Tage der Sonne ausgesetzt. Danach wird der Trocknungsprozeß in einem Schuppen vollendet. Man nennt diese Methode *sun-cured* und wendet sie hauptsächlich bei Orienttabaken an. Werden die noch grünen Tabakblätter über Hickory- oder Eichenholzfeuer geräuchert, nennt man dies *fire-cured*. Der Tabak erhält dadurch ein kräftig-herbes, zum Teil recht rauchiges, im Falle von Hickory-Holz sogar nussiges Aroma. Werden solche über dem Feuer getrockneten Tabake dabei dunkel geräuchert, nennt man sie auch *dark-fired* .

Ein weiteres Trockenverfahren stellt das *Flue-curing*, die Heißlufttrocknung dar. Dabei wird der vollreif geerntete Tabak in beheizten Schuppen etwa eine Woche getrocknet.

Das eigentliche Geheimnis des Tabaks liegt aber in der *Fermentation.* Sie erst macht ihn zu dem, was er ist: Laub wird zu Tabak. Bei der Fermentation handelt es sich um einen Gärungsprozeß, bei dem einige Inhaltsstoffe der Tabakspflanze umgewandelt werden. Insbesondere Chlorophyll, Eiweiße und Stärke (die zu Zucker wird), aber auch Nikotin werden hierbei abgebaut. Demgegenüber entwickeln sich während der Fermentation andere Stoffe, die als Aromen wahrgenommen werden. Schließlich entstehen die unterschiedlichen Färbungen und Konsistenzen.

Die *Stapelfermentation* von air-cured Tabaken gehört zu den *natürlichen* Fermentationen, bei der Tabakdoggen (Ballen) von je circa 3 Kubikmetern übereinander gestapelt werden, die sich durch den Druck des Eigengewichts und wegen der Restfeuchtigkeit je nach Tabaktyp auf 45° bis 60° C erwärmen. Die Fermentation dauert etwa drei bis sechs Monate. Währenddessen bedarf der Tabak ständiger Kontrollen und Pflege.

Erheblich länger, bis zu einem Jahr, dauert die *Ballenfermentation* von suncured Tabaken, die vom Prinzip her ähnlich abläuft. Auch die *Faßfermentation*, bei der bis zu 700 kg Tabak in einem Faß reifen, kann sehr lange dauern – manchmal, wie beim Périque, sogar über mehrere Jahre.

Zur *künstlichen* Fermentation gehört die *Kammerfermentation*, bei der der Gärungsprozeß in einer speziellen Kammer durch Warmluftzufuhr und Dampfzusatz beschleunigt wird. Bereits nach drei bis sechs Wochen ist diese Fermentation abgeschlossen. Die Masse des Tabaks wird heute so fermentiert.

Der Prozeß der Fermentation wird durch das *Redrying* beendet. Der Tabak wird so fixiert und sterilisiert. Er hat nun die richtige Kondition, um weiter verarbeitet, vor allem aber transportiert werden zu können. Der Rohtabak wird nun vom Farmer weiterverkauft. Das geschieht meist auf einer Auktion.

Manche Tabakfirmen haben aber auch über Generationen gewachsene Geschäftsbeziehungen zu einzelnen Produzenten. Man verhandelt hier auf einer anderen Ebene, man kennt und respektiert sich. Da aber alle Tabakfirmen größere Rohtabaklager brauchen, um immer eine gleichbleibende Tabakqualität garantieren zu können, reichen die punktuellen Ressourcen nie aus. Die Masse kommt vom Auktionshaus.

Nachdem der Rohtabak verkauft wurde, wird er in riesige Container verpackt, verladen und zur Weiterverarbeitung zum Käufer transportiert. Das klingt einfacher als es ist. Der Rohtabak muß die richtige Kondition haben: Ist er zu feucht, fault er, ist er zu trocken, zerbröselt er. Die Container werden per Schiff (beispielsweise für deutsche und dänische Produzenten) nach Hamburg oder Bremen transportiert. Von der Bremer Tabakbörse aus geht's im Container weiter zum Rohtabaklager des Tabakwarenherstellers.

Nun kann das *Aging*, das Nachreifen des Tabaks beginnen, ein Prozeß der 3 bis 24 Monate dauern kann. Dieses Nachreifen erfolgt in der Tabak-Manufaktur, also dort, wo aus den verschiedenen Tabaken eine Mixture gemacht wird. Hier kann der Tabak vor dem Schneiden auch noch mal einer zweiten Fermentation, etwa unter einer Presse oder in Fässern unterzogen werden: Aus einfachem Tabak werden Tabak-Spezialitäten: Curly, Flake, Cavendish...

Neben der Tabakkomposition aus den einzelnen Basis- und Würztabaken gibt es noch eine weitere Möglichkeit, dem Tabak ein besonderes Aroma zu verleihen: Durch »Flavouring«. »Come to where the *flavour* is« – aber kein Hersteller läßt sich hier in die Karten, respektive Versuchsküchen gucken. Ähnlich der Parfum-Branche handelt es sich dabei um das bestgehütete Betriebsgeheimnis, welche Aromastoffe dem Tabak untergemischt werden, um das unverkennbare Flavour einer bestimmten Tabakmarke zu schaffen. Eins kann man wohl sagen: Vanille als Geschmacks- und Geruchsträger spielt unbestritten eine herausragende Rolle. Sie wird noch in kleinsten Mengen deutlich wahrgenommen.

Fruchtessenzen, verschiedene Alkoholika, aber auch Gewürze und Kräuterextrakte werden ebenfalls verwendet. Der Zeitpunkt der Zugabe der geheimnisvollen Rezepturen ist dabei besonders wichtig: Je nach dem, ob man die Aromen bei der (zweiten) Fermentation dazu gibt, bei einer eventuellen Pressung oder Lagerung (um eine Vermählung der Tabake zu bewirken) oder als Top-Flavour (Mischung aus Essenzen in Alkohol) in der Wirbelkammer, wo der Tabak nach dem Schneiden aufgelockert wird, entstehen unterschiedliche »Halbwertzeiten« und Intensitätsgrade des Aromas. Saucierte Flakes halten das Aroma nahezu während des ganzen Verbrennungsprozesses, sie haben meist ein schweres Bukett und hinterlassen eine anhaltende Raumnote. Top-Flavor-Tabake sind meist leicht, frisch und geben ihr ätherisches Aroma dezent ab.

Curly, Flake & Co.

Im Deutschen klingt's barbarisch: *Preßtabak*! Geradezu final klingt das ebenfalls unschöne Wort *Strangtabak*. Dagegen hören sich Flake und Curly für den versierten Pfeifenraucher nach englischem Leckerli an. Und das sind diese beiden Tabakspezialitäten ja dann auch. Tatsächlich stammen sie aber meist aus Dänemark...

Flakes und *Curlies* sind als »komprimierte« Tabake nicht nur ausgesprochen praktisch und platzsparend verpackt, sie halten vor allem über lange Zeit ihre Kondition, sprich Feuchtigkeit und damit den Geschmack. Womit wir beim Besten dieser Pfeifentabake angekommen wären: ihrem feinen und sehr ausgewogenen Geschmack – und nicht zu vergessen, ihrer sehr angenehmen Raumnote. Durch ihren extrem langsamen Abbrand entfalten Flakes und Curlies in der Pfeife ein volles Aroma ohne Schärfe. Allerdings gelten sie als ausgesprochen schwierig zu rauchen. Das beginnt mit Problemen beim Stopfen, bei der Zugregulation und schließlich (infolgedessen) mit erhöhter Temperatur und Kondensatbildung. Ein zu fest gestopfter Flake-Tabak verwandelt sich in eine Panzerplatte, die weder schmeckt, noch gut riecht.

Außerdem kommt noch ein »verkaufs-psychologisches« Moment hinzu: Da man für ein kleines Döschen dieser britischen Gaumenergötzung mehr bezahlen muß als für eine große Dose (aber hundert Gramm sind hundert Gramm!) und viele vor Preß- und Strangtabak einen gewissen Respekt haben, versucht man gar nicht erst dieses sensationelle Geschmackserlebnis. Dabei lohnt sich das Probieren unbedingt!

Die gepreßten Tabakkuchen werden zunächst in Riegel und dann in dünne Scheiben (Flakes) geschnitten. Das ist der klassische *Flake Cut* – meist nur kurz *Flake* genannt. Dabei spielt es keine Rolle, ob es sich um eine naturbelassene Mixture, einen englischen Pubcrawler, eine dänische Mischung oder reinen Virginia handelt. Alles Flakes!

Jetzt wird's etwas kompliziert: Wird eine helle Mischung Preßtabak ohne dunkle Würztabake in langfaserige dünne Scheiben geschnitten, spricht man von *Navy Cut*, jedoch ist hierbei die Bezeichnung *Flake* oder *Navy Flake* weitaus gebräuchlicher. Der Marineschnitt war übrigens früher eine rein englische Spezialität, findet sich heute aber in vielen Tabaksortimenten. Dabei handelt es sich um Tabak, der wie schon vor hundert Jahren zu Tabak-Strängen gerollt wird. Quer geschnitten zeigen die Scheiben ein wunderbares Bild und der Tabak entfaltet sich, ähnlich einem *Curly*, in beachtlicher Länge.

Eine weitere Variante ist der *Plug Cut*. Wie beim klassischen Flake wird beim *Plug* der Tabak in Blöcke gepreßt, jedoch schon vor dem Pressen geschnitten. Nun muß er nur noch in Portions-Scheiben zerteilt werden. Außerdem sind sie in der Regel kräftig sauciert und recht feucht. Ihre englischen Varianten riechen trotz ihres hohen Anteils an Latakia etwa wie Schwarzbrot. Da sie in charakteristische Täfelchen geschnitten werden, spricht man von *Plug Slices* oder auch kurz *Slices*.

Vor dem Stopfen kann der Tabak aufgelockert werden, muß aber nicht. Will man ihn im ›Ganzen‹ rauchen, rollt man eine Scheibe von der Höhe der Brennkammer und steckt sie in den (geräumigen) Pfeifenkopf, drückt etwas an, fertig. Aber Vorsicht: Hierzu gehört schon etwas Übung, damit die Pfeife nicht zu stark luftet oder verstopft ist. Der Flake ist auch im aufgelockerten Zustand etwas schwierig zu rauchen. Hat man es aber einmal raus, ist er im Abbrand kühl und glimmt langsam und gleichmäßig ab.

Wie der Flake ist auch der *Curly* ein echtes Schmankerl. Anders als der Flake handelt es sich beim Curly nicht um Preß-, sondern um *Strangtabak* – was aber nichts mit Mr. Kemble und seinem Ausscheiden aus dieser Welt zu tun hat. Strangtabak wird seit alters her »gesponnen« also ähnlich einer Zigarre zu einem Strang von 3 bis 5 cm Stärke und nahezu beliebiger Länge gerollt. Während des Verspinnens wird der Strangtabak mit Speiseöl bestrichen und auf eine Rolle gewickelt. So wird er für einige Zeit zum Reifen eingelagert. Nach dem Reifen wird der Strang in die charakteristischen münzdicken Scheiben geschnitten: Das nennt man *Curly Cut*. Große Curlies werden gelegentlich auch *Navy Rolls* (*Navy Cut*) genannt. Hier geht die Terminologie mit dem Flake komplett durcheinander.

Ribbelt man die »Tabaktaler« auf, sieht man gleich, daß der Curly seinem Namen alle Ehre macht: Die langen Tabakfasern kräuseln sich in Locken. Dabei entfalten diese »Tabak-Dauerwellen« ein wunderbares Aroma. Dem Strangtabak können leicht Aromen oder Würztabake zugesetzt werden, was aber eher selten geschieht. Curlies sind aus Tradition meist ›tabakecht‹ bis englisch, was die oben genannten Zeitgenossen in ihren bukolischen Assoziationen (Stichwort »Ziegenköttel«) nur um so mehr bestätigt. Seit einiger Zeit werden aber mild aromatisierte Curlies immer beliebter.

Wie beim Flake sollten Anfänger den Tabak vor dem Stopfen etwas auflockern. Oft wird empfohlen, die Scheibchen einfach in die Pfeife hineinzustapeln, unten und oben drauf etwas aufgelockerten Tabak, damit die Pfeife besser zieht und leichter angezündet werden kann. Fertig. Auch hier gilt: Dieser Tabak ist zwar selbst im aufgelockerten Zustand nicht unbedingt anfängergeeignet, in jedem Fall aber einen Versuch wert.

Eine weitere Form des Strangtabaks ist der heute sehr seltene *Spun Cut* (auch *Roll Cut*, *Roll Cake* oder einfach *Twist*), bei dem helle und dunkle Rohtabake zu einem ›Seil‹, eher wohl Tau, versponnen, anschließend nochmals fermentiert und dann in Scheiben geschnitten wird. Oft wird jedoch der Spun Cut mit dem Curly Cut gleichgesetzt.

Noch ein Wort darüber, ob man vor dem Rauchen Flakes und Curlies auflockern soll oder die Scheibchen besser im Ganzen genießt. Puristen und Ästheten behaupten, daß man Flakes und Curlies nicht auflockern darf: Erstens sähen sie so schön aus, daß man es kaum über das Herz bringen könne, ihr perfektes Erscheinungsbild schnöde zu zerbröseln. Zweitens erschlössen sich die Aromen besser bei der ganzheitlichen Verfeuerung, und drittens könne man ja gleich ›normalen‹ Tabak kaufen, wenn man Flakes nur aufgelockert raucht. Dem kann man entgegen halten, daß niemand ein Stück Sachertorte im ganzen herunterwürgt, nur weil es so schön aussieht. Das Aufribbeln kann auch seinen ästhetischen Reiz haben. Und zweitens: Jede Flake- oder Curly-Scheibe ist in sich eine harmonische Mischung in exakt bemessenen Anteilen. Durch Auflockerung kommt mehr Sauerstoff an den Tabak, er zieht besser, wird nicht so heiß und schmeckt entsprechend besser. Und drittens: Man kann einen bereits vom Hersteller aufgelockerten Preßtabak kaufen. Der heißt dann Ready Rubbed.

Cut!

Wie jeder Regisseur weiß, ist der richtige Schnitt für den Erfolg eines Films enorm wichtig. Das ist beim Pfeifentabak nicht anders. Auch hier entscheidet der Schnitt über Flopp oder Blockbuster.

Noch zu Beginn des 20. Jahrhunderts kaufte man sich im Tabakladen einen Strang Tabak, eine Art kompakter Zigarre, die man als Meterware bekam. Von dieser »Tabakwurst« schnitt man sich mit dem Taschenmesser die gewünschte Menge ab, zerbröselte das Ganze in der Hand und stopfte es in die Pfeife. Gleichmäßiger Abbrand und guter Geschmack waren eine Frage des persönlichen Geschicks des Pfeifenrauchers – denn wie man schneidet, so stopft man und wie man stopft, so raucht man. Heute sind die Pfeifentabake ungleich erlesener als damals und man überläßt selbstverständlich das Schneiden den Profis.

Der Schnitt bestimmt maßgeblich die Raucheigenschaften des Tabaks. Als Faustregel gilt: Je grober und kompakter der Tabak, desto langsamer brennt er ab. Während ein langsam glimmender Tabak sein Geschmackspotential nach und nach entfaltet, brennt der feingeschnittene schnell ab, wobei er ein kräftiges Aroma entwickelt.

Je nach Schnittbreite dehnt sich Tabak unter Hitze unterschiedlich aus, was bedeutet, daß verschiedene Schnitte bestimmte Pfeifenkopfgrößen verlangen. Hinzu kommt, daß manche Tabaksorten, wie Würztabake, bestimmte Schnittbreiten brauchen, um ihre Aromen und Potentiale zur optimalen Wirkung zu bringen. Das macht die Kunst des Tabakschnitts zu einer eigenen Wissenschaft und eröffnet ungeahnte Kombinationsmöglichkeiten.

Vor dem Schneiden wird der Tabak etwas angefeuchtet (auf etwa zwanzig Prozent), damit die Blätter geschmeidiger werden. Nun werden die groben Blattrippen und Stengel entfernt und anschließend das Blattgut geschnitten.[3] Danach wird dem Tabak wieder die zuvor zugefügte Feuchtigkeit bis auf die optimale Konditionierung (siebzehn Prozent) durch Wärmezufuhr entzogen.

Der *Normalschnitt* ist am weitesten verbreitet. Bei einer Schnittbreite von 2 bis 3mm ist dieser Tabak mehr oder weniger langfaserig und läßt sich gut stopfen. Man kann ihn nahezu in allen Pfeifengrößen rauchen, er glimmt nicht zu schnell, aber auch nicht zu langsam, neigt jedoch gegen Ende dazu, die feinen Aromen zu verlieren. Etwas langweilig, aber grundsolide. Verglichen mit einem Film ist er geschnitten wie ein »Tatort«. Wer sich nicht allzu viel Gedanken ums Stopfen und Rauchen machen will und keine überzogenen Ansprüche stellt, wird diesen Schnitt bevorzugen.

Crimp Cut heißt zu deutsch *Krüllschnitt.* Er liegt eher am schmalen Ende der Normalschnitt-Skala und weist für Pfeifentabak eine kurze Schnittlänge auf. *Short cuts*, quasi. Vor dem Schneiden gepreßt und erhitzt, entsteht die für ihn charakteristische Kräuselung. Da sich der Tabak angenehm raucht und gleichmäßig glimmt, ist er gut für Anfänger geeignet, zumal er sich problemlos stopfen läßt.

Shag, zu deutsch *Feinschnitt* nennt man alles, was unter 1,5 mm Schnittbreite liegt und insbesondere unter selbstdrehenden Zigarettenrauchern bestens bekannt ist. Seit den 60er Jahren wurde Shag bei uns allerdings nur noch selten für Pfeifen hergestellt, da er mit den Shag-Pfeifen im deutschsprachigen Raum aus der Mode gekommen war. Doch im Zuge der Rauchverbote erlebt er gemeinsam mit kleinen Pfeifen eine echte Renaissance. Feinschnitt ist etwas trockener als herkömmliche Pfeifentabake und neigt dazu, rasch und mit großer Hitzeentwicklung abzubrennen. Dieser Schnitt macht Tabak schnell, heiß und stark, wie Steve McQueens »Bullitt«.

Grobschnitt ist alles jenseits der 3,5mm Schnittbreite. Man stopft ihn in Ungetüme wie Giants oder Gesteckpfeifen, wo er sehr langsam abbrennt, weil er nicht nur grob, sondern auch noch recht feucht ist. Ein episches Rauchvergnügen wird garantiert, aber nur in mächtigen Köpfen. In durchschnittlichen Pfeifen ist er kaum zu rauchen, da er nicht genug Platz zum Aufgehen findet. Selbst von Ingmar Bergman ist man flottere Schnitte gewöhnt.

Mixed Cuts, also aus verschiedenen Schnittbreiten bestehende Tabakmischungen, vereinigen die Vorteile aus mehreren Schnitten und weisen so nicht nur ein besonders gleichmäßiges Rauchverhalten, sondern auch eine umfangreiche Aromenpalette auf. Hier zeigt sich die Qualität einer oscarverdächtigen Mixture: Nicht nur die verschiedenen Tabake und Provenienzen sollen aufeinander abgestimmt sein, es müssen auch die Tabake im jeweils richtigen Schnitt und Verhältnis behandelt werden, um im Verlaufe einer Pfeifenfüllung eine möglichst gleichbleibend positive Geschmacksentwicklung zu gewährleisten. Schließlich kommen noch die Special-Effects wie Saucierungen dazu. Hier wird der Blendmaster zum Regisseur des Rauchvergnügens und findet häufig sehr kreative Namen für seine Schnittkompositionen.

Glücklicherweise unterliegen die kombinierten Schnitte (noch) keiner EU-Norm. Das eröffnet den Entdeckern unter den Pfeifenfreunden ein weites Feld der Forschung und sie greifen hierzu gern auf die Tabakproben der Händler zurück, die sich damit als mindestens so notwendig erweisen wie der Kino-Trailer für den nächsten Blockbuster. Die Vielfalt der Schnitte eröffnet die Fülle des Genusses und läßt immer neue Entdeckungen zu.

Pfeifenraucher aller Länder probiert – und laßt Euch nicht verwirren: Wenn man beispielsweise einer Mischung sehr breit geschnittenen (gerissenen) Tabak zusetzt, sprechen manche von *Wild-* oder *Loose Cut*. Der Tabak sieht grob, manchmal ›flockig‹ aus, die unterschiedlichen Schnittbreiten und Schnittlängen lassen sich gut im bunten Tabakspiegel, also dem Blick in die Dose, unterscheiden. Mixtures mit kombinierten Schnitten haben mehr Volumen, sind gut zu aromatisieren, lassen sich leicht stopfen und problemlos rauchen. Viele dänische Mixtures bestehen aus kombinierten Schnitten und bieten stets einen »Kessel Buntes«.

Ein Sonderfall ist der *Cube Cut* oder *Granulated*. Hierbei handelt es sich um Preßtabak, der durch *Cross Cut* entsteht, also durch kreuzweises Schneiden breiter Flakes in kleine Würfel (*Cubes*) , die in dieser kompakten Form fertig zum Stopfen sind. Solche Würfel nennt man auch *Dice* oder *Truffles* (*Trüffel*). Sie sollen die geschmacklichen Vorteile des Flake mit dem einfachen Handling herkömmlicher Pfeifentabake kombinieren. Diese ›Tabakstreusel‹ muß man nämlich nur noch in den Pfeifenkopf schütten, leicht andrücken und schon soll die Pfeife optimal gestopft sein. Plug and play funktioniert bekanntlich aber nur bedingt. Dieser Tabakschnitt hat sich nicht wirklich durchsetzen können, findet sich aber noch gelegentlich in den Tabakregalen.

Es ist übrigens ein unbegründetes Gerücht, daß man in den Zeiten der großen Filmemacher und passionierten Pfeifenraucher Claude Chabrol, Jean-Luc Godart, Louis Malle, Ingmar Bergman und Billy Wilder den in diesen Kreisen üblichen Spezialschnitt für Pfeifentabak *Director's cut* nannte.

Die Mischung macht's

Pfeifentabak ist stets eine Mischung. Bis zu 35 Tabaksorten können eine Mischung ausmachen. Ob gepreßt oder lose, um sich im Dschungel der angebotenen Mixtures einigermaßen zurechtzufinden, hat man die gängigsten Mischungen zu geschmacklich beieinander liegenden »Landesfamilien« zusammengefaßt. Das hat den Vorteil, daß man schon im Geschäft wenigstens ungefähr die Geschmacksrichtung ahnen kann.

Die Länderbezeichnungen besagen übrigens nicht, daß beispielsweise englische Mixtures nur aus England kommen. Es handelt sich bei den Bezeichnungen lediglich um eine Referenz an die Ursprungsregionen der Rezepturen für diese Geschmacksrichtungen. Auch wenn es in den jeweiligen Ländern deutliche Präferenzen zugunsten der »heimischen« Geschmacksrichtung gibt, werden doch von jedem Tabakproduzenten mehr oder weniger alle großen Geschmacksrichtungen angeboten. Und noch etwas: Die Reihenfolge der nun folgenden Vorstellung hat absolut nichts mit irgendwelchen Präferenzen zu tun. Ehrlich!

Englische Mischungen

Die *berühmten* englischen Mixtures sind meist unsauciert und haben oft als Basistabak Virginia mit einer ordentlichen Portion Orient. Ihr charakteristisches Erscheinungsbild und ihren prägnanten Duft (manche würden eher Geruch sagen) erhalten sie durch eine mehr oder weniger starke Beimischung von rauchigem Kentucky und pechschwarzem, öligem und sehr kurzfaserigem Latakia. Der stark würzig-herb-animalische Geruch des unverbrannten Tabaks erinnert etwas an Weihrauch und Leder. Mitunter wird der aromatische Périque (wohldosiert) englischen Mischungen zugesetzt, die so eine pfeffrige herb-fruchtige Note erhalten.

Um es gleich zu sagen: Nicht jede englische Mixture muß nach Kuhstall und Leder riechen! Außerdem würde man da sowieso eher von »animalischer Note« sprechen. Es gibt durchaus saucierte englische Tabake. Besonders Flakes werden trotz ihres kernigen Aromas recht üppig mit Essenzen und Saucen versehen. Süße Tabakmischungen sind übrigens in Britannien genau so im Trend wie bei uns.

Angezündet ist der Geschmack einer klassischen englischen Mixture definitiv lieblicher als deren Geruch: Während das Publikum schon mal meutern kann, genießt der Raucher ein mildwürziges Aroma von Hölzern, Herbstlaub und Weihrauch, das fast schon als dezent süß bezeichnet werden kann. Manche behaupten, dies seien Tabake für wahre Individualisten und Menschen, die noch echte Einsamkeit zu schätzen wissen.

Übrigens beschäftigen Latakia und Orient die Geschmacksnerven recht nachhaltig, was die Empfänglichkeit für lieblichere Mixtures etwas einschränkt. Wer zwei Pfeifen nacheinander raucht und mit einem »Engländer« begonnen hat, bleibt meist bei dieser Mixture. Und noch etwas: Heimlich dieses Kraut zu rauchen ist unmöglich! Die ganze »Aura« des England-Fans wird nachhaltig als *British* identifizierbar. Gerüche werden eben sehr unterschiedlich wahrgenommen. Was dem einen herb männlich erscheint, findet der andere schlicht streng.

Doch auch wenn sie einen Namen wie Donnerhall haben, sind englische Mixtures erstaunlich mild und leicht, weshalb man es nur als ein unbegründetes Vorurteil bezeichnen kann, wenn behauptet wird, sie seien nur etwas für Fortgeschrittene. Überhaupt sollte man sich selbst von der Relativität der Begriffe »leicht«, »mild«, »schwer« oder »stark« überzeugen: Ein kräftig-würziger Knaster kann tatsächlich leicht sein, während ein süß-fruchtiges Tabak-Potpourri Schweißausbrüche auslösen kann. Aber es gibt sie natürlich sehr wohl, die kräftigen Balkenbieger aus Britannien.

Englische Mixtures eignen sich bestens als After-Dinner-Smoke, man sollte nach ihnen nur nicht sofort zu Bett gehen wollen, da sie auf viele Raucher sehr anregend wirken. Gemeinsam mit einem Scotch genossen kann man mit ihnen als Nightcap einen herrlichen Rundflug durchs Wohnzimmer unternehmen.[4] Ob man sie als early morning pipe einsetzten mag, bleibt jedem Früh- bis Spätaufsteher selbst überlassen. Daß irische Pfeifen explodieren, wenn man eine englische Mixture aus ihnen raucht, ist natürlich nur ein übles Gerücht...

Irische Mischungen

Wie das Land so die Mixture: Ein kräftig torfig-herbales Aroma mit süßlich-ledrigen Anklängen zeichnet eine typisch irische Mixture aus. Sie werden häufig von Jüngern der englischen Mischungen vehement als seifig und zu süß abgelehnt. Andere sehen in ihnen eine hervorragende Alternative für würzigen, aber latakiafreien Tabakgenuß. Irish Mixtures sind tatsächlich oft leicht süß, was an der Basis liegt: überwiegend Burley, Kentucky und Mahogany (darkfiered oder red Kentucky) und ein leichtes Toffee-Aroma aus dem guten Irish Malt Whiskey.

Ja, und stark sind sie meist auch! Besonders irische Flakes haben es dermaßen in sich, daß sich schon so mancher gestandene Pipero an der Tischkante festhalten mußte. Natürlich gibt's auch leichte und milde Tabake auf der grünen Insel. Übrigens, wer bei englischen Tabaken Probleme mit der Verträglichkeit hat, sollte es mal mit einer leichteren bis mittelstarken irischen Mixture versuchen.

Amerikanische Mischungen

Diese Mixtures sind bei uns im alten Europa etwas aus der Mode gekommen, folglich erhält man sie kaum noch. Sie basieren hauptsächlich auf Burley und werden gelegentlich durch ein kräftiges Flavouring aufgepeppt. Vor allem Lakritze, Ahornsirup und Rum kommen zum Einsatz. Am bekanntesten dürfte die Beimengung von *Hickory* sein. Hierbei handelt es sich nicht um eine spezielle Tabaksorte, sondern um mit dem Holz einer besonderen amerikanischen Walnußart (Hickory) geräucherten Tabak, der so ein dezent nussiges Aroma erhält. Amerikanische Mischungen sind in der Regel mild und unaufdringlich. Ihre Süße hält sich in Grenzen und ihr dezentes Raumklima ist legendär. Sie sind damit eine willkommene Alternative zu dänischen Mischungen und haben schon so manchem den Übergang von »süß« zu »tabakecht« eröffnet. Die in den USA beliebtesten amerikanischen Mixtures enthalten allerdings noch weitere Zusatzstoffe, die nach den strengen europäischen Lebensmittelgesetzen nicht erlaubt sind und deshalb in Europa in Lizenz nur verändert gefertigt werden.

Dänische Mischungen

Sie waren bei ihrem ersten Erscheinen eine absolute Sensation: So lieblich konnte also Pfeifentabak riechen und so wunderbar mild schmecken! Besonders die aufschnuppernde Umwelt war über das fruchtig-süße Raumklima begeistert. Mit diesen Tabaken begann in den 60er Jahren eine kleine Revolution unter den Piperos und damit der Siegeszug der dänischen Pfeifenkultur: Dänische Tabakmischungen sind seitdem die mildaromatischen unter den Mixtures und die mit Abstand beliebtesten – und das nicht nur bei den Rauchern. Sie entfalten ein frisch-fruchtiges, manchmal sogar florales Aroma, das meist auf einer kräftigen Vanille-Note aufbaut.

Die von leichtem Flavouring bis starker Saucierung reichenden Mischungen basieren zumeist auf natursüßem Virginiatabaken, aber auch schokoladiger Burley wird gern beigemischt. Gepreßt geben sie wunderbar milde Flakes und exzellenten Cavendish. Seit einigen Jahren sind »die Dänen« sogar bei den Curlies ganz famos.

Waren die dänischen Mischungen anfangs ein echtes Ereignis, kann man sie jetzt wohl als klassische Zugnummern des Geschäfts bezeichnen. Ihr Ruf der Anfängertauglichkeit ist legendär, wenn auch nicht immer berechtigt. Die Süße täuscht manchmal über ihre tatsächliche Stärke hinweg, und der Abbrand ist nicht immer unproblematisch. Trotzdem prägen sie nach wie vor maßgeblich das Image der Pfeife. Und mal ehrlich: Gerade an harten Tagen braucht man schon mal was Süßes.

Deutsche Mischungen

Dank der deutschen Besonderheit, mit Aktivkohlefiltern aus großen Pfeifen zu rauchen, werden hier besonders stark saucierte Tabake hergestellt, die manche respektlos »Pudding-Tabake« nennen. Mißgünstige behaupten, daß sie in Konsistenz und Geruch eher an Früchtetee als an Pfeifentabak erinnern. Das ist natürlich Blödsinn. Tatsächlich aber muß der Teutonen-Tabak etwas stärker aromatisiert werden, da der Filter nicht nur jede Menge Schadstoffe, sondern eben auch viel an Geschmack herausnimmt. »Wichtig ist, was hinten herauskommt«, wie einmal ein bekannter Pfeifenraucher in anderem Zusammenhang bemerkte.

In der Regel taucht die Bezeichnung »deutsche Mischung« bei der Klassifikation von Tabakmischungen nicht auf, da sie kurzerhand zu den dänischen gerechnet werden. Tatsächlich sind es auch überwiegend dänische Rezepturen, die sich durch einen besonders hohen Cavendish-Anteil und kräftigere Aromatisierung auszeichnen. Diese Fruchtzwerge sind etwas für Naschkatzen und Schleckermäulchen. Oder für heiße Sommertage. Cool bleiben ist dabei allerdings vor allem für die Pfeife wichtig! Tja, und auch der Weihnachtstabak gehört hierher. Wie der Tannenbaum ist auch er eine deutsche Erfindung!

Holländische Mischungen

sind schwer zu finden, jedenfalls die echten Holländer unter den Mischungen, da die Kundennachfrage erheblich nachgelassen hat. Das hat biologische (oder sagen wir besser: demographische) Gründe. Nicht etwa, daß diese Tabake besonders ungesund wären, nein: Rauchgewohnheiten und Geschmack haben sich seit etwa 40 Jahren von den kräftigen Java- und Sumatratabaken zu milderen und süßeren dänischen Tabaken hin entwickelt. Es sind heute überwiegend die älteren Semester, die dem original holländischen Tabak treu geblieben sind und bis heute auf den kernigen, oft an knarzende Zigarren erinnernden Geschmack schwören.

Da diese Generation zu den »Dauerbrennern« zählt, d.h. ihre Pfeifen nahezu ununterbrochen qualmen, muß der Markt seit Äonen eine preiswerte und zugleich würzig-kräftige Mischung bieten, um diese Raucher bei Laune zu halten. Bis heute gibt es holländische Mischungen in zwei Richtungen: Die eine ist die »original« auf Javabasis gegründete Old-Fashioned-Dutch-Mixture mit Burley und Maryland, die manche als herb bezeichnen, andere als Mixture mit Charakter.

Die andere Geschmacksrichtung geht eher in Richtung »Bessen-Genever«, also dänische Klassik, fruchtig mild, auch wenn sie durch indonesische Provenienzen oder Zugabe von Havanna ein Paar Ecken und Kanten hat. Diese Mischungen führen kein auffälliges Eigenleben. Wer so ist, wie die meisten anderen, der fällt auch nicht weiter auf.

Naturbelassene Mischungen

Der Begriff ist etwas irreführend: Sind die hier verwendeten Tabake nicht fermentiert oder werden die anderen irgendwie gespritzt? Gibt es jetzt etwa Öko-Pfeifentabak im Reformhaus oder Bio-Laden?

Tabak ist ein landwirtschaftliches Naturprodukt, allerdings haben die Bio-Läden die Absatzchancen für Öko-Knaster entweder noch nicht erkannt, oder schlicht ignoriert. Naja, vielleicht ist die Idee auch nicht so gut. Wie immer sind uns die Amis mal wieder mindestens eine Nasenlänge voraus: Bio-Tabak aus kontrolliert ökologisch-dynamischem Anbau, wahrscheinlich auch noch Fairtrade aus dem Indianer-Reservat, ist dort schon wieder per Verbot aus den Regalen verschwunden. Außerdem ist solcher »Naturtabak« entsprechend zu kennzeichnen: »No additives does NOT mean a safer cigarette«.[5] Die Natur tötet nicht schlechter.

Die Bezeichnung »naturbelassene Mixture« wird man schwerlich bei uns irgendwo auf der Pfeifentabak-Packung finden. Wer »leichter« rauchen will, kann zu sogenannten Light-Tabaken greifen, die es mittlerweile auch für Pfeifen gibt. Wobei diese Bezeichnung auch schon fast wieder verboten ist... Das Wort »bekömmlich« darf ja nun auch schon nicht mehr im Zusammenhang mit Tabakprodukten oder Alkohol benutzt werden.

Unter »naturbelassen« verstehen Pfeifenraucher unsaucierte Tabake ohne jedes Flavour – aber mit um so mehr Eigengeschmack. Hier kommen noch die reinen Virginias zum Zuge, kann der Burley noch sein natürliches Schoko-Aroma aufbauen. Manche rechnen auch die holländische Mischung, aber nur die Java-Variante dazu, andere die puristischen englischen Mischungen ohne Périque. Virginia, Burley und jede Menge Orienttabake machen diese sehr ausgewogenen Mischungen aus. Und das bissel Latakia zählt ja nicht, wird dieser Tabak doch wie der Kentucky nur geräuchert.

Manchmal handelt es sich bei naturbelassenen Mixtures auch nur um reinen Virginia-Tabak, allerdings der unterschiedlichsten Provenienzen. Natürlich ist eine Pfeife, die immer nur für diese Tabake reserviert ist, absolute Genuß-Voraussetzung. Wer bislang nur *aromatisierte* Tabake kennt, sollte sich mal mit diesen *aromatischen* Tabaken beschäftigen. Das ist ein wenig so, als würde man von Cocktails auf Wein umsteigen.

Selbstverständlich muß man sich da erstmal an ganz andere Aromen herantasten. Deshalb stehen sie im Ruf, nur etwas für Profis zu sein. Dabei sind diese Tabake sogar sehr anfängertauglich: Sie schmecken mild, lassen sich gut kontrollieren (Zug, Hitze etc.), brennen gut im Pfeifenkopf, dafür weniger auf der Zunge und schaffen ein tabakechtes bis »duftiges« Raumklima.

Geschmacksverirrung

Wo wir gerade über die vielen verschiedenen Geschmacksrichtungen beim Pfeifentabak reden, sollte an dieser Stelle kurz darauf hingewiesen werden, daß man schon mehrere Pfeifen braucht, um die feinen Aromen auch angemessen, sprich unverfälscht würdigen zu können. Man riecht es ja bekanntlich schon an einer kalten Pfeife, welcher Tabak in ihr gewohnheitsmäßig geraucht wird. Alle Tabake, insbesondere intensive dänische und kräftige englische Mischungen, hinterlassen als Visitenkarte nahezu sofort in der Pfeife ein kräftiges Bukett. Die Aromastoffe sickern während des Rauchens in das Holz und setzen sich fest. Eine solche Pfeife ist entsprechend »konditioniert«, wie Fachleute sagen. Raucht man eine englische Mischung aus einer »süßen« Pfeife, muß man sich nicht wundern, daß man statt der Düfte Arabiens mit Lakritzanklängen zu schmecken glaubt.

Diesen Effekt nennt man *Crossover.* Teetrinker kennen die für immer verdorbene Büro-Thermoskanne: Einmal von den Kollegen durch Kaffee entweiht, ist das Ding für Tee gestorben! Um eine vergleichbare Geschmacksverirrung des Crossover bei Pfeifen zu vermeiden, sollte man genau wie bei der Teekanne darauf achten, nur bestimmte Geschmacksrichtungen hinein zu lassen. Ist eine Pfeife einmal entsprechend festgelegt, ist sie für andere Geschmacksrichtungen tabu! Außer: Na ja, Not kennt kein Gebot...

Lagerung und Pflege

Der Schlüssel zum idealen Tabak ist die Lust am Entdecken und Probieren neuer Sorten. Nicht zuletzt deshalb stapeln sich bei den meisten Pfeifenenthusiasten in Schränken und Ecken ganze Tabaklager, als würde demnächst die Reblaus auf Tabak umgeschult werden. Die Vernunft sagt einem, am besten immer erst die nächste Dose zu öffnen, wenn die anderen leer sind, um das leidige Austrocknen zu verhindern. Doch wer ist schon so vernünftig, sooo lange zu warten, wenn man einen neuen Pfeifentabak gekauft hat? Überhaupt schließen die Tabakdosen doch recht gut, oder?

Leider nicht: Unser Pfeifentabak kann auch bei gut schließender Dose mit der Zeit nicht nur so trocken werden wie die Kalahari und entsprechend prasselnd niederbrennen, er »verduften« geradezu. Die vielen Aromen, die den komplexen Duft und feinen Geschmack eines Pfeifentabaks ausmachen, sind leider sehr flüchtig und reagieren mit dem Sauerstoff der Umwelt. Selbst wenn man den Tabak in der Dose ausreichend feucht hält, ist das feine Aroma ruckzuck ausgebüxt.

Der Handel hält reichlich bestens konditionierten Tabak in allen Geschmacksrichtungen, Schnittarten und »Gebinden« (so heißen kurioserweise im Fachjargon die Verpackungen) parat. Eine großzügige Bevorratung in pharaonischem Maßstab ist also gänzlich überflüssig, ein kleiner »Mundvorrat« reicht völlig aus. Auch liest man immer wieder, daß die längere Lagerung sogar von vakuumverpackten Tabaken nicht ganz unproblematisch sei, da sich die Aromen auch unter Vakuum verändern sollen. Tatsächlich liegen hierzu sehr unterschiedliche Erfahrungsberichte vor. Besser, man läßt es gar nicht erst darauf ankommen.

Fachleute aus der Branche geben an, daß sich das *Aging*, der fortschreitende Reifungsprozeß, weder durch Fixierung noch durch Vakuum-Verpackung vollständig stoppen läßt. Das ist ähnlich wie mit dem Wein und dem Geheimnis um die Vinifikation. Manche Tabake, insbesondere Flakes, sollen problemlos mehrere Jahre Lagerung nach dem Verpacken vertragen. Ob sie allerdings wie Wein reifen oder »umkippen«, also ungenießbar werden können, ist unter Pfeifenrauchern durchaus strittig. Was dem einen als gereifte Köstlichkeit erscheint, verschmäht der andere als »Bahndamm Südhang«.

Es gibt Connaisseure, die extra einige Dosen ihrer tabakechten Lieblings-Flakes einlagern, um immer über ausreichend »abgelagerten« Tabak zu verfügen, der ihnen weicher und runder schmeckt als »frischer«. Auch manche englische Mixture soll im Laufe eines (weiteren) Lagerjahres gewinnen. Die Tabakmischer der Produzenten sind sich zwar nicht immer einig, aber in einem Punkt herrscht Übereinstimmung: Sie verweisen unisono darauf, daß ihre Pfeifentabake zum Zeitpunkt der Auslieferung optimal konditioniert und gerade jetzt besonders aromatisch sind. Ein weiteres Aging sei unnötig, ansonsten aber Geschmacksache des Kunden. Sie selbst empfehlen nur kurze Lagerzeiten. Am besten kaufe man seine Lieblingsmischung immer so, daß man sie frisch verbrauchen könne. Wie immer scheint es auch hier reine Geschmackssache zu sein, ob man nun den Tabak doch noch etwas reifen läßt oder nicht.

Problematisch wird es allerdings, wenn sich abzeichnet, daß es den Lieblingstabak bald nicht mehr geben wird. Erfahrene Tabakhändler empfehlen trotzdem keine zu großen Tabaklager anzulegen. Auch nicht im dunklen und kühlen Keller und schon gar nicht in der Gefriertruhe! Frost (und Rost) schadet den ätherischen Ölen im Tabak ungemein. Pfeifentabak hält sich den Herstellerangaben zufolge ohne geschmackliche Veränderung im Originalgebinde als dänische Mischung problemlos ein Jahr, als englische oder irische Mixture etwa zwei Jahre, nur die tabakechten verändern sich nicht so rasch. Allein Flakes sollen unter Vakuum mehr als 3 Jahre durchhalten. Man kann natürlich, statt seinen Pfeifentabak einzukellern, einfach mal eine andere Sorte ausprobieren. Aber ja, es stimmt schon: Wir alle vermissen die *Balkan Sobranies Mixture,* die *Bengal Slices,* den...

Eine Frage der Kondition

Ein weiteres nervenaufreibendes Kapitel der Tabakkunde ist das der richtigen Kondition des Tabaks. Der richtige Feuchtigkeitsgehalt ist für den Wohlgeschmack und die Brennfähigkeit des Tabaks von entscheidender Bedeutung. Je nach Tabakart und Mischung liegt er zwischen 13 und 16%. Englische Mixtures sind regulär etwas trockener als dänische. Black Cavendish ist sowieso recht feucht und manchmal auch etwas klebrig. Flakes haben eine Menge Feuchtigkeit gespeichert, die die Scheiben recht gut halten. Wie erkennt man aber, ob der Tabak richtig in Form ist?

Am einfachsten ist das bei Flakes. Sie sollten nie brüchig, sondern elastisch und ganz leicht klebrig, aber keinesfalls pappig sein. Die einzelnen Scheiben müssen sich einigermaßen leicht trennen lassen. Einen Tortenheber sollte man nicht benötigen. Gleiches gilt für Curlies, die (jede Scheibe für sich) zusammenhalten sollten, nicht aber die Scheiben miteinander. Fallen die Scheiben von selbst auseinander, ohne viel bewegt worden zu sein, sind sie zu trocken.

Zu trockene Flakes und Curlies sind leicht zu erkennen. Sie sind hart, fühlen sich brüchig und strohig an und neigen zu heftigem Krümeln. Sie brennen in der Pfeife viel zu schnell und heiß ab, weshalb sie unweigerlich wie die kokelnde Füllung einer Matratze schmecken. Sie sollten dringen *nachgefeuchtet* oder besser noch neu konditioniert werden.

Bei geschnittenem oder ready-rubbed Mixtures wird's wegen der Konsistenz etwas schwieriger: Am besten drückt man vorsichtig etwas Tabak zwischen den Fingern zusammen und reibt dabei. Spröder, sich strohig anfühlender Tabak, der beim Zusammendrücken knistert oder gar bricht, ist entschieden zu trocken, egal ob es sich nun um eine englische Mischung handelt oder nicht.

Am besten konditioniert ist Pfeifentabak, wenn er nach leichtem Zusammendrücken sachte zurückfedert und sich leicht kühl durch die Restfeuchtigkeit anfühlt. Außerdem läßt schon der Geruch erkennen, ob der Tabak die richtige Konsistenz hat. Zu feuchter Tabak riecht muffig, bei zu trockenem dominiert ein unangenehmer Geruch nach Ammoniak. Im Klartext: Es müffelt nach Kuhstall. Doch was ist zu tun, wenn unsere Pfeifenmischung sich anfühlt, wie Stroh in der Augustsonne?

Vergessen Sie Opas Apfel-, Orangen- oder Kartoffelschalentips zur Revitalisierung zu trockenen Knasters. So bringt man zwar Feuchtigkeit mit dem Gemüse in den Tabak, aber leider schleppt man neben Fremdaromen vor allem Schimmelherde ein. Auch Schnäpse, Säfte oder andere Flüssigkeiten sind Gift für den Tabak – weil sie den Tabak viel zu ungleichmäßig durchfeuchten, ihn verklumpen und schnell Schimmeln lassen.

Der erfahrene Pfeifenraucher greift lieber zu jenen kleinen Tabakbefeuchtern, die man in fast jedem Tabakladen für ein paar Cent kaufen kann. Diese *Humydrole* sind kleine Metallkapseln mit Löchern, in denen sich ein erstaunlich versoffener Wasserspeicher befindet, der nach und nach die Feuchtigkeit gleichmäßig wieder abgibt, bis das Klima im Tabakbeutel wieder stimmt. Die eurostückgroßen Helfer bringen den Tabak meist über Nacht wieder auf Vordermann, ohne Probleme zu bereiten. Man soll die kleinen Dinger mit destilliertem Wasser füllen, um so das Verkalken der kleinen Löcher zu verhindern.

Mixtures mit starker Aromatisierung, vor allem jene mit Top-Flavour, sind, wenn sie erstmal trockenen sind, meist verloren! Selten schmecken sie nach der Neukonditionierung so gut wie ehedem, weil sich mit der Feuchtigkeit auch ein Großteil der flüchtigen Aromen verdünnisiert hat. Die nun zugefügte Feuchtigkeit läßt zwar einige der robusteren Aromen wieder auferstehen, aber das sind meist andere als die, die den Tabak zuvor dominierten.

Fühlt sich der Tabak irgendwie pappig oder schwammig an, ist er gar klebrig und reagiert auf Zusammendrücken träge bis zäh und bleibt sogar an Ihren Fingern kleben, dann ist er deutlich zu feucht. Wenn man solchen Tabak verheizt (rauchen kann man das meistens nicht mehr nennen), beginnt die Pfeife nahezu zwangsläufig zu blubbern (in manchen Regionen sagt man auch »sottern«) und zu stinken. Außerdem geht auch die beste Pfeife mit so einem Tobak dauernd aus. Abhilfe: Bei naturbelassenen und englischen Mixtures kann man die Mixture einfach etwas an der frischen Luft atmen lassen. Der Feuchtigkeitsverlust muß durch gelegentliches Durchmischen vereinheitlicht und kontrolliert werden. Meist reichen ein bis zwei Stunden Frischluft. Aromatisierte Tabake stellen hier ein Problem dar, da sie mit der Feuchtigkeit auch ihren Duft verlieren. Man kann in diesem Fall Löschblätter, Filterpapier oder Küchenkrepp benutzen, um dem Tabak die überflüssige Feuchtigkeit zu entziehen. Das ist zwar auch nur eine Notlösung, aber allemal besser, als die Aromen mit dem überschüssigen Wasser an der frischen Luft verduften zu lassen.

Vielraucher mit größeren Vorratslagern und unverbesserliche Tabakhamstern sollten zu den bekannten Spezialbehältern greifen. Achtung: Tabak muß in solchen Dosen regelmäßig gelüftet werden, da er sonst anfängt zu stocken oder zu schimmeln. Also gelegentlich die luftdichten Vorratsdosen öffnen, den Tabak wenden, lockern, die Konsistenz prüfen und kritisch schnuppern. Hin und wieder einen Humydrol dazugeben, um den Feuchtigkeitsverlust auszugleichen – und schon bleibt das Vorratslager bestens in Schuß. Aber eigentlich sollte man nie so große Vorräte haben, daß man sich darum einen Kopf machen müßte. Als Pfeifenraucher sollte man eben nicht knickerig sein: Schmeißen Sie das alte Kraut weg, und leisten Sie sich ein neues Päckchen! Als Gelegenheitsraucher sollten man nicht zum XXL-Sparpaket greifen.

Welchen Tabak raucht man wann?

Bei der Beantwortung dieser Frage geht es ausnahmsweise mal nicht um Etikette, sondern um die Verträglichkeit. Genauer: Was schmeckt und bekommt einem wann am besten? Auf diese zugegeben etwas persönliche Frage erhält man meist zwei Faustregeln zur Antwort:

Je jünger der Tag, desto leichter der Tabak und kleiner das Füllvolumen.
Jeder Tabak sollte stärker sein als sein Vorgänger.

Da hätte man eigentlich selber drauf kommen können, so logisch ist das Ganze. Doch antiautoritäre Raucher werden strikt dagegen halten: »Diesen erprobten Ratschlägen von verschiedenen Altvorderen kann folgen wer will, ich orientiere mich lieber an der Devise: *Worauf man Appetit hat, das bekommt einem auch.*« Offenbar stehen wir schon wieder auf vermintem Terrain. Um den armen Anfänger nicht so ganz ohne Rat mit brummendem Schädel, durchgeweichtem Kragen und kreiselndem Magen stehen zu lassen, scheinen doch wenigstens einige Anmerkungen zum Thema erlaubt zu sein.

Da wäre beispielsweise der bekannte Pfeifenmacher *Rüdiger Lutz Will*, der in einem Zeitungsinterview freimütig bekannte,[6] daß er sich eine Stunde nach dem Frühstück die erste Pfeife anzündet, und von da an ununterbrochen bis abends um elf raucht, was einen Tabak-Verbrauch von anderthalb Kilo im Monat ergibt. »Holy Smoke!« wird mancher Pfeifenraucher ausrufen, setzt doch bei den meisten schon nach der ersten Pfeifenfüllung eine gewisse »Sättigung« ein. Das führt dazu, daß sie nie mehr als drei oder vier Pfeifen am Tag »schaffen«. Andere rauchen dies nur in der Woche und haben dafür nicht nur »gesundheitliche« Gründe.

Es gibt Pfeifenraucher, die schmauchen am liebsten morgens nach dem Frühstück, wenn alles noch friedlich schläft. Sie stehen dafür extra ein Stündchen eher auf und verzichten schweren Herzens aufs Joggen. Andere würden weder das Eine noch das Andere fertigbringen und fangen als Siesta-Piperos frühestens mittags mit der ersten Pfeife an. Die größte Gruppe unter den Pfeifenrauchern stellen aber wahrscheinlich die Feierabend-Raucher, die sich zum Ausklang des Tages gern eine Pfeifenfüllung gönnen. Im Urlaub oder am Wochenende mehr, in der Woche weniger.

Wenn Sie nicht zu jenen Vertretern gehören, die durchgängig einen bestimmten Pfeifentabak rauchen (seit Jahrzehnten dieselbe Marke), sondern hin und wieder experimentierfreudig sind und je nach Tageszeit und Tagesform unterschiedliche Tabake wählen, kann man einige grundsätzliche Tips geben. Nicht, daß man zu jeder Tages- und Nachtzeit rauchen sollte – die Devise lautet *weniger ist mehr* – nur, wenn man schon mal eine Morgenpfeife ausprobieren möchte, dann sollte man wissen, was man am besten hineinstopft, denn der besondere Tabak, der abends eine echte Offenbarung ist, kann einem morgens den kalten Schweiß auf die Stirn treiben und die Hände zittern lassen.

Mancher wird morgens nur mit dänischen Fruchtbomben fertig (»Der Tag wird auch so schon hart genug!«), andere freuen sich schon die halbe Nacht auf die schwere Latakia-Granate nach dem full English Breakfast (»Das brauche ich, um richtig wach zu werden«). Aber auch hier sollte man nicht *Geschmacksrichtung* mit *Stärke* verwechseln! So mancher »süße Däne« ist nikotinstärker, als es ein »ledriger Engländer« je sein könnte und entwickelt sich zur Unzeit genossen zum Toilettensauser.

Außerdem hält der süße Geschmack schwer saucierter Tabake noch sehr lange nach dem Rauchen im Mund vor, was mancher nicht angenehm findet. Fazit: Erstaunlicherweise sind gerade englische oder leichte irische Mixtures gut geeignet als Early-Morning-Pipe. Die wenigsten Pfeifenraucher greifen überhaupt morgens zur Pfeife, und wenn, dann beginnen sie den Tag meist mit leichten Tabaken. Für den Vormittag sind leichte dänische Mixtures mit mildem Black Cavendish, Top-Flavour-Tabake oder dezent saucierte Virginia-Flakes bestens geeignet, wenn man nicht der englischen Liga treu bleibt. Starke Tabake können einem den Appetit nehmen, deshalb wird man sie vormittags, insbesondere vor opulenten Mittagessen, vermeiden – außer man ist »auf Diät« oder in Südeuropa unterwegs.

Nach dem Essen wird man sich überlegen, was der Tag voraussichtlich noch bringt und entsprechende Mixtures wählen. Hat man nichts Besonderes vor, dann kann die After-Lunch-Pipe schon etwas kräftiger werden, vor allem wenn es merklich in Richtung Tea Time geht und man (etwa im Urlaub) Aussicht auf begleitende Alkoholika wie Port oder Sherry hat.

Sie wollen doch noch später zum Dinner? Dann war ja wohl der Lunch nur ein Snack, nach dem man sowieso nichts Schweres raucht. Überhaupt sollten Sie in diesem Fall am besten auf die Nachmittagspfeife verzichten oder nur einen leichten Tabak aus einer Pfeife mit kleinem Füllvolumen rauchen. Wir wollen doch abends in Topform sein, oder? Dafür fällt dann aber die Pfeife nach dem Nachtmahl um so gehaltvoller aus. Hier kommen die schweren Kaliber zum Einsatz! Jetzt noch einen karibischen Rum, schottischen Whisky oder spanischen Brandy zur Pfeife und der Begriff *Armchair Travelling* bekommt eine ganz neue Dimension.

Noch ein Wort zur *Dauer* des Rauchopfers. Eine »Pfeifenlänge« als allgemein anerkanntes Zeitmaß gibt es nicht, da die Dauer nicht so einfach wie bei einer Zigarette definierbar ist. Die Zeit, die man für eine Pfeife einkalkulieren muß, hängt vom Füllvolumen, vom Tabak, vom Stopfen und von der Zugfrequenz beim Rauchen ab. Gehen wir mal von einer randvoll gestopften und gemächlich zu Ende gerauchten Pfeifen aus. Ein mittleres bis größeres Füllvolumen mit einem Flake kann einen schon anderthalb Stunden beschäftigen. Eine durchschnittliche Pfeife mit einem »normalen« Pfeifentabak dauert rund eine Stunde – und wir wollen uns da gar nicht auf's Feilschen einlassen! *Soviel Zeit muß sein!*

Mancher Pipero kalkuliert gern die doppelte Zeit ein, die für eine Pfeifenfüllung nötig wäre, da er gern in Ruhe schmaucht, die Pfeife auskühlen läßt (und etwas Zeitung liest), sie säubert (die Pfeife) und noch etwas stillvergnügt vor sich hin guckt. Das ganze Drumherum des Pfeifenzeremoniells gehört für ihn zum Genuß und hat etwas Meditatives. Kaum etwas ist jenem Pipero so ärgerlich, als wenn er »nur eben noch schnell-schnell« zu Ende rauchen *muß*, weil etwas Unvorhergesehenes dazwischenkommt. Ihm wird so etwas den ganzen Genuß ruinieren. Schon der Gedanke, das Pfeifenrauchen zum Termin zu machen, scheint unerträglich. Solche Pfeifenraucher setzten entsprechende Prioritäten bei der Wahl ihres Clubs und lassen konsequent jeden verhaften, der ihre Pfeifenmeditation stört...

Andere Pfeifenraucher sind da nicht so pingelig und rauchen ihre Pfeife unerschütterlich weiter, egal, was sie gerade tun oder was auch immer passiert. Für diese eisernen Pfeifenstoiker ist der Terminkalender vollkommen unerheblich. Trotzdem müssen auch sie im Blick haben, daß jede Pfeife ihre Zeit braucht und man sie nicht überall hin mitnehmen kann.

Jede Pfeife braucht Zeit. Besser: Ihr Raucher schafft ihr Zeit. Zeit für sich selbst. Man könnte sogar sagen, daß Pfeifen ihre eigene Zeit haben, weil sie einen eigenen natürlichen Rhythmus mitbringen. Ganz anders als Zigaretten. Das urbritische »Wait and see« wird zwar gern mit »Abwarten und Teetrinken« in Verbindung gebracht, paßt aber mindestens so gut zur Pfeife...

Kürzere Rauch-Zeiten bei gleichem Füllvolumen werden oft als ein Signal von Unausgeglichenheit oder schlechter Kondition gedeutet. Wollte man jedoch die Pfeife zum Maß der Zeit machen, würde das notwendig in die Satire führen, wie in *Joseph Albrecht von Ittners* Novelle *Die Pfeife – das Maß aller Dinge.* Dort wird ein Pfeifenraucher vorgestellt, der seine Zeit konsequent nach der Pfeife einteilt: »So gewann er endlich durch das anhaltende und regelmäßige Rauchen in der Abmessung der Momente eine solche Fertigkeit, daß er gar keiner Uhr mehr bedurfte, sondern Stunde und Tage nach den Tabakspfeifen berechnete. Er sagte nicht mehr: Der Tag hat zwölf Stunden und die Stunde sechzig Minuten, sondern: Der Tag hat zwanzig Pfeifen, die Pfeife vier Vierteilspfeifen und die Viertelspfeife hundert Züge.«[7]

Wie man sieht, spielen für den »Zeitraucher« die zwölf rauchfreien Nachtstunden keine Rolle, sie existieren in seiner »Zeiterfassung« gar nicht. *Tempus nullius* hieß diese Zeit in der Ära der Sonnenuhren, weil die nicht meßbaren Nachtstunden niemandem gehörten.

Ittners Held scheint sich jedoch nicht konsequent an der antiken Zeiteinteilung zu orientieren, wo die einzelnen Tagstunden jahreszeitabhängig zu oder abnehmen. Seine Pfeife ist bloßer Uhrersatz und bietet keine tatsächlich eigene *Pfeifenzeit*.[8] Folglich bemerkt er nach der Wintersonnenwende »mit Vergnügen, daß der Tag um so und so viele Züge die Woche hindurch zunähme, und freute sich ungemein, wenn er versichern konnte, jetzt sei der Tag um eine Pfeife gewachsen«. Wer ihn nach einer bestimmten Wegstrecke fragte, erhielt »sechs starke Pfeifen« zur Antwort; wer mit ihm gemeinsam Pfeife rauchte und nach ihm fertig wurde bekam zu hören: »Mein Freund, Eure Pfeife geht nach«.

Anmerkungen

1 Dieser »schillernde« Kalauer stammt aus dem Stanwell-Fanzine »Pfeifentabak«, von Ralf Zilligen, a.a.O., S. 37.

2 Vgl. www.perique.com. S.a. B. Killebrew, Tobacco Leaf, Its Culture and Curing, Marketing and Manufacture, New York 1920, Kap. 16.

3 Vgl. H. Behrens, H. Frickert, Mit vollem Genuß Pfeife rauchen, a.a.O., S. 179ff. (alte Ausgabe 153ff.)

4 Vgl. Gernot Zerwas, Tabak mischen im Linksverkehr, Englische Pfeifentabake, in: Smokers Club 1/2002, S. 29.

5 Vgl. Carsten Matthäus, Natural American Spirit, Das Ende eines Zigarettenkults, in: Der Spiegel, Online-Ausgabe vom 14.12.2001.

6 Vgl. Dorstener Notizen, www.westline.de, 13.11.2001 (Nr. 256, 46. Woche).

7 Josef Abrecht von Ittner, Die Pfeife – Das Maß aller Dinge, in: Helene Daphinoff (Hrsg.), Kleine Bettlektüre für den weltgewandten Pfeifenraucher, a.a.O., S. 133.

8 Vgl. J. Pannier, Pfeife und Zeit, in: ders., Dies ist kein Pfeifenbuch, a.a.O., S. 98ff.

Kombinationsrauchen®

Kombinationsrauchen® ist keine neue olympische Disziplin oder ein aktueller Trendsport – was übrigens schade ist –, sondern (jetzt wird's fast lexikalisch) der sich wechselseitig ergänzende gemeinsame Konsum verschiedener aromatischer Genußmittel mit dem Pfeifenrauch. Man könnte auch von *Simultangenuß* sprechen. Damit zusammenkommt, was zueinander gehört. *Achtung: Abstinenzler, Lifestyle-Allergiker und Menschen mit ausgeprägter Lounge-Phobie sollten dieses Kapitel besser überschlagen!*

Selbstverständlich geht es in diesem Kapitel genauso wenig um vorsätzlich sinnfreies Saufen wie es im ganzen Buch um suchtgesteuertes Qualmen geht. Hier steht der überlegte, wohldosierte und verantwortungsbewußte Genuß im Mittelpunkt: Die gekonnte Kombination von Trank und Tabak lädt den Genießer zum Abstreifen des Alltags ein und gerade das öffnet manchmal neue Horizonte. Während der Wahlspruch des nüchternen Intellektuellen lautet: »Es gibt für alles ein Problem«, räumt der gewitzte Pfeifengenießer freimütig ein: »Ja, ich habe zwar auch keine Lösung, bewundere aber das Problem«. Erst wenn es ein paar Gläschen mehr werden, glaubt man eine wunderbare Lösung zu haben, für die man nur noch das fehlende Problem finden müßte. Wie bei allem im Leben muß man offenbar auch an das Kombinationsrauchen mit Augenmaß und Leidenschaft betreiben. Im folgenden geht es also nicht um das rechte Maß und die gute Mitte, sondern, diese immer vorausgesetzt, allein um die Kunst der Kombination.

Lack, Leder und Latakia

Bei manchen Kombinationen liegt die Liaison nahe: Tabake mit Whisky-, Cognac- oder Rum-Flavour passen natürlich zu den genannten harten Braunen. Ebenso verhält es sich mit Rotwein und jenem Tabak, der (angeblich) mit einem Schuß des Rebensaftes abgerundet wurde. Auch paßt die Mixture mit Mandelaroma zum Cocktail mit Amaretto, der Orangentabak zum Triple Sec und die »Puddingpfeife« zu Cream-Sherry oder Portwein. Die englische Mixture schreit nahezu nach herbem Scotch und der Latakia bittet rauchig raunend um Isla Whisky und ein Stout. Diese Kombinationen sind naheliegend und bedürfen kaum einer weiteren Erörterung. Trotzdem liebt mancher eher die Gegensätze und würde zum herben Tabak nur etwas Süßes gelten lassen. Interessant wird's bei Klaren. Was wohl zum Tequila paßt... Aber halt: Es gibt ja auch schon Pfeifentabak mit Tequila-Flavour! Caramba!

Alle Kombinationen sind selbstverständlich reine Geschmackssache, und mancher wird sich die Haare bei den hier gemachten Vorschlägen raufen. Nun, jeder Jeck ist anders und soll nach seiner Façon glücklich werden. Das Ganze sollte als eine Art Werkstattbericht betrachtet werden und nicht als Besserwisserei. Trotzdem ist es ganz hilfreich, Whisky von Whiskey unterscheiden zu können, auch wenn so mancher das Ganze für Lifestyle-Geschwätz halten mag.

Im Gegensatz zu den Pionieren auf dem Gebiet des Kombinationsrauchens®,[1] werden im Folgenden keine Vorschläge zu konkreten Marken gemacht, sondern nur Hinweise auf *Geschmacksrichtungen* und deren Kombinationsmöglichkeiten gegeben. Hier kann dann jeder Selbstversuche machen, allerdings nur im eigenen Schnapslabor, denn die Möglichkeiten für echte Feldforschungen an lebenden Menschen sind immer seltener geworden, seit man das Rauchen in Bars, Cocktail-Lounges und Kneipen untersagt hat. Da selbst in Raucher-Clubs und Smoker Lounges sich die Wirte der Pflicht zur Volksgesundheit beugen müssen, ist öffentliches Kombinationsrauchen weitgehend verboten. Man muß schon zuhause zu Shaker und Schwenker greifen, wenn man dazu Pfeife rauchen möchte. Mal sehen, wann sich die Nachbarn drei Häuser weiter beschweren und auch im eigenen Wohnzimmer niemand mehr rauchen darf!

Jedes Bierchen ein Pläsierchen

Frankreich gilt als Weinland, die Germanen frönen angeblich nur dem Gestensaft. Nach anderer Meinung ist Deutschland dreigeteilt: Wein, Bier und Schnaps. Existiert aber tatsächlich eine unterschiedliche Trinkkultur in Süd-, West- und Ostdeutschland? »Schlimme Vorurteile«, wird mancher rufen. Das Ganze müßte doch noch schichtspezifisch und nach Altersstruktur differenziert werden. Ob nun tatsächlich das in Deutschland am häufigsten zur Pfeife konsumierte Getränk Bier ist, und zwar in der Chart-Folge Pils, Alt, Kölsch, Export, Weizen- oder Weißbier, Bockbier und die verschiedenen »Exoten«, mag dahingestellt sein. Jeder von uns wird es schon mal probiert und dennoch die Vielfalt übersehen haben. Die Liste der deutschen Biere ist länger als die der Brauereien, die Zubereitungen reichen von billiger Industrieplörre bis zu exklusivem Hausbräu. An exotischen Kuriositäten besteht auch in der deutschen Produktion (trotz des Reinheitsgebots) kein Mangel. Einheimische Schwarz-, Stein-, Dampf- oder Rauchbiere stehen in Konkurrenz zu den bizarrsten Gebräuen aus niederländischen und belgischen Brauereien, wo man auch vor Waldmeister-, Erdbeer- oder Blaubeerbier auf Sojabasis nicht halt macht. In den letzten Jahren gewinnen bei uns besonders Biere aus dem angelsächsischen Bereich wie Lager, Porter und Stout Marktanteile. Die Öffnung des deutschen Biermarktes sorgt für eine breite Produktpalette: Dänische, tschechische, italienische, spanische, amerikanische, mexikanische, australische und sogar chinesische Biere sind heute mehr oder weniger problemlos im gut sortierten Getränkemarkt erhältlich.

Schaut man in den letzten Bastionen freien Rauchertums, den illegalen Raucherkneipen in die Pfeifenköpfe, so scheint zum Bier nahezu jeder Tabak zu munden, trotz der Kohlensäure, die den Tabakrauch bitter schmecken läßt. Am beliebtesten sind zu süßen Bockbieren dänische Mixtures, zum obergärigen Bier naturbelassene Tabake, das lieblichere Export ist durch Virginia-Flakes oder Curlies mit einer Spur Latakia bestens zu ergänzen, zum hefigen Weizen oder blumigen Ale schmecken fruchtig-leichte Sommertabake, stark hopfenhaltige Biere können schon mal ein herb-würziges Kraut vertragen. Rauchbier schreit wie das Stout förmlich nach Latakia und Orienttabak. Ob im Partykeller, am Tresen oder im Biergarten – mit einem Bier zur Pfeife (oder umgekehrt, je nach Durst) liegt man eigentlich nie falsch. Außerdem bekommt's und wirkt hervorragend gegen den trockenen Hals, den manche Tabake hinterlassen. Prost!

Wein, Wein, nur Du allein...

Weintrinken und Pfeiferauchen – ist das nicht ein Sakrileg? Bei Weinproben gilt ein striktes Rauchverbot. Nichts soll den Eigengeschmack des Weins trüben, denn er ist der Star des Events. In Erwartung eines außerordentlichen Spitzenweins bleibt die Piepe selbstverständlich kalt. Lieber hinterher als nebenbei. Reden wir aber vom gemütlichen Dämmerschoppen unter Freunden mit einem ordentlichen Gebrauchswein, dann kann die Pfeife sehr wohl eine lohnende Ergänzung zum Wein sein – und umgekehrt.

Besonders zum kräftigen Rotwein paßt ein gehaltvoller Tabak. Vor allem die Sorten Barbera, Cabernet Sauvignon, Mourvèdre und Syrah (Shiraz) können den Tabakaromen einiges entgegen setzen. Kräftige, fruchtbetonte Weine aus Chile, Australien oder Kalifornien sind ohnehin zur Pfeife zu empfehlen, da manche von ihnen wahre Aromabomben sind. Tanninreiche Weine passen besonders gut zur verhaltenen Süße irischer Mixtures und tabakechten Flakes. Selbst stärkere Tabake dieser Kategorie schmecken hervorragend zu ausdrucksstarken spanischen Weinen. Man denke nur an Rioja. Und vergessen wir auch die deutschen Weine nicht!

Lieblichere Tropfen wie Lemberger, Lambrusco oder Zinfandel passen zu mittelschweren dänischen Tabaken. Kräftiger Bordeaux, rustikaler Chianti oder Nero D'Avola aus Sizilien können eine englische Mixture vertragen, wenn ein ordentliches Holzaroma vorliegt. Manche Sommeliers empfehlen auch einen kernigen Retsina, den geharzten Wein der Griechen, zur englischen Mixture. Diese Kombination ist zwar etwas gewöhnungsbedürftig, aber nicht uninteressant! Im übrigen harmonieren spritzig-frische Weine nahezu immer mit Top-Flavour Sommertabaken.

Beim Weißwein sollte man schon auf Barrique ausgebaute Weine zurückgreifen, wenn man gehaltvolle Tabake bevorzugt. Aber auch die Rebsorte ist entscheidend: Herzhafter Chardonnay, kräftiger Pinot Blanc und der leicht pfeffrige Grüne Veltliner können selbst kräftigen Tabaken nicht nur Paroli bieten, sondern sie auch noch herrlich umspielen und die eher lieblichen Aromen der Pfeifetabake erschließen helfen. Auch mit einem Grauburgunder macht man hier nichts falsch. Ansonsten passen alle nicht zu frischen und fruchtigen Weine der Sorten Muscadet, Riesling, Kerner und Müller-Thurgau zu leichten Sommertabaken mit fruchtigem Top-Flavour. Selbst der Elbling läßt sich mit floralem Tabak veredeln. Einen Black Cavendish hingegen kann man kaum zum Weißwein empfehlen, da sein schwer süßes Aroma nur selten mit der Säure spritziger Tropfen harmoniert. Gewürztraminer und Muskateller passen dagegen mit natursüßen Virginia-Flakes und Burley-lastigen Mixtures oder leicht saucierten Pfeifentabaken prima zusammen.

Für die dänischen oder deutschen Pfeifen-Mischungen sind Süßweine wie Tokayer, Portwein, Vin Santo, Banyuls, Madeira, Samos, Sauternes oder ähnliche Kaliber bestens geeignet – wenn man denn überhaupt zu ihnen rauchen möchte. Die gehaltvolle Frucht dieser Weine und ihre schwere Süße läßt sich aber auch sehr gut mit naturbelassenen Mischungen kombinieren. Der Wein wirkt so wie ein Schuß Sahne in den Tee. Ähnlich verhält es sich mit den meisten Likören, Aufgesetzten und süßen Spirituosen.

Champagner, Sekt und Selters

Champagner, Sekt und Prosecco, wie auch alle Äppelwoi-Produkte (inklusive Cidre), wollen nicht so recht zur Pfeife passen. Sie sind säurehaltig und können etwas hefig schmecken. Insbesondere die Kohlendioxid-Blubbern (CO_2), die man gern als Kohlensäure bezeichnet, reagieren unangenehm bitter mit dem Rauch. Das »Kohlendioxidproblem« gilt natürlich auch für alle prickelnden Mineralwässer.

Um den bitteren Nachgeschmack und ein unangenehmes Brennen auf der Zunge zu vermeiden, sollte man nicht zu stark moussierendes Getränk zu einem eher leichten, vielleicht etwas fruchtigen Tabak wählen. Ein dezentes Top-Flavour ist meist passend. Achtung: »Brut« kommt angeblich von »brutal«! Sehr trockener Champagner kann insbesondere bei Gelegenheitsrauchern und Newbies grausam auf der frisch geräucherten Zunge brennen. Früher gehörte ein kleiner *Champagnerbesen* zum Equipment des Gentleman. Mit dem rührte man die Bläschen aus dem Schampus – allerdings wohl eher, um peinliche Überraschungsrülpser zu vermeiden, als das dies eine Anpassungsmaßnahme für Pfeifenraucher gewesen wäre.

Je weniger »dry« Champagner & Co sind, um so süßer kann der Tabak gewählt werden, er sollte nur nicht kräftiger werden. So hält sich die Bitterkeit des CO_2 in Grenzen. Zum Asti Spumante paßt dann wieder die »Puddingpfeife«.

Da Champagner oder sein milder Cousin, der Cremant meist auf offiziellen Veranstaltungen wie Empfängen gereicht wird, sollte man sich bei den Gastgebern erkundigen, ob die bei solchen Anlässen eigentlich nicht zugelassene Pfeife überhaupt geraucht werden darf. Etwas anderes ist es natürlich bei Freiluftveranstaltungen, da diese ohnehin selten hochoffiziell sind.

Cognac, Rum, Whisk(e)y & Co

Großväter juxten im Wirtschaftswunderland gern »Meine liebste Jacke ist die Cognacke«. Das großspurig bestellte Gesöff war dann aber aus Kostengründen »bloß« Weinbrand, das deutsche Aschenputtelchen auf dem Spirituosenmarkt. Dabei sind heute viele dieser Weinbrände durchaus nicht zu verachten!

Seit je gilt in Frankreich: Nur der Weinbrand, der aus der Region *Saintonge*, nördlich von Bordeaux, kommt, darf sich exklusiv *Cognac* nennen. Objektiv gesehen scheint dieses Destillat in der Masse nicht so viel besser zu sein als andere französische Brände (zum Beispiel der oft hervorragende *Armagnac*). Gute Weinbrände bzw. Brandys aus anderen Ländern sind oft sehr gut, aber die Spitzenerzeugnisse des Cognac gelten als unvergleichlich. Ob nun zurecht oder eher nicht, dürfte Geschmacksache sein. Tatsache ist aber, daß in den letzten Jahren die Qualität des Cognac immer weiter verbessert werden mußte, da der Druck des Marktes wuchs und die Konsumenten immer kritischer werden. Die derzeitige Cognac-Renaissance dürfte aber nicht nur mit der gestiegenen Qualität, sondern auch mit dem Zigarren-Boom der letzten

Jahre zu tun haben. Nach wie vor ist Cognac der Aficionado-Drink Nr. 1 – dicht gefolgt von schottischem Whisky und karibischem Rum.

Da Cognac sehr körperreich ist, verfügt er über die notwendige Wucht, um auch mit kräftigen Pfeifentabaken zu koalieren. Man versuche nur mal eine irische oder englische Mischung ohne Latakia zum Schwenker. Zu empfehlen sind auch pure Virginia-Flakes oder Curlies, da sie durch die Aromendichte des Cognac ihren Geschmack nach getrockneten Feigen und Rosinen voll entwickeln können. Außerdem dürfte ein naturbelassener Tabak mit hohem Burley-Anteil noch nie so schokoladig geschmeckt haben! Feiner Cognac hingegen wird mit seinem zarten Aroma ganz vorzüglich milde Tabake unterstützen. Cognac ist eben nicht gleich Cognac!

Übrigens hat sich auf dem deutschen Weinbrandmarkt in den letzten Jahren viel Erfreuliches getan, was die Qualität der Destillate und deren Reifung anbelangt. Wenn man bereit ist, auch jenseits der Großmarken bei kleineren und Kleinstproduzenten nach edlen Tropfen zu suchen, wird man viele angenehme Überraschungen erleben! Hier werden Weinbrände produziert, die sich nicht hinter ihren französischen Cousins verstecken müssen. Was die Tabake zum deutschen Weinbrand anbelangt, gelten die selben Empfehlungen wie beim Cognac.

Der rassige Cousin des Cognac ist der spanische *Brandy*, und hier besonders der *Brandy de Jerez*. Das andalusische Destillat wird wie Cognac aus genau festgelegten Weinsorten gebrannt. Allerdings greift man in Spanien auf Grundweine mit mehr Alkohol und weniger Säure zurück. Bei der Reifung geht man andere Wege als die Franzosen: Ähnlich wie beim Malt-Whisky benutzt man »alte« Sherry-Fässer. Während der Cognac leicht herb nach dem gerösteten Holz seiner frischen Limousin-Eichenfässer schmeckt, bekommt der Brandy je nach »Vormieter« ein trockeneres, herberes oder süßeres Aroma: oloroso seco, amontillado und fino bis oloroso dulce oder cream. Grundsätzlich ist Brandy mild, voll und hat oft einen ausgeprägten Hang zur fruchtigen Süße mit Anklängen an Vanille.

Damit paßt der Brandy de Jerez ganz hervorragend zu gehaltvollen Virginia-Tabaken und schokoladigem Burley. Auch erschließen sich insbesondere die Natursüße und das dezente Aroma von Trockenobst der Flakes und Curlies. Selbst die rauchigen Holztöne kräftigerer Tabake harmonieren bestens mit der feurigen Süße des Brandy. An warmen Abenden im Freien verstehen sich sogar leichte Sommertabake mit den floralen und fruchtigen Noten des Andalusiers. Herbe englische Tabake lassen sich nicht so gut mit Brandy kombinieren, da Orient und Latakia sehr dominieren – was aber wiederum auf den Gehalt des Brandy ankommt. Dänische Mischungen sind vielen Rauchern zum milden Brandy zu süßlich, aber die Fangemeinde kräftig saucierter Tabake wird das definitiv anders sehen. Sie bevorzugen vor allem zu den hocharomatischen und kräftig-süßen griechischen und italienischen Brandys gehaltvolle Black Cavendish-Mixtures.

Gehen wir nun vom tiefen Süden in den hohen Norden, zum Whisky. Das Wort Whisky ist übrigens kein geschütztes Markenzeichen. Ob aus Japan, Neuseeland oder aus dem Mekong, viele braune Getreidebrände aus allen möglichen Ländern nennen sich Whisky; aber nur dann, wenn *Scotch-Whisky* draufsteht, ist er auch aus Schottland!

Whisky wird dann *Whiskey* geschrieben, wenn er aus Irland oder den USA stammt. Schottischer und kanadischer Whisky also ohne »e«. Und ohne Mais! Das wäre nämlich amerikanischer *Bourbon*, der zumindest aus 51% Mais gemaischt wird. Ab 80% Maisanteil nennt man das Destillat *Corn*. Wird ein US-Destillat aus mehr als 51% Roggen hergestellt, heißt es *Rye*. Der bei uns so bleliebte *Malt-Whisky* muß zu 100% aus gemälzter Gerste in Schottland hergestellt werden. *Grain Whisky* hingegen kann aus allen möglichen Getreidearten bestehen.

Nur beim schottischen Whisky kommt beim Mälzen (Rösten) das Getreide in offenen Pfannen mit dem Rauch des Brennstoffs (Holz oder Torf) in Kontakt, was sein besonderes Raucharoma hervorbringt. Bei der irischen und amerikanische Whiskeyherstellung bevorzugt man ein geschlossenes System, weshalb diese Produkte im Geschmack sanfter, süßer und runder als ihre rauhen schottischen Vettern sind. In Schottland sind die Lowland- und Speyside-Whiskies die milderen, und man sagt ihnen eine Toffee-Note nach, die aus den Highlands stammenden Scotchs sind die kantigeren und herberen Drinks. Berühmt ist das nicht gerade anfängergeeignete torfig-herbe Aroma der Whiskies von den schottischen Hebriden-Inseln, besonders von *Islay* (sprich: Eila). Hier wird mit dem einzigen verfügbaren Brennstoff, dem inseleigenen Torf geröstet, was das unverkennbare Aroma liefert. Über die verschiedenen Filtersysteme, Brennblasen, die Wahl des Wasser zum Verschneiden auf Trinkstärke etc., kurz: auf alles was noch den feinen Geschmack eines Whisk(e)ys beeinflussen kann, kann hier leider nicht eingegangen werden. Zum Glück gibt es aber jede Menge guter Bücher über diese Getränke.[2]

Die Islay-Whiskies sind die idealen Begleiter zur englischen Mixture. Weil in dieser Kombination der Latakia-Anteil gar nicht hoch genug sein kann, gehören sie zu den Favoriten vieler Fans von britischen Pfeifenfüllungen. Für jene ist genau das die Königsdisziplin des Kombinationsrauchens®. Aber auch irische Mischungen sind zum Islay ein Hochgenuß, obwohl sie (ohne pseudopatriotische Sentimentalität) tatsächlich am besten zum irischen Whiskey passen.

US-Whiskeys sind, ähnlich den kanadischen, meist mild und vergleichsweise lieblich, wenn nicht süß, weshalb ein naturbelassener Pfeifentabak oder ein Virginia-Flake ganz ausgezeichnet durch sie abgerundet wird. Blended Scotch gehört ebenfalls in diese Geschmacksklasse. Man sollte sich nicht vorschnell dem allgemeinen Naserümpfen der Single-Malt-Puristen anschließen: Viele Blends stehen durchaus nicht hinter Single Malts zurück und passen, wie diese, sehr gut zu naturbelassenen bis mittelsüßen Mixtures. Aber auch ein guter Bourbon ist bestens geeignet – schließlich muß Bourbon nicht süß wie Popcorn sein! Natürlich kann man stilecht aus einer Maiskolbenpfeife eine milde amerikanische Mixture zum Bourbon genießen, aber auch Virginia-Flakes oder Curlies mit sehr dezentem Latakia-Anteil sind nicht verkehrt. Bei klassisch-englischen Mixtures greifen manche, wenn schon nicht zum Islay-Whisky, dann zum kantig-herben Rye – wenn man denn kann, denn Rye ist in unseren Breitengraden nur selten zu bekommen.

Das Schmuddelkind in der Familie der Whiskeys ist der *Poitín* (sprich: Potschien). Er ist seit jeher das rauhe Gesöff jener Rebellen, die das gute alte Recht des irischen Volkes auf selbstgebrannten Schnaps unerbittlich verteidigen. Seine Qualität wurde immer schon hymnisch besungen und unzählige Poitín-Anekdoten ziehen sich durch die gesamte irische Literaturgeschichte (von der Kenner behaupten, sie sei nur durch ihn zustande gekommen).[3] Man nennt diesen scharfen, herben und umdrehungsstarken Sprit auch *Moonshine*, da die Illegalität seiner Herstellung Nachtschichten erfordert. Lästerer meinen dagegen, der Name käme eher von seiner Wirkung auf die Augen.

Früher in jedem Hinterhof erhältlich, ist es heute recht schwierig geworden an »*the real thing*« zu kommen. Den Poitín, den man im irischen Laden bekommt, heißt nur so, denn die internationalen Destillateure haben sich den Namen eintragen lassen und verkaufen unter dem Etikett des hammerharten Rachenputzers billigen Schnaps, der fast nichts mit dem Original zu tun hat. Sagen jedenfalls die Iren. Hier teilt der Poitín ein ähnliches Schicksal wie jene zahnlose grüne Fee, die man seit einiger Zeit als Modegetränk unter dem Namen »*Absinth*« kaufen kann. Wer an Originalware (beim Poitín) kommt, wird dazu nur irischen Tabak rauchen wollen. Ehrensache! Außerdem paßt zu dem bissigen Schnaps sowieso nur eine kernige Mixture. Sláinte!

Bleiben wir bei insularen Bränden, machen aber einen großen Sprung in die sonnige Karibik. Wie wäre es mit Kuba, Jamaika, Martinique, Dominikanische Republik, Barbados, den Virgin Islands oder den Küsten Venezuelas, Französisch und Britisch Guyanas? Der überall dort beheimatete *Rum* hat seit dem Zigarren-Boom als klassische Spirituose bei allen Freunden des *fine smoke* eine grandioses Comeback erlebt. Der karibische Brand (und wir wollen hier nicht über Onkel Gerds Industriesplörre für Grog, Rumtopf und Jagertee sprechen) wird aus *reifem* Zuckerrohr gemacht: Entweder nimmt man direkt den frischen Zuckerrohrsaft, am besten und teuersten den der ersten Pressung, oder man kristallisiert zuvor den Zucker und verwendet nur die zurückbleibende Melasse. Die Qualitätsunterschiede sind enorm.

Fruchtige Aromen und eine gewisse alkoholische Schärfe sind dem Rum aus frischem Zuckerrohrsaft eigen. Melasse-Rum ist dagegen geschmacklich runder, seine Aromen sind mit Gewürzen und Lebkuchen vergleichbar. Auch ist er manchmal schwer (um nicht zu sagen wuchtig), aber er bleibt dabei meist gefällig. Guter Rum wird zum Reifen in gebrauchte Eichenfässer gefüllt. Je nach dem, ob der Vormieter Cognac-, Armagnac- oder Portwein hieß und wie lange der Rum darin lagert (3, 6, 10, 12, 15 oder sogar 18 Jahre sind bei Spitzenprodukten keine Seltenheit), erhält der Rum naheliegenderweise ein anderes Aroma. Pfeifenraucher können bei jedem Karibik-Rum zu kräftigen Vertretern der süßen oder naturbelassenen Pfeifentabak-Fraktion greifen. Selbst Latakia stellt für einen kräftigen alten Melasse-Rum kein Problem dar, der so eine ernstzunehmende Konkurrenz selbst für würzigen Cognac und kräftigen Whisk(e)y wird.

Der brasilianische *Cachaça* (sprich: Kaschassa) wird ebenfalls aus Zuckerrohr, allerdings aus dem jungen, noch grünen Zuckerrohr gewonnen. Ansonsten hat der klare Schnaps aber mit gereiftem Rum nicht viel gemeinsam: Seine fruchtige Frische und das Feuer seines Alkoholgehalts machen ihn eher zur Grundlage von starken Mixgetränken (etwa Caipirinha) als zum Solo-Begleiter für die Pfeife. Vielleicht paßt ein leichter Sommertabak am besten zum brasilianischen Feuer. Tatsächlich baut man *Cachaça* heute nur noch selten in Holzfässern aus.

Bleiben wir in Südamerika. Echter *Tequila* ist etwas ganz anderes als das mexikanische Partygetränk mit Hütchen. Massentequilas sind »Mixtos«, Industrieschnaps mit Kaktusaroma und einem mehr oder weniger kleinen Anteil Agavenschnaps. Dieser Klare hat mit gutem Tequila etwa so viel zu tun wie Franzl's Branntwein mit Cognac. Auch die Unsitte, den Indioschnaps eisgekühlt aus kleinen Gläsern mit Zitronenscheibe und Salz zu kippen, gehört in das Biotop des schlechten Geschmacks zu Chips und Veitstanz. Lassen Sie die Partylöwen darüber streiten, ob nun erst die Zitrone und dann das Salz, oder doch erst der Tequila und dann... Fragen Sie unterdessen den Barkeeper, ob er *echten* Tequila hat – cool, was? – und, wenn ja, bitten Sie ihn lässig um einen Schwenker. Dieser Tequila ist ein aromatisches Naturprodukt, das zu

100% aus dem Saft der blauen Agave hergestellt wird und in Holzfässern viele Jahre reift. Es lohnt ihn zu nippen statt zu kippen!

Junger Tequila ist klar, scharf und fruchtig, weshalb man schon einen kräftigen Virginia-Flake dagegenhalten sollte. Gringo-Tabake (amerikanische oder dänische Mischungen) gehen hier schlicht unter. Für diese Liaison der hochkarätigen Art sind besonders würzige irische Mischungen geeignet. Ältere Tequilas sind golden bis braun und reichen durchaus in die Regionen eines guten Cognac oder Whisky. Ihre Aromen hängen von den faßtypischen Geschmacksstoffen ab. Hierzu passen ausdrucksstarke und natursüße Tabake. Die Faßreife (resposado) kann bei Spitzenprodukten bis zu dreißig Jahre (!) dauern und entsprechend hoch ist der Genuß solcher Oldies. Da sich die fruchtigen Aromen des Tequila beim Reifen weitgehend in süßlich-würzige Aromen verwandeln, passen auch englische Mixtures ganz hervorragend zum reifen Tequila.

Ein weiterer Exot ist *Arrak* – aber nicht der, den Oma zum Kuchenbacken vorrätig hielt. Das war billiger Rum-Ersatz aus Reis. Überhaupt galt Arrak als »Seemannstrost« und Arme-Leute-Schnaps. Guter Arrak wird wie Rum aus Melasse oder (bei besonders exquisitem) aus dem Saft der Blütenkolben der Kokospalme (Palmwein) hergestellt. Heute gibt es Arrak wieder als qualitativ hochwertiges Produkt aus Java, Goa, Thailand und Sri Lanka. Solo wird er dort selten getrunken, und wie beim brasilianischen Cachaça passen am besten leichte bis mittelschwere Sommertabake mit exotischem Flavour zu ihm. Exzellenter alter Arrak ist wiederum faßgereift, kann ohne weiteres in die Liga eines guten Rums aufsteigen und mit kräftigen und süßen Tabaken mithalten. Hier gibt es noch einiges zu entdecken!

Klare Sachen

Es gibt Raucher, die lehnen klare Brände grundsätzlich zum Pfeifentabak ab. »Zu sprittig, wenig Körper, beißender Abgang oder zu fruchtiger Nachhall und deshalb keine Vermählung mit dem Tabakgeschmack« lautet das vernichtende Urteil! Doch das trifft wohl nur auf das »Rentnergedeck« der Bahnhofspinte zu. Delikate Destillate aus Obst, Klare aus bestem Schrot und Korn und meisterliche Tresterbrände können durchaus kräftige, aber auch differenzierte Aromen, feinen Geschmack und eine gute bis sehr gute »Kombinationsgabe« mit Pfeifentabak haben. Erfahrene Piperos schließen nicht einmal Schnäpse mit Kräuterzusätzen aus, vorausgesetzt, sie sind dezent dosiert. Man denke an guten Aquavit, echten Enzian, feinen Raki oder

Ouzo. Gerade bei letzterem lohnt wirklich mal ein Versuch in der oberen Preisliga. Verblüfft wird mancher feststellen, daß ein Ouzo tatsächlich nicht wie Zahncreme schmecken muß – und ihn zum *Ouzo Sans Rival* erklären.

Beginnen wir bei den Klaren mit dem Obst. Der Unterschied zwischen *Obstbrand* und *Obstgeist* liegt in der nachträglichen Zugabe von Weingeist. Beim Brand wird der Alkohol direkt aus den vergorenen Früchten gewonnen, was bei Birne, Apfel (Calvados!) Pflaume, Kirsche, Marille, Feige (Boukha) etc. problemlos möglich ist. So kommen auch die ätherischen Öle der Früchte zur vollen Entfaltung. Himbeeren dagegen haben zwar kräftige Aromen, aber wenig Zucker (und folglich entsteht wenig Alkohol). Hier muß man später Weingeist zufügen, um eine ordentliche Menge zu erzielen. Dies hat Auswirkungen auf die optimale Trinktemperatur und den zu wählenden Pfeifentabak: Zu warmer Himbeergeist schmeckt nach Sprit, da der flüchtige Alkohol das zarte Fruchtaroma erschlägt, zu kalter Williamsbrand büßt das Fruchtaroma ein, da die Kälte das Aufsteigen der ätherischen Öle verhindert. Er schmeckt nur noch dünn. Beim Geist ist eine Temperatur von 10° bis 13° C optimal, beim Brand 13° bis 16° C, wobei viele Connaisseure Zimmertemperatur vorziehen. Obstbrände schmecken besonders gut zu fruchtigen bis leicht saucierten Tabaken, »Obstgeister« harmonieren bestens mit sommerlich leichten Top-Flavour-Mixtures!

Zwetschen-Schnäpse wie kräftiger Mosel-Quetsch oder alter Sljivovica (Sliwowitz) haben einen so prächtigen Nachhall, daß sie sogar mit kernigen naturbelassenen Tabaken und Orient-Mixtures mithalten können. Den Calvados als unverwüstlichen Begleiter zu Café und Pfeife kennen wir ja schon zu genüge von den Frühstücksgewohnheiten eines gewissen Kommissar Maigret. Alter normannischer Apfelschnaps aus Eichenfässern paßt selbstverständlich auch zur würzigen Abendpfeife.

Tresterbrände, und wir wollen hier *Grappa* dazu zählen, waren früher der Schnaps der Winzer. *Schnaps* ist genau genommen klarer Branntwein, und es gibt ihn auch in deutschen Landen mittlerweile von exquisiter Qualität. Aus den Überbleibseln ihrer Weinproduktion, den ausgepreßten Trauben, aber auch aus der übrig gebliebenen Weinhefe, machen Winzer seit je her Hochprozentiges. Manche Feintrinker argwöhnen deshalb, selbst teurer Grappa sei letztlich nur destillierter Abfall in Designerfläschchen – was manchmal tatsächlich stimmen mag, aber keinesfalls pauschal gilt. En vogue sind derzeit auch Bierbrände, die nach einem ähnlichen Verfahren erzeugt werden.

Werden Tresterbrände, Weinhefen etc. aus guten Grundstoffen sachkundig hergestellt, sind sie hoch aromatisch, neigen zur Süße und Edelfäule.

So passen sie hervorragend zu mittelschweren bis schweren Tabaken der süßen Sorte. Kräftige Black Cavendisch Mixtures ergänzen sich wunderbar mit Barrique-gereiftem Muskateller-Trester, Riesling-Weinhefe, Chardonnay- oder Prosecco-Grappa. Aber auch herb-hefige Trester haben ihren Reiz – zum Beispiel mit einer irischen Mixture.

Wodka, zu deutsch »Wässerchen«, wird, wenn man Glück hat, aus Kartoffeln oder (und) Getreide gebrannt und ist das *Eau de vie* der Russen, Polen, Ukrainer... Seine Qualitätsabstufungen reichen von höllisch bis himmlisch, und man sollte selbstgebrannten Wodka von unbekannten Brennern meiden, allein schon um der Erhaltung der Sehkraft willen. Über die Trink- und Rauchgewohnheiten der Ost-Europäer ist schon viel geschrieben worden, ich verweise auf das Trinker-Poem *Die Reise nach Petuschki*, dem *Trainspotting* der Russen...[4]

Sehr reiner Wodka ist so mild, daß er mit seinen meist 55% Alkohol weich wie Wasser ist. Man denke nur an die hervorragenden finnischen Wodkas oder den legendären Krim-Wodka, der aus bestem Getreide und sehr weichem Wasser hergestellt wird. Hierzu paßt kaum der obligatorische Machorka, eher schon die naturbelassenen Tabake der ehemaligen Klassenfeinde: Ein amerikanskie Virginia-Flake, vielleicht mit einer Spur Perique, oder eine dezente Mixture mit Hickory wird durch das milde Kornaroma herrlich unterstützt. Aber auch Burley kommt bei mildem Wodka zur vollen Entfaltung.

Neben den reinen Wodka-Sorten finden sich auch aromatisierte. Besonders apart ist Wodka mit Büffelgras-Aroma, der sich harmonisch mit leichtem Latakia entwickelt. Übrigens können auch unsere deutschen Getreide-Brände, kurz *Korn*, mit vielen Wodkas mithalten! Einige kleinere Brennereien in Westfalen bieten exquisite Destillate an, wie beispielsweise Buchweizenbrände. Auch wird heute so mancher edle Korn im Faß ausgebaut. Da braucht man sich nicht hinter Grappa oder Whisky zu verstecken und werden deshalb auch gern schon mal Westfalen-Grappa oder Westfalen-Whisky genannt. Hierzu passen kräftige naturbelassene Tabake, Virginia-Flakes oder leicht Latakia-haltige Mixtures.

Kommen wir zum legendären holländischen Wacholderschnaps, dem *Genever*. Er wird aus Malzwein und Wacholder hergestellt, gern jung getrunken (Jonge Jenever), wenn er noch sein frisch-fruchtiges Aroma hat. Zum leichten Sommertabak oder mittelschweren Black Cavendish ein Genuß. Alter, gereifter Genever (Oude Jenever) ist würzig-herb, und man muß in den niederländischen Getränke-Läden schon ausdrücklich nach ihm fragen, da er dort ganz zu Unrecht als Altherren-Getränk gilt. Zum alten, aromatischen

Genever passen sehr gut kräftige irische und englische Mixtures – oder eben die klassischen holländischen Mixtures mit ihrem hohen Java-Anteil. Über den *Bessen Jenever* wollen wir lieber nicht reden! Sollten Sie in die Verlegenheit kommen, »Frusip-Alk« zu trinken, paßt eine deftige Puddingpfeife vielleicht noch am besten dazu.

Die Engländer haben aus Genever kurzerhand ein Getränk aus Wasser, reinem Alkohol und Aromastoffen, unter anderem Wacholder, gemacht. Diese Verkürzung führte auch zu einem knappen Namen: *Gin*. Je nach Aromazusatz können die einzelnen Sorten recht unterschiedlich sein. Wirklich guter Gin kommt übrigens auch aus Indien. Ansonsten gilt alles, was die Tabakauswahl betrifft, wie beim jungen Genever. Bei *Dry Gin* kann man schon zu recht herben Tabaken greifen. Je fruchtiger der Gin, desto süßer der Tabak. Zu *Gin-Tonic* scheint nun gar kein Pfeifentabak zu passen: Zu bitter, zu süß, zu viel Sprudel. Man kann mit dieser Chininlimo zwar hervorragend die Malaria bekämpfen, sollte es dann aber auch wie die britischen Kolonialherren mit ihrem Sun downer halten: Wenn man Pfeife raucht, greift man selbstverständlich zum Whisky oder Brandy. Das ist nicht nur *traditional*, sondern sowohl *trendy* als auch *tasty*!

Es gehört zu den schönen Errungenschaften der letzten Jahre, daß einige Tabakfachhändler neben einem begehbaren Humudor auch eine Smokers Lounge eingerichtet haben, in der sie in einem gediegenen Ambiente eine Vielzahl edler Tropfen anbieten. Hier kann man dann bei gutem Tabak und einem feinen Brand herrlich entspannen. Solche Orte sind wahre Oasen des Genusses und der Ruhe! Wir wollen nur hoffen, daß man diesen kleinen Spaß nicht auch noch verbietet!

Mixgetränke

Ganz anders geht es in Cocktail-Bars, flauschigen Clubs und abgefahrenen Trash-Bars zu. Sie sind als urbanes dolce vita angesagt, in denen bei Latin-Beats überwiegend Jura- und BWL-Drittsemester relaxen und chillen. *Lounge-Style* heißt diese Yuppi-Lebensform des 21. Jahrhunderts, bei der *Cocktails* zu den Grundnahrungsmitteln gehören und von studentischen Aushilfskellnern unter viel akrobatischem Getue verquirlt werden. Geraucht wird vor der Tür, weshalb man sich besonders auf den Sommer und die Outdoor-Lounge freut (Biergarten war gestern!).

Leider nennt man bei uns alles Cocktail, was bei schummriger Beleuchtung aus mindestens drei Zutaten zusammengeschüttet und in ein leidlich originelles Glas gefüllt wird. Echte Cocktails sind zwar tatsächlich auch stark, aber die bloße Mischung von Alkohol mit Dosenobst macht vielleicht einen »pangalaktischen Donnergurgler«, nicht aber ein ordentliches Mixgetränk aus. Angesichts des in deutschen Bars weit verbreiteten Cocktail-Dilettantismus sollte man es im Zweifelsfalle mit Humphrey Bogart halten: Keine Drinks mit Obst oder Schirmchen! Schon mancher Durstige knirschte angesichts eines allzu üppig dekorierten Cocktails »Wenn ich Hunger gehabt hätte, hätte ich was zu essen bestellt...« Doch gut gemachte Cocktails sind eine sagenhafte Sache!

Cocktails gehören zu den rüden *Short-Drinks,* die nach dem Reglement der internationalen *Bartender Association* nicht mehr als 7 cl und nicht mehr als 5 Zutaten ins Glas bringen. Eis geht extra. Klassiker sind *Martini, Whiskey Sour, White Russian* oder *Tequilla Sunrise.* Aber auch ein *Campari Soda* oder ein knackiger *Gin Fizz* sind nicht zu verachten. Sie alle passen zu mittelkräftigen bis kräftigen Pfeifentabaken, allerdings sollte man auf Latakia verzichten.

Vieles, was man sonst unter dem Label »Cocktail« in der Lieblings-Lounge schlürft, gehört eigentlich zur Familie der *Long-Drinks*: Zuviel Flüssigkeit, zu wenig Alkohol und das falsche Glas, um Cocktail zu sein. Man denke etwa an den *Long Island Ice Tea* und alles, was das Wort *Cooler* im Namen führt. Zu einer Limo-Schuß wird man kaum rauchen wollen und wenn, dann tut es hier eine nicht zu fruchtige dänische Mischung am besten.

Long-Drinks haben in den letzten Jahren ziemlichen Zulauf aus Furcht um Fitneß, Figur und Führerschein. Auf der selben Welle reiten auch die *Champagner-* und *Prosecco-Drinks*, wie alle *Aperols*, *Hugos* und *Kir Royals.* Für sie gilt was oben über kohlensäurehaltige Getränken zu Pfeifentabaken gesagt wurde. Über *Sangria* schweigen wir lieber, gehört sie doch zu den Bowlen, auch wenn man sie »auf Ballermann« in Cocktailstärke auf Eimer zieht.

Grundsätzlich kann man Cocktails in *dry*, *medium dry* und *sweet* einteilen – was wichtig zu wissen ist, um den jeweils passenden Tabak wählen zu können. Dry und medium sind *Before-Dinner-Cocktails.* Diese hammerharten Dinger vor dem Essen zu reichen, ist eigentlich ein ausgemachter Schabernack, da es für Untrainierte schwierig ist, bei dieser massiven Alkohol-Attacke auf nüchternen Magen wenigstens einigermaßen nüchtern zu bleiben. Andererseits können ein oder zwei Cocktails ganz entspannend sein... »Glück ist, wenn man hungrig in seinen Manhatten schaut und zwei Oliven findet«, definiert der erfahrene Dandy.

Da Before-Dinner-Cocktails (manche sagen auch *Starters*), wie man es von einem Aperitif erwartet, recht kräftige, manchmal auch bittere Aromen präsentieren, sind als Tabak zum Getränk naturbelassene Flakes oder dezente englische Mixtures ohne Latakia zu empfehlen – falls man überhaupt auf nüchternen Magen rauchen möchte. Als magenfreundlich gelten irische Mixtures, da sie eine unaufdringliche Grundsüße mitbringen, die gut zu Cocktails bis zur Stufe *medium dry* passen. Also erstmal fragen, was es an der Bar gibt, bevor man seine Pfeife stopft. Nachher hat man einen englischen Balkenbieger im Rohr und bekommen die Zuckerkrankheit *Honolulu Madness*[5] gereicht.

Damit wären wir bei den *Sweet Cocktails*, die in manchen Kreisen zum zweiten Frühstück gezählt werden. Ich möchte nicht so weit gehen und die Sweets eher unter die *After-Dinner-Cocktails* rechnen, da sie den Nachtisch locker ersetzen – auch was die Kalorien anbelangt. Ihre exotischen Namen fangen oft mit *Batida* an, haben meist was mit *Punch*, *Colada* oder *Coco* zu tun oder sind so dezent wie *Screaming Orgasm*, *Sex-on-the-Beach*, *Swimming Pool* oder *Zombie* (mit weichem »S« gesprochen).

»Eigentlich« raucht man ja nicht beim Essen, aber wer unbedingt zum Sweet Cocktail eine Pfeife schmauchen möchte, kann hier eigentlich nur zum schwer saucierte Kaliber greifen, da alles andere einfach unterlegen wäre. Am besten sind dänische Cavendish-Flakes, die ihr mächtiges Aroma nachdrücklich geltend machen und lange halten. Kernig-ledrige Engländer harmonieren nicht so gut mit den flüssigen Naschereien.

In die *low-alcohol Fraktion* gehören die *Frozen-Margaritas* und ihre fruchtigen *Daiquiri*-Schwestern, die etwas weniger mächtig sind als die anderen Sweets, die oft mit Sahne angereichert sind. Bei den Frozen wird die Cocktailbasis in ein Obst-Eis-Mus eingerührt und sollte nie mehr als 20 Umdrehungen (Prozent Alkohol) haben. Man kann einen duftigen Sommertabak zu ihnen probieren.

In die gleiche Geschmacksrichtung tendieren die erheblich stärkeren *Karibik-Drinks*, bei denen es sich um klassische *Sundowners* handelt, Drinks, die man der alten Tropenregel zufolge besser erst nach Sonnenuntergang nimmt – sonst gehen einem die Lichter vorzeitig aus! Sie sind seit *Buena Vista Social Club* die schwer angesagten Bar-Renner, hatten aber auch schon zu Hemingways Zeiten Hochkonjunktur: *Mojito, Daiquiri, Mai Tai, Margarita,* und so weiter. Hierzu raucht man am besten vollmundig-kräftige Virginia-Flakes oder naturbelasse Curlies, wenn man nicht beim *Cuba Libre* aus ideologischen Gründen zum Castro-Schnuller greift.

Geschmacklich paßt die Pfeife also in nahezu jeder Hinsicht zum Cocktail. Bleibt die Frage, ob die Pfeife auch mit dem Lounge-Style scenekompatibel ist. Paßt die Pfeife zu Zungen-Piercing und Fun-Tattoo? Wenn Sie zur »unkonventionellen und genußfreudigen Zielgruppe ausgesuchter Szene-Bars« gehören, dann können sie getrost auf jene »Mehrheitsfähigkeit setzen, die sich im bewußten Genuß industrieller Convenience-Produkte niederschlägt«.[6] Mit anderen Worten: Es wird deutlich einfacher sein, als Zehnjähriger mit Zahnspange am Türsteher vorbei zu kommen, als in der angesagten Cocktail-Bar rauchen zu dürfen. Aber in manchen Clubs darf man es tatsächlich noch! Doch da findet man eine ganz andere Zielgruppe. Denn hier regiert die Zigarre.

Pfeife und Heißes

Die Rede ist hier nicht von Gulaschsuppe oder heißer Zitrone! Auch Pfefferminze und Kamille sind nicht gemeint. Eine der wundervollsten Ergänzungen zu beinahe allen Pfeifenmischungen ist und bleibt die traditionelle heiße *Schokolade*. Also echter Kakao. Noch richtig gekocht aus Milch und Sahne, mit Zucker und einer Prise Cayenne-Pfeffer – und nicht der Instant-Plantagentrunk, bei dem der Kakaoanteil in Promille angegeben werden müßte. Heiß, dick und stark lautet die Parole! Und auch die Herkunft des Kakaos ist zu beachten, gibt es doch große unterschiede im Geschmack. Afrika liefert etwa zwei Drittel der gesamten Weltproduktion: Ghana, die Elfenbeinküste, Nigeria und Kamerun sind die führenden afrikanischen Kakaoproduzenten. Der größte übrige Anteil stammt aus Südamerika, hauptsächlich aus Brasilien und Ecuador. Favorit unter Rauchern ist übrigens Kakao von der Insel Tobago.

Die Palette der Pfeifentabake kommt je nach Süße oder Bitteranteil des Kakaos zum Einsatz: Schwere dänische Mixtures bei süßer Schokolade; zartbittere oder bittere Schokolade fordert eher herben Tabak, nur Latakia will nicht so recht passen. Der kommt aber wieder beim Tee zum Einsatz. Nicht das gebeutelte Zeug – kein »Dust«, Teestaub –, sondern echte Blätter: Ein kräftiger *Earl Grey*, der herbe *Gunpowder* (der seinem Namen alle Ehre macht) oder ein rauchiger *Lapsang Souchong* aus China halten sogar einer kernigen englischen Mixture stand. *English Breakfast* muß man nicht nur zur *Early-Morning-Pipe* schlürfen, auch die latakiastarke *Nightcap* paßt ausgezeichnet zu dieser kräftig-würzigen Tee-Mischung. Es muß also nicht immer nur die *Ostfriesenmischung* sein – die aber hier auch sehr gut paßt, genau wie der malzige Assam.

Tee und Tabak sind sich in mancher Hinsicht ähnlich: Bei beiden stammen die Zutaten aus fast allen Erdteilen, beide werden sorgfältig aufbereitet und fermentiert, beide werden durch fein differenzierte Qualitätsraster erfaßt und beide sind stets Mischungen. Schließlich haftet beiden etwas Kultisch-esoterisches an. Manche sprechen sogar von *Teeologie*.[7]

Die Fülle der Sorten und Marken ist beim Tee nahezu unüberschaubar.

Und dabei reden wir hier nicht nur von schwarzem oder grünem Tee. Auch die Früchte- und (nun ja doch) Kräutertees sind zu berücksichtigen. Ob heiß oder eiskalt, süß oder herb, fruchtig oder würzig, mit oder ohne Schuß, aromatisiert oder naturell: Die meisten Tees sind ideale Begleiter zum Pfeifentabaken. Ausgenommen vielleicht Darjeeling und andere feinaromatische Tees. Aber kräftiger Assam- oder Ceylon-Tee (mit oder ohne Sahne) ist für viele das Beste, was man zur Nachmittagspfeife genießen kann...

Ähnliches gilt für den Kaffee,[8] der mehr drauf hat, als nur »deutscher« Filterkaffee zu sein: Mocca, Cappuchino, Espresso, Café Kaneel, Café Muscade, Café Vanille, Pharisäer, Carajillo, Irish Coffee, Jamaican Coffee – die Liste der verschiedenen Kaffeesorten aus unterschiedlichen Herkunftsländern, ihrer Verarbeitung und Zubereitung ist nahezu eben so lang wie beim Tee. Auch hier gibt's kaum etwas, was nicht geht: Herb-süßer Espresso zu kräftig-würzigen Tabaken, feine Milchkaffees und Cappuccinos zu naturbelassenen oder dezent saucierten Tabaken und süße Melange zu Black Cavendish. Da können wir Deutschen von Österreichern und Italienern noch einiges lernen – auch was die Kombination aus Kaffee mit diversen Alkoholika anbelangt. Fügen wir nun noch die Pfeife dazu, sind die Möglichkeiten im *Kombinationsrauchen*® kaum abzusehen!

Anmerkungen

1 Ansätze hierzu finden sich bei R. C. Hacker, Das Handbuch des Pfeifenrauchers, a.a.O., S. 217ff.und Karl Heinz Nuber, Der Gentleman kredenzt und schmaucht, in: Smokers Club 1/2001, S. 36f. Außerdem haben sich schon verschiedene Autoren des Simultangenusses von Zigarren und Alkoholika angenommen. Es wurde also Zeit, für die Pfeife die Claims abzustecken.

2 Hier nur der Klassiker von Walter Schobert: Das Whisky Lexikon, ein Standardwerk, das in vielen Ausgaben und Auflagen auf dem Markt ist.

3 Vgl. Sean McGuffin, Zum Lobe des Poitín, Geschichten aus der irischen Schnapsbrennerei, Hamburg 1995.

4 Vgl. Wenedikt Jerofejew, Die Reise nach Petuschki, Ein Poem, (1969) München, Zürich 1996; Irvine Welsh, Trainspotting, Köln 1993.

5 Was denn? Den kennen Sie nicht? Also: 2 cl Wodka, 2 cl Rum, 2 cl Gin, 2 cl Cointreau, 2 cl Bold Red Orange, 1 cl Amaretto und je 5 cl Orangen-, Ananans- und Preiselbeerensaft sowie 2 cl Zitronensaft shaken. Nicht gerade ein echter Cocktail, aber auch kein wirklicher Longdrink. Was die Wirkung anbelangt dürfte sich jede Erläuterung erübrigen.

6 Bibiana Behrendt, Wenn der Trend zum Alptraum wird: Champagner mit Strohhalm, in: Pipe & Cigar 2/2001, S. 57.

7 Vgl. Stephan Reimertz, Vom Genuß des Tees, Eine heitere Reise durch alte Landschaften, ehrwürdige Traditionen und moderne Verhältnisse, inklusive einer kleinen Teeschule, Leipzig 1998.

8 Aus der Vielzahl hervorragender Bücher zum Thema »Kaffee« sei hier auf das originelle Buch von Ingrid und Jost Niemeier, Espresso von A bis Z, Königswinter 2002, hingewiesen.

Sammeln Sie etwa Pfeifen?

Am Anfang war die Pfeife. *Die* erste Pfeife. *Unsere* erste Pfeife – und alles war gut. Pfeifen riechen so angenehm. Selbst wer vom Pfeifenrauchen keinen blassen Schimmer hat, kann leicht nachvollziehen, daß ein Pfeifenraucher schon mehr als nur ein oder zwei Pfeifen braucht. Pfeifen müssen nach dem Rauchen ruhen, damit sie auch weiterhin so gut riechen. Klarer Fall, daß ein echter Herr der Pfeifen mehrere hat. Sieben Pfeifen gelten für den Anfang als gute Zahl. Für jeden Wochentag eine. Pfeife raucht man schließlich auch am Sonntag, denn: »Am siebten Tage...« und so weiter. Sieben ist eine heilige, eine mystische Zahl. Alle Welt war einverstanden und es herrschte Friede auf Erden und Freude in der Familie. Pfeifen riechen nämlich nicht nur gut, sie schenken sich auch so schön. Schon wurden es einige mehr als sieben, und bald hatte uns Pfeifenfüchse ein heimlicher Virus befallen: Wir wollen seither immer mehr Pfeifen. Haben. Mehr. MEHR!

Na gut, das mit dem Virus ist natürlich völliger Blödsinn, aber es wurden im Laufe der Jahre tatsächlich *einige* Pfeifen mehr. Manche im Freundes- und Familienkreis sprachen bereits von »so viele Pfeifen«. Ein »so« mit skeptisch hochgezogenen Augenbrauen und drei ironischen Ooos. Auch stieg mit unserem Wissen die Qualität der gekauften Pfeifen kontinuierlich – und mit der Qualität der Preis. Das machte die Sache nicht einfacher. Angesichts des Geldes, daß nun für eine Pfeife auf den Tisch geblättert wird, halten uns nun auch die letzten Loyalen für vollkommen übergeschnappt.

Mit der Zahl der gehorteten Pfeifenschätze wächst also nicht nur der Stolz des Besitzers, sondern auch ein gewisser Begründungsnotstand. »Warum noch eine Pfeife?« (mit der Betonung auf *noch)* ist seither die unbequeme Frage, die es immer öfter zu beantworten gilt. Das hämische Wort vom Pfeifenraucher als »Jäger und Sammler« machte zunächst hinter vorgehaltener Hand und schließlich immer unverhohlener die Runde. Doch halt! Was soll das überhaupt heißen: »Jäger und Sammler?« Ficht uns dies überhaupt an? – Vor unserem geistigen Auge krümmt sich unser Rücken, die Arme werden länger und überall sprießen Haare. Wir ziehen den Lendenschurz lässig höher über den Bauch und greifen zur Pfeife. Liebe Mit-Cro-Magnons, wo wären wir denn ohne den Urtrieb zum Sammeln? Ja wo wären wir denn? Natürlich immer noch auf den Bäumen!

Sammeln als Menschwerdung

Es war gerade das Jagen und Sammeln, das uns als Spezies so erfolgreich gemacht hat. Es half uns nicht nur zu überleben, es führte dazu, daß wir wurden, was wir sind: ziemlich nervige, aber recht erfolgreiche kleine Zweibeiner ohne Fell und Krallen, dafür mit schlechten Zähnen. Das Jagen und Sammeln ist unser Erfolgskonzept, auch wenn wir seit vergleichsweise kurzer Zeit seßhaft geworden sind. Was bedeuten schon die letzten 7.000 Jahre im Vergleich zur gesamten Menschheitsgeschichte?

Mal ehrlich, bis heute sammelt doch jeder irgendwas: Da gibt es vollgestapelte Weinkeller, knackvolle Bücherregale, Gebirge aus Pullovern, dicke Sparbücher und natürlich überquellende Schuhschränke. Wer insbesondere letztere anspricht, merkt schnell, wie dünn der Lack der Zivilisation ist. Wir alle haben unseren keulenschwingenden Vorfahren einige »Ticks« und Tricks zu verdanken. So gesehen sind endlose Pfeifenregale das Natürlichste der Welt!

Doch die Analogie zur Urzeit hat natürlich auch ihre Grenzen. Jäger und Sammler sind genau genommen *Wildbeuter*. Bekanntlich wachsen Pfeifen aber nicht auf Bäumen, sondern höchstens ihr Rohstoff als Wurzelknollen und jagen muß man sie auch nur im übertragenen Sinne. Schlichtes Kaufen reicht meistens, auch wenn die Pfeifenbranche mit limited Editions und Jahrespfeifen an unseren Jagdinstinkt appelliert. Mal ehrlich, was unterscheidet schon eine Sommer- von einer Herbstpfeife? Haben Weihnachtspfeifen etwa Zipfelmützen oder Osterpfeifen Hasenöhrchen? Es besteht also kein Grund »auf die Pirsch« zu gehen. Es sei denn, man ist tatsächlich *Sammler*...

Nun weiß man aber nur zu gut, was mit dem gehässigen Vorwurf der urtümlichen Sammelleidenschaft bei Pfeifenfans eigentlich gemeint ist: Es geht ums Anhäufen, Horten, Bunkern und Hamstern als solches. Angesichts der Zahl unserer Pfeifen kommt sogar ein Primatenmännchen wie wir ins konsumkritische Grübeln. Bleiben wir noch eine Weile in unserer Höhle hocken, rauchen am Lagerfeuer unser Pfeifchen und stellen uns die Frage, was »Sammeln« denn nun genau ist und was wir superschlauen Pfeifenraucher eigentlich damit zu tun haben.

Sammeln, psychologisch

Da ist zunächst die Psyche (oder genauer Psychopathologie) des Sammlers. Das ist schnell geklärt, ohne allzu sehr psychologisieren zu müssen: Aristoteles beschreibt uns Menschen schlicht und treffend als Wesen »die den

Hals nicht vollbekommen«.[1] Wir möchten am liebsten immer ALLES haben – und zwar sofort. Man könnte auch vornehm sagen, wir streben stets nach Vollständigkeit. Um ganz sicher zu gehen, daß man auch wirklich nichts ausgelassen hat, ist eine komplette Übersicht notwendig. Über das, was es gibt, und über das, was man schon hat. Ordnung muß sein! Das gilt selbstverständlich auch im Pfeifenschrank.

Das Sammeln ist eine urtümliche Triebkraft aller ökonomischen Systeme und uns Menschen so eigen, wie der opponierbare Daumen. Enthaltsamkeit vom Sammeln geht nur freiwillig durch asketische Zurückhaltung, etwa aus *Einsicht* oder (wie meistens üblich) unfreiwillig durch *Verbot* oder *Schicksal*, also begrenzte Ressourcen (in unserem Falle Angebot, Geld, Platz und die Androhung ernster Konsequenzen). Bei leidenschaftlichen Sammlern sind diese »Sperren« manchmal verschoben oder schlimmstenfalls komplett ausgefallen.

Wird das Sammlerstück zum Kultgegenstand, zum Fetisch, dann kann das Sammeln zur Obsession geraten. Das Sammlerstück bestimmt nunmehr den Sammler und nicht umgekehrt. Man könnte auch sagen, daß bei diesem Verhältnis das Steckenpferd dem Reiter die Sporen gibt. Allerdings trifft man bei Pfeifenrauchern nur selten diese extreme Form dessen, was man *morbus collector* nennen könnte. Im Allgemeinen wird höchstens die Stufe der Manie erreicht und selbst die läßt sich mit Balzac noch idealisieren: »Manie ist eine in den Zustand der Idee erhobene Lust.« Irgendwie wird man das Gefühl nicht los, daß diejenigen, die uns als Jäger und Sammler bezeichnen, irgend so etwas im Hinterkopf haben.

Dabei ist Pfeifensammeln ein altes und anerkanntes Hobby. Soweit wir wissen, wurden Pfeifen bereits gesammelt, als es noch nicht einmal Briefmarken gab.[2] Das alltägliche Sammeln von Pfeifen unterscheidet sich von vielen Kollektionen allerdings dadurch, daß man die Exponate auch noch benutzen, sprich rauchen kann. Es sei denn, man verlegt sich auf historische Rauchgeräte, also auf Pfeifen als Antiquitäten oder historische Artefakte. Hier bestimmen Alter, Erhaltungszustand, Ausstattung, Material und Seltenheit den Wert. Außerdem kann es beim musealen Pfeifensammeln auch von Interesse sein, wem die historische Pfeife einst gehörte. War der verblichene Raucher eine Berühmtheit, so halten wir einen sehr persönlichen Gegenstand, vielleicht sogar eine Art »Reliquie« in Händen. Niemand käme allen Ernstes auf die pietätlose Idee, Albert Einsteins treue Pfeife rauchen zu wollen. Allerdings werden nur die wenigsten von uns in diesem Sinne Pfeifen sammeln. Wir kaufen sie nur einfach. Nur so, zum Spaß. So sammeln sie sich eben irgendwie. Beim dem Thema »irgendwie« meldet sich der Philosoph.

Sammeln muß nicht unbedingt eine aktive, von einem Sammler praktizierte Tätigkeit sein, es kann auch als natürlicher Prozeß vonstatten gehen. Etwa wenn sich der Staub auf dem Pfeifenschrank sammelt. Das tut er ja gern und reichlich – und zu unserer Überraschung gänzlich unaufgefordert von selbst. Allerdings sammeln sich die Pfeifen in unserer Pfeifenschrank nicht von selbst an, auch wenn wir manchmal überhaupt nicht erklären können, wo die alle herkommen ... Gegenstände wie Pfeifen sammeln sich, sie sammeln sich vielleicht an, aber sie *versammeln* sich nicht etwa. Andererseits, was wissen wir schon, was die Dinge machen, wenn wir gerade mal nicht hinschauen... Worüber sich wohl Pfeifen im Schrank unterhalten? Und überhaupt: Wer sammelt hier eigentlich wen? Vielleicht suchen sich Pfeifen den Raucher aus und kommen so direkt und unerklärlich zu ihm. Eines morgens sind sie »Zack!« einfach da. Das würde sicher manches erklären, bloß glaubt uns das kein Mensch.

Wenn wir schon so kurz vor der Zwangsjacke stehen, wird es Zeit, daß wir einen Augenblick innehalten, um uns zu sammeln. Am besten indem wir die Pfeife neu anzünden. Wir gehen in uns, um Ordnung in die Gedanken zu bringen: Ins Chaos der bloßen Ansammlung kommt die Ordnung eines Systems, die Formulierung von Hypothesen, Thesen und Theorien. So überzeugt man sich und andere. Das Meiste unseres Wissens beruht nämlich auf mehr oder weniger planmäßigem Sammeln und der nachvollziehbar geordneten Präsentation des gesammelten. Ordnung ist das halbe Leben, die andere Hälfte sind wir mit Sammeln beschäftigt. Die sich entwickelnde Ordnung hat dabei Einfluß auf die Art des Sammelns. Erst kauft man sich Pfeifen die irgendwie hübsch und preiswert sind, dann fehlt noch diese oder jene Form, später sucht man bestimmten Farben, Maserungen und Oberflächenstrukturen, schließlich blickt man wehmutsvoll auf besondere Marken und Macher. Dies alles zusammen verleiht dem Sammler einen etwas pedantischen und vielleicht auch noch einen klein wenig manischen Zug. Wer das als Außenstehender nachvollziehen kann, hält den Pfeifenraucher und Sammler nun nicht mehr für einen irren Schwachkopf, höchstens noch für einen komischen Kauz. Na toll.

Was man an einem geordneten Pfeifenschrank leicht übersieht, ist, daß er ein Symbol für den Kosmos ist. Ganz ehrlich: Der sammelnde Mensch gibt den Dingen eine Ordnung und damit einen Ort im Universum, damit er die Welt verstehen kann. Die Ordnung schafft Orientierung, die Verortung weist dabei auch dem Betrachter seinen Ort zu. So versteht der Sammler sich selbst besser, indem er die Welt als ein geordnetes Ganzes, also als einen

Kosmos begreift, wo alles seinen Platz hat und Pfeifen nicht miteinander tuscheln. Basta!

Aber Sammeln bedeutet noch mehr: In dem Maße, wie der Glaube an eine göttliche oder natürliche Ordnung der Welt schwindet, wächst das Interesse an der von Menschen gemachten Ordnung des Sammelns. Ordnung ist so säuberlich, sie ist so schön, so klar und überschaubar. So wird Sinn gestiftet und souverän mit einer Welt umgegangen, die man ästhetisch erschließt. Sammeln bewahrt nicht nur das, was sonst verloren ginge, es bewahrt auch den Sammler davor, selbst verloren zu gehen. Sammlungen zielen auf Ewigkeit und alle Stifter hoffen, etwas von der Unsterblichkeit der Sammlung abzubekommen. Wer sammelt, bleibt. Wenigstens dem Namen nach. Museen haben nicht umsonst oft Namen ihrer Stifter.

Natürlich wünscht sich auch der Künstler in der Sammlung zu verewigen. Rainer Barbi, der große Haute Couturier der Pfeifenmacher, gab unumwunden zu: »Wenn sich der Käufer mit meinem Produkt identifiziert, dann habe ich mein Ziel erreicht. Dann lebe ich nach meinem Tod in diesem Produkt weiter. Ich gebe zu: Pfeifenmachen ist für mich die Suche nach Unsterblichkeit.«[3] Diese Ansicht teilte der Pfeifenkünstler mit niemand geringerem als Leonardo da Vinci: »Laß dein Werk so beschaffen sein, daß du nach deinem Tode zum Abbild der Unsterblichkeit wirst« – was mit der Mona Lisa leichter funktionieren dürfte als mit einer Bulldog. So wird es mancher lieber mit Woody Allen halten: »Ich will die Unsterblichkeit nicht durch mein Werk erringen. Ich will sie dadurch erringen, daß ich nicht sterbe.«[4] Wer jetzt noch lacht, der hat Reserven.

Vielleicht sollte man tatsächlich das Ganze nicht so dramatisch sehen. Sammeln macht Spaß, es bereitet Lust, wenn auch nur sublimierend, wie Balzac hintersinnig feststellt: »Ihr alle, die ihr euch nicht mehr an dem erquicken könnt, was man zu allen Zeiten den Becher der Lust genannt hat, nehmt euch vor, etwas zu sammeln – was es auch sei –, und ihr werdet den Goldbarren des Glücks in kleiner Münze wiederfinden.«[5] Na ja, vielleicht spendet die Philosophie dem Pfeifenraucher doch noch etwas mehr Trost.

Sammeln als schöne Kunst betrachtet

Manfred Sommer hat in seinem Buch *Sammeln – ein philosophischer Versuch*[6] zwei fundamentale Unterschiede hinsichtlich des Sammelns beschrieben. Schauen wir dazu noch einmal unseren haarigen Urahnen zu: Die treffen wir an einem sonnigen Mittwoch Nachmittag in der Savanne beim Sammeln von eßbaren Früchten, Pilzen und kleinem Getier. Die leckersten Happen werden sofort vertilgt, den Rest packen sie sich für später ein. Eine ältere Dame hat aber nicht nur leckere Maden, sondern auch einen hübschen Stein aufgesammelt, damit sie ihn den anderen zeigen und ihn sich später immer wieder anschauen kann. Wenn man richtig hinschaut sieht er nämlich ein wenig so aus, wie der Clan-Chef im Profil. Manfred Sommer leitet aus diesen beiden Sammlungsmotiven das seit Urzeiten bestehende Nebeneinander von *Ökonomie des Verschwindens* und *Ästhetik des Bewahrens* ab. Genau: Auf sowas kommen nur Philosophen. Aber es erklärt doch einiges von dem, was uns Pfeifenraucher umtreibt.

Sammeln im ökonomischen Sinne (von griechisch *oikos* für Haus, also Hauswirtschaft) ist ein Ansammeln und Einlagern, eine Vorratshaltung, deren Ziel der Verbrauch und damit letztlich das Verschwinden des Gesammelten ist. Ein besonders sinnfälliges Beispiel ist unsere Tabak-Sammlung, denn letztlich soll der ganze gehortete Tabak doch in Rauch aufgehen und damit verschwinden. Sinn solcher Sammlungen ist es, vertilgt zu werden, also zu vergehen. Man könnte beim Pfeifenrauchen auch einfach von häuslicher Vorratshaltung sprechen, wären da nicht jene herrlichen Pfeifen, aus denen wir den Tabak rauchen.

Das führt zur Ästhetik des Bewahrens, bei der der Weg vom Entdecken des Sehenswerten zum Sammeln von Schönem führt. Hier wird nicht verbraucht, sondern behalten. Der schöne Gegenstand wird dabei nicht bloß angesammelt, sondern bewahrt und vielleicht sogar weitergegeben, also vererbt. Letzteres soll gelegentlich sogar bei Pfeifen vorkommen.

Das *ästhetische* Sammeln führt so zusammen, was nur um des »Anschauens« willen geschätzt wird. Das Ästhetische ist das Sehenswerte, das Theoretische schlechthin. »Insofern ist der Kunstsammler der Sammler par excellence«[7], so Manfred Sommer. Was angeschaut werden soll, muß entsprechend ausgestellt, präsentiert und theoretisch erarbeitet werden. Dieses Sammeln ist vorsätzlich, akribisch, professionell, systematisch und strukturiert. Es ist die Vorstufe zur Wissenschaft. Kurz gesagt: Ohne Trieb zum Sammeln, keine Wissenschaft. Damit können wir unseren Pfeifenschrank als Symbol der Wissenschaft präsentieren. Cool was?

Pfeifenkunde

Zugegeben, auf den ersten Blick scheint die Pfeife nicht vollständig in Manfred Sommers Kategorien zu passen. In die Ökonomie des Verschwindens gehört zweifellos der Tabak, für den die Pfeife lediglich ein *Werkzeug* des

Verbrauchs darstellt. Nur der Pfeifentabak löst sich beim Rauchen in blauen Dunst auf, die Pfeife bleibt ja erhalten. Trotzdem geht das »Tabakverbrennen« nicht spurlos an der Pfeife vorbei. Bei jedem Rauchen lagern sich Kondensate in ihrem Holz ein, was irgendwann zwangsläufig zu dessen Sättigung führt. Eine gesättigte Pfeife kann man nicht mehr mit Genuß rauchen, sie ist verbraucht. Jedes Rauchen trägt also doch zum »Verschwinden« der Pfeife im Sinne eines Verbrauchs bei. Im Laufe der Jahre setzt eine gut gepflegte Pfeife Patina an, sie reift wie ein guter Wein – bis sie »umkippt«. Ein mit Pfeifenöl gesättigtes Schmauchholz verschwindet entweder im Mülleimer oder sie bekommt als Old Flame einen Platz in der Hall of Fame für Pfeifen.

Deutlich unterschieden haben Pfeifenraucher nichts mit dem rein anhäufenden Sammeln zu schaffen, bei dem nur möglichst viel Gleiches zusammengetragen wird, was zugegeben pathologische Züge annehmen kann. Eine Form des Sammelns übrigens, die Pfeifenrauchern von unbedarften Zeitgenossen leichtfertig unterstellen wird, weil diese einfach nur ein große Anzahl Pfeifen sehen. Die Unterschiede sind dem pathologischen Anhäufer völlig gleichgültig, dem Pfeifensammler bedeuten sie aber alles. Kein Pfeifenraucher würde der Menge wegen Pfeifen kaufen, denn er weiß die großen wie kleinen und insbesondere die feinen Unterschiede zu schätzen. Im Detail zeigt sich der Kenner und versagt der Dilettant. Pfeifenmessies sind selten.

Das *ästhetische* Sammeln differenziert das Zusammentragen von Gleichem von vornherein sehr sorgfältig durch Betrachtung und Beachtung der sich zeigenden Unterschiede. Hier fühlen sich Pfeifenraucher schon eher verstanden. »Es gilt das Augenmerk dessen, der *ästhetisch* sammelt, vor allem dem, wodurch das eine Objekt, Gleichheit vorausgesetzt, sich von andern doch noch unterscheidet.«[8]

Das kennen wir! Manche Pfeifenraucher haben in den Regalen, Vitrinen und Pfeifenschränken ihre Schätze nach Farben, Formen, Größe oder Herstellern geordnet. Andere sortieren nach Ländern aus denen die Pfeifen stammen. Oft wird auch nach Materialien getrennt: Calabash und weiße Göttinnen kommen in den Tabernakel, die Bruyère-Pfeifen in den Schrank. Es gibt Raucher die würden nie glatte und sandgestrahlte Pfeifen in ein Regal stellen, andere unterscheiden strikt Filterpfeifen von OhFis. Ich kenne einen Pfeifenraucher, der seine Pfeife strikt nach Kaufdatum einreiht, ein anderer sortiert nach Preis. Häufig unterscheiden Pfeifenraucher ihre Pfeifen nach Geschmacksrichtungen und würde nie eine süß konditionierte Dänin neben einen herben Latakia-Bruder stellen. Manchmal werden Freehands von Serienpfeifen separiert oder feine Silberapplikationen gesondert ausgestellt. Ach ja, dann und wann wird das ganze »System« umgekrempelt und neu sortiert.

Getreu dem Motto: *Es ist des Sammlers höchstes Glück, das Material zu ordnen Stück für Stück* (R. Kottmann).

Pfeifenkauf als Problem

Kommen wir zum größten Problem der ganzen Theorie des Sammelns: Wenn jemand eine Pfeife kauft, macht er das nun mit der Absicht zu verbrauchen, oder wird er sorgfältig differenzieren und behutsam präparieren? Das heißt letztlich: *Konsumieren versus Konservieren.* Schnöde Ökonomie oder hehre Ästhetik. Oder läuft das alles unter »intellectual snobbery«?

Eine Pfeife wird *überwiegend* nach ästhetischen Gesichtspunkten ausgewählt, da die Funktionalität stillschweigend unterstellt werden kann, zumindest in einem guten Fachgeschäft. Das sollten wir erst einmal voraussetzen. Trotzdem ist die Kaufsituation nicht so eindeutig, wie es zunächst scheint. Ökonomisches und ästhetisches Interesse treten verwickelt, um nicht zu sagen untrennbar verknäult auf.

Etwas übersichtlicher ist die Situation, wenn wir, weil wir unsere Pfeifentasche bei Reiseantritt vergessen haben, in einem dubiosen Laden eine eher preiswerte Gebrauchspfeife aus schauerlicher Lagerhaltung auszuwählen gezwungen sind. Wo wir noch als unbedarfte Pfeifennovizen problemlos aus dem übersichtlichen Zehn-Pfeifen-Sortiment einen »Tabak-Terminator« ausgesucht hätten, haben wir heute als gestandene Pfeifenraucher »Bauchschmerzen« wegen der vielen Mängel. Zu viele »Wenn« und »Aber«, und so entschließen wir uns, lieber gar nicht zu rauchen als aus so einer Zumutung. Keine Kompromisse! An einer schlechten Pfeife zeigt sich der Gemeinspruch als wahr: Billig ist oft teuer.

John Ruskin, der englische Sozialphilosoph des viktorianischen Zeitalters, hat diese Erfahrung auf den Punkt gebracht, als der Massenkonsum gerade aufkam: »Es gibt kaum etwas auf dieser Welt, das nicht irgendwer ein wenig schlechter machen und ein wenig billiger anbieten könnte, und die Menschen, die sich nur am Preis orientieren, werden die gerechte Beute solcher Machenschaften.« So greift der Kenner zum hochwertigen Qualitätsprodukt, weil er es sich wert ist – und natürlich auch, weil er es sich leisten kann.

Der echte Sammler weiß: Wer nur auf das bloße Anhäufen und Konsumieren aus ist, achtet nicht auf Nuancen oder hat noch keine ausreichenden Kenntnisse von den Unterschieden. Man könnte auch von Anschauungs- und Erfahrungsdefiziten sprechen. Erst wenn der Konsum zum Genuß wird, ändert sich auch auf dieser Seite der Skala etwas und läßt den Wunsch des

Sammelns erwachen. Das Ästhetische hält Einzug in den Konsum. Hier kultiviert jemand seinen Geschmack und verbrauchen nicht bloß irgend etwas. Er, der es besser weiß, schämt sich nun, mit so einem Kocher »aufzutreten« – und zwar nicht so sehr vor anderen, als vielmehr vor sich selbst. Wir Menschen wollen uns in unseren Ansprüchen an uns selbst ernst nehmen, und wir messen uns daran, wie sehr wir uns darin wiederfinden. So bewahrheitet sich für den Sammler die alte Paradoxie des Daseins: Ohne Opfer kein Luxus.

Hier liegt der entscheidende Punkt: Eine rein »konsumtive Haltung« entspricht nicht mehr dem gewachsenen Selbstverständnis des Pfeifensammlers. Was dem Anfänger noch Spaß gemacht hatte, läßt den fortgeschrittenen Genießer erschaudern. Es ist eben alles etwas komplizierter und teurer, wenn man erstmal auf den Geschmack gekommen ist. Geschmack ist sicherlich eine Frage der Erfahrung, aber auch die Erfahrung ist eine Frage des Geschmacks. Ob aber der erfahrene Sammler mit mehr Freude oder Genuß seine Pfeife raucht als jemand, der einfach nur gern eine ordentliche Pfeife raucht, steht auf einem ganz anderen Blatt.

Pfeifentrophäen

Ob Sammler, Gourmet oder Spaßraucher: Wer als »Wildbeuter« eine wirklich schöne Pfeife erworben hat, will sie zeigen, will *sich* mit ihr zeigen – egal wie teuer oder billig sie war. Stolz wird die »Trophäe« Zuhause oder unter Gleichgesinnten herumgereicht. Man dürstet nach Anerkennung, und hofft, daß die Peergroup in der Wohnhöhle die Beute auch entsprechend betrachtet, betastet und gehörig würdigt. Man fiebert dem Einrauchen entgegen, ein Vorgang, der technisch gesehen zwar nicht mehr unbedingt nötig ist, aber die Inbesitznahme der Pfeife zelebriert. Kaufen allein reicht nicht. Die Pfeife wird durch Rauchen *einverleibt*. Es beginnt mit dem Einrauchen der lange Prozeß des Verbrauchens, bei dem sich Raucher und Pfeife in gewissermaßen miteinander verbinden.

Bei den meisten Pfeifenrauchern stehen im Pfeifenschrank mindestens zwei oder drei Pfeifen (in der Regel sind es Meerschaumpfeifen), die so schön oder kostbar sind, daß sie noch nie geraucht wurden und quasi als Ausstellungsstücke behandelt werden. Bei meinen beiden habe ich den Eindruck, daß ich zwar deren Eigentümer, aber (noch) nicht deren Besitzer bin. Pfeifen, die man nicht raucht, sind bloße Exponate und insofern »sterile« Ausstellungsstücke, reine Ästhetik des Bewahrens; sie gehören uns, aber sie gehören nicht zu uns.

Hier zeigt sich eine weitere Facette des durchschnittlichen Pfeifensammlers: Seine Pfeifen sollen nämlich nicht steril sein. Die, die wir besitzen, sagen uns etwas. Und sie sagen etwas über uns. Manchmal aber nur uns. Es ist nämlich nicht nur so, daß es hierbei um die Dinge in der Welt geht, sondern auch um die Welt, die an den Dingen hängt. Und dabei geht es nicht um irgendeine Welt, wie es nicht um irgendein Ding geht. Es handelt sich um uns und unsere Pfeife als eines Kerbholzes der Erinnerung. Es mag für andere völlig uninteressant sein, was diese unscheinbare alte Pfeife mit dem reparierten Holm zu erzählen hat. Dem, den die Geschichte angeht, ist sie lieb und teuer.

Eine langjährige Gebrauchspfeife gehört in besonderer Weise zu uns, unsere Pflege hat sie die vielen Jahre überstehen lassen. Sie ist irgendwie ein Teil von uns geworden. Solche Pfeifen sind nicht nur durch uns, sondern auch mit uns »gesättigt«. Wie Sherlock Holmes schon Dr. Watson erklärte: »Pfeifen sind gelegentlich von außergewöhnlichem Interesse. Nichts ist persönlicher, vielleicht mit Ausnahme von Uhren und Schnürsenkeln.«[9]

Zählt nun der Pfeifengenuß zur Ökonomie des Verschwindens oder doch irgendwie zur Ästhetik des Bewahrens? Es ist tatsächlich eine Frage der Perspektive. Betrachtet man die Pfeife als Gerät zur Tabakverbrennung, fällt sie als sich abnutzender Gebrauchsgegenstand unter die Ökonomie des Verschwindens. Sieht man aber in derselben Pfeife einen künstlerischen Gegenstand, ein Unikat aus herrlichem Rohstoff und bezaubernder Form, so gehört sie zur Ästhetik des Bewahrens. Also gehört die Pfeife *auch* in den Rahmen des ästhetischen Sammelns. Jede Pfeife verbindet beim Rauchen Sammeln und Sich-Sammeln zur Ästhetik des Bewahrens. »Es ist das Verlangen nach dauerhafter Gegenwart all der wunderbaren Dinge, die zu sehen uns beglückt. Das ist Selbsterhaltung im Modus und im Medium der Anschauung«[10] so Manfred Sommer.

Haben wir nun eine Antwort auf die Frage, ob Pfeifenraucher tatsächlich jene Jäger und Sammler sind, die ihrem Trieb zum Sammeln folgen, weil es sie eben treibt? Sind Pfeifenraucher nicht doch leicht verrückte Snobs, die ihre Leidenschaft und Pedanterie manchmal übertreiben, indem sie das Pfeifenrauchen zur »Wissenschaft« erheben? Die Antwort fällt letztlich leicht: Man sollte es mit dem weltberühmten Pfeifenraucher Onkel Toby halten, »der sein Steckenpferd mit so viel Wonne bestieg, und das ihn so artig trug, daß er sich äußerst wenig Kopfzerbrechen darüber machte, was die Welt darüber sagte oder dachte.«[11]

Anmerkungen

1 Aristoteles nennt dieses Phänomen vornehm griechisch Pleonexie (Pol. 1282 b 29) und bezeichnet sie als ursprüngliche Triebkraft des Menschen.

2 So soll Madame de Pompadour (1721-1764) einige hundert Pfeifen besessen und Besuchern stolz präsentiert haben. Briefmarken gibt es erst seit den vierziger Jahren des 19. Jahrhunderts. Zunächst in Großbritannien (1840), später auch in Deutschland und anderen europäischen Ländern sowie in den USA. Auf der Insel Mauritius wurde 1847 die berühmteste und wertvollste Briefmarke der Welt, die Blaue Mauritius, ausgegeben. Über deren Alter können die Pfeifen der Pompadour nur leise kichern.

3 Aus dem Nachruf auf Rainer Barbi, Smokers Club, 4/2011.

4 Woody Allen, Das Bilderlesebuch, hrsg. v. Lind Sunshine, München 1994, S. 252.

5 Honoré de Balzac, Vetter Pons, München 1998, S. 19.

6 Manfred Sommer, Sammeln - Ein philosophischer Versuch, Frankf. a. M. 1999.

7 Ebenda, S. 15.

8 Ebenda.

9 Arthur Conan Doyle, Sherlock Holmes Omnibus, Das gelbe Gesicht, Stuttgart 1987, S. 298.

10 M. Sommer, Sammeln, a.a.O., S. 12.

11 Lawrence Sterne, Leben und Ansichten von Tristram Shandy, Gentleman, übers. v. Michael Walter, Bd. 1, Zürich 1983, S. 170f.

Nachlese

Wissen Sie schon, daß niemand weiß,
ob ein Nichtraucher, der nicht raucht,
ein Raucher ist oder Nichtraucher?
Karl Valentin

Vielleicht lesen Sie dieses Buch gerade im Urlaub unter tropischer Sonne oder gemütlich vor dem Kamin in einer eingeschneiten Berghütte. Wie schön und romantisch – doch die Wirklichkeit dürfte prosaischer sein. So spricht einiges dafür, daß Sie es im Feierabend oder Wochenende, kurz: in Ihrer knapp bemessenen Freizeit lesen. Wo immer Sie es gerade lesen, mir würde die Vorstellung gefallen, daß Sie dabei ein stilles Glück genießen: in Muße schmökernd und schmauchend die Lust des Lesens mit dem Genuß des Rauchens verbindend. Da dieses Buch nun zu Ende geht und Sie vielleicht gern etwas ähnliches lesen möchten, habe ich für Sie eine Literaturliste zusammengestellt.

Hier ist selbstverständlich auch der Ort, wo Sie alle Literatur und Literaturhinweise, die das Buch gibt, nach- und ausgewiesen finden, soweit dies nicht schon in den Anmerkungen geschehen ist.

Pipe-Line ist keine Pfeifen-Dissertation; deshalb zielt die Literaturliste auch nicht auf Vollständigkeit, sondern bietet nur eine sehr persönliche Auswahl des Autors aus der großen Pfeifenliteratur, wobei einige der hier genannten Bände leider schon vergriffen sind. Stadtbibliotheken und Antiquariate können sicherlich leicht weiterhelfen. Das schöne an Pfeifenbüchern ist, daß sie oft in hohen Auflagen erschienen und deshalb leicht zu bekommen sind und, falls man sie kaufen möchte, selten wirklich teuer werden. Fremdsprachige Publikationen wurden lediglich in Ausnahmefällen in die Liste aufgenommen. Bei Übersetzungen fremdsprachiger Titel wurde nur die deutschsprachigen Ausgabe genannt. Wer einen umfassenden Überblick über die deutschsprachige Tabakliteratur sucht, wird zur Bibliographie von Rainer Immensack (s.u.) greifen.

Trotz der fließenden Übergänge der einzelnen »Fachbereiche« (Pfeife, Zigarre, Zigarette, Tabak allgemein etc.), lag der Fokus der Auswahl auf der *Pfeifenliteratur*. Zigarrenbücher wurden in der Regel nicht berücksichtigt, außer sie hatten zum Thema Pfeife etwas bemerkenswertes beizutragen. Die übrige verwendete Literatur wurde jeweils in den Anmerkungen ausgewiesen und, falls sie keinen direkten Beitrag zur Pfeife beisteuerten, hier nicht nochmals aufgenommen.

Altmann, Walter: Pfeiferauchen. Von den Anfängen bis zur Perfektion. München 1983.
Aschenbrenner, Helmut: Tabak von A-Z. Bremen 1966.
–: Der Pfeifen-Omnibus. Oldenburg o. J. (1935).
–, Stahl, G.: Handbuch des Tabakhandels. Oldenburg 1950.
Assaël, H.: Der Orienttabak. Carouge-Genève 1972.
Ayto, Eric G.: Clay Tabacco Pipes. London 1994.
Balzac, Honoré de: Caffee, Thee, Tabac. Bremen 1993.
Bastien, André-Paul: Von der Schönheit der Pfeife. München 1976.
Behrens, Heiko; Frickert, Holger: Mit vollem Genuß Pfeife rauchen. Alles über Tabaksorten, Pfeifen und Zubehör. Niedernhausen/Ts. 1985.
–: Mit vollem Genuß Pfeife rauchen. Wissenswertes über die Pfeife und den Tabak. Hamburg 2008.
Billerbeck, Klaus-Dieter: Mit Rauchern läßt sich reden... Hamburg 1993.
Bluhm, Detlev: Wenn man im Himmel nicht rauchen darf, gehe ich nicht hin. Vom Genuß des Tabaks. Berlin 2000. Eine überarbeitete Ausgabe von: Auf leichte Flügeln ins Land der Phantasie. Tabak und Kultur von Kolumbus bis Davidoff. Berlin 1997.
Buckley, Christopher: Danke, daß Sie hier rauchen. Frankf. a. M. 1998.
Camporesi, Piero: Der feine Geschmack. Frankf. a. M., New York 1992.
Cole, Jacques W.: The St. Claude Story. London 1976.
Corti, Egon Caesar: Geschichte des Rauchens. Die trockene Trunkenheit. Ursprung, Kampf und Triumph des Rauchens. (Wien 1930) Frankf. a. M. 1986.
Cremer, Wolfg.: Pfeifen und Pfeifenrituale der Indianer Nordamerikas. Idastein 2000.
Crole, Robin:Pfeifen. Magie und Flair eines Genusses. Bielefeld 1999.
Daphinoff, Helene (Hrsg.):Kleine Bettlektüre für den weltgewandten Pfeifenraucher. Bern, München, Wien o.J.
Das kleine Buch... für den Pfeifenraucher. München 1995.
Das kleine Buch... für den unverdrossenen Raucher. München 1994.
Dunhill, Alfred: Das Pfeifen-Buch. Eine Kulturgeschichte des Pfeifenrauchens. München 1982 (19691).
–: Die edle Kunst des Rauchens. München 19722 (19541).
Dupont, S. T.: Tresors et Histoire de la Pipe a Tabak. Paris 1976.
Dürninger: Rauchzeichen. 250 Jahre Tabak Kultur in Deutschland. Stuttgart 1997.

Ehrenburg, Ilja: 13 Pfeifen und andere unwahrscheinliche Geschichten. Berlin 1984.

Eberle, Josef: Ars fumatoria. Carmen didacticum. Die Kunst des Pfeifenrauchens. Ein Lehrgedicht in Latein und Deutsch. Institut für Buchgestaltung a. d. Staatl. Akademie der Bildenden Künste Stuttgart (8. Veröff.), o.J. unpag.

Ehwa, C.: The Book of Pipes and Tobacco. New York 1974.

Foucault, Michel: Dies ist keine Pfeife. o.O. 1998.

Frank, Joachim A.: Pfeifen-Brevier oder von der Kunst, genüßlich zu rauchen. Wien, Berlin 1969.

Freckmann, Klaus: Tönernes. Tabakpfeifen und Spielzeug. Köln 1987.

Freter, Hans: Liebeserklärung an den blauen Dunst. Von der Art des Rauchens. Hannover 1965.

Futurell, Jonathan; Linder, Lisa: Up in Smoke, Augsburg 1999.

G/Geschichte, Menschen, Ereignisse, Epochen: Lust und Last. Rausch- und Genußmittel in der Geschichte. G/Geschich¬te 3/2001.

Goldring, William: The Pipe Book. A History and How to do. New York 1977.

Graves, Charles: A Pipe Smoker's Guide. London 1969.

Haas, Reinhard; Thorer, Axel: Über die Kunst des Rauchens. In: Dies. Das neue Männerbuch. München, o.J., S. 244ff.

Hacker, Richard Carleton: Das Handbuch des Pfeifenrauchers. München 2000.

–: Rare Smoke. The Ultimate Guide to Pipe Collecting. Berverly Hills 1999.

–: The Ultimate Pipe Book. Berverly Hills 1997 (1984).

–: Die Kunst Pfeife zu rauchen. Das Standardwerk für alle Pfeifenliebhaber. München 19932 (1984).

–: The Christmas Pipe. Beverly Hills 1986.

Haeberle, A.: Die berühmten Ulmer Maserpfeifenköpfe. Amberg 1950.

Harrus-Révidi, Gisèle: Die Kunst des Genießens. Düsseldorf, Zürich 1996.

Helbers, G. C.; Goedewaagen, D. A.: Goudaer Pfeifen. Tabakwissenschaftliche Gesellschaft. Bremen 1942.

Herment, George: The Pipe. New York 1955.

Herre, Franz: Der vollkommene Feinschmecker. Bergisch Gladbach 1984.

Hochrain, Helmut: Das Lexikon des Pfeifenrauchers. München 19804.

–: Das große Buch des Pfeifenrauchers. München 19927.

–: Das ABC des Pfeiferauchers. München 1977.

–: Das Taschenbuch des Pfeifenrauchers. Unterhaltsame Lektionen über den Umgang mit Pfeife und Tabak. Ein praktischer Wegweiser zum siebten Raucherhimmel. München 199938.

–: Helmut Hochrains neues Pfeifenbuch. Informationen, Ratschläge und Berichte für Männer, die Pfeife rauchen. München 199710 (1981).

–, Meyer-Roland, Fritz: Gentlemen Only, München 1963.

Holcik, Stefan: Tabakpfeifen. Bratislava 1984.

Holtappels, Heinz H.: Pfeifentabak-Brevier. 500 Tabaksorten im Test. Informationen und Tips für den Pfeifenraucher. Aktualisierte und erweiterte Neuausgabe. München 19982 (1986).

Homberg, Bodo (Hg.): Tabakiana. Leib-, Schimpf- und nachdenkliche Gedichte. Für alle Freunde und Gegner des blauen Rauchs. Leipzig 1972.

Hufnagel, Walter: Pfeife rauchen. Die hohe Kunst, Tabak zu genießen. Niederhausen 1983.

Immensack, Rainer: Bibliographie als Geschichte der deutschsprachigen Tabakliteratur. Braunschweig 1996.

Infante, Guillermo Cabrera: Rauchzeichen. Frankf. a. M. 1987.

Jeffers, H. Paul: The Perfect Pipe. New Jersey 1998.

Kemper, Peter, Sonnenschein, Ulrich (Hgg.): Sucht und Sehnsucht. Rauschrisiken in der Erlebnisgesellschaft. Stuttgart 2000.

Klein, Richard: Schöner blauer Dunst. München 1995.

Kloos, Werner: Tabak Kollegium. Ein kulturgeschichtlicher Almanach für den Raucher. Bremen 1967.

Knoppe, Hugo: Handbuch des Drechslerhandwerks. Leipzig 1938.

Krogh, David: Rauchen. Heidelberg 1993.

Kügler, Martin: Tonpfeifen. Ein Beitrag zur Geschichte der Tonpfeifenbäckerei in Deutschland. Höhr-Grenzhausen 1987.

–: Pfeifenbäckerei im Westerwald. Die Geschichte der Pfeifenbäckerei des unteren Westerwaldes von den Anfängen um 1700 bis heute. Köln 1995.

Kuntz, K.: Smoke: Cigars, Cigarettes, Pipes, and other Combustibles. Todtri Prod. 1998.

Launer, Ekkehard: Zum Beispiel Tabak. Göttingen 1995.

Lederer, Heinz: Blauer Dunst. Ein heiteres Buch von Pfeifen und Frauen. Feldpost-Ausgabe. Berlin 1940.

Levárdy, Ferenc: Our Pipe-Smoking Forbears. Budapest 1994.

Libert, Lutz: Von Tabak, Dosen und Pfeifen. Leipzig 1984.

–: Tabakpfeifen. Leipzig 1986.

Liebaert, Alexis und Maya, Alain: Die Welt der Pfeife. Mit einem Vorwort von Robert Sabatier. München 19943.

Luft, Werner: Rauchringe. Feste des Tabaks. Von Zigarren, Pfeifen und Zigaretten, vom Schnupfen und Kauen. München 1961.

Manger, Anton: Die berühmten Ulmer Maserholzpfeifen. Wollbach 1998.

– (C. R. Pfeifenfabrik A. Manger): Auf den Spuren des Tabaks. Wollbach 1984.

Markmann, Lothar: Das kleine Buch für Pfeifenraucher. Stuttgart o.J.

–: Pfeifendunst & Pfeifenkunst. Ein ungewöhnliches Buch für Pfeifenraucher. Mit ungewöhnlichen Zeichnungen von Volker Ernsting. München 1979.

Maronde, Curt: Über den Tabak. Esslingen1978.

–: Rund um den Tabak. Ein vergnüglicher Bummel durch die Rauch¬paradiese nebst Anleitung zum gesünderen Tabakgenuß. Frankf. a. M. 1976.

Maya, Alain: L'ABCdaire de la Pipe. Paris 1996.

Mehring, Fern: Rauchvergnügen aus dem Ruhrgebiet. Westfalen-Jahrbuch 1986, Münster 1986.

Morgenroth, Walter: Pfeifen sammeln. Kunstwerke in Porzellan. München 1989.

Müller, Karsten: Die Tradition der Pfeifenherstellung in Ruhla. Rudolstadt 1996.

Multhaupt, Hermann: Möge Gott Deine Pfeife immer mit Tabak füllen. Irische Segenssprüche. Gütersloh 2001.

Neumann, Stefan: Des Lebens bestes Teil. Geschichte und Phänotyp des Tabakmotivs in der deutschsprachigen Literatur. Schriftenreihe Literaturwissenschaft Bd. 39. Wissenschaftlicher Verlag 1998.

Onfray, Michel: Die genießerische Vernunft. Die Philosophie des guten Ge¬schmacks. Baden-Baden, Zürich 1996.

Ortiz, Fernando: Tabak und Zucker. Ein kubanischer Disput. Frankf. a. M. 1987.

Ostersiek, Bernhard; Ullrich, Hans: Das Geschenkbuch für den sympathischen Pfeifenraucher. München 1997.

Ott, Ulrich (Hrsg.): Vom Schreiben 3. Stimulanzien oder: Wie sich zum Schreiben bringen? VI: Heizstoffe: Tabak, Kaffee, Tee. Marbacher Magazin 72/1995.

Paper, Jordan: Offering Smoke. The Sacred Pipe and Native American Religion. Idaho 1988.

Pechatschek, Johannes: Von der Zigarette zur Pfeife. Steyr (Österreich) 1988.

Pellisone, Aldo; Emanuel, Valentia: Die Pfeife. Kulturgeschichte und Typologie für Pfeifenraucher und Pfeifensammler. München 1988.

Pezolt, Alfred: Das Buch vom Tabak. Zürich 1946.

Plum, Ralph (Hg.): Von der Leidenschaft des Pfeiferauchens. Das neue Tabakskollegium. Mit Beiträgen von Gustav Casparek, Stan Hill, Walter Hufnagel und Otto Pollner. Bielefeld 1984.

Pollner, Otto: Pfeiferauchen leicht gemacht. Die richtige Art, Tabak zu genießen. Leopoldshöhe 19994.

–: Die Pfeifenmacher zwischen Rennsteig und Röhn. Leopoldshöhe 1997.

–: Tabakpfeifen aus zwei Jahrhunderten. Über die Pfeifendrechsler in Westfalen und Lippe. Bad Oynhausen 2000.

Precht, K.; Baumgartner, H.: Tabak. Berlin 1993.

Ramazotti, Eppe; Mamy, Bernhard:

Pfeifen und Pfeifenraucher. Pfeifendunst und Pfeifenkunst. Mit einem Vorwort von Dino Buzatti. Genf 1982.

Randow, Gero von: Genießen. Eine Ausschweifung. Hamburg 2001.
Rapaport, Benjamin: A Complete Guide to Collecting Antique Pipes. Atglen 1979.
–: Collecting Antique Meerschaum Pipes 1850-1925. Pennsylvania 1999.
–: The Global Guide to Tobacco Literature. Reston 1989.
Reineke, Hugo: Die Meerschaum-Industrie. Diss. Uni Hamburg 1930.
Richter-Frich, Övre: Vitamin der Seele. Kleine unterhaltsame Kulturgeschichte des Tabaks. Wien 1936.
Rien, Mark; Dorén, Gustaf Nils: Das neue Tabago Buch. Ein Buch vom Tabak und der Kulturgeschichte des Rauchens. Hrsg. zum 75jährigen Firmenjubiläum von Reemtsma. Hamburg 1985.
Rutzen, Rolf Joachim: Pfeifen. Die Pfeifenmacher der Welt. Marken und Modelle. München 1999.
Sant'Ambrogio, Diego: Pfeifen. Zürich 1967.
Schachtsiek-Freitag (Hrsg.): Der Tabak-Spinner. Von der Lust und der Last des Rauchens. Ein Lesebuch. Frankf. a. M. 1990.
Schivelbusch, Wolfgang: Das Paradies, der Geschmack und die Vernunft. Eine Geschichte der Genußmittel. Frankf. a. M. 1992.
Schönberger, Margit: Das kleine Buch der Laster. München 2000.
Schranka, Eduard Maria: Tabak-Anekdoten. Ein historisches Braunbuch. Köln 1914.
Schulz, Manfred: Mehr Spaß am Pfeiferauchen. Welche Pfeife, welcher Tabak? Praktische Tips und Anregungen. München 1981 (1977).
Schwind, Moritz von: Album vom Rauchen und Trinken. Nach der Ausgabe von 1875. Hrsg. v. M. Bernhard, Dortmund 1980.
Sternberg, Friedrich: Knasterkopfs Annehmlichkeiten und Freuden. Ronneburg 1834 (Nachdr. Dortmund 1980).
Schroeter, W.: Calumet. Heilige Rauch-Pfeifen und Pfeifenkulte bei den nordamerikanischen Indianern. o.O. 1989.
Svevo, Italo: Die Kunst, sich das Rauchen nicht abzugewöhnen. Hamburg 1995.
Tintinger, Adam (Eduard Christoph Heinisch): »Mein Pfeifchen duftend glüht...« Das Buch vom Pfeifenrauchen. Linz 1983.
Titschack, Hans: Die Reservistenpfeife: Ein Wehrzeit-Erinnerungsstück als volkskundliches Dokument 1813-1918. Potsdam 1999.
Verdaguer, Joaquin: Die Kunst, Pfeife zu rauchen. München 196511.
–: Das Pfeifenraucher Brevier. Die Kunst, Pfeife zu rauchen. Erweitert und neu bearbeitet von Helmut R. G. Diehl. München 19792 (1952).
Völger, Gisela u. Welck, Karin von (Hrsg.): Rausch und Realität. Drogen im Kulturvergleich. Hamburg 1982.
Weber, Carl: Weber's Guide to Pipes and Pipe Smoking. New York 1962.
–: The Pleasures of Pipe Smoking. New York 1965.

Weert, Ad van: Von der Geschichte der Feuerzeuge. Von Schwefelhölzchen zum Designobjekt. Mainz 1996.

Wendel, Viktor (Hrsg.): Pegasus in Tabakwolken. Deutsche Rauchergedichte vom Dreißigjährigen Krieg bis zur Gegenwart. Leipzig 1934.

Wright, David: The Pipe Companion. Running Press 2000.

Zilligen, Ralf: Pfeifentabak. Von der Plantage bis zum Rauchgenuß. Stanwell Vertriebs-Gesellschaft, Bremen 2001.

Zwickel, Wolfgang: Räucherkult und Räuchergeräte, Göttingen 1990.

Pfeifenformen / Shapes

Brandy
Bent Brandy
Chimney
Bent Chimney
Bulldog
Prince
Lovat
Cad
Liverpool
Canadian
Spigot oder Army
Bent Albert
Stand-up Poker
Cherrywood oder Stand-up Poker
Diplomat
Don
Horn
Square Panel
Hungarian oder Oom Paul
Zulu